创新思维法学教材
Legal Textbooks of Creative Thinking

国 际 法
International Law
第三版

原著主编▶梁　西
副 主 编▶王献枢
修订主编▶曾令良
修订人员（以修订章节先后为序）
曾令良　余敏友　王献枢
邓　烈　罗国强　冯洁菡
秦天宝　万鄂湘　石　磊

WUHAN UNIVERSITY PRESS
武汉大学出版社

图书在版编目（CIP）数据

国际法/梁西原著主编;王献枢副主编;曾令良修订主编 . —3 版.—武汉：武汉大学出版社,2011.8(2023.3 重印)
创新思维法学教材
ISBN 978-7-307-09018-7

Ⅰ.国…　Ⅱ.①梁…　②王…　③曾…　Ⅲ.国际法—教材
Ⅳ.D99

中国版本图书馆 CIP 数据核字（2011）第 153108 号

责任编辑:张　琼　　　责任校对:刘　欣　　　版式设计:马　佳

出版发行:**武汉大学出版社**　　（430072　武昌　珞珈山）
（电子邮箱:cbs22@whu.edu.cn　网址:www.wdp.com.cn）
印刷:武汉中科兴业印务有限公司
开本:720×1000　　1/16　　印张:29　　字数:532 千字　　插页:1
版次:1993 年 4 月第 1 版　　2000 年 3 月第 2 版
　　2011 年 8 月第 3 版　　2023 年 3 月第 3 版第 13 次印刷
ISBN 978-7-307-09018-7/D・1103　　　定价:59.00 元

目　　录

上 编 总 论

下 编 分 论

第一版前言

在国际社会经历两次世界大战的剧烈震荡后，国际法进入了一个新的历史阶段。国际社会成员和国际法主体不断增加，国际法的社会基础日趋广泛。国际法在迅速发展中！

本书在探索国际法发展轨迹和演变规律的同时，试图在法学观念上有所更新，希望能使我们的编撰工作反映出若干特点：

第一，在全书的学科体系上，改进国际法教材传统的章节平行模式，将整个内容划分为总论和分论两编。凡属国际法的基础理论、对国际法各领域具有指导意义和普遍影响的问题、适用于国际法一切效力范围的原则及制度，均归于"总论"编。凡在某一专门领域，已发展成为国际法独立分支并具有较成熟体系的部分，均归于"分论"编。两编下属各章节，在保持传统教材优点的前提下，依其彼此内在的联系也作了若干调整。

第二，主要由国家组成的国际社会，是国际法最重要的社会基础。由于国际法的理论与实践无不与国际社会的活动密切相联，所以，作者在书中新列了"国际法的社会基础"一目，并力图使全书以宏大的国际社会为背景来阐明国际法的"法律性质"及其他各种问题。本书有关"国际法社会基础论"的阐述与论证，从一个角度反映了作者若干新的见解。又由于国家是国际社会的主要成员和国际法的基本主体，所以除将"国际法主体"独列一章外，还就"国际法上的国家"作了较大篇幅的论述。

第三，上至外层空间，下至海床洋底，在人类生活的各个方面，均有相关的国际组织存在。国际组织是当代国际合作的一种重要法律形式，对国际法产生深远影响。本书对国际组织及其法律制度进行了颇为系统的阐明。

第四，欧美国际法教材虽然很少以专章论及国际法基本原则，但是国内外学者却对此不乏争论，众说纷纭。本书作者在撰稿过程中，以国际法基本原则的历史发展为轴线，着重法源的研究，并注意到了联合国大会1970年通过的《国际法原则宣言》；该章以此为基础，明确提出并论证了国际法的各项基本原则。

1

第五，与传统国际法相比，现代国际法的发展以战争法为最突出。根据国际实践的演进，本书作者将"战时人道主义保护规则"单列一节，并在体系上作了相应的改进。

第六，随着科学技术的进步，各种国际交往日益频繁，国际法所调整的国际关系迅速扩大。本书在外交法、国际争端法、空间法等方面，都注入了新的内容，刷新了若干传统的概念，并将国际组织对这些方面的深刻影响进行了揭示和阐述。

本书的编撰及出版发行工作，得到了中央广播电视大学和湖北省广播电视大学的大力支持，在此深致谢意！本书由梁西任主编，王献枢任副主编，由编写组成员（按章节次序）：梁　西（武汉大学）、曾令良（武汉大学）、王献枢（中南政法学院）、蓝海昌（武汉大学）、万鄂湘（武汉大学）等五位国际法教授分章撰写。应邀参加本书初稿讨论和研究的有（以姓氏笔画为序）：朱奇武（中国政法大学）、邵津（北京大学）、侯洵直（中南政法学院）、黄嘉华（外交部）、黄进（武汉大学）等五位国际法专家。

在本书出版过程中，承司马志纯教授出任责任编辑，谨志谢忱，并向所有参加本书讨论、研究和出版发行工作的诸位同志表示感谢！

梁　西
1993 年 4 月于
武汉大学国际法研究所

第二版修订说明

在跨进 21 世纪大门后，我们的第一件事，就是将这本经过修订和增补的新版《国际法》奉献给读者，至感欣幸！

过去的 100 年，是人类追求和平的 100 年，也是人类付出惨重代价的 100 年：战乱频仍，侵略不止，国际社会了无宁日！人们在迷惘中企盼：但愿 21 世纪能享有公正的国际和平与平等的法律秩序！我们的国际法修订工作，也正是在这种美好的憧憬中进行的。

本书于 1993 年初版之后，迄今已先后印刷 17 次，发行十万余册，并曾应约以繁体字在台湾（志一出版社）出版，颇受欢迎。但是这七年来，世界发生了很多变化，因此，为了适应时代的发展，我们：(1) 在保存初版特色及优点的基础上，对全书体系、内容、论点和所有材料，进行了全面检查、修改和补充；(2) 联系各种国际实践问题，特别在有关"基本理论"部分，从法哲学及法社会学高度，提出（或加深）了若干新的理论解释及思路；(3) 根据现实情况，以适当篇幅增设了关于"国际责任"、"国际环境"、"国际人权"和"海洋法公约第 11 部分执行协定"等问题的新章节，使本书由原来的 14 章扩展为现在的 18 章。惟书中错漏，仍恐难免，恳请读者不吝指正，以便出第三版时订正。

全书原稿撰写与此次修订的分工（按章节次序）为：

梁　西（主　编）　　第一、二、十三章
曾令良　　　　　　　第三、十、十三、十四、十六章
王献枢（副主编）　　第四、五、六、十一、十五章
蓝海昌　　　　　　　第七、八、九章
万鄂湘　　　　　　　第十二、十七、十八章。

这次的出版发行工作，得到武汉大学出版社的大力支持，并承郭园园博士担任责任编辑，在此深表谢意。

梁　西
2000 年元旦谨识

第三版修订说明

光阴荏苒，转眼人类已进入新世纪的第十一个年头。十余年来，伴随着国际政治、国际经济和国际关系的发展，国际法始终没有停止其前进的步伐：一些重要的造法性条约或应运而生，或正在谈判与缔结之中；在联合国秘书长自2000年发动普遍参与多边条约倡议以来，国际法的效力范围明显扩大，国际法的实施得到进一步增强；以2002年国际刑事法院的正式成立和开始行使管辖权为标志，国际刑法、国际人权法、国际人道法等部门以及国际强行法和国际法"对一切"的义务等概念，得到进一步强化……与此同时，世界范围内的国际法研究不断深化，涌现出一些具有重要影响的新理念和新观点。正是在这一背景下，我们启动了梁西先生主编之《国际法》第三版的修订工作。

本次修订是在原著主编梁西先生的直接指导下进行的，由曾令良负责召集，各修订人员负责相关章节内容的修订。在保持原版和第二版的体系结构（编章安排）、风格特色、基本内容和基本观点的基础上，第三版修订，主要是根据最近十年来国际法和国际法研究的新发展，着重于：（1）对全书的内容、论点、论证和资料，进行了进一步检查、核实、更新和补充；（2）吸纳了近十年来在一些国际法部门（如国际法律责任、国际人权法、国际人道法、国际刑法、国际环境法、国际经济法，等等）中新产生的国际法原则、规则、规章和制度；（3）适当吸收了近十年来一些具有代表性的新思想和新观点，如在有关基本理论方面从宏观角度对近十年国际法发展新趋势的概括，对尊重基本人权作为国际法基本原则的阐述，等等。由于我们学术水平和视野所限，奉献给读者的本次修订版，难免会有错误和遗漏之处，恳请国际法同仁和广大读者不吝指教，以便下次修订时订正和完善。

经与原著主编及其原编写成员商议，本次参与第三版修订人员的具体分工（按章节次序）为：

曾令良（修订主编）　第一、三、十三、十四、十六章（第一章的原作者为梁西，他也是第十三章的原作者之一。）

余敏友　第二章（原作者为梁西）

王献枢、邓烈　第四、五、六、十一、十五章

罗国强　第七、九章（此两章的原作者为蓝海昌）

冯洁菡　第八章（原作者为蓝海昌）

秦天宝　第十章（原作者为曾令良）

万鄂湘、石磊　第十二、十七章

万鄂湘、冯洁菡　第十八章

第三版的修订、出版和发行工作，继续得到武汉大学出版社的大力支持，并由张琼女士担任责任编辑，在此特致谢意！

曾令良

2011 年 5 月于武汉大学

■国际法

上编总论

第一章　国际法的性质和基础

本章作为全书的导论，将围绕国际法的"性质和基础"这一主题，分为三节：首先，概要论述国际法的基本原理；接着，从横向对比分析国际法与国内法的效力范围；再后，从纵向重点阐明国际法的发展及现状。本章各节的学术出发点乃"社会基础论"。

第一节　国际法的概念和特征

一、国际法的名称和定义

从社会发展史观之，人类在其发展过程中，自形成国家以后，就出现了国内社会。由于各国彼此交往而形成种种关系以后，又出现了国际社会。有国家，有社会，就有法。国际社会和国内社会一样，也需要有法。没有法，国际社会即无行为规则可循，国际关系必然难于维持，国际交往也就难于进行了。

国际社会所需要的这种法，现在通称为国际法。

几个世纪以来，随着国际社会与国际关系的发展，各国学者曾经给国际法下过很多定义，但内容各有侧重，观点不尽一致。我们可以结合国际实践，比较分析各种观点及学说，扬长避短，从国际法的本质属性出发，给它下一个定义：国际法是在国际交往中形成的，用以调整国际关系（主要是国家间关系）的，有法律约束力的各种原则、规则和制度的总称。

上述定义着重从实质上阐明了下列三点：

第一，国际法是国际社会各成员所公认的，而不是经由某个超国家的世界统一立法机关直接产生的。

第二，国际法以国际关系为调整对象，其中主要是调整国家之间的各种权利义务关系。

第三，国际法由对国际社会成员具有法律约束力的各种行为规范组成，与适用于国内社会的国内法相对照，国际法是法的一个独立体系。

国际法这个词的词源，可以追溯到罗马法。在古罗马，以所谓市民法适用于罗马公民，而以所谓"万民法"（jus gentium）适用于外国人以及外国人与罗马公民的关系。但是万民法只是罗马国内法的一部分，并非上述定义所指的国际法。

后来，由于学者们在其著作中，特别是荷兰法学家格劳秀斯（Hugo Grotius，1583—1645 年）在其名著《战争与和平法》中，常借用万民法来称呼调整国家间关系的法，所以就使这一术语的含义扩大而有了万国法（law of nations）的性质。

再后，英国的边沁（Jeremy Bentham，1748—1832 年）倡议改用"国际法"（international law）这一名称，终于为大家所普遍采用，一直沿用到现在。

有些学者把对世界所有国家（及其他国际法主体）均适用的那一部分原则、规则和制度，称为"一般国际法"（general international law），而把只能对两个或两个以上的某些国家（及其他国际法主体）适用的那一部分原则、规则和制度称为"特殊国际法"（particular international law）。两者所调整的权利义务关系，广狭有别，范围不同。前者效力一般高于后者。前者对整个国际社会成员具有普遍的法律约束力，而后者则只对某些特定国家（及其他国际法主体）具有法律约束力。国际法（学）所着重研究的是一般国际法①。

有些学者为了在名称上对应国际私法，又称国际法为"国际公法"（public international law）。但是，国际公法与国际私法的相互关系是一个有争论的问题。一般认为，通常所说的国际私法，并不是直接用来调整国家之间的关系，而是一国在其涉外关系中用来调整不同国家的自然人、法人相互间的民事关系的一种法律。例如，一个法国人居住在瑞士，死后留有财产在奥地利，某国法院如受理有关此项财产的继承案件，到底应适用哪国法律呢？这个问题原则上应该根据该法院的国内法来加以确定。因此，从传统意义上说，国际私法是国内法而不是国际法；只有当各国为了解决法律适用上的彼此冲突，就某些国际私法规则签订条约使之对各缔约国产生约束力时，或者当各国共同采用某些规则而形成国际习惯时，这些规则才具有国际公法的性质。不过，近几十年来，由于各国人民来往频繁，含有涉外因素的民事法律关系屡见不鲜，有关这方面的国际条约和国际习惯已经大量出现并在继续增加。这说明国际公法和国际私法的相互联系正在日益加深，需要从理论与实践的结合上加以广泛研究。

---

① 参见并比较《国际法院规约》第 38 条的规定。

二、国际法的社会基础

从上面对国际法所下的定义出发，我们应该进一步看到：国际法的产生和发展，有其特定的社会基础。通过以下分析加以概括，这就是众多主权国家同时并存，且彼此进行交往与协作而形成的各种国际关系和整个国际社会的存在。国际法的理论和实践，无不与国际社会的存在密切联系在一起，因此，两者的辩证关系，是涉及国际法学各个方面的一个非常重要的问题。

国家是国际法产生的前提。

没有各主权国家的存在，就不可能有国际法的存在。因为从一般意义上说，只有独立自主的国家才具有享受国际权利和承担国际义务的完全能力。更不用提国际法的制定和执行也都不可能离开国家的实践这个基本问题了。

国际法的产生，必须有一个社会基础，① 但是这个基础到底应该如何去认定呢？②

单独一个国家，或者多个各自孤立的国家，彼此不发生关系，当然不可能产生国际法。只有存在一个国际社会，才有生长国际法的土壤。国际社会，就像国内社会是基于共同物质生产活动的"人们交互作用的产物"一样，它是"众多国家交互作用的产物"。在中世纪，世界各地区包括欧洲在内，并未出现形成一个真正国际社会的条件。所以中世纪的欧洲，在以封建割据为根基的统一基督教世界里，不可能有真正意义上的国际法的产生。只有当这个统一霸权分裂为众多独立国家并"交互作用"之后，才有了产生国际法的可能性。

国际社会的形成是一个渐进的过程。

当一群独立国家平行并立，而且由于各种交互关系所带来的若干共同利益把它们联系在一起时，一个以众多主权国家为其成员的社会就会产生。这时，国际法才获得了存在的价值和适用的基础。

最早形成"社会"的欧洲国家，原先只承认欧洲基督教文明各国为欧洲国际团体（Family of nations）的成员而适用国际法。后来，国际团体的概念逐步运用到欧洲之外。至19世纪末和20世纪初的两次海牙和会，已分别有世界

---

① 参见菲德罗斯等著，李浩培译：《国际法》，商务印书馆1981年版，第10~19页。

② 详见梁西：《国际法的社会基础与法律性质》，载《武汉大学学报》1992年第4期。作者在该文首次发表其有关国际法发展规律的"社会基础论"。作者认为：在国际法的科研与实践过程中，都始终不应背离以宏大的国际社会为背景来分析、认识和评价国际法的性质、功能和演变规律以及其他各种理论或现实问题。

各地区的 26 个和 44 个国家参加会议。此后"国际团体"一词才逐渐扩大为"国际社会"（Society of nations）。如 1916 年美洲国际法学会发表的《国家之权利与义务宣言》（The American Institute of International Law：Its Declaration of Rights and Duties of Nations）即已用"国际社会"一词来替代"国际团体"这种狭义的提法。

建立国际法律秩序，是世界各国进行交往的一种内在需要。

人类历史，由古代向近代发展，经过 20 世纪两次最大的战争之后，现已进入 21 世纪。这一漫长的过程，使世界相距甚远的各个地区性社会逐渐连结成了一个包括所有国家在内的普遍性国际社会。在国际社会逐步扩大的过程中，各国为了建立、维持和发展平等互利的国际关系，就需要相互承认、设立外交机关、互派使节、实施外交特权与豁免的规定；为了便利各国人民之间的来往，就需要形成有关外国人待遇的一般原则、实施有关本国侨民的外交保护制度；为了促进国际交通与运输，就需要有海洋、陆地和空间的各种通行制度；为了进行国家间的合作、共同参加国际会议、解决争端、缔结条约，就需要有国际议事规则、国际争端法、条约法，等等。可见，国际法是以一定的社会目的为根据而逐渐形成和发展的。

国际社会的组织化程度，对国际法的发展产生深刻影响。

近百余年来，特别是最近 50 多年来，由于国际组织数量的增加，及其职能的扩大，已经形成一个以联合国为中心的国际组织网。这一趋势，明显地加强了国际社会的造法功能和实施国际法的能力。

当今地球上，已有约 200 个国家。虽然，其中有发达国家和发展中国家、有大国和小国、有富国和贫国、有强国和弱国的差别，其文化传统、经济结构或社会制度也有诸多不同，但是，在现代国际法上和国际组织中，它们均为主权国家，都是组成今日国际社会的平等成员。在科学技术高度发展、交通信息迅速进步的条件下，各国之间的政治、经济、文化等方面的组织合作日趋扩大。实践表明，在各国来往频繁和组织化程度加深的国际社会里，各国之间存在着一种交叉影响、彼此补充和相互依存的关系。为了维护全人类共同及根本的利益、加速各国特别是贫国的经济及社会进步，"共同谋求和平与发展"已成为各国人民的普遍要求。国际法在国际组织的影响下，也正在迅速发展之中。

现代国际法需要适应一种复杂的世界格局。

当前，特别引人注目的是，从第二次世界大战以来建立在雅尔塔体制基础上的两极格局已经发生根本变化。世界正在向多极化方向过渡。在这个国际舞台上，"舞伴"们将不时地重新组合和更换，从而形成一种使平衡不断发生变化的新格局。在国际关系中，由于各自国家利益和民族传统的不尽相同以及意识形态上的某些差异，国家与国家之间或国家集团与国家集团之间的矛盾和冲突有增无减。各国，特别是经济和军事上的强国，总是谋求主宰国际活动而获取利益，而这种利益在不少场合是靠损害别国（尤其是弱小国家）利益而取得的。这就会使国际社会出现一种颇为复杂、敏感的形势。以此为背景，作为协调国际关系的一种手段的国际法，将像一艘潜入深海的洋底游艇，它必须蛇行地绕过种种暗礁，才有可能达到目的地。但是，可以预见，在国际大气候有可能改善的条件下，国际法必能发挥它应有的作用。因为，如前所述，不仅国际法需要有一个国际社会的存在，国际社会的存在也需要有一个国际法体系来进行有效的协调。

综上关于国际法社会基础的论述，作者从理论与实践相结合的高度概括出如下几点带规律性的基本认识（可统称为"社会基础论"）：

第一，独立并存的主权国家以及主要由主权国家组成的国际社会，是国际法形成和发展的前提及最重要的社会基础。

第二，人类的组织化趋势，强化了国际法的地位，当代国际组织已成为国际社会的重要行为体，其作用与影响不容忽视。

第三，各国间存在着各种差异与矛盾，但也不乏某些共同的"国家利益"。这种利益是形成国际关系的一根重要纽带，而国际法则是协调各国之间利益的一种重要手段。可见，国际法既是国家间关系的产物，又反过来影响各国间的关系。

第四，国际社会的需要不断推动着国际法的演变与发展，国际法律秩序的建立又有助于国际社会的进步。国际法的演变同国际社会的演变相伴而行，而且基本上是同步的。

第五，平等互利的国际关系有助于国际法的成长，而国际社会强权政治与霸权主义的出现则有可能扼杀国际法的生机。可见，国际法会受到国际关系各个方面的影响，特别是会受到国际政治的制约。国际政治给国际法带来时隐时现的局限性。这是国际法的重要特征之一。

第六，21 世纪的国际法理念及其价值取向，必将随着国际社会法律秩序的改善和加强而不断向前发展。

三、国际法的法律性质和效力根据

（一）国际法否定论

顾名思义，国际法是法。但是，这个在国际法理论中带有根本性的命题，却不为国际法法律效力的"否定论"者所接受。这种论点认为，国际法不是法。它的早期代表，可以举出 17 世纪的法学家普芬多夫（S. Pufendorf，1632—1694 年），他从自然法角度否认任何一种作为实在法律的国际法的存在。他认为只有自然法才是法，一切实在的国家间协议（条约）或"相互义务"都可能被个别国家随意解除，因此它们并不构成国际法律。19 世纪的英国法学家奥斯汀（J. Austin，1790—1859 年）则从实在法的角度否认国际法的法律性。他根据其三位一体说，认为法律是掌握主权的"上级"所颁布的一种"命令"，如不服从即以"制裁"作为威胁，但国际法并非如此。所以他断言，国际法只是一种道德体系，而不是法。在两次世界大战期间，甚至现在，由于国际法常常遭到粗暴的违反和破坏，也不断引起人们对国际法法律性质的怀疑。

上述各种否定论的观点，有的带有明显的片面性，有的是一种在法律观念上先入为主地把衡量国内法的标准移植于国际法理论的结果。人们一般都生活在一定的国内法律秩序之中，因此总习惯于以国内法来说明国际法。但是，正像国内法不能以国际法来说明一样，国际法也是不能以国内法来说明的。虽然它们都是法，但它们是两种不同的法。

（二）国际法与国际道德

国家作为国际社会的成员，在彼此交往中，必然客观地形成种种行为规范。这些规范，有的属于国际道德的范畴，有的则属于国际法的范畴。

就国际道德规范而言，它主要是通过国际社会舆论形成的，依仗人们内在的信念及道义力量来维持，是一种不太确定的规范。此外，各国为了彼此尊重、交往方便和友好合作，往往相互采取各种国际礼让，如驻在国对外交使节的某些礼仪、便利及善意等措施。这种规范和措施，在相互基础上，一般均能得到遵循，但它们不是国际法的法源，即使遭到抵制与破坏，也只构成不道德行为或不友好行为，并不引起当事国的法律责任。因为，它们并不具有法律约束力，除非它们通过某种法律程序确已转化成了国际法规则。例如早先对战俘的某些人道主义待遇，现已通过国际条约转化成了有约束力的国际法规范。

就国际法而言，它主要是由各国间的协议（条约）和习惯形成的，必要时可由外力加以强制实施，是一种较为确定的规则。这种规则，与否定论所说的国际道德的区别，主要就在于它们对当事国是具有法律约束力的。

从上两个世纪以来，国际法一直在作为国际交往中有法律约束力的行为规则而不断发展：

第一，各国常常通过其议会和政府宣示愿意遵守作为国际行为规则的国际法。很多国家在其宪法中以明文确认国际法的效力。

第二，各国在其缔结的各种条约中，不仅接受权利而且承担义务。甚至在违反国际法时，有关国家也并不否认国际法的存在，而是设法证明其行为的合法性。特别值得注意的是，《联合国宪章》在其序言中郑重宣布，各缔约国决心"尊重由条约和国际法其他渊源而起之义务"，并强调依"国际法之原则调整或解决足以破坏和平之国际争端"。《国际法院规约》也有"法院对于陈诉各项争端，应依国际法裁判之"的条款。1969年的《条约法公约》更明确规定，"凡有效之条约对其各当事国有拘束力"，"一当事国不得援引其国内法规定为理由而不履行条约"。

第三，国际法的约束力不仅为各国所公认，在实践中，国际法也是为各国所遵守的。国际法遭到破坏毕竟只是少数情况。而且，正如不能因为有强盗而否定国内法的效力一样，也不能因为有侵略行为而否定国际法的效力。如果国际法确已遭到破坏，有关国家有权依法采取单独或集体行动来保障国际法的执行①。

第四，自从20世纪初第二次海牙和会关于陆战法规惯例的第四公约，规定交战国违反陆战法规者应负赔偿责任之后，国际上出现了有关"制裁"的规则。1945年的《联合国宪章》，以第7章各条规定了对侵略行为的强制行动（enforcement action），以实施集体制裁。第二次世界大战结束后的纽伦堡和远东两个军事法庭，各自根据伦敦协定、两个法庭宪章及有关国际法规则，于1945—1948年，分别对德日战争罪犯进行了国际审判。1949年签订的日内瓦四公约，也规定了对严重破坏公约者加以有效之制裁。除国际联盟曾根据《国联盟约》对意大利进行过经济制裁外，联合国曾于1966年、1968年、1976年、1977年对南罗得西亚，于1963年、1977年对南非，于1990年对伊拉克，近年来对利比亚、伊朗和朝鲜，多次分别宣布进行经济制裁和武器禁运。可见，现代国际法的效力和国内法近似，在一定程度上，也是以对违法者实行某种制裁作为保证的。

（三）国际法约束力的来源

在国际法理论上更深一层的问题是，为了论证国际法的法律性质，还必须回答"国际法效力的根据"问题。这一问题的实质是：国际法的约束力是从哪里来的？它的基础和根据是什么？

自然法学说，包括各种带自然法色彩的新流派在内，一般认为国际法的约束效力产生于"自然理性"，而自然理性是决不可违背的。有的把这种理性称

---

① 见《联合国宪章》第51条之规定。

为"法律良知"、"正义观念"或"最高规范"。这一学说将航海自由、人类和平、国家之独立、平等、自保等权利，都归于一种永恒的自然权利。自然法学说，在历史上新兴资产阶级反对欧洲封建的教皇霸权中起了重要作用，有些观点如正义战争与非正义战争等，至今犹有影响。但是，它从一些抽象的概念出发，显然使法律规范和伦理道德有所混同。且其内容多为"法学拟制"，难于在实践水平上加以检验。

盛行于 19 世纪的实在法学说及其新的流派，一般认为国际法的约束效力产生于各国在国际习惯或条约中所表现出来的"共同意志"。这一学说认为，任何规则不能仅仅因其合理而成为国际法，只有在证明该规则确已为各国所共同同意后才能成为国际法；这种同意是国际法效力的基础。这一学说的影响一直延续至今。与自然法说重视内容上的正义性相比，实在法说则重视形式上的有效性。后者主张，法与道德没有必然联系，甚至认为某法律尽管不正义，只要是依正式程序制定的，即应有效。推至极端，这是一种"恶法亦法"论。

还有些学者，强调"权力政治"对国际法的决定性作用，认为国际法的效力来自各国"势力均衡"。另一些学者则提倡"政策定向"学说，认为国际法的效力来自国际社会中"权威决策的总和"。这一学说，以美国现实主义法学派理论为基础，产生于 20 世纪 60 年代。其代表人物主要出自耶鲁大学，故有纽黑文学派（New Haven School）之称。这些学说在一定深度上揭示了政治权力、国家对外政策与国际法的关系。国际法诚然与世界政治势力和各国对外政策密切相关，但是若将它们铸为一体，则显然悖于事理。

如果说，以自然理性等来说明国际法的效力，是对神权法学的一大突破的话，那么以共同意志等来说明国际法效力则是对自然法理论的一个更大的突破。因为这第二个突破，使国际法从抽象的概念向可供捉摸的世界靠近了一步。但是，只重形式效力而忽视正义内容的"恶法亦法"等命题，无论在国内法还是在国际法中，都遭到了抨击。

我国学者关于这一问题的观点，也众说纷纭，但较为普遍的认识是，国际法的约束力来源于"各国意志之间的协调"。这可以称之为"意志协调说"。这种观点，虽然将各国体现于所缔结的条约之中的意志作为国际法效力的根据，但是认为，这种意志不可能是各缔约国的共同意志，而只是各国意志在求同存异基础上的一种协调或"协议"。著名国际法学家周鲠生先生在其遗著《国际法》一书中写道：国际法是各国公认的，它代表各国统治阶级的"协调的意志"①。"意志协调说"较确切地阐明了各国意志之间的矛盾，同时也注意到这种矛盾还有可能协调的一面。这一认识，似乎与国际法的实践较为接近。

（四）国际法的特殊性

关于国际法的法律性质问题，我们应该从前面所阐述的"社会基础论"的原理出发，探究国际法这一概念的两个方面：一方面如上所述，它是法；另一方面与国内法相对照，它是一种特殊的法。国际法是"法"，这并非答案的全部，答案的真谛在于：它是"国际"的法。它作为国际的法，与各国的国内法比较，具有如下基本特征：

第一，国际法是适用于国际社会的法律。

（1）从国际法调整的对象来分析：包括国际法在内的任何法律，从法律哲学上说，都根源于一定"物质的生活关系"，都是适应国家和社会生活的需要而产生的，因此，法律无不以一定社会关系作为其调整的对象。国际法是适用于国际社会的法。国际法调整的对象是广义的国际关系，即包括国家与国家之间、国家与其他具有国际法律人格的国际实体之间以及此等实体彼此之间的关系。但基于国际社会结构的基本情况，国际法主要是调整国家之间关系的一种法律体系。国际法不调整各国内部发生的关系。这是国内法的调整范围。虽然国际法规范有时对这种关系产生一定影响，甚至在一国内部有效，但是，在一般情况下这只是根据该国国内立法而产生的一种转化或并入。

（2）从国际法的主体来分析：国际法律关系的主体主要是国家。此外，在一定条件下和一定范围内，民族解放组织（处于形成期的国家）和国际组织等国际实体也可成为国际法律关系的主体。国际法原则上只规定国家间的权利义务。这里，值得注意的是，法律制度在不断发展，有些国际法规则或条约，实际上已具体涉及个人（自然人或法人）的若干权利义务，如在侨民待遇、人权保护、外交豁免等方面就是如此。但是，也需要看到，在多数场合，还需要通过缔约国才能产生权利义务关系。因此，一般说来，国际法律关系的基本主体仍然是国家。

第二，国际法是平等者之间的法律。

（1）从国际法的形成方式来分析：如前所述，适用国际法的国际社会，主要是由众多的主权国家组成的，和国内社会相比，它是一个高度分权的社会。国内社会，是在一定领土上，由国家管辖的自然人和法人为成员而构成的

---

① 参见周鲠生著：《国际法》，商务印书馆 1976 年版，第 8 页。

一种纵向的"宝塔式"社会。国内社会的权力集中于中央，国家有统一的中央权力机关。但是，国际社会的基本结构显示，它是一种横向的"平行式"社会，在其成员（各国）之上不可能有一个超国家的世界政府存在。因此，国际社会没有一个统一的最高立法机关来制定法律。国际法是作为国际社会平等成员的各国，在相互协议的基础上逐渐形成的。无论是条约法还是国际习惯法，都必须有主权国家的明示同意或默示同意才能生效。

（2）从国际法的实施方式来分析：基于同上理由，国际社会，没有一个处于国家之上的司法机关来适用和解释法律，也没有这样一个行政机关来执行法律。虽然过去的国际联盟和现在的联合国，都设有国际法院，但它们对当事国并没有像国内法院对当事人那样的强制管辖权。从实质上分析，任何国家都不得被强迫违背其意志进行诉讼。各诉讼当事国的自愿是国际法院受理案件的基础。虽然联合国宪章所设立的集体安全制度有助于对破坏和平及侵略行为进行制裁，但是宪章所规定的"执行措施"如涉及大国的利益，即可能在安理会遭到否决。因此联合国不大可能对作为安理会常任理事国的大国实行制裁。国际法的实施，在颇大程度上仍是凭借国家本身的力量。可见，国家不仅是自己应遵守的国际法规范的制定者，而且在一定程度上又是这些约束它们自己的规范的解释者和执行者。

综观上述各种特征，与国内法相比：国际法是国际社会的法，它所建立的不是一种以统治权为基础的法律秩序，它不像国内法那样具有超于当事者的最高权威。国际法迄今仍然基本上是一种以国际社会的主权者"平等协作"为条件的法律体系，是一种国家之"间"的法律体系。因此，也常常被认为是一种较弱的法（weak law）。这恰好从一个侧面说明了国际法最本质的属性和特征。不过，应该看到：现代国际法与传统国际法相比，由于上世纪后半期以来国际社会组织化与民主化程度的提高，其影响与作用在 21 世纪定会有所发展和加强。

第二节　国际法与国内法

为了深入理解国际法的性质和基础，除上述最基本的原理之外，还应从横向比较的角度进一步具体探讨国际法与国内法以法律效力为核心的各种关系问题。

一、关于国际法与国内法关系的早期学说

如前所述，国际法是有别于国内法的另一种法。若要更全面地揭示国际法的特殊性，就须先剖析有关两者关系的各种学说，然后再阐述两者关系的各国实践。

国际法与国内法的关系，无论在理论或实践上，都是一个很复杂的问题。两者关系问题的实质是：在彼此并存时，"各自的法律效力如何"？或者说，在彼此发生抵触时，"何者处于优先地位"？各国学者对这一问题的解释及论述甚多，形成了种种学说。其中较早的和最有代表性的，是"法律的一元论"和"法律的二元论"。在一元论中，又因所强调的隶属关系不同而有国内法优先说和国际法优先说之分。

（一）国内法优先说

在国际法形成独立体系以前的自然法理论，是一种法律一元论。它认为国际法与国内法都从属于自然法，是一个法律体系。但后来的国内法优先说则有所不同，它主张的是一种国际法从属于国内法的一元论，其实质是国内法的效力应高于国际法的效力。这一理论，兴起于19世纪，以19世纪末期的一些德国学者如耶利内克（Georg Jellinek，1851—1911年）等为代表。他们主张国际法和国内法从整体上构成一个统一的法律体系，但以国内法的效力为优先；同国内法相比，国际法是次一级的法律。他们认为，国家的所有对外活动，都是以其国内法为根据的，例如条约的缔结，必须先有国内宪法的授权，否则条约就不可能产生，因此，国际法的效力来自国内法，在整个法律体系中，国际法应处于国内法的下位，并从属于国内法。他们甚至把国际法理解为所谓"对外的国家法"。

国内法优先说，源于黑格尔的"国家至上"观念，有浓厚的强权思想。依照这一学说的逻辑推理，既然国际法从属于国内法，各国即可凭借本国法律任意解除其国际义务，这样势必导致对国际法效力的根本否定。国内法优先说，不仅在理论上非常片面，而且和现实的法律经验也很不相符，相去甚远，因此遭到了二元论的尖锐批评。经过第一次世界大战，特别是在第二次世界大战之后，这一学说已逐渐衰落，失去了影响力。

（二）国际法优先说

一元论中的国际法优先说早已有之，但其较系统的理论，则是在进入20世纪以后才逐步形成的。它以世界主义思潮为背景，曾在欧美法学中盛行，现在犹有一定影响。这种理论认为，国际法与国内法是一个法律体系，在此体系

中，国际法应处于金字塔的最高位，各国的国内法从属于国际法，均处于低位。其实质是国际法的效力应高于国内法（宪法）的效力。这一学说最著名的代表是规范学派的学者凯尔逊（H. Kelsen，1896—1973 年）等人。他们否认国家意志创造法律，而主张法律的统一性。认为整个法律体系有层次之分，国内法的效力是国际法赋予的，而国际法的效力则来自一个不以人们意志为转移的最高的"原始规范"。但是，这一学说却始终无法证实这个原始规范自身的效力根据，最后只能勉强地把它归结到"法律良知"等一些抽象的概念中去。

显然，国际法优先说，带有很深的古典自然法学说的色彩。按照此说，既然国内法从属于国际法，国内法所赖以存在的国家主权就必然会遭到否定，这无疑也是对国际法基础的一种破坏。可见，国际法优先说与现实国际社会的基本结构是相互矛盾的。

（三）国际法和国内法平行说

国际法与国内法平行说，同上述一元论的两种学说相对照，它是法律上的二元论。

最早从理论上阐明二元论的名著，是德国特里佩尔（H. Triepel，1868—1946 年）的《国际法与国内法》一书。最初，二元论对国内法优先说进行了有力的批评，后来，国际法优先说又同二元论形成了学术上的对立。二元论与一元论的长期论战，对国际法，特别是对国际法学的发展，作出了巨大贡献。同时也加深了人们对国际法的性质和基础的更为科学的认识。二元论依据实在法理论，主张国际法与国内法分别构成各自的法律秩序，有各自的效力范围，是两种完全不相同的法律体系。

平行说的主要论点可以概括为：

1. 国内法和国际法的效力根据不同。前者的约束力来自本国单独的意志，后者的约束力则来自多国共同的意志。

2. 国内法和国际法的调整对象不同。前者是用以调整隶属于国家的个人相互间的关系或国家与其国民间的关系，后者则是用以调整国家相互间的关系。

3. 国内法和国际法的法律渊源不同。前者的渊源是国内立法，其根本规范是"立法者的命令应该服从"。后者的渊源则是国际习惯与条约，其根本规范是"条约必须遵守"。

平行说的结论是：国内法和国际法的关系，不是一种从属关系，而是一种平行关系。它们基础不同，性质不同，各有自己的效力范围，分别形成为两种完全独立的法律体系。国内法适用于国内，国际法适用于国际，在此范围内，各行其道，互不抵触。一般情况下，国际法不能在国内直接适用，除非一国宪法或法律作出直接适用的明确规定；若要使国际法适用于国内，必须通过某种国家行为（法律程序）将其"转化"为国内法。

平行说从实在法出发，较正确地分析了国际法与国内法的不同性质，论证两者是两种效力范围不同的法律体系，这是国际法理论上的一个重要发展。但是平行说在强调国际法与国内法各自独立的一面时，却忽视了两者彼此联系非常密切的另一面，对这两个体系的解释不免带有片面性，甚至使之绝对化了。因而，它仍然难于全面阐明实际的法律现象以及国际法与国内法两者所特有的复杂关系。

二、"国际法与国内法内在联系论"

任何事物都是对立的统一，作为两个不同法律体系的国际法与国内法之间的关系也不例外。上述法律一元论完全否定了两者"对立"的一面，而法律二元论则忽略了两者"统一"的一面。我们从前面对国际法的社会基础与法律性质所作的基本分析，可以看出：一方面，国际法与国内法，在性质、主体、渊源、效力根据、适用范围、调整对象和实际执行等方面，都有着显著区别；但是，另一方面，现代国际实践也向我们表明，这两个不同的法律体系的存在与发展，并不是彼此孤立无关，而是有着内在联系的。例如，国际海洋法，不可能不与各国关于领海及渔业的法律制度发生关系；一国关于庇护和引渡等问题的具体规定，必然与国际法的一般原则具有联系。关于国籍问题，国际法有一般规定，而国籍的取得与丧失，则需各国制定具体规则。1930 年的《国籍法冲突公约》第 1 条规定："每一国家依照其本国法律断定谁是它的国民。"这两种不同体系的规则，如相一致，则产生相互支持及补充的效果；如不一致，则可能在法律关系中发生抵触。无论是哪一种情况，都将在法律的实施中体现出来。在不一致的情况下，就需要从法律效力和适用范围上解决国际法与国内法彼此冲突的问题。

国际法与国内法发生内在联系的根本因素和纽带，作者认为主要来自下列几个方面：

第一，国家是国际法与国内法发生内在联系的最重要的纽带和动力。虽然国内法和国际法的产生及形成，各有截然不同的程序，但是，均以国家的存在及其意志活动为前提，均以此为法律效力的根据。国家，既是国内法的制定者，同时也是参与制定国际法的主体。因此，能为国家所接受的国际法规范必然与其国内法规范具有内在联系。

第二，国家的对内职能及政策，同国家的对外职能及政策，虽然分属两个不同领域，但却彼此密切相关。这一客观事实，加强了国内法和国际法在实践中的联系，必然使两者在付诸实施的过程中相互发挥作用。

第三，适用国内法的国内社会和适用国际法的国际社会，虽各有特点，然而却具有千丝万缕的关系。从纵向关系来考察，国内社会及其法律制度形成在前，国际社会及其法律制度发展在后，这种历史联系使国际法承袭了一部分国内法的有益经验及一般性规则。从横向关系来考察，国内事务与国际事务，彼此交叉，相互渗透，这种实际情况，对国际法与国内法在效力与适用的范围上无疑会产生重要影响。在当今情况下，国家间交往愈频繁，人类组织化程度愈高，国际社会和国内社会的联系就愈紧密，国际法与国内法的关系也就更为复杂。

上述有关国际法与国内法关系的这种观点及论证，我们可以将其概括称之为"国际法与国内法内在联系论"。

三、关于国际法与国内法关系的各国实践

（一）通过何种程序国际法才能在国内适用的问题

如上所述，国际法与国内法是两个有密切联系的法律体系。这种联系的一个重要表现，是国际法在国内的效力问题，或者说国际法如何在国内（法院）适用的问题。

国际法是国际社会的行为规则，在国际关系中必须予以信实遵守。为了确保国际法的有效执行，还需要得到各国国内法律秩序的支持。因为国际法所调整的是国际关系，而不是国家内部关系，所以，国际法关于国家间权利义务的规定，其效力原则上只及于作为国际法主体的国家，而一般不能直接及于国家内部的机关和个人。这些权利和义务，在国家内部到底根据什么形式、通过什么程序、如何具体履行的问题，是一国主权范围内的事情，应由国内法来加以补充规定。例如，1948 年的《防止及惩办灭种罪公约》，除其他有关灭种罪的实质性条款外，还专门以第 5 条规定，"缔约国承允各依其本国宪法制定必要之法律以实施本公约各项规定"。实际上，国际法的任何规则，不论是有关国家权利还是义务的规则，都需要进一步通过国内立法的补充，才能得到有效的执行。值得注意的是，某些当代自成体系的国际法对于其在国内的实施方式和程序有更为具体和明确的要求。例如，世界贸易组织中的一些多边贸易协定明确地要求各成员要建立适当的独立审查机构和程序（司法的或行政的）以及

设立专门的咨询点，以保证有关多边贸易协定的实施。

国际法究竟怎样通过国内立法在国家之内实施呢？要使国际法能在国内实施，首先必须使国际法具有国内法的效力，以便使其能适用于国内。关于使国际法在国内具有效力并能适用的问题，各国情况不一。

在国际习惯法方面，例如英国，很早即有国际习惯法为国内法一部分的原则。后来，包括美国、日本、德国、法国在内的许多国家也承认国际习惯在国内的可适用性。但各国在适用中所加的限制条件，则有宽有严，不尽相同。

在条约法方面，例如美国，以宪法明文规定条约为国内法的组成部分。日本、法国、奥地利、荷兰等国也承认条约在国内的效力。但以英国为代表的另一些国家，则非如此。英国法律规定，王国政府缔结、批准的条约，还必须在议会就该项条约通过一项特定法案后，才能在英国法院适用。

各国立法在这一方面所采取的具体方式也是多种多样的。因为各国宪法体制各有差异，所以在国际法上不可能就这一方面形成统一的规则。但就实践来分析，各国所采取的立法方式，概括起来可以分为两大类：

1. 转化。有的国家，为了使国际法能在国内有效地加以适用，通过其立法机关，将国际法有关具体规则变成国内法体系，用国内法的形式表现出来。如果国内法缺少有关国际法规则所要求的内容，则规定新的国内法，将国际法规则的内容纳进其中；如果国内法规则与国际法相矛盾，则修改国内法的有关条款，使之有助于国际法在国内的履行。

2. 并入。有的国家，为了使国际法能在国内直接适用，一般地作出原则规定，从总体上承认国际法为国内法的一部分。这可以由宪法统一规定国际法具有国内法效力，或由立法机关就某项条约通过专门法案赋予其国内法效力，也可以用其他方法（如通过批准条约、公布条约、司法判例等）使之能在国内（法院）适用。

（二）国际法在国内适用过程中的等级问题

在解决国际法能在国内适用的问题之后，另一个突出问题就是国际法与国内法的效力顺序问题。

如上所述，国际法所规定的权利义务的对象，从整体上看是国家本身。当国际法与国内法发生关系时，国家到底怎样在国内具体履行自己所承担的国际义务，原则上是国家的自由。上述两种立法方式，是与此有关的两种不同宪法原则的反映。从理论上说，转化方式，基本上不承认国际法在国内的效力，而并入方式，则倾向于承认国际法在国内的效力。采前一类方式的国家，在国内只适用国内法，而不直接适用国际法，这在程序上比较简单。但是，采后一类方式的国家，在国内除适用国内法外还要适用国际法，相对而言，这在程序上就要复杂多了。到底被并入的国际法在国内体制中处于什么地位？特别是当两种法律发生抵触时，为了解决这一冲突，究竟应优先适用两者中的哪一种呢？这就出现了一个效力等级和顺序的问题。各国关于这个问题的规则，不尽相同。

1. 就条约而言，除有些国家未对上述问题作出规定外，有很多国家确认条约在国内适用中的效力高于国内法。例如 1958 年的法国宪法第 55 条规定，凡依法批准或通过的条约，具有高于国内法的效力。日本、刚果、扎伊尔、中非、哥伦比亚、希腊、荷兰等国也有过类似规定。另有一些国家认为，条约在国内适用中的效力与国内法相等。例如美国宪法第 6 条规定，依宪法制定的联邦法律和以联邦权利缔结的条约，都是全国的最高法律（高于各州法律）。但按美国最高法院判例的解释，第 6 条所指的条约只限于"自动执行条约"。当这种条约同联邦法律发生抵触时，则采用"后法优于前法"的原则来处理。这种采后法优于前法的国家，实际上并没有为解决国际法同国内法相抵触的问题提供一项真正确定的原则。因为如有需要，国家可随时由立法机关通过一项新法规，使已经成为国内法一部分的有关条约处于不适用的地位。

2. 就国际习惯法而言，除很多国家对此未作规定外，有些国家确认国际习惯在国内适用中的效力高于国内法。例如 1949 年的联邦德国宪法明文规定，国际习惯法是其法律的组成部分，位于各项法律之上。日本、意大利及希腊也作过类似规定。另有不少国家认为，国际习惯在国内适用中的效力低于国内法。例如英国法律，虽然没有关于国际习惯在国内地位的明确规定，但它通过判例表明，国际习惯法如果与议会制定的法律抵触，应以议会的法律为优先。美国等其他一些国家也采取过类似的原则。

（三）国际法与国家宪法的关系问题

上面所作的比较分析，是针对国际法在国内适用中与国内一般法律的关系而言的。至于国际法在国内适用中与国家宪法的关系问题，各国一般均不愿赋予国际法以高于国内法（宪法）的效力。由于各国宪法对这一问题一般均采回避态度，不予规定，所以两者在国内适用中的关系，完全取决于各国的具体政策与态度。但是，在实践中，一般都通过解释尽量使两者一致起来。

（四）中国的实践

我国宪法，虽然尚未就国际法在国内的适用与地位问题作出一般性的规定，但在若干部门法中已为此设有专门条款。如《民法通则》在第八章"涉外民事关系的法律适用"中规定：我国缔结或者参加的国际条约同我国的民事法律有不同规定的，"适用国际条约的规定"，但我国声明保留的条款除外。我国法律和我国缔结或者参加的国际条约没有规定的，"可以适用国际惯例"，但适用国际惯例不得违背我国的社会公共利益。这些规定，在上述有关范围内表明：第一，我国缔结或参加的国际条约，除声明保留的条款外，在我国具有法律效力。第二，在我国缔结或参加的国际条约与我国国内法规定不一致时，国际条约在国内适用中处于优先地位。第三，国际惯例在我国具有法律效力，但由于只有在缺乏法律或条约规定的情况下才可在国内适用国际惯例，所以，国际惯例在适用上仅起补充（或补缺）的作用，其效力显然是在国内法与国际条约之下。不过，必须注意的是，《民法通则》中所称的"国际惯例"，主要是指国际商业惯例，与国际法上的国际习惯有所不同。

在我国其他部门法中，还有若干关于"直接适用国际条约"的规定。较早采用这种方式的是 1982 年的《民事诉讼法》，该法规定：对享有司法豁免权的外国人或某些组织提起的民事诉讼，法院"根据"我国法律和"我国缔结或参加的国际条约的规定办理"。其后，在《行政诉讼法》、《邮政法》、《环境保护法》等之中，均有类似规定。此外，为了履行我国加入的国际条约，还制定了一些专门条例，以便将国际法"转化"为国内法。我国为履行有关外交关系和领事关系的两个维也纳公约而制定的《外交特权与豁免条例》和《领事特权与豁免条例》，就是这方面的典型例子。

四、国际法在国际关系中的普遍效力

综观国际实践，国际法作为调整国际关系的行为规则，其效力及于国际社会的所有成员（国家）。国际法在国际关系的广泛范围内，从基本制度上对国际法与国内法的关系作了原则性规定。一方面，条约必须遵守，国家不能以国内法改变国际法。国家必须信实地履行国际义务。另方面，内政不容干涉，国际法不能干预国家依主权原则而制定的国内法。凡未承担国际义务的事项，均属国内管辖，由国内法调整，不在国际法效力范围之内。这两个方面，是彼此联系且相互制约的。

在国际关系中，国家既然依国际法承担了国际义务，就有责任使其国内法与其国际义务保持一致，不得以任何国内法为理由而否认国际义务。1966 年的《消除一切形式种族歧视国际公约》第 2 条，明确体现了这一原则。该条规定："缔约国应采取有效措施……对任何法律规章之足以造成持续……种族歧视者，予以修正、废止或宣告无效。"维也纳《条约法公约》第 27 条也明文规定了历来国际社会所普遍承认的原则："……国家不得援引其国内法规定

为理由而不履行条约"（但在违反有关缔约权限的国内法规定时，可使条约无效）。《建立世界贸易组织协定》第 16（4）条更为具体地规定："每一成员应当保证其法律、规则和行政程序，与所附各协议中的义务相一致"。

如前所述，国际法与国内法都是国家意志的体现，从逻辑上推论，两者是不会、也不应该发生抵触的。但是，在千差万别的国际实践中，抵触却很难完全避免。如果国际法与国内法已经发生抵触，而有关国内法院仍根据该国国内法作出裁判，致使国家违背依国际法所承担的义务时，则必然会产生国际法上的"国家责任"。尽管在国内体制上，国家机关及其法院（除宪法或法律另有规定外），可能有责任不顾条约规定而适用国内法，但在国际关系上，该国作为国际法主体，应对其所属法院的这一司法行为承担违反国际法的一切国际责任，因为该行为已经构成该国的国际不法行为。

国际司法机关曾经利用多次机会表明，国家在国际关系中的权利和义务是由国际法规定的，国家不能利用国内法来改变国际法。例如国际常设法院在1932 年《上萨瓦和节克斯自由区案》中主张：国家不能依赖它自己的立法来限制其国际义务的范围。此外，在关于《在但泽的波兰国民之待遇问题》的咨询意见中，又一次明确阐述了这一重要原则：一国不能以其国内法来规避依据国际法或有效国际条约所承担的国际义务。1956 年（9 月 24 日）美意和解委员会在《特勒夫斯诉意大利共和国案》中所持的见解①，也反映了这一公认的国际法原则。

第三节　国际法的形成、发展和现状

过去不会消失的历史和未来难于预言的趋势，都是形成包括法律制度在内的各种社会制度的一种不容忽视的重要背景与因素。要更深入地了解国际法的性质和基础，还必须进行纵向研究，论及国际法的历史和未来。

一、19 世纪及此前的国际法

随着国家的出现，在国家相互交往中，自然会逐渐产生一些交往的习惯和规则。这种习惯和规则的胚胎，可以追溯到公元前的远古时代。但是，真正具有独立体系的国际法，则是近代的产物。

---

① 参见《美国国际法杂志》第 51 卷，1957 年，第 439 页。

（一）古代及中世纪国际法的萌芽

在国际法形成独立体系以前（特别是在公元5世纪末西罗马帝国崩溃以前），原始国际习惯与规则的出现，带有明显的区域性。它们是在相距遥远的世界各地（包括东方和西方诸文明古国）各自成长起来的。这些孕育于古代希腊、中国以至埃及的古老国际法的源流，形式原始，十分零散，处于一种游离状态，多与宗教、正义、道德等观念联系在一起。但它们对后来国际法发展的影响，不应忽视。其中，尤以欧洲源流更为重要。

到中世纪，罗马教皇和皇帝成为整个欧洲社会至高无上的权威，形成了一个以封建割据为基础的统一基督教世界。在这个统一霸权（帝国）的长期统治下，其他国家的主权被否定，国际法很少有适用的余地。各国争端，只需诉诸教皇与皇帝，不必诉诸国际法。在中世纪，国际法的发展极为缓慢，几乎处于一种停滞状态。

（二）近代国际法的形成及发展

众多主权国家和一个国际社会的存在，是近代国际法产生的基础。

中世纪欧洲社会向近代社会的过渡，使基督教社会逐渐分裂为众多的独立国家。早在16世纪，主权国家并存的趋势已经出现。进入17世纪以后，发生了"三十年战争"。1648年为结束这场宗教战争而召开的威斯特伐利亚和会及其所缔结的和约，是国际法漫长发展过程中的一块重要里程碑。它不仅标志着一个由众多主权国家组成的实际的国际社会的存在，而且标志着一种对国际行为产生直接约束力的国际法的产生。

《威斯特伐利亚和约》（*Peace of Westphalia*）对国际法发展的划时代意义，足以表明它是近代国际法的实际源头。和约的生效，使三十年战争所造成的领土变更得以调整，使罗马帝国统治下的大批城邦国家取得了独立，使荷兰与瑞士成为主权国家，使新教国家脱离了教皇的霸权，并使领土主权概念趋于加强，国家平等原则获得承认。这一切，使帝国从政治上和法律上发生了分裂。其发展结果是：作为国际社会成员的主权国家，大为增加；进行平等交往的常设使馆，相继设立；通过国际会议解决各国之间的争端，逐渐成为正常制度；日益增多的国际来往，为国际法规范的形成提供了各方面的素材。一个不屈从于教皇霸权而由独立国家平等组成之国际社会的发展，是国际法发展的根基，从而使国际习惯法的逐步形成，获得了重要条件。

国际法学，对近代国际法具有重要影响。

国际法学先驱者的学说，特别是格劳秀斯的学说，对国际法的发展和威斯特伐利亚和会的影响是显而易见的。格劳秀斯的著作，特别是他的名著《战争与和平法》，对具有独立体系的国际法学的产生与繁荣起了继往开来的作用。他在国际法领域内提出的各种基本原则和主张，代表新兴资产阶级表述了鲜明的反教权观点，具有折中自然法理论与实在法理论的时代特征。他被誉为近代国际法的奠基人。17、18 世纪的西方学者大多接受他的学说，称为格劳秀斯派（Grotians）。

先前的学者从自然法理论出发，把国际法理解成一种适应当时"国际社会"（除国家外，还包括军队、君主及其他个人）的法，认为它是由一种以自然理性为基础并普遍适用于人类的自然法规则组成的。17 世纪下半期以后，国际法中占优势的实在法理论则认为：国际法是惟一由主权国家组成的国际社会的一种法律体系，是根据各国明示或默示同意而有效的，并以规定国家的相互间关系为限。

国家主权概念已盛行于 18 世纪。这一趋势也是当时自然法理论所承认的。因为人格化的国家被认为跟人一样享有自然权利，而国际法的主要任务是保护这些权利。特别是鼎兴于 19 世纪的实在法观点，更是以纯粹的国家主权观念为前提的。

早在 18 世纪末，国际法已开始了一个新的发展阶段。

法国大革命和此后发生的一系列战争，摧毁了欧洲各国的封建体制，在激烈变革中产生了一些有利于新兴资产阶级的有关国际法的民主原则，如国家享有独立主权、内政不容干涉、公海自由、条约不可违反、禁止贩卖奴隶等。19 世纪前期的国际法，十分强调国家的基本权利——独立、平等、自保及尊严。这些权利具有很强的政治性，促进了国际法的发展。整个 19 世纪在维也纳、巴黎、柏林、海牙及日内瓦召开的多次国际会议，以及国际习惯法的不断积累，对包括战争法在内的国际法各部门均产生了重要影响，使近代国际法形成了一个比较完整的独立体系。

强权政治，在 19 世纪的国际法中留下了深刻的烙印。

19 世纪及此前的国际法，其适用范围甚小，殖民色彩颇深。到 19 世纪中叶，帝国主义列强侵入远东，以炮舰政策迫使中国、暹罗（泰国）、朝鲜等国订立不平等条约、强行通商、设置领事裁判权。此后，殖民掠夺又相继扩及非洲等地，使众多国家沦为强权瓜分的牺牲者。这些国家在不平等条约的法律形式下被纳入了近代国际法的效力范围，但近代国际法的主权原则并未适用于这些弱小国家。此时的国际法，适用范围虽有所扩大，但仍为以西方价值观为基础的体系，是列强凭藉殖民制度、保护国、势力范围、租借地、领事裁判权等方式支配亚非拉的体系。

到 19 世纪末，在列强疯狂争夺世界的战争威胁下，世界和平运动兴起，从而促进了和平解决国际争端等国际法制度的发展。由于科学的进步与世界市场的扩大，超国界活动日益频繁，使国家间缔结的条约大量增加。据统计，从 19 世纪初至第一次世界大战前夕，各国所签订的双边及多边条约不下 15 000 个，其中包括着许多实体的国际法规范。这一百年左右的时间，堪称"实体国际法形成时期"。

二、20～21 世纪的国际法

进入 20 世纪后，国际社会发生剧烈震荡，迎来一个新的历史转折点，使国际法获得了巨大的发展，开始进入现代期。

在不到 30 年的短暂时间里，地球上发生了两次世界大战。战争这个恶魔，一方面使国际法破坏无遗，另方面为国际法带来新的转机。整个 20 世纪，世界日新月异：十月社会主义革命胜利，国际社会急剧改组，东西方意识形态对立形成，各国社会、经济及政治结构出现深刻差异，包括中国在内的一大批新独立国家不断发展，国家集团相继出现，战后科技大发展，核军备和外空竞争日趋激烈，南北经济、政治难民、世界环境等问题不断出现。20 世纪是国际法大变革的世纪。随着世界大局的波动，传统国际法规范，有些被更新，有些被废弃，许多被继续沿用，同时还不断产生各种新的原则和规范。

在跨进 21 世纪之后，总结过去的 100 余年，作者认为：可以归纳出如下几点有关国际法发展的带规律性的特征。这些特征无疑将继续影响 21 世纪国际法的发展。

（一）上个世纪（20 世纪），国际关系的一个最大特征是新独立国家的迅速增加及其对国际法发展的重要影响

20 世纪后半期以来，作为民族自决与非殖民化的结果，各洲殖民地纷纷独立，殖民体系基本瓦解。现在全世界的约 200 个国家中，包括中国在内的发展中国家①已增加到约 160 个。新独立国家的激增，远远超出了其数量上的意义。它们经济不发达，过去长期被排除在所谓"文明国家"之外。它们加入国际社会后，强烈反对殖民体系残余和不平等条约，要求修改其未参与制订而且对其有损的那部分国际法规范。它们作为一种新的国际力量，已成为推动传

---

① "发展中国家"是 20 世纪 50 年代之后形成的一个新概念，国际上并无统一的划分标准，一般是依惯例来认定的。例如联合国开发计划署的受援国，即可视为由联合国惯例所认定的发展中国家。

统国际法变革和促进现代国际法发展的一种重要动力。它们在维护民族经济和巩固国家独立的过程中，特别是在促进民族自决、建立新国际经济秩序和编纂海洋法、外交法、条约法、空间法等方面，推动了许多新的国际法原则、规则和制度的发展。在本世纪（21 世纪），发展中国家继续发挥着更重要的作用。

（二）上个世纪，在国际法的深刻变化中，国际社会的扩大和国际法主体的增加最富有时代意义

在近代国际法形成的年代里，源于欧洲的国际法具有强烈的排他性。它把美、亚、非各洲均排除在当时适用国际法的国际社会（"欧洲团体"）之外，称非基督教各国为非"文明"国家。其后，国际法的适用范围才逐渐扩至美洲各国，再后扩及澳洲，至 19 世纪中叶的巴黎会议，才开始接受非基督教国家（土耳其）加入国际社会①。20 世纪的国际法承认：世界各种文明相异的国家，不论大小及政治经济制度如何，均为国际社会的平等成员，参与国际法的制定，接受国际法的调整。这种国际社会结构的发展与国际法主体的增加，不仅从横面上扩大了国际法的适用空间，而且从实质上加强了国际法的有效性。在此过程中，促使许多传统的法律规则，如国家及政府之承认、领土取得之方式、条约之效力等，发生了重大变化。

传统国际法只承认国家是国际法上唯一的法律人格者（Legal person），国际法规则是通过作为国家间关系产物的习惯、条约和仲裁裁决等而形成的。但在进入 20 世纪以后，既非民间团体也非国家的政府间国际组织，已逐渐被承认在一定条件下具有国际法律人格，可成为国际法的主体。因此除国家间的关系外，国家与国际组织间以及国际组织彼此间的关系，也能形成国际法的新规则。由于国际组织具有参与国际法律关系的资格，从而大大丰富了国际法的内容。例如，在现代外交中，国际组织一方面有派遣外交使团的职权，另一方面也能接受外交使团；在现代条约法中，国际组织不仅有一定的缔约能力，可以享受权利，而且也需承担违约责任。这样，就必然会产生诸如国际组织官员的特权与豁免、国际组织的继承等一系列新的国际法规章制度②。

关于民间团体和个人（以及无国籍人、难民、托管地居民等）在国际关

---

① 当时的欧洲五大国（法、奥、英、普、俄）在 1856 年的《巴黎和平条约》第 7 条明文承认土耳其为国际社会的成员，被允许参加欧洲公法及欧洲协调。参见詹宁斯等修订，《奥本海国际法》第 9 版，王铁崖等译，第 1 卷，第 1 分册，中国大百科全书出版社 1995 年版，第 84 页，第 152 个注释。

② 参见谢默斯（H. G. Schermers）：《国际机构法》，1980 年英文版，第 770~833 页。

系中的地位问题，在现代国际法上也有较大程度的突破，虽然各国意见不尽相同，尚未明确形成国际社会所一致公认的一般国际法原则，但是关于个人权利义务特别是国际责任的规则，在战后已经有了若干明显的发展。例如，在纽伦堡及东京曾两次对德日战犯进行国际审判，稍后又有《灭种罪公约》对个人国际责任的规定。这些国际实践，对加强国家行为的个人责任，产生了很重要的影响。此外，还应看到，关于个人权利义务特别是权利方面的规则，在国际人权法等方面也发展甚为突出。个人在国际法上的地位，在本世纪将如何演变，这在理论及实践上都是非常引人注目的问题，因为这将涉及国际法的性质和一些基本观念的发展变化①。

（三）上个世纪，国际法发展的一个重要方面，是其客体的迅速扩大与国家“保留范围”的相对缩小

国家主权原则是各项国际法原则的核心。它和其他国际法原则分别从两个不同角度说明一个共同问题：前者（主权原则）从个体角度侧重说明处于静态的国家，后者（其他原则）从社会角度侧重说明处于动态的国家。两者是相辅相成并相互制约的，如果各自向两个极端推论，它们会转化为两种逆向的原则。国际法的发展，往往是在侧重国家主权为一端与侧重国际秩序为另一端的矛盾天平上运行的。过去如此，今日亦然。

传统国际法，为维护“文明”大国的权益，在主权原则下，将国际法所未明确规定的事项，都归于由主权国家任意决定的“保留范围”，推至极端，战争权也在国家保留之列。这种国际法所规定的有限的法律秩序，显然只是一种“小范围的秩序”，而各国极其广泛的保留范围，则可能造成“大范围的无秩序”。这种“小范围的秩序”常常因为“大范围的无秩序”而遭到损坏。按照传统国际法，基于绝对主权的行使，甚至两个国家相互间可利用协议更改一般国际法的规则和所规定的权利与义务。

经过两次世界大战，由于人类对国际关系认识的加深和国际社会发展的需要，情况在发生变化。现代国际法的触角逐渐伸入国家管辖的保留范围，使战争权、国籍问题、关税及贸易政策等受到了各种条约及国际实践的影响。同时，在新的条件下，国际强行法（jus cogens）理论兴起，要求加强国际法的作用。其后，在 20 世纪 80 年代生效的《条约法公约》又进一步对强行法作了规定：“条约在缔结时与一般国际法强制规律（强行法）抵触者无效。”可见，进入 20 世纪以后，特别是在 20 世纪的后半期，天平在向另一端倾斜，由

---

① 参见安东尼奥·卡塞斯：《分裂世界中的国际法》，1986 年英文版，第 85~103 页。

主权任意决定的保留范围在减轻分量，而由国际法加以规范的客体则有所增加，国际合作范围在扩大。但是情况表明，在由主权国家组成并以主权国家为基石的国际社会里，这是一个极其复杂而敏感的渐进过程。

由于科学技术日益进步及国际交往日益频繁的影响，传统国际法受到多方冲击，有了显著发展。在 20 世纪，海洋法这个古老的部门，已从过去的海面法规延伸到了海底开发制度。在深海资源、大陆架、专属经济区、领海范围、远洋捕鱼等方面，都有了很多新规定。空间法虽是一个较年轻的部门，但在 20 世纪的后 50 年时间里，人类为解决月球及其他天体的归属和使用问题，已由空气空间发展到了外层空间。此外，在 20 世纪的后半期：在和平利用原子能及国际核技术交流中，产生了新的原子能法；在国际组织爆炸性增长的情况下，产生了国际组织法；在工业污染及环球性公害的威胁下，产生了国际环境法；在极地科研活动的推动下，产生了极地法；在交通进步及世界旅游业的基础上，产生了国际旅游法；国际发展法、国际人权法、国际刑法等也在迅速形成之中。

20 世纪 20 年代之后，由于国家干预经济生活的趋势加强、国家经济的日益国际化和建立新国际经济秩序的迫切要求，过去主要以调整国家间政治关系为任务的传统国际法，迅速向经济领域伸展。在此过程中，逐渐形成了有关国际贸易法、国际货币法、国际投资法、国际产品责任法、国际反托拉斯法等的许多新的原则及规则。从而，使有关国际经济关系的实体法大大增加，扩展了国际法的调整范围，对国家经济活动、跨国公司、国有化补偿政策等产生重大影响。国际经济法的迅速发展，是现代国际法的突出现象之一。

20 世纪以来，国际法领域不断拓宽的趋势，给我们以启示：早先以规定各国管辖权为重点的"共处"国际法，在 21 世纪将继续朝着进一步促进各国"共同协调发展"与"积极合作"的方向前进①。

（四）与传统国际法对照，现代国际法的发展以战争法最为突出

战争古已有之，原非国际法制度，但国际法的产生与形成却常与战争联系在一起。古老的国际法可以说是从战争发迹的。中世纪的战争非常残酷，战争法规随之发展。在 19 世纪以前的国际法中，战争法规的比重较大，为战争制定各种规则（如限制作战手段等），以减轻杀伤的残酷后果。但是，传统国际法并未从根本上限制战争，如前所述，它为主权国家保留了诉诸战争的绝对权

---

① 参见梁西著：《国际组织法》（修订第 4 版），武汉大学出版社 1998 年版，第 411～415 页。

利。这一权利，直到第一次世界大战，没有发生实质性的改变。在很长一段时间里，只是为了使战争更有"秩序"和比较"人道"，而对传统规则进行了多次编纂。这种编纂至19世纪后期进入高潮。

经过20世纪的第一次世界大战，事实证明仅仅限制武器使用和改善伤病员待遇，是无济于事的。人们对战争的认识有了新的突破，希望进一步从根本上否定战争。首先做这种尝试的是《国际联盟盟约》，它规定国际争端在提交一定程序解决之前不得诉诸战争。显然，盟约的规定很不彻底，只是对战争作了时间上的限制。此后，1928年的《巴黎非战公约》宣布"废弃战争作为实行国家政策之工具"。这比国联限制战争权的体制前进了一步。但在实际上，非"战争"的武装冲突并不亚于战争的破坏性，因此非战公约对战争权的取缔仍然是不彻底的。

经过第二次世界大战，人类惨遭浩劫。在战争废墟上孕育起来的《联合国宪章》规定：所有成员国在其国际关系中，不得以武力相威胁或使用武力来侵害任何国家的领土完整或政治独立，亦不得以任何其他同联合国宗旨不符的方式以武力相威胁或使用武力。宪章关于禁止"使用武力"的规定，比非战公约关于禁止"战争"的规定更为广泛。宪章确认一切武装干涉、进攻或占领以及以此相威胁的行为，都是违反国际法的。至此，限制战争权的努力，进一步涉及了以"武力自助"的一切措施。其法律效果是：除严格的自卫外，从主权范围内完全排除了使用武力之权。

战争法在20世纪的这一发展，在国际法上形成了一个新的逻辑推理：因为武力被禁止，从而使和平解决争端必然成为现代国际法上的一项基本原则，从而为审判战犯制度奠定了基础，从而促进了国际社会关于侵略定义的制定，从而有助于联合国维持和平行动与集体安全制度的发展。从而加强了现代国际法的作用。在这里，我们可以看到，从战争法规的产生、到对战争的限制、直到战争权的废止，是国际法演变过程中的一条极重要的轨迹。现代国际法的发展，在理论及实践上动摇了传统的战争法规及中立法规，使国家及国家公务人员的国际责任发生了重大变化。然而，不可忽视的是，只要21世纪的世界上还存在着战争的根源和武器库，还存在着强权政治，"以法律代替战争"的努力终究是很有限度的。20世纪最后一些年代所出现的战乱频仍（特别是恃强凌弱）的现象，已足以充分证明这一点。

（五）人类的组织化趋势和20世纪国际组织的迅猛发展，极大地推动了现代国际法的发展

这一趋势，在21世纪将有增无减。其具体内容，将在第十三章第一节的

"国际组织与现代国际法"中论及，兹不赘述。

进入 21 世纪，当代国际法呈现出一些新的趋势，引人瞩目。

1. 随着一系列重要公约的诞生，国际法适用的领域或空间得到进一步拓展。例如，在反恐领域，虽然关于国际恐怖主义的全面公约仍在谈判之中，但是继 20 世纪的一系列专门性反恐条约之后，2005 年通过《制止核恐怖主义的国际公约》，而且联合国还通过了一系列打击国际恐怖主义的决议。在反腐败领域，2005 年 12 月生效的《联合国反腐败公约》具有深远的意义，标志着反腐败已经超出了各国国内法和区域机制的范畴，正式进入国际法管辖的领域。在文化领域，联合国教科文组织继 2001 年通过《世界文化多样性宣言》之后，于 2005 年通过了《文化多样性公约》，首次以多边公约的形式确立了"文化多样性是人类共同遗产"，从而拓展和进一步丰富了国际法上原有的"人类共同继承财产"或"人类共同物"概念。

2. 随着国际法上"对一切义务"（oblgations *erga omnes*），或共同体义务或权利（community obligations or rights）概念的形成和发展，在一定程度上增强了国际法的效力。这种新兴的国际法义务的基本特点是：（1）它们是一种旨在保护基本价值的义务，如和平、人权、民族自决、环境保护，等等；（2）它们是一种对国际社会所有成员（或多边条约中的其他所有缔约国）或人类整体的义务；（3）它们是一种由属于任何其他国家（任何其他缔约国）的权利相伴随的义务；（4）这种权利（即共同体权利）可以由任何其他国家（或任何其他缔约国）来行使，而不论它在物质上和道德上是否受到这种违反的损害；（5）这种权利是代表国际社会整体（或缔约国整体）为维护整个共同体基本价值而行使的。① 可见，这种新兴的国际义务超出了国际法上的权利与义务的对等原则。

3. 在 20 世纪国际人权法和国际人道法发展的基础上，新世纪的国际法的人本化趋势尤为突出。所谓国际法的人本化，主要是指国际法的理念、价值、原则、规则、规章和制度越来越注重单个人和整个人类的法律地位、各种权益的确立、维护和实现。当代国际法的人本化主要表现在两个基本方面：一方面是在国际法中已经出现了大量有关确立人和人类的法律地位和各种权益的原则、规则、规章和制度（如国际人道法、国际人权法、国际难民法、国际刑法等），另一方面国际法的人本化的主体和对象不仅仅是指个人，而且还包括

---

① Antonio Cassese, *International Law*, Oxford University Press, 2001, p. 16.

整个人类（如国际海底是人类共同财产原则、外层空间和极地是"人类共有物"概念、世界文化多样性是人类共同遗产原则等等）。然而，国际法的"人本化"趋势现在并未改变国际法的"国家间"属性，而且归根结底还是通过"国家间"协议和认可予以确立的。没有国家间的条约和各国承认的国际习惯法，就不可能实现国际法的人本化；没有国家间的合作，国际法的人本价值，无论多么崇高，也不可能变成现实。①

4. 在 20 世纪一系列临时性国际刑事法庭的基础上，21 世纪常设国际刑事法院的建立，实现了国际刑事责任制度的历史性突破，具有划时代的意义。首先，它突破了临时性国际刑事法庭为"胜利者的正义"或"临时的正义"的局限和嫌疑，实现了国际刑事领域的持久正义。其次，国际刑事法院与国内法院以及联合国安理会之间，在惩处诸如灭绝种族罪、违反人类罪、违反人道罪、侵略罪等严重的国际罪行方面，建立了一种固定的合作、协助和补充关系。

三、中国与国际法

（一）中国古代国际法的遗迹

古代中国是否有国际法的存在，是一个有争议的问题。在公元以前的春秋战国时期，诸侯并立，常以所谓"礼、信、敬、义"进行交往。礼，近似国际规则；信，近似国际道德；敬，近似国际礼节；义，近似国际公理。各诸侯国之间，合纵连横，相互争霸，确实存在过一些近似国家联盟、国际条约、外交使节的制度，和有关宣战、媾和、优待战俘的规则。但是，这些制度和规则甚为原始，很不确定。而且，这些诸侯国也不是一般意义上的国家，并未形成为一个真正的国际社会。因此，当时很难有一种真正国际法规则的存在。

秦始皇统一七国后，虽然中国历史上还出现过三国、南北朝等短暂时期，但都只是昙花一现。在两千多年的时间里，大一统的中国封建王朝，只承认"天朝"是国家，把邻邦视为夷狄。与周邻各国不是平等交往，而是一种阶层关系。邻国成了向中国纳贡和受封的"藩属"。在这种关系中，自然也没有国际法的存在。

中国作为一个文明古国，和外部世界各国的商业及文化交往，至 16 世纪前后，已经有了较大发展。早在明代，郑和曾 7 次带队远航，最远到了非洲东

---

① 参见曾令良：《论现代国际法的人本化趋势》，载《中国社会科学》2007 年第 1 期。

国 际 法

岸和红海海口。可是，由于交通等客观条件及王朝的惟我独尊等传统思想的影响，实际上，当时中国仍然与外部疏远，处于一种闭塞状态。而这时，正是欧洲国际法形成发展的时期。

（二）近代国际法输入中国

1840年鸦片战争之后，国际法开始从西方输入中国。林则徐到广东禁烟时，曾派人将瑞士滑达尔（E. Vattel，1714—1767年，现译瓦特尔）《国际法》一书中有关战争、封锁、扣船等章节译成中文作参考。后来被收入1852年魏源（1794—1857年）编著的《海国图志》第83卷。这是中国对西方国际法最早的翻译。1862年清朝政府设立京师同文馆，聘任美国传教士丁韪良（William Martin）为总教习，将惠顿（Henry Wheaton，1785—1848）的国际法（Elements of International Law）译成中文，于1864年正式出版，名为《万国公法》①。这是介绍到中国来的第一本国际法著作。总理衙门曾将此书分发到沿海各重要通商口岸，作为对外交涉的论据。此后，西方国际法的一些译著陆续在中国出版。19世纪70～90年代，曾有吴尔玺（T. D. Woolsey）等的《公法便览》等数部国际法著作译成中文。进入20世纪后，中国留日学生开始从日本翻译国际法书籍。欧美国际法之传入日本，虽然更晚于中国，但后来日本的国际法学却比中国发展得快。

国际法传来中国，对清朝外交产生了一定影响。1894年关于中日战争的中国宣战书中，曾谴责日本"不遵条约，不守公法，任意鸥张，专行诡计"。足见当时清政府已考虑利用国际法作为保障国家权益的一种手段。但是，自鸦片战争失败之后，中国已沦为半殖民地，国际法无济于事！世界列强利用各种不平等条约，在中国享有领事裁判、海关管理、内河航行及驻军等特权，侵占租界和租借地，划定势力范围，强开商埠，使中华民族处于水深火热之中。清臣张之洞深感清廷屈辱，曾经写道："今日五洲各国之交际，小国与大国交不同，西国与中国交不同。即如进口税，主人为政，中国不然也；寓商受本国约束，中国不然也；各国通商只及海口，不入内河，中国不然也；华洋商民相杀，一重一轻，交涉之案，西人会审，各国所无也。"他力主自强，认为"权力相等，则有公法，强弱不侔，法于何有！"②

———

① 《万国公法》共4卷：第1卷"释公法之义明其本源题其大旨"（包括2章），第2卷"论诸国自然之权"（包括4章），第3卷"论诸国平时往来之权"（包括2章），第4卷"论交战条规"（包括4章）。

② 张之洞：《劝学篇·非弭兵第十四》。

至 1899 年和 1907 年，中国分别派代表参加了两次海牙和会，并签署了有关公约及宣言。经过第一次世界大战，中国于 1920 年参加国际联盟。经过八年浴血战斗，中国取得了抗日战争的胜利，于 1945 年参加创建联合国，并为联合国安理会的五个常任理事国之一。

尽管在形式上，中国已经逐步跨进国际社会，并被纳入国际法律秩序的范围，但是，从 1840 年至 20 世纪上半叶的整整一个世纪里，作为半殖民地的中国，在列强不平等条约的枷锁下，主权被破坏，领土被割让，屡遭战祸，备受欺凌。这 100 多年中，中国人民为了争取恢复国家的主权和独立，进行了艰苦卓绝的斗争。1949 年，中国革命胜利，中华人民共和国成立。从此，中国与国际社会的关系开始进入一个崭新的历史时期。

（三）新中国与现代国际法

1949 年的《共同纲领》，规定了我国独立自主、友好合作和反对侵略的外交政策。为维护国家基本权利和民族的尊严，确定对旧中国同外国签订的各种条约和协定进行审查，废除一切不平等条约，肃清帝国主义的一切在华特权。从 1950 年 1 月起，先后采取具体措施，收回或征用了英、美、法、荷在北京、天津、上海等地的驻军兵营；宣布并实行了海关自主权；统一了航运管理，外轮未经许可一律不得驶入内河，等等。中国政府还多次谴责国际关系中各种形式的殖民主义与侵略行为。这些步骤，既有助于恢复和巩固中国自鸦片战争以来所丧失的独立和自主，也为中国以新面貌积极参加国际社会、同世界各国建立平等外交关系开辟了新的道路，为国际法的有效适用创造了良好的条件。

中国对于促进国际社会公正合理的法律秩序抱积极态度。一贯维护《联合国宪章》的宗旨和原则，认真执行公认的国际法规范和制度，如实履行自己的国际义务，参与国际合作，共谋和平与发展。1954 年，新中国首次以五大国之一的地位参加了讨论朝鲜和印度支那问题的日内瓦会议；1955 年，参加了战后第一次由亚非国家自己举行的有 29 个国家参加的亚非会议。这些国际活动，对结束印度支那的殖民统治、加强亚非国家的合作与国际和平，均有重大意义。

1954 年，中国同印度和缅甸共同倡导"互相尊重主权和领土完整、互不侵犯、互不干涉内政、平等互利、和平共处"五项原则。这五项原则，同旧国际关系中的"弱肉强食"形成鲜明对照。近 50 多年来，它不仅被载入了中国与各国所签订的友好、经贸、交通等一系列双边条约或协定，以及其他各种宣言、声明、公报等重要的国际性文件，而且获得了国际社会的广泛承认，已经成为中国同外国以及各国彼此间建立友好合作关系的一种基本原则。特别值得注意的是，中国依据这五项原则，已分别同缅甸、尼泊尔、蒙古、巴基斯坦、阿富汗、越南、俄罗斯等邻国，签订了边界条约；同印度尼西亚签订了有关解决双重国籍问题的条约。这些条约对执行睦邻外交政策、和平解决国际争端产生了显著影响。

中华人民共和国成立后，在国家承认、双重国籍、国际条约、和平解决争端等重大国际法问题的理论与实践上，作出了很有价值的贡献。中国除同许多国家签订了有关政治、经济、贸易、文化、科技等方面的大量双边条约外，还先后参加（包括批准、核准、加入、接受和承认）了重要公约三百多项，如《国际货币基金协定》、《国际民用航空公约》、《南极条约》、《维也纳外交关系公约》、《关于难民地位的议定书》、《国际纺织品贸易协议》、《建立世界贸易组织协定》，以及有关国际战争、裁军、人权等各方面的国际条约。中国幅员广大，人口众多，富有影响力，参加这些全球性公约，不但真正体现了公约的普遍性，增加了它们的适用空间，也大大提高了公约的实质效力，扩大了它们的社会基础。

所有这些新型国际关系的形成，标志着：在鸦片战争 170 年之后，在 21 世纪，中国的国际地位发生了巨大变化。它作为一个广大国际社会的平等成员和主权国家，坚持独立自主的和平外交政策，对 21 世纪国际法律秩序的维护与发展，将起着日益重要的作用。

思 考 题

1. 为什么"有国家，有社会，就有法"？你对本书给国际法所下的定义有何评论？你认为应该如何给国际法下定义？

2. 你对一般国际法与特殊国际法的区分有何评论？你认为国际公法与国际私法关系如何？

3. 国际法产生、存在和发展的社会基础是什么？你读了本书"国际法的社会基础"一目以后，对国际社会与国际法的关系有何新的认识？有何不同见解？

4. 国际道德与国际法有何区别？并以实例说明之。

5. 国际法的法律约束力表现在哪些方面？关于国际法法律约束力的根据问题有哪些不同观点？你的看法如何？

6. 国际法有些什么基本特征？

7. 为什么说国际法与国内法的关系主要是一个"各自的法律效力如何"

或"何者处于优先地位"的问题？

8. 就国内法优先说与国际法优先说作一比较。试评国际法与国内法平行说。

9. 国际法与国内法之间有无联系？你认为两者应该是一种什么样的关系？你对"国际法与国内法内在联系论"有何评论？

10. 试以实例说明国际法如何在国内适用？国际法在国内适用中如果与国内法发生冲突，怎么办？

11. 你对国际法在国际关系中的普遍效力如何理解？

12. 简述近代国际法的形成与发展。

13. 现代国际法有什么新动向？你对本世纪（21世纪）国际法的发展有何预测？

14. 概述中国与国际法的关系，你对这一问题有何感想？

第二章　国际法的渊源和编纂

第一节　国际法的渊源

一、国际法渊源的含义

渊源（sources）一词，中文和英文的原意均为河水的源头，通常用以泛指事物的根源，并非专门的法律术语。但是，当人们把这个词借用来说明国际法时，情况就复杂多了。国际法的渊源问题，是国际法理论中分歧较多的问题之一。

在中外国际法教科书中，通常把国际法渊源分为实质渊源与形式渊源。但是在二者的具体含义上中外学者是有分歧的。

就"国际法的实质渊源"来说，本章作者认为，"实质渊源系指在国际法规范形成过程中对其内容产生直接或间接实际影响的各种因素。它们广泛涉及政治、经济、文化、思想观念、伦理、哲学等各个方面，是法律规范生存与发展的基础或深层原因。实质渊源溢出了法学领域，除国际法（学）必须作相应研究外，同时也是包括法社会学、法哲学等在内的其他相关学科的重要研究范围"。[①] 而在英国学者布朗利看来，实质渊源（material sources）为国际法规则的存在提供证据，即一旦被证实，就具有一般适用的法律约束力规则的地位。它们是国家间有关特定规则或做法之合意（consensus）存在的极为重要的证据（evidence）。因此，国际法院判决、联合国大会决议和"造法性"多边条约才是各国对特定规则之态度以及合意存在与否的真正的实质证据。[②] 长

---

① 梁西：《国际组织法（总论）》，武汉大学出版社 2001 年修订第 5 版，第 10~13 页。

② ［英］伊恩·布朗利著，曾令良、余敏友等译：《国际公法原理》，法律出版社 2007 年版第一章。

期在国际法院书记处工作的胡舍伟（Hugh Thirlway）则认为，① 在某一规则被宣称成为国际法律规则的情况下，实质渊源便是指这一规则最初出现的地方——常常是某种法律文件，或者是一个条约、联大决议、国际法委员会议案、司法判决，或者是某个研究机构报告甚至某教科书中的陈述。在确定某一实质渊源时，并不需要它被法律当局以法律文本的形式予以确认：例如，某一条约可能从未生效，也就从未以条约的形式对任何国家产生法律约束力，但它也可能成为某一规则的实质渊源，只要这一原则从其他渠道获得了法律约束力。②

就国际法的形式渊源（formal sources）来说，本章作者认为，"形式渊源系指国际法规范所由形成的各种外部方式。从其广义解释，就是相当于《国际法院规约》第 38 条第 1 款的全部列举。但如果从其严格的法律意义来说，则只应包括国际习惯和国际条约。形式渊源关系到各种法定程序，主要是国际法（学）研究的对象"。③ 胡舍伟认为，某一规则是否具有法律规则对国家的强制力问题，主要是由这一规则的形式渊源所决定的。普遍承认的法的形式渊源在《国际法院规约》第 38 条中得到了权威界定。④ 而在布朗利看来，形式渊源是为了制定具有一般适用性并对特定对象具有法律约束力的规则的那些法律程序和方式，实际上只是由必备的而又没有帮助的普遍性的准宪法原则构成。在国际关系背景下，"形式渊源"术语的使用令人困惑并且产生误导，因为读者的脑海里被烙上了存在于各国之中制定法律的宪法体制。国际法规则的建立不存在这种方式。国际法院判决、联合国大会一致通过的有关法律事项的决议和涉及编纂或发展国际法规则的重要多边条约，都不可能具有像英国议会立法约束英国人民那样来普遍约束世界各国的特性。从某种意义上讲，"形式渊源"在国际法中并不存在。作为一种替代，也许是一种类比，国际法中存在这样一条原则，即：各国的普遍同意（general consent）确立一般适用的各种规则。另外，"渊源"这一术语可以指国际法本身的约束性质的根源，也可

① Malcolm D. Evans（ed.），*International Law*，Oxford University Press，2003，Chapter 4.

② 例如，1933 年蒙得维的亚（Montevido）有关国家权利义务公约对国家所下的定义被普遍采纳，尽管这一公约因未被签署从未生效。

③ 梁西：《国际组织法（总论）》，武汉大学出版社 2001 年修订第 5 版，第 10~13 页。

④ Malcolm D. Evans（ed.），*International Law*，Oxford University Press，2003，Chapter 4.

以指作为信息来源的国际法的书面渊源。①

显然，国内外学者对国际法渊源的含义，有各种不同的解释：有的着眼于国际法产生的原因或形成的过程，有的着眼于国际法确立或存在的形式，有的着眼于了解或确认国际法的资料，有的甚至着眼于给国际法以约束力的事物②。但是，在多种解释中，比较有代表性的是下列两种：一种是，国际法渊源是指国际法作为有效法律规范所由形成的方式；另一种是，国际法渊源是指国际法规范第一次出现的地方③。这两种解释，从不同角度出发，各有侧重，各有独到之处，我们认为：可以兼采其长，使之综合成为一种"带类别性的国际法渊源的理论"。

按照国际法渊源的第一种解释来分析：在国际社会内，由于不可能有一个超国家的最高立法机关，所以用以形成有法律约束效力的国际行为规范的方式，只可能是国际习惯和国际条约。这一类渊源，我们可以称之为"严格法律意义上的国际法渊源"。

按照国际法渊源的第二种解释来分析：国际法，除了上述习惯和条约之外，还有其他与国际法规范有历史联系的各种渊源，如国际法院的裁决，重要的国际文件和外交文件，著名国际法学家的学说，以及政府间国际组织的决议等。这是因为，有许多国际法规范，在形成为有国际约束力的法律之前，往往曾在某种学说、法院判决、国际或国内文件中出现过。例如不干涉内政原则，最早来自法国大革命时期的宪法；有关大陆架的法律概念和制度，最初见于美国总统的一项公告；公海自由原则，最先是格劳秀斯在其著作《海洋自由论》中提出来的。这一类渊源，我们可以称之为"广泛历史意义上的国际法渊源"。应该说与前一种渊源相比，这是一种国际法的辅助性渊源。辅助性渊源实质上就是《国际法院规约》第38条所谓的辅助性资料，其效力同条约与国际习惯的效力是不相同的。很明显，这种辅助性渊源的自身，当初并不是有效的国际法规范，而是在通过长期国际实践并获得国际社会公认后，才有可能形成为对各国有约束力的国际法规范。尽管如此，从上述第二种解释的角度来研究国际法，仍然富有意义。因为，这对揭示国际法发展的规律，对了解国际法的特殊性，特别是在国际社会尚无统一法典的情况下，对如何更准确地认定及

---

① ［英］伊恩·布朗利著，曾令良、余敏友等译：《国际公法原理》，法律出版社2007年版第一章。

② 参见王铁崖著：《国际法引论》，北京大学出版社1998年版，第47~55页。

③ 参见周鲠生著：《国际法》，商务印书馆1976年版，第10页。

适用国际法来说，都有理论和实际上的需要。

二、《国际法院规约》第 38 条与国际法渊源的类别性

《国际法院规约》第 38 条第 1 款规定："法院对于陈诉各项争端，应依国际法裁判之，裁判时应适用：（子）不论普通或特别国际协约，确立诉讼当事国明白承认之规条者。（丑）国际习惯，作为通例之证明而经接受为法律者。（寅）一般法律原则为文明各国所承认者。（卯）在第 59 条规定下，司法判例及各国权威最高之公法学家学说，作为确定法律原则之补助资料者。"

这个条文常常被认为，不仅是为国际法院规定应适用的法律，而且也可视为是关于国际法渊源内容的一种权威性的说明和列举。但是，由于条文并未具体提及"国际法渊源"，各国学者对此仍有不同的分析。有的认为，除条文前三项外，（卯）项并非国际法的渊源；有的认为，只有前两项才是国际法的渊源，（寅）项的"一般法律原则"应排除在渊源之外；有的认为，条文对国际法渊源的列举还不够详尽，如国际组织的决议，特别是联合国大会的决议，也应该是现代国际法的渊源。但是上述各种观点，都肯定国际条约和国际习惯是国际法的渊源，这是一致的看法。

综上所述，我们拟在《国际法院规约》第 38 条列举的基础上，根据前述分类方法，以前两项（即条约和习惯）作为"严格法律意义上的渊源"，以后两项作为"广泛历史意义上的渊源"，全面综合地将国际法的各种渊源按其性质分为两大类来进行阐述。

三、严格法律意义上的国际法渊源

（一）国际条约

条约是国际法主体间就权利义务关系缔结的一种书面协议。"条约必须遵守"是国际法的基本原则，因此，条约构成现代国际法首要的渊源，是一种严格法律意义上的渊源，是具有法律约束力的。

《国际法院规约》第 38 条，将国际条约（协约）分为"一般（普通）"和"特别"两种。如果从缔约国或参加国的数量来分析，前者主要包括各主要国家在内的多数国家（甚至几乎所有国家）参加的普遍性条约，后者主要是两个或两个以上少数国家缔结的条约。如果从条约的法律内容来分析，前者主要是有关确立（或更改）一般国际行为规范的所谓造法性条约，后者主要是就特定事项规定缔约国间具体权利义务的所谓契约性条约。

一般认为，能作为一般国际法渊源的条约只能是普遍性的造法条约，如维

也纳《外交关系公约》、芝加哥《国际民用航空公约》等。这类条约，由于有很多国家参加，所制定或编纂的是一般国际行为规范，所以具有一般国际法的效力。但是，从理论上说，即使是大多数国家参加的造法性条约，通常也只能约束其缔约国，而对非缔约国无效。就非缔约国来说，其所以承认这种造法性条约为一般国际法的渊源，乃是因为这种条约所包括的规范，有些也许原来就是（或已接近于）国际习惯法，有些则可以通过包括非缔约国在内的各国实践而成为国际习惯法。所以，实际上，凡是包括世界各主要国家在内的绝大多数国际社会成员甚至几乎所有国家参加的造法性条约，即可认为是一般国际法的渊源，而对整个国际社会产生普遍效力。

由少数国家参加的契约性条约（如边界条约、贸易协定等），其规定通常不超出现行国际法规范（按现行国际法行事），且仅在特定事项上约束少数当事国，所以只是有关国家间的一种特殊国际法，而不能直接成为一般国际法的渊源。

上述关于造法性条约与契约性条约的区分，只是一般性的归纳，在理论和实践上都不可能有一条绝对的界线。因此，下面几点，值得注意：

1. 各种条约的性质和作用，并非都是单一的，有些条约实际上兼有造法和契约的内容，或者以其一种为主而附带他种内容。

2. 从广义上看，各种条约都是在不同程度上和不同范围内规定当事方间未来的权利义务关系，对当事方来说，都具有某种创设法规的性质。

3. 少数国家参加的条约，如其内容为其他许多国家所承认（甚至在其他许多类似条约中出现），它们即有可能成为一般国际法规范。这类条约也就成了一般国际法的间接渊源。如1899年第一次海牙和会缔结的《陆战法规惯例公约》和《陆战法规惯例章程》，虽然当初只有26个国家签署，后来却普遍为非缔约国所接受而具有一般的法律约束力。

4. 有些重要国际组织的章程，虽其内容主要是规定各该组织的内部结构、职权、成员间的权利义务和活动程序等，但其法律性质却是一种带造法性的多边公约。其中最突出的例子是《联合国宪章》，它所载的宗旨和原则及有关规定，多已成为现代国际法中各国公认的基本原则。《联合国宪章》是当代影响最大的一项造法性条约。

（二）国际习惯

国际习惯，是各国在其实践中形成的一种有法律约束力的行为规则。它同条约相比，是国际法更为古老（原始）的渊源，和条约一样，也是一种严格法律意义上的渊源。

《国际法院规约》第 38 条关于"国际习惯"的规定，特别强调"通例"（又称"常例"）的存在和被"接受为法律"。这是国际习惯（法）得以形成的两个要件①。

国际习惯的形成，首先必须有通例的存在，即各国在其相互关系上，对某种事项长期重复地采取类似行为（或不行为）这一客观事实的存在。有些学者称这个客观要件为形成国际习惯的"物质因素"。通例的存在，一般说，在时间上要求有较长的延续性，在空间上要求包括较广泛的国家，在数量上要求有多次不断的实践，在方式上要求对同类问题采取经常和一致的做法。

从法律性质来分析，通例的存在，并不等于国际习惯已经形成。国际习惯的形成，还应具备另一个要件：存在的通例已被各国接受为法律。具体说就是，各国对这种通例体现出来的行为规则认为是一种需要遵守的规则，即在主观上对这种通例有一种法的信念。这个要件常被称为形成国际习惯的"心理因素"。这种心理因素，与对国际礼让的那种单纯感到社会有此需要的意识不同，它是一种承认国际法约束力的法律意识。如果各国对某一通例没有这种法律信念，这一通例就只可能是国际礼让之类的规范，而尚未形成为国际习惯。这种法律信念是在通例存在过程中逐渐产生和积累而成的。只有上述这两方面的因素（要件）已经同时一致具备的情况下，某项具有法律约束力的国际习惯才被正式确立起来了。

国际习惯是一种"不成文"法，为了证明某项规范已经确立为国际习惯，必须查找到充分的证据。1947 年的《联合国国际法委员会规约》明文规定"应考虑使国际习惯法的证据易于查找的方式和方法"。迄今，国际社会尚无这方面的统一制度。鉴于国际习惯是在国际关系中形成的，因此其证据也只能到国际关系中去查找。这种证据可能存在于：国家（及其他国际法主体）间的各种外交文书之中，国际机构及国际会议的各种重要实践材料之中，国内立法、司法、行政方面的各种有关文件之中。如果查找不到证据，该项国际习惯即不能确立。例如，国际法院在 1969 年北海大陆架一案的判决中认定：等距离划界方法并不是必须遵守的，因为还找不到这一规则已被国际社会接受为法律的普遍而一致的实践证据。

国际习惯的形成是一个很缓慢的过程。例如不干涉内政原则，从提出到被确认为国际法基本原则，经过了长达一个多世纪的时间。但随着科学技术的巨

---

① 参见 E. 劳特派特编：《H. 劳特派特国际法》（第 1 卷），1978 年英文版，第61~68 页。

大进步和国际交往的大量增加，现在某些国际习惯的形成过程有大大缩短的趋势。如有关大陆架、外层空间等方面的若干规章制度，在不长时间内即被各国接受而形成为国际习惯，有的在此基础上已缔结为国际公约。

综上所述，国际习惯，作为国际法的渊源，早在条约以前就已经存在了。在条约尚未发达的时代里，国际习惯是用以调整国家间权利义务关系的一种非常重要的手段。即使在条约大量增加的现代国际社会中，国际习惯也仍然不失为国际法的一种很重要的渊源。因为，条约不可能包罗一切，国际习惯还在不断形成之中。而且，在现代国际关系中，一方面，有不少条约（如海洋法、外交法等方面的条约）是在编纂国际习惯的基础上缔结的；另一方面，有些规定在双边及少数国家参加的多边条约中的规则及原则（如和平共处五项原则），在通过各国不断实践并获得公认后，也能够以国际习惯的方式而成为一般国际法规范。可见，作为国际法渊源的条约和国际习惯，关系密切，具有一种相互补充、渗透和转化的作用。

四、广泛历史意义上的国际法渊源

（一）一般法律原则

《国际法院规约》第 38 条规定：国际法院应适用为各国所承认的"一般法律原则"。

国内外学者对"一般法律原则"的含义及其是否为国际法的渊源，争论甚多。有些学者认为，第 38 条首先明确规定法院"应依国际法裁判之"，因此，其后所列出的"一般法律原则"是指国际法中的一般原则。但此说无法回答：一般国际法原则当然已包括在国际习惯或条约之中，有何必要再单独列出？另有许多学者认为，"一般法律原则"是指能适用于国际关系的各国法律体系中的某些共有的原则（如时效原则、禁止反言、善意原则等），所以，同国际习惯及条约有别的一般法律原则，可以成为国际法的第三个法律渊源。但此说不能解释：既然第 38 条规定一般法律原则尚需各国"承认"，那么它与国际习惯规则有何区别？而且，尤其值得注意的是法的渊源应该是指法律规则所由形成的方式而不是指具体法律规则的本身。此外，有的学者还认为，并无理由可以肯定"一般法律原则"不是既指国际法的一般原则，也指国内法的一般原则。还有些学者，甚至根据自然法理论认为"一般法律原则"是指从国际社会的一般法律意识中引申而来的那些原则。

综上所述，可见"一般法律原则"的含义，比较抽象，颇为广泛，难于掌握，不易确定。所以，"一般法律原则"显然很难成为一种独立的严格法律意义上的国际法渊源。而且，实际上，国际法院也很少单独适用这种原则。不过，如果从裁判实务的角度来分析，我们也许不难发现"一般法律原则"的一个实际用途：当法院缺乏任何条约及国际习惯规则可资适用时，则可利用一般法律原则作为一个弥补国际法空白的有效办法。但是，第 38 条对此有一个限制：该项原则必须是各主权国家所承认的。

（二）确定法律原则之辅助资料

《国际法院规约》第 38 条规定，国际法院在第 59 条的规定下，可适用"作为确定法律原则之补助资料"的司法判例及国际法学家的学说。

这里，对法院适用司法判例和国际法学说，规定了两个限制：第一，判例及学说，是用来作为确定法律原则的补助资料的；第二，根据第 59 条，法院的裁判，只对当事国及本案发生约束力。可见判例和学说都只是一种广泛历史意义上的国际法渊源。

1. 司法判例

司法判例有国际和国内之分，但主要是指国际司法判例。因为国内司法判例只能在一定程度上反映一国对国际法的态度和实践，处于次要的地位。就国际法院而言，虽然根据法院规约的规定，国际法院没有造法职权，只能适用法律，但是它的裁判活动及其判例，对国际法规范的认证、确定和解释，起着重要作用，对国际习惯法的形成和发展，产生显著影响。国际法院自 1946 年 4 月开始工作以来，所受理的诉讼和咨询案件，截至 2011 年 4 月 11 日，总数已各达 124 件①和 26 件②。其中某些重要案件的判决和咨询意见，对划定领海及其他海域的原则、国际组织的法律地位、外交关系、禁止使用武力原则等重大国际法问题，具有重要的理论和现实意义。

2. 国际法学说

国际法之权威学说，在历史上对国际法的形成和发展，无疑产生过很大影响。虽然随着国际法律制度的进化，各种国际法资料日益增多，国际法学说在这方面的影响有所降低，但是，作为一种补助资料，国际法学说在对国际实践进行高度概括分析和评价方面，仍富有意义，能为法律原则的论证和确定提供有用的证据。

3. 重要国际组织的决议

除上述第 38 条规定的判例与学说外，人们认为，普遍性政府间国际组织

---

① http：//www.icj-cij.org/docket/index.php? p1 = 3&p2 = 3（2011 年 4 月 11 日访问）。

② http：//www.icj-cij.org/docket/index.php? p1 = 3&p2 = 4（2011 年 4 月 11 日访问）。

国　际　法

（如联合国大会）的决议，也应该是确定法律原则的一种非常有价值的补助资料。特别是其中一些涉及有关国际法原则、规则及制度的所谓规范性决议（声明、宣言等），因其具有广泛的代表性和舆论价值，从而具有重大的道德及政治影响。联合国大会决议被认为构成国家实践的即时要素和法的信念的必要证明。① 在国际法院"对尼加拉瓜的军事行动和准军事行动"案②和"使用或威胁使用核武器合法性"案③中，联合国大会决议被当作法的信念的证明。所以，它们在国际司法活动中，作为一种"确定法律原则之补助资料"，其地位和作用，应高于司法判决和国际法学说。

第二节　国际法的编纂

一、国际法编纂的含义

国际法编纂（codification），一般是指把国际法或国际法某一部门的规则（包括国际习惯和条约的规则），以类似法典的形式，更精确、系统地制定出来。若从狭义来理解国际法编纂，它只意味着把分散的现有法律加以法典化；若从广义来理解国际法编纂，它还应包括以法典的形式来制定新法律在内。

国际法编纂可以有两种不同的方式：一种是统一作全面的编纂，另一种是分别按部门的编纂。但迄今为止，国际法的编纂都只是个别部门法的编纂。

概括过去的国际法编纂活动，大体上可以分为两种类型：一种是民间类型，另一种是政府间类型。前者为学者或学术团体的编纂，后者为国际会议或国际组织的编纂。本节将着重阐述政府间的编纂活动，这是现代国际法编纂的正式途径。

国际法编纂的最后成果，一般是进一步缔结为国际公约，除非公约内容是重申既存的（或形成了新的）国际习惯规则，否则公约只对接受它的国家产生约束力。

---

① Bin Cheng, United Nations Resolutions on Outer Space："Instant" International. Customary Law? 5 INDIAN J. INT'L L. 23（1965）.

② Military and Paramilitary Activities in and against Nicaragua（*Nicaragua v. United States of America*），*Merits*，*Judgment*，*ICJ Reports* 1986，p. 14，Paras184 and 188.

③ Legality of the Threat or Use of Nuclear Weapons，*Advisory Opinion*，*ICJ Reports* 1996，p. 226，Para73.

42

在国际社会不可能有一个最高立法机关的前提下，国际法的编纂，将有助于改善国际法过于分散和不够精确的现象。它对现代国际法的形成与发展，具有重要意义。

二、国际法编纂简史

早在 18 世纪末，英国学者边沁即倡导把国际法编纂成法典。接着，国际法学家和权威性的学术团体（如国际法研究院、国际法学会、国际法协会、哈佛大学国际法研究部等）曾多次发表各自编纂的法典及方案。这些，为后来的编纂工作提供了有用的资料与经验。

发展到 19 世纪，开始有了政府间的编纂活动。1815 年的维也纳会议，其后的巴黎会议和日内瓦会议，均制定过一些带编纂内容的公约。特别是 1899 年和 1907 年的两次海牙和会，分别制定了关于和平解决国际争端和战争（包括陆战、海战和禁止有毒武器、其他有关事项）法规的 10 多项公约及宣言。它们对国际争端法及战争法的形成和发展，产生了重要影响。

第一次世界大战以后，在国际联盟的组织下，经过 6 年准备工作，于 1930 年在海牙召开了一次有 48 国参加的国际法编纂会议。会议在原有准备的基础上，对"国籍"、"领海"和"国家责任"等 3 个议题，进行了 1 个月的谈判和讨论。最后，就"国籍"这一议题，通过了一项《关于国籍冲突的公约》和 3 项有关的议定书。虽然其他两个议题未能取得具体成果，但作为一次有组织的大型国际法编纂会议，它在国际组织编纂工作的历史上是富有重大意义的。

三、联合国国际法委员会及其编纂活动

（一）国际法委员会的组成及职能

在第二次世界大战废墟上建立起来的联合国，非常重视国际法的发展。宪章除在序文及第 1 条强调国际法外，特别在第 13 条规定了"提倡国际法之逐渐发展与编纂"。1946 年，联合国大会在其首届会议上，成立了一个专门委员会来研究这一问题。次年，在第 2 届大会上，以这个"国际法逐渐发展与编纂委员会"的一项研究报告为基础，正式建立了国际法委员会，作为联合国负责编纂工作的主要机关。

联合国国际法委员会，最初由 15 名委员组成。《国际法委员会规约》规定：各委员，必须是公认合格的国际法人士，能代表世界各主要文化体系和各主要法系，先由联合国各会员国政府提名，经联合国大会选举，以个人资格任

期 5 年。这表明,规约是以国际法院法官资格的标准来要求委员会委员的。委员人数,至 1956 年,从原来的 15 名增加到 21 名,至 1961 年增加到 25 名,至 1981 年再增加到 34 名。在此过程中,来自亚非拉和大洋洲的委员,逐渐有所增多。

国际法委员会成员背景各异,有的是著名国际法学者,有的是曾出任过外交部或国际组织的法律顾问,有的是曾在国际司法机构出庭的律师或法律顾问,但这不影响他们在国际法委员会这个集体组织基础上开展活动。国际法委员会是一个具有广泛文化、地理、法律和政治代表性的机构。它以国际法委员会整体的名义进行工作。国际法委员会大多数成员的资历植根于国际事务的现实,从而使它比纯学术机构更能确保对于政策问题达成满意的解决方案。国际法委员会成员资格将专业技术资格和政府工作经验结合在一起,从而其草案更容易变成各政府可接受的决议而获通过。而且,其成员资格反映了各种不同的政治和区域观点,从而其同意的草案为法律义务提供了现实的基础。

依据宪章第 13 条的精神,委员会规约第 15 条为委员会规定的主要职能有两个方面:第一,"国际法的逐渐(进一步)发展"。这是指"对尚未为国际法所规定的或在各国实践中有关法律尚未得到充分发展的问题,拟定草案"。这方面的职能可以理解为,是用规定新主题的方法或者用修改既存规则的方法,来为制定新的国际法规则拟定公约草案。然后,由联合国大会审议决定是否进一步采取步骤以缔结一项国际公约。第二,"国际法的编纂"。这是指"在已经存在广泛的国际实践、先例和学说的领域内,对国际法规则进行更精确的制定和系统化"。这方面的职能可以理解为,是对既存的国际习惯更精确地加以制定,并使之具有较完整的体系。然后,由委员会正式发表一项报告,或者由联合国大会以决议对该项报告表示注意或以决议通过该项报告。

(二) 国际法委员会的编纂程序及成就

根据国际法委员会规约,关于"逐渐发展"国际法的建议不由委员会正式提出,而应由大会(第 16 条)或联合国会员国和其他受权机构(第 17 条)送交委员会。另一方面,委员会本身可选择有待"编纂"的专题,尽管它必须优先处理大会请它处理的任何问题(第 18 条)。该规约还规定了委员会在进行逐渐发展(第 16 条和第 17 条)和编纂(第 18 条至第 23 条)工作时所应采取的具体不同的程序和工作方式。

而在这两项工作中,国际法委员会实际所使用的方法基本上是一样的。这就是:为每一专题任命一个特别报告员;制订适当的工作规划;适当时,要求各国政府提供有关法律、法令、司法裁决、条约和外交信件的案文;特别报告员（Special Rapporteurs）提交报告，国际法委员会以该报告为基础通过一个临时草案，这一草案一般采取条款形式，并附有说明判例、国际法委员会委员所表示的任何意见分歧及考虑采取的各种解决办法的评注。该临时草案作为国际法委员会的文件分发，并提交大会，同时也提交各国政府以征求其书面评论。鉴于经验表明，在较短时间内，相当一部分政府是不会作出答复的，所以，根据现行程序，各国政府一般可有一年多的时间来研究这些临时草案和提出它们的书面评论。特别报告员对所收到的答复，连同联合国大会第六委员会辩论中所提出的任何意见一并进行研究；然后提出另一份报告，建议对临时草案作出适当的修改。国际法委员会再以该报告及评论为基础通过一项最后草案，并将该草案连同有关采取进一步行动的建议，一并提交大会。国际法委员会规约第 23 条第 1 款规定："国际法委员会可向大会建议：（a）报告既已发布，不必采取行动；（b）以决议方式表示注意，或通过这项报告；（c）向会员国推荐这项草案，以求缔结一项公约；（d）召集会议以缔结一项公约。"①

国际法委员会的这套工作程序，同过去形成国际习惯、缔结条约的传统程序比较起来，有一个重要发展：由非常分散到较为集中。它的特点是：通过国际法委员会这一辅助国际造法活动的机构，把各国政府的意志、成员国代表的要求和国际法专家的研究结合起来了。这一过程，有助于联合国为通过此种条款草案而召开的国际外交会议易于取得成果。

委员会六十多年来的工作实践表明：上述编纂现存国际习惯和发展新国际法的区分，只是程序上的，而不是种类上的。国际法委员会普遍认为，从规约对逐渐发展和编纂这两个概念所下定义的意义上讲，其草案既是对国际法的编纂，也是国际法的逐渐发展，它感到想确定每一条款属于哪一类是做不到的。② 在实践中，国际法委员会一直没有在其国际法的编纂与"逐渐发展"任务之间维持严格的区分。委员会已日益使其工作程序在"逐渐发展"和"编纂"的区分中融合在一起了。这种程序上的日益结合，是对过去繁琐工作方式的一种简化，在一定程度上也是国联编纂工作以来的某些历史经验的总结。同时，从委员会所拟定的各种草案来分析，实际上一般都兼有"编纂"与"逐渐发展"的内容。委员会所起草的各种草案条款，除极少数提及这种

---

① 国际法委员会的工作方法，http：//www. un. org/chinese/law/ilc/methods. htm（2011-4-12）。

② 国际法委员会的工作方法，http：//www. un. org/chinese/law/ilc/methods. htm（2011-4-12）。

区分外，多数并未提到这一点。

国际法委员会在 1949 年第一届会议上，曾通过一个 14 个问题的编纂表。此表，构成委员会后来长期工作计划的基础。在进入 20 世纪 70 年代后的各届会议上，委员会曾多次考虑到联合国大会的建议和国际社会的需要，强调要"进一步刷新其长期工作计划"。多年来，委员会除根据上述编纂表进行工作外，还研究起草了或仍在研究起草联合国大会以建议方式提交的其他多种项目。

六十多年来，共有 49 个议题列入国际法委员会的工作计划，涉及国际法渊源、主体、国家继承、国家管辖与豁免、国际组织法、个人在国际法中的地位、国际刑法、国际海洋法与空间法、国际关系法、争端解决等领域，① 其中经国际法委员会完成起草任务的法律草案，已达 33 项。② 以委员会拟定的草案为基础，经过在联合国主持下召开的国际外交会议缔结了或经过大会本身通过了一系列重要的多边公约，如：1969 年的《维也纳条约法公约》，1958 年的《领海与毗连区公约》、《公海公约》、《公海捕鱼与养护生物资源公约》和《大陆架公约》，1961 年的《关于减少无国籍状态的公约》，1961 年的《维也纳外交关系公约》，另包括《关于取得国籍的任意议定书》，1963 年的《维也纳领事关系公约》，另包括《关于取得国籍的任意议定书》，1969 年的《特别使团公约》，1973 年的《防止和惩处侵害外交代表及其他应受国际保护人员罪行的公约》，1975 年的《关于国家在同国际组织关系中的代表权公约》，1978 年的《关于国家在条约方面的继承公约》，1986 年的《关于国家和国际组织间或国际组织相互间条约法的维也纳公约》，2004 年的《联合国国家及其财产的管辖豁免公约》等。

目前，国际法委员会正在从事包括对条约的保留、共有的自然资源、武装冲突对条约的影响、驱逐外国人、引渡或起诉的义务、发生灾害时的人员保护、国家官员的外国刑事管辖豁免、条约随时间演变、最惠国条款等的审议。③

这里需要注意的是：虽然六十多年来，在联合国主持下已缔结了许多公

---

① Periods during which topics were on the Agenda of the International Law Commission，http：//untreaty. un. org/ilc/guide/annex1. htm（2011-4-12）。

② Analytical Guide to the Work of the International Law Commission，http：//untreaty. un. org/ilc/guide/gfra. htm（2011-4-12）。

③ http：//www. un. org/law/ilc/index. htm（2011-4-12）。

约，但并非全部都是由国际法委员会拟定的。除上述国际法委员会起草的以外，还有一部分公约，是由联合国其他机构或会议（如大会第六委员会、外空委员会、人权委员会、国际贸易法委员会，以及各有关专门机构、特设委员会、专门外交会议等）起草的。例如 20 世纪 60 年代和 70 年代关于外层空间的几项条约，其后，80 年代的新海洋法公约，1998 年的《国际刑事法院规约》（罗马公约）即是这种情况。

（三）国际法编纂的意义

联合国国际法委员会于 1947 年作为国际法编纂常设机制的建立，是国际社会第一次努力在由全世界参与编纂工作的基础上，对国际法的整体内容进行系统而综合全面的审查。对于国际法的大部分而言，没有国际法委员会的工作，便不再可能考虑国际法的编纂与进步发展。国际法委员会的价值主要在于这样一种事实，它是拥有编纂整个国际法的普遍权力的唯一官方国际机构。尽管其他机构拥有在特定领域（例如：人权、贸易法、武装冲突中的人道法）的编纂权，国际法委员会这样的全能性法律机构具有重大价值，它对国际法整体负责并能促使国际法各不同部门的和谐一致和保证国际法制度整体的平衡和发展。尽管对国际法委员会工作的评价经常是以具体议题为基础，然而从整体上看，即便它没有处理完最初 14 个选题中的某些议题，但其贡献巨大，范围深远，内容权威。它的全球性与集体组织基础，使其文本成为某个具体法律问题的"世界看法"（world view）的一种合理初步指标和对习惯国际法中某个法律主张的一种方便而权威的表达。①

编纂公约提供了一种简便手段以识别具有习惯规则或一般国际法规则所缺乏的确定性的法律，并且澄清疑点，解决了以前导致法律内容含糊的各种争论。成功编纂的公约提供了一种法律上的普遍稳定性，尽管不是立法性质的。国际法主要部门的某些公约具有一种引导绝大多数国家受其约束并被视为习惯国际法的宣告或创立甚而对非缔约国也构成法律的特性。编纂公约即便获得签署或批准的很少，但仍有价值。例如，根据国际法委员会一读通过的条文草案，甚至为使不同领域的各种规则确定为内在相连前后一致的法律整体而进行的智力支持工作，也提高了国际法的总的完整性。

国际法委员会拟订的规则草案，既非条约又非国家实践，更不能视为一般

---

① Watts QC, Arthur, 'Codification and Progressive Development of International Law', in R. Wolfrum（Ed.）, *The Max Planck Encyclopedia of Public International Law*, Oxford University Press, 2008, online edition, ［www. mpepil. com］, visited on 2011-4-13.

法律原则或国际公法学家学说。但是，国际法院在它认为适当时毫不犹豫地援引国际法委员会的规则草案，而不关心国际法委员会的规则草案怎样才能够属于《国际法院规约》第 38 条的形式问题。国际法院多次采用条约（草案）作为具有约束力的文书，以及国际法委员会编写的其他文件作为习惯国际法的证据。反过来，国际法委员会也高度重视国际法院的判例。例如在其目前所做的关于对条约的保留和国际组织的责任等专题的工作中，国际法委员会拟订的许多规则草案直接提及国际法院的判决或比照国际法院的判决作为论断的基础。国际法院与国际法委员会的关系有助于促进法治，这不仅表现在以一贯和透明的方式适用清晰的规则，而且也证明，在确立国际法规则时，不同的确定法律的机构采用相同的做法。世界各洲的区域性法院和各国法院也受到鼓励，引用国际法委员会拟订的规则草案作为国际法证明。这些引用实例提高了有关规则草案的地位，并突出地说明了国际法委员会目前对法治的贡献具有切合实际的特点。①

过去数十年来所从事的国际法编纂与逐步发展工作促进了整个国际法的演进，这既体现在所审议的具体议题上，也体现在准备工作的方式已经使国际法成为一个更加成熟的法律体系。国际法编纂工作取得了重大成就，令人印象深刻。尽管尚不能构成一部完整的国际法法典，但形成了国际法主要部分（如，国家继承、国家责任、海洋法、外交与领事关系、人权、条约法、武装冲突法等）的编纂结构。通过缔结各议题方面的公约与这些议题的准备审议方法，已经推动了国际法的实质性演进。其中有些公约被赋予具有超出其缔约方的习惯国际法价值，甚至在公约生效前或者在未成为公约的情况下，准备工作也具有一定的价值。②

思 考 题

1. 如何理解国际法的渊源及其“类别性”？何谓严格法律意义上的国际法

---

① 《2010 年国际法委员会报告》（A/65/10）（2010 年 5 月 3 日至 6 月 4 日和 7 月 5 日至 8 月 6 日），第 331 页，http：//untreaty. un. org/ilc/reports/2010/2010report. htm （2011-4-13）。

② Watts QC, Arthur, ʹCodification and Progressive Development of International Lawʹ, in R. Wolfrum（Ed.）, *The Max Planck Encyclopedia of Public International Law*, Oxford University Press, 2008, online edition,［www. mpepil. com］, visited on 2011-4-13.

渊源和广泛历史意义上的国际法渊源？

2. 简述《国际法院规约》第 38 条的规定并说明其意义。你对第 38 条有何新的理解？

3. 试论条约作为国际法的渊源。

4. 国际习惯法规则是怎样形成的？

5. 你对规约第 38 条中的 "一般法律原则" 有何认识，请分析之。

6. 在探讨广泛历史意义上的国际法渊源时，应如何看待重要国际组织（如联合国大会）的决议？

7. 怎样理解国际法的编纂？

8. 概述联合国国际法委员会的编纂活动。

9. 试就联合国国际法委员会与国家立法机关作一简单比较。

10. 国际法编纂有何重要意义？

第三章　国际法的基本原则

第一节　概　　说

一、国际法基本原则的概念

国际法基本原则，是与国际法上的具体原则相对应的一个概念。

迄今为止，中外国际法学者对什么是国际法基本原则和哪些原则是国际法基本原则，并无统一的认识。一般说来，国际法基本原则，是指那些被各国公认和接受的、具有普遍约束力的、适用于国际法各个领域的、构成国际法基础的法律原则。

从上述定义可以看出，国际法基本原则有以下四个主要特征：

（一）国际社会公认

"国际公认"是国际法基本原则的基本特征和要件之一。因此，一个或几个国家提出的原则，在未得到国际社会接受之前，尚不足以称为国际法基本原则。只有当一项原则在国际社会中反复出现，并被作为整体的国际社会认定为指导国际关系的一般准则时，它才有可能成为国际法基本原则。现代国际法基本原则的认定方式是各种各样的，各国可通过立法、判例和政府声明等国内方式来认定，也可以发表联合声明或宣言、签订双边或多边条约、制定国际组织尤其是普遍性国际组织的章程以及通过这类组织的决议等国际的方式表示承认。

（二）具有普遍约束力

这是针对国际法基本原则的适用对象而言的。这一特征意味着国际法基本原则一经确认，不仅对某些国家或某一类国际法主体具有约束力，而且对所有国家及所有的国际法主体都具有约束力。从这个意义上讲，国际法基本原则具有强行法的特征。

（三）适用于一切国际法领域

这是区别基本原则与各种具体规则的一个重要标准。国际法的具体规则仅适用于特定的国际法领域或部门，而国际法基本原则是适用于国际法各个领域的原则，对国际法的各个分支部门具有一般性的指导作用。

（四）构成国际法体系的基础

国际法基本原则是整个国际法体系的法律基础，国际法的具体规则和规范是从国际法基本原则中派生和引申出来的，它们必须符合国际法基本原则，不能与国际法基本原则相违背。如果说国际法是主权国家在人类这个"地球村"里栽培的一棵参天大树，国际法基本原则就是树干，国际法的具体原则、规则和规章、制度就是这一树干上伸展的茂盛枝叶。

二、国际法基本原则与国际强行法

强行法（*jus cojens*），亦称为绝对法、强制法或强制规律，指必须绝对执行的法律规范，是与任意法相对应的一个概念。

强行法起源于国内法。1969 年《维也纳条约法公约》第一次正式使用了国际强行法概念。公约第 53 条规定："一般国际法强制规范指国家之国际社会全体接受并公认为不许损抑，且仅有以后具有同等性质之一般国际法规范始得更改之规范。""条约在缔结时与一般强制规律抵触者无效。"但是，国际法上哪些规范属于强制规律以及国际法基本原则是否就是强制规律？公约对于这些问题并未作出明文规定，理论上也一直有争议。不过，从上述规定中可以推定，国际法基本原则应该属于强行法的范畴，而不是任意选择的法律规范。国际法基本原则与国际法强制规律在确认的程度和效力的性质上有相同之处。但是，基本原则并不等于强行规律，反之亦然。基本原则是适用于一切国际法领域的一般性指导原则，而强制规律有可能是某一特定国际法部门的具体规则。例如，有关惩治国际犯罪行为（海盗、恐怖活动等）的规则，被认为具有强行性，但并不是国际法基本原则。由此可见，国际法基本原则和国际强行规范是既有联系又有区别的两个不同法律概念，二者不可以截然分开，也不可以完全等同。

三、国际法基本原则的历史发展

国际法基本原则是随着人类社会的进步和国际关系的需要而产生和发展的。

每一种法律体系都含有一些基本原则来指导特定社会的生活，每一个国家通常在其宪法中规定此等基本原则。国际社会也需要一定的基本原则来调整国际关系。但是，国际社会是平等者之间组成的社会，在这个社会中不可能有一个最高权力机关来制定此等基本准则，国际法基本原则只能在主权国家的交往中逐渐形成。

自从近代众多独立国家同时并存并逐渐形成一个广泛的国际社会之后，国际法基本原则才有了赖以形成和发展的土壤。到18世纪，国家主权概念已颇为盛行，资产阶级为了反对封建压迫和禁锢，倡导了诸如国家主权、不干涉内政、国家平等等指导国家间关系的一般原则。然而，在20世纪以前，如同整个国际法一样，国际法基本原则的适用范围，仍主要局限于所谓基督教"文明国家"之间的关系。

第一次世界大战之后，国际社会的空间进一步扩大，而且在这个空间中出现了崭新的成员——社会主义国家。从此，国际法基本原则进入了一个新的发展阶段。经过《国际联盟盟约》和《巴黎非战公约》等国际文件的确认，互不侵犯原则、和平解决国际争端原则等，也初步确立起来了。

第二次世界大战，使人类惨遭空前的浩劫，同时也推动了反对侵略战争、维护世界和平与安全以及民族解放斗争的发展。从战争废墟上孕育出来的《联合国宪章》确立了一系列国际法基本原则。战后，随着民族解放运动的高涨，一大批独立国家兴起，这些国家倡导了若干指导国家间关系的基本原则，如中国与印度、缅甸共同倡导的和平共处五项原则、亚非会议提出的十项原则等。自20世纪60年代以来，根据国际格局的变化和时代的要求，联合国大会先后通过了一系列载有国际法基本原则的决议，其中较为重要的有：1960年《给予殖民地国家和人民独立宣言》、1965年《关于各国内政不容干涉及独立与主权之保护宣言》、1970年《关于各国依联合国宪章建立友好关系及合作之国际法原则宣言》（简称《国际法原则宣言》）、1974年《各国经济权利和义务宪章》等。特别是《国际法原则宣言》，郑重明确地宣布了七项原则，要求"所有国家在其国际行为上"，作为"国际法之基本原则"予以"严格遵守"[1]。这七项原则是：（一）不使用武力威胁或使用武力；（二）和平解决国际争端；（三）不干涉任何国家内政；（四）各国依照宪章彼此合作；（五）各民族权利平等与自决；（六）各国主权平等；（七）善意履行宪章义务。这是国际社会第一次以联合国大会通过宣言的形式来列举并确认国际法的基本原则，这对所有国家在其国际行为上遵守国际法和贯彻《联合国宪章》的各项

---

① 见《国际法原则宣言》的"总结部分"。

宗旨和原则，具有非常重要的意义。至此，一个由若干原则构成的现代国际法基本原则的体系，初步形成。

20世纪80年代联合国大会又通过了一系列阐释国际法基本原则的重要决议，如1981年《不容干涉和干预别国内政宣言》、1982年《关于和平解决国际争端的马尼拉宣言》和1987年《加强在国际关系上不使用武力或进行武力威胁原则的效力宣言》。这些宣言极大地丰富和完善了现代国际法基本原则的内容和体系。

四、《联合国宪章》与国际法基本原则

在现代国际法基本原则的体系中，《联合国宪章》所确立的七项原则处于核心地位。这七项原则是：会员国主权平等、善意履行宪章义务、和平解决国际争端、禁止武力相威胁或使用武力、集体协助、确保非会员国遵守宪章原则和不干涉内政。上述宪章的原则之所以构成现代国际法基本原则的核心，是因为：

第一，宪章是国际文件中第一次系统地规定国际关系的基本准则。在此之前，虽然有一些国际公约如《国际联盟盟约》、《巴黎非战公约》、《关于美洲原则的宣言》等曾规定过一些原则，但均不如宪章规定的那样明确、具体和系统。所以，在联合国成立以前，国际法基本原则仍处在零散的状态。宪章标志着国际法基本原则的发展进入了较为系统的新时代。

第二，宪章是迄今拥有缔约国最多的一个多边条约，联合国是迄今拥有会员国最多的一个全球性国际组织。由几乎世界上所有国家都参加的组织的章程所确立的原则，无疑最具有权威性，最能充分表明其公认和接受的普遍性。

第三，宪章是现代国际法基本原则的体系趋于完善的重要标志。宪章之后的各种国际文件所列的原则，虽然数目不等，内容不尽相同，措辞也不完全一样，但都是在宪章的基础上引申和发展的。不论是中国同印度、缅甸共同倡导的和平共处五项原则、亚非会议提出的十项原则、欧安会在《赫尔辛基最后文件》确立的十原项则，还是联合国大会通过的《国际法原则宣言》、《各国经济权利和义务宪章》等决议，均与宪章原则的精神是一致的，其中有的是进一步宣示、解释、强调或重申宪章的原则，有的则是对宪章原则的发展。

总之，虽然《联合国宪章》是从组织法的角度规定联合国及其会员国应遵守的基本原则，但是由于联合国组织成员国的广泛代表性和宪章本身的造法性，已使得这些原则具有最为普遍的法律意义。特别是其中的主权平等、真诚履行国际义务、和平解决国际争端、禁止武力相威胁或使用武力、不干涉内政

等原则，已经成为国际社会公认并接受的国际法基本原则，其实际效力已超出了一个国际组织章程的效力范围。诚然，宪章中的个别原则只能专门适用联合国组织及其会员国，但这并不影响宪章所确立的七项原则作为一个整体在国际法基本原则体系中的核心地位和最高的权威性。

五、和平共处五项原则与国际法基本原则

（一）和平共处五项原则的产生与发展

和平共处五项原则，即第一，互相尊重主权和领土完整，第二，互不侵犯，第三，互不干涉内政，第四，平等互利，第五，和平共处。这五项原则是中国与印度、缅甸共同倡导的。1953 年 12 月 31 日，当中国政府代表团和印度政府代表团就两国在中国西藏地方的关系问题在北京举行谈判时，周恩来总理在谈话中首先提出了这五项原则。其后正式写入了 1954 年 4 月 29 日《中华人民共和国和印度共和国关于中国西藏地方和印度之间的通商和交通协定》的序言中，并声明以这五项原则作为该协定的基础。同年 6 月 28 日中印两国总理发表联合声明，重申这些原则为指导两国间关系的原则，并认为两国"与亚洲以及世界其他国家的关系中也应该适用这些原则"。6 月 29 日，中缅两国总理在联合声明中重申了这五项原则。

继中印、中缅联合声明之后，中国在 20 世纪 50 年代分别与苏联、印度尼西亚、越南民主共和国、尼泊尔、德意志民主共和国、柬埔寨、老挝等国签署的联合文件中，均确认了五项原则为国际关系的准则。至此，和平共处五项原则已基本上成为中国与周边国家间关系的基本原则。

20 世纪 60 年代，随着一大批独立国家的诞生，中国同古巴、索马里、阿联（今埃及和叙利亚）、马里、坦桑尼亚、突尼斯、阿尔及利亚等非洲和拉美国家签署了载有和平共处五项原则的文件。这标志着和平共处五项原则的确认与接受已超出了亚洲的范围。

20 世纪 70 年代，和平共处五项原则的发展进入了一个新的阶段。除了一大批发展中国家承认这五项原则外，一些发达国家也逐步认可了这五项原则，如意大利、比利时、美国、日本、澳大利亚等。这些国家与中国的建交公报或双边条约中均明确规定和平共处五项原则为指导双边关系的基本原则。和平共处五项原则的传播已遍及各大洲，其适用的范围除不同社会制度国家之间的关系外，还包括相同社会制度国家之间的关系，即适用于一切国家间的关系。

和平共处五项原则还在一些重要的多边文件中得到反映。1955 年 4 月在印度尼西亚万隆召开的亚非会议具有重要的历史意义。会议的最后公报中宣布

了各国和平相处和友好合作的十项原则。其中有的原则与和平共处五项原则的内容完全相同，有的是五项原则的具体化。在联合国范围内，上述联大通过的有关决议中列举的原则，或者含有五项原则的内容，或与五项原则的精神基本一致。

（二）和平共处五项原则的含义

互相尊重主权和领土完整，是五项原则中的首项，也是国际关系和国际法的一条最根本的原则。它包括两个方面的内容，即互相尊重主权和互相尊重领土完整。由于国家的主权和国家的领土完整密切地联系在一起，尊重一国主权首先意味着尊重该国的领土完整。因此，将这两个不尽相同但又密切不可分的概念合并为一项原则提出来，是一种创举，具有重要意义。

互不侵犯原则，是从互相尊重主权和领土完整原则直接引申出来的，也是第一项原则的重要保证。根据《国际法原则宣言》的规定，互不侵犯原则的内容主要有：各国有义务不首先使用武力；有义务用和平方法解决争端；有义务避免侵略战争的宣传；有义务不侵犯他国国界和侵入他国领土；对侵略战争应负国际法上的责任；不得以国家领土为军事占领的对象；不得采取任何强制行动剥夺被压迫民族行使民族自决的权利等。

不干涉内政，是久经公认的一项国际法原则。但是，在传统国际法中，不干涉内政原则实际上只适用于欧美列强之间的关系，广大的亚非拉国家和民族则被排斥在适用之外。和平共处五项原则不只是简单地继承了这一原则，而且加上一个"互"字，使其富有新时代的含义。互不干涉内政原则意味着，在现代国际关系中，国家不分大小、强弱均不应进行非法的武装干涉、经济干涉、外交干涉和其他方式干涉。

平等互利，是在传统的平等原则基础上发展起来的一项新原则。其新意就在于：它更强调国家间的真正平等，即真正的平等应该是与互利相联系的，形式上的平等不一定是互利的，而只有互利的平等才是真正的平等。

和平共处，既是五项原则的总称，又是一项单列的原则。和平共处，作为一种外交思想和政策，最初是由列宁提出来的①。在《联合国宪章》的序言中，载有各国必须"和睦相处"的字样。中国和印度、缅甸将和平共处作为一个单项基本原则提出来，可以说是一个创举。和平共处原则的深刻含义是，各国不应因社会制度、意识形态和价值观念的不同，而在国际法律地位上有所差别，而应在同一个地球上和平地并存，友好地往来，善意地合作，并利用和

---

① 参见《列宁全集》第26卷，第226页。

平方法解决彼此间的争端。

（三）和平共处五项原则在国际法基本原则中的地位

和平共处五项原则是现代国际法基本原则的重要组成部分。在整个基本原则体系中，和平共处五项原则占有重要地位，主要表现为：

1. 和平共处五项原则与《联合国宪章》的宗旨和原则是一致的。早在1954年，周恩来总理就明确指出："中国同印度和缅甸共同倡议的和平共处的五项原则，完全符合于联合国宪章的宗旨。"可以设想：如果没有这种一致性，和平共处五项原则就不可能被世界上越来越多的国家所接受。实践也表明，正是由于这种一致性，才使得五项原则如同《联合国宪章》的宗旨和原则一样，具有巨大的生命力。

2. 和平共处五项原则科学地反映了现代国际法基本原则的体系。虽然五项原则中的每一单项原则早已存在，但是将它们作为一个彼此既有区别又有密切的内在联系的整体提出来，这无疑是一个创造性的发展。在这五项原则中，第一项是根本，其他几项既是延伸，又是保证，相互联系，密不可分。

3. 和平共处五项原则准确地体现了国际关系的基本特征。五项原则中的前四项都有一个"互"字，后一项有一个"共"字。这不是简单的措辞技巧，而是高度概括了国际社会中主权国家间相互依存、共同发展的最基本的特征。它意味着：以国际法基本原则为核心的国际法只有建立在主权国家"互相尊重"、"和平共处"的基础上，才能成为一种真正有效的法律秩序来促进人类和平与发展。

第二节　现代国际法基本原则综述

一、国家主权平等原则

国家主权平等，是传统国际法的一项重要原则。无论是《联合国宪章》，还是其他有关国际法原则的文件，均列有国家主权平等原则，甚至将它列为各项原则之首。这一原则是现代国际法基本原则体系的核心。

国家主权，是国家的根本属性，在国际法上是指国家有独立自主地处理其内外事务的权力。主权是每一个国家所固有的，并非外界所赋予。国家主权具有两方面的特性：一是对内的最高权，即国家对其领土内的一切人和物以及领土外的本国人享有属地优越权和属人优越权；二是对外的独立权，即国家在国际关系上是自主的和平等的。虽然自近代以来，对主权有不同的理论解释，但各国在实践上都十分重视自己的主权，并特别强调主权平等的重要性。

国家主权平等原则之所以是一项最重要的国际法基本原则，是由国际社会及国际法的基本特点所决定的。国际社会是主权国家林立的社会，在这一社会的法律秩序中，国家既然都是彼此独立的主权者，相互之间就应该是平等者间的关系。因此，在国际法中，每个国家不论大小、强弱和政治经济制度如何，都应互相尊重主权，平等交往。国际法的其他原则、规则和制度，都必须以国家主权平等原则为出发点。

根据 1945 年旧金山会议的一个专门委员会起草的报告，主权平等应有四个要素：各国在法律上平等；每一国家享有充分主权所固有的权利；国家的人格、领土完整与政治独立受到尊重；各国在国际秩序中应善意履行其国际义务与责任。1970 年《国际法原则宣言》将主权平等的要素分为六项，其中除了重申上述四个要素外，还特别强调各国均有义务尊重其他国家的人格和均有权利自由选择并发展其政治、社会、经济及文化制度。

20 世纪 90 年代后，国际上出现了一种"主权过时"、"主权多元"、"人权高于主权"等贬低、损抑国家主权的议论。对此，一方面不可因冷战后时代的一些特殊国际现象而渲染国家主权危机，而模糊主权与国家间的属性关系，从而动摇主权不可侵犯的神圣地位；另一方面也不可将国家主权推至绝对化，国家主权还受制于国家间的相互依存性。诚然，在纷繁复杂的现代国际社会中，制约国家主权的因素是很多的，但归根结底，真正的制约者恰恰是主权者（国家）自身，而且各种制约仍须在国际法允许的范围之内①。

二、禁止以武力相威胁或使用武力原则

禁止以武力相威胁或使用武力，是一项较新的国际法基本原则。《联合国宪章》是第一个明文规定禁止以武力相威胁或使用武力的国际公约。宪章第 2（4）条规定：所有会员国在它们的国际关系中，不得以武力相威胁或使用武力来侵害任何其他国家的领土完整或政治独立，亦不得以任何其他同联合国宗旨不符的方式以武力相威胁或使用武力。从这一规定及其史料来看，"禁止武力"是一项具有强行法性质的规范，其含义不仅在原则上重申禁止正规的侵略战争，而且进一步确认一切武装干涉、进攻或占领以及以武力相威胁的其他行为，都是违反国际法的。不过，宪章也规定，依宪章有关规定采取的集体强制措施、单独或集体自卫和区域机构采取的强制行动等，不受这一原则的限

---

① 参见曾令良：《论冷战后时代的国家主权》，载《中国法学》1998 年第 1 期。

制。此外，殖民地或半殖民地的人民为摆脱殖民统治而进行的武装斗争，是实行民族自决权的合法途径，不应被解释为与禁止武力相威胁或使用武力原则相抵触。

在《联合国宪章》的基础上，《国际法原则宣言》郑重宣布，禁止以武力相威胁或使用武力是各国建立友好关系及合作的国际法原则，并列为七项原则中的首位。宣言明确指出，侵略战争构成危害和平之罪行，使用威胁或武力构成违反国际法及联合国宪章的行为，永远不应作为解决国际争端的方法。

1987 年《加强在国际关系上不使用武力或进行武力威胁原则的效力宣言》更为具体地规定："每个国家都有义务在其国际关系上不进行武力威胁或使用武力……武力威胁或使用武力构成对国际法和《联合国宪章》的违反，应承担国际责任。"该宣言特别强调，"在国际关系上不得进行武力威胁或使用武力的原则，不论各国政治、经济、社会或文化制度或结盟关系，一律适用并有约束力"；"任何性质的考虑都不得作为违反《联合国宪章》进行武力威胁或使用武力的理由"。

三、和平解决国际争端原则

和平解决国际争端，是第二次世界大战后正式确立的一项国际法基本原则，也是从上述禁止武力威胁或使用武力原则中直接引申出来的。《联合国宪章》第 2 条第 3 项规定：所有会员国应该用和平的方法解决它们的争端。经宪章确认，这一原则构成宪章解决国际争端各条款的基础，并成为国际法上集体安全制度的重要原则之一。国际实践反复证明：国际争端，不论是政治的、经济的，还是法律上的或事实上的，如果长期得不到解决，均有可能发展成为武装冲突，甚至国际战争。历史也同样表明：国际争端只有通过和平解决，才能真正促进国际和平与安全；以战争、武力或武力相威胁等强制方法，不仅不能从根本上解决争端，反而会激化有关国家间的敌对情绪，而且有可能使争端扩大和升级，成为冲突和战争的祸根。因此，《联合国宪章》第 33 条还专门规定了一些和平方法，如谈判、调查、调停、和解、斡旋、仲裁、司法解决、利用区域机构或区域协定等。

《国际法原则宣言》也强调："每一国应以和平方法解决其与其他国家之国际争端，俾免危及国际和平、安全及正义。"宣言还进一步规定，争端当事国如未能就某一和平方法解决有关争端时，"有义务继续以其所商定之他种和平方法寻求争端之解决"。这就意味着，和平解决国际争端原则本身是强制性的，至于具体采用哪种和平方法，有关国家可以任意选择，但必须用尽和平方法。

1982年《关于和平解决国际争端的马尼拉宣言》进一步庄严宣告："所有国家应只以和平方法解决其国际争端，俾免危及国际和平与安全及正义。"而且，"任何争端当事国不得因为争端的存在，或者一项和平解决争端程序的失败，而使用武力或以武力相威胁。"

四、不干涉内政原则

不干涉内政，是指国家在相互交往中不得以任何理由或任何方式，直接或间接地干涉他国主权管辖范围内的一切内外事务，同时也指国际组织不得干涉属于成员国国内管辖的事项。

不干涉内政原则与国家主权原则相伴而行，是一项较早的国际法原则。自从近代国际法形成以来，各种国际文件均将它列为国家间关系的准则。《联合国宪章》第2（7）条规定："本宪章不得认为授权联合国干涉在本质上属于任何国家国内管辖之事件，并且不要求会员国将该项事件依本宪章提请解决；但此项原则不妨碍第七章内执行办法之适用。"上述规定表明：在现代国际法中，除国家根据协议而产生相应国际义务的那些事项外，各国可以根据主权自由处理本国的一切事项，彼此间不得干涉。

需要指出的是，这一原则中的"内政"具有极为广泛的内容，它不仅仅指一国的国内事务，还包括一国与其他国际法主体间的事务，即对外事务。然而，随着国家间相互依存关系的日益发展，一些过去属于国内管辖的事项正在逐步被纳入与国际法律秩序的联系之中。包括《联合国宪章》在内的国际文件，并未规定判断"内政"的标准，因此，在实践中国家间常因某一事项是否为"内政"的问题发生争论。无论如何，国际法上的内政不是一种地域概念，它一方面包括国家生活的各个方面，另一方面又和国际法律秩序发生联系。从国际法角度来看，所谓"内政"或"国内管辖事项"，一般是指国家不受国际法约束而能独立自主处理的那些事项，如一个国家的政体、内部组织、法律主体间的关系、对外政策等。

虽然在国际法上未能详尽列举国家"内政"的范围，但是国际社会对于不干涉内政原则却曾多次予以重申。继《联合国宪章》之后，联大于1965年通过了《关于各国内政不容干涉及其独立与主权之保护宣言》，其中特别强调：任何国家或国家集团，不论为何理由，均不得直接或间接干涉其他国家的内政、外交；不得使用政治、军事、经济等措施威逼他国，以使它屈服；不得组织、协助、制造、资助、煽动或纵容他国内部颠覆政府的活动；不得干涉另一国的内乱。1970 年的《国际法原则宣言》再次重申了不干涉内政原则和上述决议的内容。

1981 年《不容干涉和干预别国内政宣言》明确指出，"充分遵守不干涉和不干预别国内政和外交的原则对维持国际和平与安全和实现《宪章》的宗旨和原则都最为重要"。《宣言》不仅再次庄严宣告"任何国家或国家集团均无权以任何方式或以任何理由干涉或干预其他国家的内政和外交"，而且较为全面、系统地规定了不干涉和不干预别国内政和外交原则应包括的各项权利和义务。

由于现代国内事务和国际事务之间具有联系，又由于国际法受制于国际政治，因此不干涉内政原则虽然被公认为不许损抑的国际法基本原则，但实践中一国干涉他国内政的事件，却时有发生。特别是某些强国，常以他国"违反基本人权"为借口而进行的所谓"人道主义干涉"，除直接的武力干涉外，还频繁地运用经济干涉、外交干涉、舆论干涉以控制弱国按其意志行事。可见，如何确保不干涉内政原则的实施，将是国际社会要长期为之努力的一项艰巨任务。

五、善意履行国际义务原则

国际惯例和条约必须遵守，是传统国际法中的一项重要原则。《联合国宪章》重申了这一原则，在序言中明确指出会员国应"尊重由条约与国际法其他渊源而起的义务"。宪章第 2（3）条规定：各会员国为了保证全体会员国得享有由于加入本组织而产生的权利与利益，应善意履行依照本宪章所承担的义务。继宪章之后，一些重要的条约和国际组织的决议也强调这一国际法基本原则，如 1948 年《美洲国家组织宪章》、1969 年《维也纳条约法公约》、1970 年《国际法原则宣言》、1982 年《联合国海洋法公约》等。此外，这项原则还得到一系列国际判例的认可。

善意履行国际义务成为国际法基本原则之一，是由国际法本身的特点所决定的。国际法是通过互相平等的国家间的协议而形成的，国际法所约束的对象主要是国家，依国际法而建立的国际合作制度也主要是在国家自愿承担义务的基础上进行运作的，国际社会缺乏国内社会那种具有强制管辖的司法机关来保证国际法的遵守与执行。因此，国际法的有效性和国际法律秩序的稳定性，在很大程度上取决于各国忠实遵守国际法的规范和善意履行其承担的国际义务。如果情况相反，国际法的全部建筑就将濒临崩溃，正常的国际关系就将不复存在，国际社会成员在其行为交往中就无所适从。所以，对一个相对松散和软弱的国际法体系而言，善意履行国际义务原则尤为重要。

应该注意的是，善意履行国际义务不应理解为与国家主权原则相冲突。在一般情况下，国际义务只有在依国家主权原则自愿承担的情况下才具有国际法上的约束力；违背国家主权原则的一切义务都是没有法律效力的。事实上，只要各国真诚地履行国际义务，国家主权才能真正得到尊重。

六、国际合作原则

国家间的合作，由来已久。从近代开始，随着国际贸易和国际经济关系的发展，国家间的合作范围越来越大，并由临时性合作逐渐向长期性合作发展。但是，在 20 世纪以前，国际合作基本是属于双边的或地区性的，不是一般的国际义务，更谈不上是一个基本的法律原则了。

第一次世界大战后，国际合作的重要性显得愈来愈突出。《国际联盟盟约》曾表达了会员国必须"增进国际合作并保证其和平与安全"的愿望。然而，国联时期的合作主要是大国间为安排彼此间的利益或为应付突发事件而进行有限的政治合作。

第二次世界大战后，各国平等的国际合作迅速上升为一项具有普遍意义的现代国际法基本原则。《联合国宪章》的序言指出：为维护国际和平与安全，促进人类经济与社会的进步和发展，会员国"务当同心协力"。宪章还明确地将"促成国际合作"列为其宗旨之一。为实现这一宗旨，宪章还作出了一系列的具体规定。宪章的生效及联合国的诞生，标志着一个以联合国为中心的各国平等的全球政治、经济、社会、文化等国际合作体制已基本形成。

除《联合国宪章》外，其他的国际法律文件均载有国际合作的精神或条款，其中尤以《国际法原则宣言》最为重要。宣言庄严宣布：各国依照联合国宪章彼此合作是一种必须"严格遵守"的"义务"，此等合作"构成国际法之基本原则"；"各国应与其他国家合作"，"采取共同及个别行动与联合国合作"，维持国际和平与安全，促进国际经济、社会、文化、教育、科学与技术等方面的进步。

国际合作原则，是现代国家间相互依存、共同发展的根本体现。在这一原则的指导下，现代国际合作的发展趋势主要表现在：第一，合作的形式各式各样，除传统的双边和多边合作外，区域性合作、集团化合作和全球性合作平行发展；第二，合作的层次愈来愈多，其中除国家间的合作外，国际法特别强调国家与有关国际组织进行合作的义务；第三，合作的领域不断拓宽，国际合作由战时发展到平时，从过去的政治合作发展到现在的政治、经济、文化、教育、科技等合作，在现代人类生活的各个方面，几乎都有程度不等的国际合作。总之，虽然各国所处的地理位置不同，政治制度不一样，经济发展水平有差异，但都需要依法进行国际合作。只有国际社会成员真诚合作，进一步建立和完善国际合作的法律制度，人类才能在同一个"地球村"中和平相处，共同发展。

七、民族自决原则

与上述各项原则相比，民族自决原则成为一项国际法基本原则，经历了一个更为明显的演变过程。最初，民族自决主要是一个政治概念，其渊源可追溯到1776年的《美国独立宣言》。后来法国革命使这一概念得到进一步明确。不过，当时的民族自决还不是一个国际法的概念。1916年，列宁在《论社会主义革命和民族自决权》中正式提出了民族自决原则。第一次世界大战和十月革命后，这一原则在国际上得到了广泛的传播和一定的承认。

在两次世界大战的间隙时期，民族自决原则在欧洲得到很大程度的实施。但是《国际联盟盟约》所建立的"委任统治制度"表明：民族自决原则并未适用于殖民地。当第二次世界大战进入末期时，重建战后秩序的问题开始显露出来。虽然1941年的《大西洋宪章》宣称了民族自决原则，但是丘吉尔在解释这一宪章时指出，宪章的自决概念只针对欧洲国家以及纳粹统治下的其他民族恢复其主权和自治政府，不适用于殖民地。

在旧金山制宪会议上，民族自决的范围是与会国讨论和争执的问题之一。经大多数国家代表的同意，《联合国宪章》第1（2）条宣布："发展国家间以尊重人民平等权利及自决原则为根据之友好关系，并采取其他适当办法，以增强普遍和平。"宪章是第一个正式规定民族自决的条约，使它成为具有约束力的国际法规范。

战后随着民族解放运动的高涨，殖民主义体系的瓦解，民族自决原则进入了一个新的发展时期。在联合国范围内，联大通过了一系列宣言和决议，使民族自决原则得到进一步明确和发展，其中最主要的有：1952年《关于人民与民族的自决权》、1960年《给予殖民地国家和人民独立宣言》、1970年《国际法原则宣言》、1974年《各国经济权利和义务宪章》等。民族自决作为一项国际法基本原则，已基本上得到国际社会的普遍承认和接受。

不过，民族自决原则适用的范围，仍然是一个有争议的问题①。一般说来，这一原则主要适用于下述几种情形：第一，这一原则包含了一个现存国家的人民自由选择其政治、经济、社会和文化制度。这是民族自决原则的最原始的含义，与国家主权平等和不干涉内政原则的精神是一致的。第二，当领土主权的存在处于不确定的情况下，该领土上的民族拥有自决的权利，如巴勒斯坦人民的民族自决。第三，凡是殖民地、半殖民地或其他非自治领土的民族和人民，均享有自由决定其政治命运的权利。此外，民族自决还适用于受种族歧视的民族有自由表达其意愿，争取其政治地位的权利。

需要强调的是，不可将民族自决原则理解为与国家主权原则相冲突。对于一个由多民族自愿组成的国家而言，如果它已建立了合法政府并实行有效的统治，任何国家就不得以民族自决为借口，制造、煽动或支持民族分裂，破坏该国的统一和领土完整。否则，就是对国家主权的侵犯，违反了不干涉别国内政这一国际法基本原则，从而从根本上违背了民族自决原则的真实意义。

八、尊重基本人权原则

尊重基本人权与自由之所以成为现代国际法的一项基本原则，首先是因为它得到了世界各国的普遍认可。各国的认可大都是明示的，不仅通过各种政策性文件予以阐释，而且一般都在其宪法中明确规定尊重基本人权与自由，并明确列举其具体内容。很多重要的国际法律文件都明确地确认基本人权和自由的普世价值。例如，《联合国宪章》的序言"重申基本人权，人格尊严与价值，以及男女与大小各国平等权利之信念"，并将"增进并激励对于全体人类之人权及基本自由之尊重"列为联合国的宗旨之一。1948 年联合国大会通过的《世界人权宣言》庄严宣称"人类家庭所有成员的固有尊严及其平等的和不移的权利的承认，乃是世界自由、正义与和平的基础"，"各会员国业已誓愿同联合国合作以促进对人权和基本自由的普遍尊重和遵行"。1966 年联大通过的两项人权公约（《经济社会文化权利国际公约》和《公民权利和政治权利国际公约》）"确认这些权利是源于人身的固有尊严"。"各国根据联合国宪章负有义务促进对人的权利和自由的普遍尊重和遵行"。如今，没有哪一个国家公开挑战基本人权的普遍性或不承认尊重人权的义务，更没有国家承认或接受对

---

① 很多欧美学者认为，民族自决权应由两部分组成，即对内自决权和对外自决权。前者主要指自主权、自治权以及发展自我经济、文化、宗教、习俗等权利；后者则主要指独立权或脱离权，即从原主权国家脱离开组建新的独立国家的权利。

其人权违反的指责。

尊重基本人权已经成为具有普遍约束力的国际规范，甚至构成"对一切"义务的规则，具有强行法律性质。尊重基本人权的普遍约束力，一方面表现在承载其内容的一系列人权公约或与人权有关的公约的缔约国和其他国际法律文件获得通过的广泛性和普遍性，另一方面体现在国际实践愈来愈确认：尊重基本人权的根本在于禁止和惩处大规模粗暴违反基本人权与自由的行为。换言之，尊重基本人权不仅仅是国家之间的相互义务，而且还是国家对任何其他国家或整个国际社会和世界上所有人的义务，即"对一切"的义务或"共同体义务"。①

尊重基本人权不仅仅是国际法人权法这一新兴国际法分支的基本原则，对于其他国际法领域也具有普遍的适用性，贯穿于整个当代国际法体系。

思 考 题

1. 阐述国际法基本原则的概念、特征以及与国际强制规律的相互关系。

2. 简述《联合国宪章》的原则及其在现代国际法基本原则体系中的地位。

3. 和平共处五项原则的内容是什么？应该怎样认识它的重要意义及其与现代国际法基本原则的关系？

4. 简述国家主权原则、禁止以武力相威胁或使用武力原则、和平解决国际争端原则、不干涉内政原则、善意履行国际义务原则、国际合作原则和民族自决原则的基本含义。

5. 应如何正确认识国家主权与民族自决之间的关系？

6. 应如何正确认识国家主权和不干涉内政与尊重基本人权之间的关系？

---

① Antonio Cassese, *International Law*, Oxford University Press, 2001, p. 104.

第四章　国际法的主体

第一节　概　　说

一、国际法主体的概念

国际法主体，有的学者称之为国际法律人格者，是指具有直接享受国际法上权利和承担国际法上义务的能力的国际法律关系的独立参加者。作为国际法主体，须具备以下三个条件：

（一）有独立参加国际法律关系的能力

国际法是调整国际关系的法律，这就要求参加国际法律关系的主体必须具有独立参加这种关系的能力。无这种能力，就没有参加这种关系的资格，也就不能参加国际法律关系。例如，一国的地方政府，未经中央政府授权，就不具有独立参加国际法律关系的能力。

（二）有直接承担国际法上义务的能力

国际法律关系实质上是国际法主体之间的权利义务关系。一个国际社会成员参加国际法律关系，就意味着承担某种国际法上的义务。因此，作为国际法主体，必须具有直接承担国际法上义务的能力，如果没有这种能力，就不可能履行国际法上的义务。例如，履行条约义务，偿还合法的国家债务，为外交代表提供外交特权与豁免，在国际组织履行会员国的义务等。一国地方政府，未经中央政府授权，就无缔结条约的能力，也就没有直接履行条约义务的能力，因此它不能成为条约法律关系中的主体。

（三）有直接享受国际法上权利的能力

国际法上的权利和义务的关系是对立统一的关系。两者虽是对立的，但又是密切联系的。无论是权利还是义务，都不可能单独存在。参加国际关系的主体，在它们相互交往中，承担义务，也享受权利。国际法上的权利很多，如独立权、平等权、自保权、管辖权、外交权、缔约权、求偿权、国际诉讼权，等等。但是要行使这些权利，就必须具有直接享受国际法上的权利的能力，没有这种能力，就不可能行使国际法上的权利。

一个国际社会成员具备了以上三个条件，就享有国际法主体的资格，从而它本身就享有国际法上所确定的权利、义务。但是以上三个条件是密切联系为一体的，只有具有直接享受国际法上权利和承担国际法上义务的能力，才能参加国际法律关系。而一个国际社会成员具有独立参加国际法律关系的能力，就表明它能直接享受国际法上的权利和承担国际法上的义务。

二、国际法主体的历史发展

在国际社会中，谁具有国际法主体的资格，即谁是国际法的主体？这个问题，长期以来存在着争论。随着国际关系的发展，理论和实践也有所发展。传统国际法认为，国际法是国家之间的法律，只有国家才具有承受国际上的权利和义务的能力，因而国家是国际法的唯一主体①。而其中一些学者只承认所谓"文明国家"才是国际法主体。这是 19 世纪实在法学派的观点。

进入 20 世纪以后，在十月革命、两次世界大战、非殖民化运动及新技术革命等一系列重大历史因素的影响下，传统的由单一民族国家组成的近代欧洲社会开始向更为复杂、多元和日益组织化的当代国际社会转变。在新的社会结构中，国际关系的复杂性，首先是由转型时代的不稳定因素引起的，例如革命和大战引起了对流亡政府、革命政府及傀儡政权法律地位的承认和不承认问题，而非殖民化运动又带来了托管领土、争取解放民族的国际法主体资格问题。其次，随着国际社会由欧洲社会向全球社会演变，各种文化观念、宗教传统、政治经济体制上的多元差异，也加剧了国际关系的复杂程度。其三，在新科技革命的推动下，人类不仅相互依赖的程度大大加深，而且涉及的领域和面对的问题都是前所未有的广泛、重大和复杂。其四，在传统国际法理论和实践中被边缘化的个人，由于第二次世界大战期间大规模践踏人权的暴行以及战后世界经济一体化发展的客观需要，其在国际社会中的地位引起广泛关注。总之，当代国际关系的复杂性与近代欧洲的国家间社会不可同日而语，国际社会正经历着新的结构性变革。面对这种深刻变化，传统的实在法理论暴露出许多严重不足，"国家是唯一国际法主体"的理论，无法对国际组织的出现、争取独立民族的地位以及区域一体化等新问题作出较圆满的解释。

---

① 著名的国际法学者法泰尔、安齐洛蒂、李斯特、劳伦斯、霍尔、布赖尔利、希金斯和科伦布斯、奥本海等都持这种观点。

因此，第一次世界大战后，西方国际法学界出现了另一种主张，认为国际法主体的范围，除国家外，还包括个人。这种观点延续至今。而其中一些学者甚至走向另一个极端，断言个人是国际法的惟一主体①。无论是"国家是国际法惟一主体"的观点，还是"个人是国际法惟一主体"的观点，都不能正确反映当代国际关系的实际状况。国际法主体是随着国际关系的发展而发展的。国际联盟、联合国分别在第一次世界大战后和第二次世界大战后成立，其他国际组织也迅速增加，它们参加国际法律关系，对国际关系的发展起着举足轻重的作用。民族独立和解放运动的兴起，民族解放组织直接参与国际关系。因此，国际法主体不能仅限于国家，而应扩大到国际组织和争取独立的民族解放组织，这样才能正确反映当代国际关系的现实。个人也是国际法主体的观点，值得深入研究。个人虽然在国际法的某些领域承受着一定的权利、义务和责任，但是个人在国际法的许多重要领域是没有权利能力和行为能力的。这个问题将在本章第三节中讨论。至于主张个人是国际法的惟一主体的观点，则不仅改变了国际法的调整对象，而且也不符合国际法的根本属性。

综上所述，当代国际法主体包括国家、争取独立民族和政府间国际组织。但是，这些不同的主体，承受国际法的权利和义务的能力是有差别的。国家是一个主权体，具有完全的权利能力和行为能力，其他主体只具有有限的权利能力和行为能力，因此，它们在国际法中的地位是不能等同的。国家是国际法的基本主体，而国际组织和争取独立民族，只是在一定条件下和一定范围内才是国际法主体。

第二节　国际法主体的种类

一、国家是国际法的基本主体

国际法的基本主体，是与其他非基本的主体相对而言的。如上节所述，国际法主体包括国家、争取独立民族和政府间国际组织，其中有的是基本主体，有的是非基本主体。国际法的基本主体是指在国际法律关系中处于主要地位和起着主要作用的主体。

国家是国际法的基本主体，意味着国家在国际法律关系中处于一种主要的、根本的地位。国家之所以是国际法的基本主体，是由国家的特性和它在国

---

① 持这种极端观点的学者有狄骥、波利蒂斯、塞尔等。

际法律关系中的关键地位和作用以及国际法的特点决定的：

1. 国家是构成现代国际关系的基本要素

国家在现代国际法律关系中仍然处于最主要的地位和起着最重要的作用。现代国际法律关系的构成，包括国家与国家之间的关系、国家与其他国际法主体之间的关系以及其他国际法主体之间的关系等，而国家与国家之间的关系是国际法律关系的主要部分和基本形式。国际法律关系的内容，广泛涉及政治关系、外交关系、经济关系、军事关系、科学技术关系以及其他关系，这些关系的正式建立，都需要采取某种协议形式，而参加这些协议的主要是国家。因此无论哪一类关系，主要是国家之间的关系。离开了国家参与和彼此的实践，国际法律关系就不能形成和发展。国家在国际关系中的这种特殊重要地位，决定了它是国际法的基本主体。

2. 国家具有完全的权利能力和行为能力

国家不仅具有享受国际法上权利和承担国际法上义务的资格，而且具有以自己的行为依法行使这些权利和履行这些义务的完全行为能力。因此，它可以独立自主地对外进行交往，行使国际法上的权利，履行国际法上的义务。国家的这种完全的权利能力和行为能力是由国家具有主权这一特性决定的。正因为国家具有主权，因此它享有独立权、平等权、管辖权和自保权这些基本权利，同时亦承担与这些基本权利相对的基本义务。国家还可以与其他国家或其他国际法主体订立协定或条约，享受条约权利，承担条约义务。国际法全部适用于国家。从这个意义上说，"主权国家是完全的国际法主体"①。

国家这种完全的权利能力和行为能力是其他国际法主体所没有的。正在争取独立的民族，虽然具有国家的某些特征，根据民族自决原则有权建立起自己独立的国家，并在一定范围内有直接承受国际法上权利和义务的能力，但它们还未最后形成为国家，因此实际上不可能像国家那样具有完全的权利能力和行为能力。至于政府间国际组织，它们是由国家建立的，其权利能力和行为能力是成员国通过缔结条约（组织章程）授予的，是有限的，其活动不能超出成员国的授权范围，否则即属无效。由此可见，只有国家才具有完全的权利能力和行为能力，因而成为国际法的基本主体或完全的国际法主体，其他的国际法主体都只能是不完全的国际法主体。

3. 国际法主要是国家之间的法律

国际法的调整对象主要是国家之间的关系。国际法是为了调整国家之间的

---

① 李浩培：《国际法的概念和渊源》，贵州人民出版社 1994 年版，第 5 页。

关系而产生的，是国家之间以协议方式制定或由国家确认而成立的，是随着国家之间关系的发展而发展起来的。从古代、中世纪到近代，国际关系完全由国家之间的交往构成，实际上是一种单纯的"国家间关系"，因此国际法主体就是国家。进入现代以后，国际组织和民族解放组织虽然相继登上国际舞台，正式参与了国际法律关系，改变了国际关系的结构，但是国家之间的关系仍然是主要的，国家间关系仍是国际法调整的主要对象。从国际法的内容来看，国际法主要是调整国家之间关系的原则、规则和规章制度。从领土法、海洋法、外交法和领事法、条约法、争端法、战争和武装冲突法、中立法等传统国际法部门，到国际法的各个新领域，主要是规定国家必须遵守的原则、规则和制度。作为国际法渊源的国际条约，其签订者亦主要是国家。尽管有些学者主张把国际法主体扩大到个人，但也不得不承认"国际法的大部分是由约束国家的规则组成的"①。

4. 国际法的实施主要依靠国家

由于国际社会没有超越于国家之上的强制执行机关来强制实施国际法，因此，国际法的实施主要依靠国家。依靠国家自觉遵守和执行国际法的原则、规则和制度。对于违背一般国际义务的行为和国际罪行，主要依靠国家单独和集体实施制裁，即使是国际组织实施制裁，实质上也是成员国集体制裁的一种方式。总之，实施国际法，维护国际法律秩序，主要是依靠国家。

综上分析，国家是国际法的基本主体，而其他的国际法主体相对来说则是非基本的。

二、国际组织的国际法主体资格

国际组织的国际法主体资格问题，是随着国际组织的产生和发展而提出来的。20 世纪以前，政府间国际组织为数甚少，直至 19 世纪后期，才先后成立了国际电信联盟和万国邮政联盟这种专门性的国际行政组织②。所以传统国际法一般不涉及国际组织的国际法主体资格问题。第一次世界大战之后，成立了世界上第一个一般政治性国际组织——国际联盟。第二次世界大战结束时，成立了联合国，随后其他的政府间国际组织迅速增加。它们与其他国际法主体交往，建立正式关系，缔结条约，解决国际争端，在国际事务中起着越来越重要

---

① 见［英］J·G·斯塔克：《国际法导论》，赵维田译，法律出版社 1984 年版，第 64 页。

② 国际电信联盟成立于 1865 年，万国邮政联盟成立于 1874 年。

的作用，于是国际组织的法律地位问题就提出来了，成为国际法学界共同关注的一个问题。

国际组织在全球的迅速增加以及某些组织在一定范围内参与国际法律关系的事实，表明国际组织，特别是某些负有重大国际责任的国际组织，已经成为国际法主体。具体表现在以下几个方面：

1. 国际组织在一定范围内有独立参与国际法律关系的能力

所谓在"一定范围"内，是指在其组织约章规定的职权范围之内，有权参加国际法律关系。作为一种国际合作的法律形式，国际组织具有与其成员国相区别的法律人格，是一种自成一类的国际法主体。由于国际组织是根据其组织约章而成立的独立实体，因此，它具有依法独立参加国际法律关系的能力。事实上，除了国际组织之间的相互交往外，国际组织还与包括国家在内的其他国际法主体日益频繁地进行独立交往，参与法律关系，并获得了国际社会的公认。

2. 国际组织在其职权范围内具有国际上的权利能力和行为能力

国际组织有权与其他国际法主体交往，建立正式关系，派遣和接受外交代表，缔结双边或多边条约，享受外交特权与豁免权等。例如，联合国成立后，就同国际电信联盟、万国邮政联盟等国际组织签订了一系列彼此建立关系的特别协定，使之成为联合国的专门机构，还同美国和瑞士等国先后签订了有关特权和豁免的协定。此外，像联合国这样一类国际组织，还享有直接提起诉讼和要求赔偿的能力。关于这一点，1949 年 4 月 11 日国际法院就 1948 年 9 月 17 日联合国调解巴勒斯坦纠纷的调解人瑞典的贝纳多特男爵被杀，联合国作为一个组织，能否提出国际索赔的要求问题作出的咨询意见，已经作了明确而肯定的说明。法院在咨询意见中指出："代表着国际社会广大成员的 50 个国家，依照国际法，有权创立一个在客观上具有国际人格的实体。这个国际人格者不仅为它们所承认，而且还有提出国际索赔的能力。"①

3. 国际组织的国际法主体资格已为许多国际条约和其他国际文件所确认

《联合国宪章》第 104 条规定："本组织于每一会员国之领土内，应享受于执行其职务及达成其宗旨所必需之法律行为能力。"第 105 条第 1 项规定："本组织于每一会员国之领土内应享受于达成其宗旨所必要之特权及豁免。"1946 年《联合国特权及豁免公约》规定，联合国具有法律人格，有订立契约、取得并处置财产和进行诉讼的能力。1947 年在瑞士同联合国签订的协定中，

---

① 见陈致中编：《国际法案例选》，法律出版社 1986 年版，第 395~398 页。

确认了联合国的国际人格和法律上的权利能力。国际法院 1949 年在它就联合国能否提出国际索赔的要求问题的咨询意见中明确指出："该组织（指联合国）是国际人格者。这并不等于说它是一个国家……这是说它是一个国际法主体，有能力享受国际权利和承担国际义务，并且有能力以提起国际索赔来维护自身的权利。"① 总之，国际实践的诸多事实以及国际条约和国际文件的许多规定都表明，国际组织是具有享受国际法权利和承担国际法义务能力的国际法主体。

4. 国际组织是现代国际法主体的观点，已为国际法学界所普遍接受

西方国家著名的国际法学者，如英国的劳特派特、斯塔克，都认为联合国和其他某些重要国际组织是国际法主体②，前苏联的国际法学者科热夫尼科夫也认为国际组织是"新的国际法主体"③。现在，我国国际法学者亦普遍认同国际组织是国际法主体，很少有学者否认国际组织的国际法主体资格。

国际组织虽然是国际法主体，但国际组织又不同于作为国际法基本主体的国家。国家具有主权，因而具有完全的权利能力和行为能力，而国际组织不是国家，而是国家为了达到某一特定目的而创立的国家之间的组织，它参与国际关系和承受国际法上权利和义务的能力受其组织约章的限制，因而是有限的。而且，国际组织的权利能力和行为能力，也不像国家那样是当然具有的，而是其成员国通过协议赋予的，因而具有派生性。从这个意义上说，国际组织是一种有限的、派生的国际法主体，是一种不同于国家的特殊的国际法主体。国际组织作为国际法主体虽有其特殊性，但它仍然是国际法主体。詹宁斯和瓦茨在修订的《奥本海国际法》（第 9 版）中指出："在任何法律体系中，法律主体在其性质上或在其权利的范围上并不一定都相同"，"一个国际人格者不必具有各国通常具有的一切国际权利、义务和权力。""国际组织也只享有适合于它们的特殊情况的国际权利和义务，从而它们同样只在有限范围内是国际法的主体和国际人格者。"④

---

①　见陈致中编：《国际法案例》，法律出版社 1998 年版，第 13 页。

②　见［英］H·劳特派特修订：《奥本海国际法》（第 8 版），上卷，第 1 分册，王铁崖等译，商务印书馆 1971 年版，第 311 页；［英］J·G·斯塔克：《国际法导论》，赵维田译，法律出版社 1984 年版，第 61~62 页。

③　见［苏联］科热夫尼科夫主编：《国际法》，刘莎等译，商务印书馆 1985 年版，第 301 页。

④　［英］詹宁斯、瓦茨修订：《奥本海国际法》（第 9 版），第 1 卷，第 1 分册，中国大百科全书出版社 1995 年版，第 91 页。

此外应当注意的是，这里所说的国际组织仅指政府间国际组织。非政府国际组织在国际法上的地位与个人有相似性，能否成为国际法上的主体，目前仍颇有争议。

三、争取独立民族的国际法主体资格

争取独立民族的国际法主体资格问题，是在非殖民化过程中提出来的。早期西方国家和学者一般否认争取独立的民族拥有国际法主体资格。但是，在第一次世界大战期间，特别是在第二次世界大战以后，随着非殖民化运动的蓬勃兴起，争取独立民族在实践中作为一种政治实体参加了国际关系，于是它们的国际法主体资格问题，才被提出并逐步为各国所承认。

民族自决原则是争取独立民族具有国际法主体资格的法律基础。《联合国宪章》第 1 条第 2 项、联合国通过的 1952 年《关于人民与民族自决权》的决议、1960 年《给予殖民地国家和人民独立宣言》、1970 年《国际法原则宣言》和 1974 年《各国经济权利和义务宪章》，都明确规定了民族自决原则。根据此项原则，一切处于外国殖民压迫下的民族均享有民族自决权，有权摆脱殖民统治，建立民族独立国家。这些民族在为独立而斗争时，有权依照宪章的宗旨与原则，请求和接受援助。而每一国家都承担义务，避免对被压迫民族采取剥夺自决、自由及独立之任何强制行为。根据这些规定，争取独立民族在一定范围内具有直接承受国际法上的权利和义务、独立参与国际关系的能力。这些争取独立民族，虽然还处于争取独立的斗争阶段，尚未建立起自己的独立国家和对全国实行有效统治的政府，但它们建立了代表和领导本民族为争取独立而斗争的政治实体，如民族解放组织、民族解放阵线、民族解放军，有的还建立了临时政府或其他的代表机构等。这些政治实体，不但代表和领导着本民族，而且具有国家的某些特征，如控制和管理着一定地区和居民，建立了某种形式的权力机构等。因此它们具有一定的参与国际关系、享受国际法权利和承担国际法义务的能力：对外，进行国际交往，派遣外交代表，参加外交谈判，出席国际会议，参加国际组织，缔结国际协定，等等；对内，根据民族意愿，建立自己的政治、军事组织，制定自己的政策；在民族解放战争中，享受战争法规的保护，请求和接受外国和国际组织的援助等。

除国际法基本原则之一的民族自决原则对民族解放组织适用之外，国际法的重要组成部分国际武装冲突法也适用于民族解放组织。特别是 1977 年通过的《关于保护国际性武装冲突中受难者的 1949 年日内瓦公约的附加议定书》（第一议定书）规定，该议定书除适用于国际武装冲突外，也适用于各民族在

行使民族自决权反对殖民统治、外国占领的武装冲突。这样，民族解放组织在国际武装冲突法上也与其他国际法主体处于平等的地位。

争取独立民族的国际法主体资格实际上已得到国际上的普遍承认。早在第一次世界大战期间，捷克斯洛伐克和波兰为争取民族独立，在巴黎成立了民族委员会，其民族委员会先后获得英、法等国的承认，并作为协约国的同盟者参加了后来召开的巴黎和会。第二次世界大战后，非殖民化运动更加蓬勃发展，争取独立民族作为一种政治力量，对国际关系的发展起着重要作用，它们的国际法主体资格得到了更多国家的承认。例如，阿尔及利亚人民从 1954 年开始民族解放战争以后到取得独立以前，就先后得到中国等 20 个国家的承认，并在 8 个国家和一些国际组织中派驻了正式代表。巴勒斯坦解放组织于 1964 年成立后，被阿拉伯联盟接纳为正式成员，1974 年第二十九届联大通过决议邀请巴勒斯坦解放组织以常驻观察员身份参加联大的会议和工作，并参加联合国其他机构的国际会议。在巴勒斯坦国成立前，巴勒斯坦解放组织得到世界上一百多个国家的承认，同一百多个国家建立了联系，向80 多个国家和国际组织派了代表或观察员。早在 1965 年，巴勒斯坦解放组织就在北京设立了办事处。1973—1982 年召开的联合国第三次海洋法会议，邀请了非洲统一组织和阿拉伯国家联盟所承认的一些民族解放组织作为观察员。巴勒斯坦解放组织、南非民族委员会和西南非民族组织在会议的最后文件上签了字①。由此可见，争取独立民族在一定范围内是拥有国际法主体资格的。

争取独立民族虽然拥有国际法主体资格，但与具有完全权利能力和行为能力的国家相比，实际上仍有一定局限性。例如，争取独立民族尚未建立起自己的独立国家，未能在全国范围内实行有效的统治，行使管辖权的范围就受到一定限制，也不可能履行所有的国际义务。这种权利能力和行为能力的不完全性质，反映了争取独立民族在过渡到民族独立国家的阶段上，具有某些国家特征但还不是完全独立国家的特点。不过，不能由于它有这一特点而否定争取独立民族具有一定的权利能力和行为能力。因此可以说，争取独立的民族是一种准国家的或过渡性的国际法主体，是一种特殊的主体。

承认争取独立民族的国际法主体资格，是对传统国际法的突破，是国际法的新发展。

---

① 《联合国海洋法公约》，海洋出版社 1983 年版，第 382~383 页。

第三节　关于个人是否国际法主体的问题

一、国际法学界关于个人国际法地位的争论

关于个人有无国际法主体资格的问题，国际法学界是有争论的。第一次世界大战以前，"国家是惟一的国际法主体"的观点，成为国际法的传统学说，该说认为个人不具有国际法主体资格。第一次世界大战后，欧美国际法学者中出现了两种不同形式的"个人主体"说："个人是国际法的惟一主体"说与"个人与国家都是国际法主体"说。

"个人是国际法的惟一主体"说认为，只有个人才是国际法主体，国家不是国际法主体。因为国家的行为总是通过个人的行为表现出来的，所以国际法所调整的国家行为，实际上是以国家机关的代表身份活动的个人行为；国家的权利义务最终总是通过个人来承受的，所以国家的权利义务也是组成国家的那些个人的权利义务。总之，该说认为，组成国家和社会的基本粒子是个人，只有个人才是国际法主体。① 这一观点从根本上混淆了个人和国家这两个重要概念的联系和区别。国家必须有居民，居民发生一定的关系而形成社会，但仅有居民这个因素还不能构成国家，一个国家还必须包括其他因素，只有具备居民和其他因素才能构成国家。而国家一旦产生，它就成为独立于社会成员而凌驾于社会之上的并具有最高权威的特殊的物质力量，这是个人所无法比拟的。这一观点也混淆了国家的权利义务和个人的权利义务这两个不同的概念。国家的权利义务由国家的代表代表国家行使，但不能因此而把国家的权利义务当成个人的权利义务。这种极端的学说，忽视了一个最基本的事实：国际法是为了调整国家之间的关系而产生，而其内容主要是调整国家关系的原则、规则和制度，如果没有主权国家，国际法不可能产生和存在。而且，现实国际关系表明，参与国际法律关系的主体并非单一的，而是多样的。上述学说是以"社会连带理论"为基础的，是对主权国家的否定，使国际法成为仅适用于个人的世界法，结果是否定国际法。

"个人与国家同是国际法主体"说与"个人是国际法惟一主体"说不同，该说并不否定国家的国际法主体资格，只是主张个人也同样是国际法主体。欧

---

① ［希腊］尼古拉斯·波利蒂斯：《国际法的新趋势》，原江译，云南人民出版社2004年版，第25～42页。

美许多著名的国际法学者都持这种观点。美国杰塞普教授在他所著的《现代国际法》一书中就强调，作为国际秩序基础的一个要点是，国际法必须像国内法一样直接适用于个人，而不应该像传统的国际法一样继续远离个人①。纯粹法学派创始人凯尔森认为："国际法主体也是个人。认为国际法主体是作为法人的国家的说法并不意味着国际法主体不是个人；它意味着，个人是按照特殊方式作为国际法主体的。"② 劳特派特亦在其修订的《奥本海国际法》（第 8 版）中指出："虽然国家是国际法的正常主体，然而国家可以把个人和其他人格者视为直接具有国际权利和义务的，而且在这个限度内使他们成为国际法主体。"③ 詹宁斯、瓦茨修订的《奥本海国际法》（第 9 版）重申了上述观点④。持以上观点的欧美学者还很多，无须赘举。

关于个人是否具有国际法主体资格的问题，中国国际法学者的看法也不一致。在早期，多数学者认为个人不是国际法主体。1976 年出版的周鲠生教授的遗著《国际法》，明确指出："个人不是国际法主体。"⑤ 1981 年王铁崖教授主编的新中国第一部国际法教科书《国际法》也认为，自然人和法人 "在国际关系中，它们不具有独立参加国际关系和直接承受国际法上权利义务的能力，因而没有资格成为国际法的主体。"⑥ 但是现在，也有不少学者提出不同意见，主张个人可以是国际法主体。李浩培教授在其 1994 年出版的著作《国际法的概念和渊源》中指出："个人也可以直接享受国际法上的权利和负担国际法上的义务，因而国际社会至少已趋向于承认个人为部分国际法主体。"⑦

二、与个人国际法地位相关的实践

随着国际关系的迅速发展以及学界对个人在国际法中地位问题讨论的深入，人们对这个问题的认识也开始有了一些明显的变化。事实上，从当今国际

---

① 转引自周鲠生：《国际法》（上册），商务印书馆 1976 年版，第 65 页。

② ［美］汉斯·凯尔森：《国际法原理》，王铁崖译，华夏出版社 1989 年版，第 80 页。

③ ［英］H·劳特派特修订：《奥本海国际法》（第 8 版），上卷，第 1 分册，王铁崖等译，商务印书馆 1971 年版，第 14 页。

④ ［英］詹宁斯、瓦茨修订：《奥本海国际法》（第 9 版），第 1 卷，第 1 分册，王铁崖等译，中国大百科全书出版社 1995 年版，第 10 页。

⑤ 周鲠生：《国际法》（上册），商务印书馆 1976 年版，第 62 页。

⑥ 王铁崖主编：《国际法》，法律出版社 1981 年版，第 98 页。

⑦ 李浩培：《国际法的概念和渊源》，贵州人民出版社 1994 年版，第 22 页。

社会的实践与若干涉及个人在国际法上权利、义务、责任的规定来分析，在国际法的某些领域，个人实际上已经直接承受了一些国际法上的权利、义务和责任：

1. 有关国际人权公约对个人权利的规定。1948 年《世界人权宣言》和 1966 年两个人权公约，均对个人的公民、政治权利以及经济、社会、文化权利作了规定。某些对特殊群体加以保护的国际公约，对这些特殊群体的个人的权利作了规定。如 1951 年《难民地位公约》、1951 年《妇女政治权利公约》、1980 年《消除对妇女一切形式歧视公约》，对难民的待遇和妇女的权利作了规定。1949 年《日内瓦四公约》，对战俘、伤病员、战争受难者、平民的人道主义待遇作了规定。问题是，国际公约所规定的人权，是直接规定个人的权利，还是规定缔约国应承担给予个人权利的义务？应该说，公约既规定了个人的权利，也规定了缔约国给予个人权利的义务。个人是公约的直接受益者，而且个人依公约所享有的权利和待遇，无疑是一种国际法上的权利。

2. 有关国际犯罪的公约对个人责任的规定。这类公约很多，分别规定战争罪、贩卖毒品罪、贩卖人口罪、灭种罪、危害国际航空安全罪、海盗罪、劫持人质罪，等等。例如，1948 年《防止及惩治灭绝种族罪公约》第 4 条规定："凡犯灭种族罪或有第 3 条所列其他行为之一者，无论其为统治者、公务员或私人，均应惩治之。"1973 年《禁止并惩治种族隔离罪国际公约》第 1 条第 2 款规定："本公约缔约国宣布：凡是犯种族隔离罪行的组织、机构或个人即为犯罪。"从这些规定可见，公约既规定了缔约国承担惩处国际犯罪的义务，又为个人直接设定了国际法义务，不得触犯这些国际罪行。一旦个人触犯国际罪行，国际法也是根据个人责任原则来追究罪犯的责任的。

3. 某些解决争端公约对个人在解决争端程序中诉讼地位和权利的规定。例如，1965 年《关于解决国家与他国国民之间投资纠纷公约》第 25 条规定："中心的管辖适用于缔约国（或缔约国指派到中心的该国的任何组成部分或机构）和另一缔约国国民之间直接因投资而产生的任何法律争端"；1982 年《联合国海洋法公约》第 187 条规定："海底争端分庭对缔约国、管理局或企业部、国营企业以及自然人或法人之间的有关争端有管辖权"。这些规定，使个人有权以与有关缔约国相平等的地位参与争端解决程序。

以上规定说明，在特定情况下，个人可以成为部分国际法律关系的主体，如国际人权法、国际法律责任法和某些范围内国际争端法的主体。或者说，个人只是在以上有限范围内成为国际法的特殊主体，或如前述有的学者所称的那样，是"部分国际法主体"。当然，以上三个方面只是从主要方面列举，实际上，国际法涉及个人的地位、权利、义务、责任的规定还有一些，如个人的国籍、个人在外国的地位、个人船舶破坏有效封锁、个人船舶运输战时违禁物等等。但是，个人在国际法的许多重要领域，如领土法、条约法、外交法等领域，并没有直接承受国际法上权利和义务的能力，因此是不能成为国际法这些领域的主体的。

个人是否国际法主体的问题，之所以长期存在争论，除了国际法本身的发展外，也与国际法范围的宽广性和内容的复杂性有关。国际法是由领土法、海洋法、条约法、外交法、人权法、国际责任法等多个法律部门综合形成的法体系，这些不同的法律部门，有的只调整国家间关系，有的除了调整国家间关系外，还调整个人关系。而传统上国际法学界是把这些存在众多差异的法律部门作为一个单一学科（即国际法）来研究的，这是引发争论的一个重要原因。可以设想，如果采取同样的研究方式，把国内法的所有部门法都合为一个单一学科来研究，也会发生同样的问题。因此，区分不同的国际法部门，分别考察和确认个人在其中的法律地位，也许是更为务实和有效的做法。

思 考 题

1. 试述国际法主体的概念及条件。
2. 为什么说国家是国际法的基本主体？
3. 试分析国际组织的国际法主体资格问题。
4. 试论个人在国际法中的地位及其特殊性与复杂性。

第五章　国际法上的国家

第一节　国家的要素和类型

一、国家的要素

国家作为国际法的基本主体，是组成现代国际社会的主要成员。从国际法角度来分析，世界上现有的 190 多个国家，虽然大小不一，强弱不一，制度不一，但都具备下列用以区别于其他非国家实体的四个条件，即定居的居民、确定的领土、一定的政权组织和主权。这些构成国家的必要条件，通常称为"国家的要素"①。

（一）定居的居民

居民是国家的基本要素之一。居民，有的学者称为人民，指居住于国家领土内的那些人②。国家是由一定数量的居民组成的，有了一定数量的居民，才能形成社会，形成一定的经济和政治结构，组成国家。没有定居的居民，国家就不能形成和存在。至于人口的多少，各国情况不同，世界上有多至几亿、十几亿人口的国家，如美国、印度、中国等，也有少至几千人口的"微型"国家，如太平洋岛国瑙鲁，全国人口只有一万多人。但在法律上，它们都是国家，是国际社会平等的一员，是国际法主体，享有国际法上的权利，承担国际法上的义务。一国领土之内的居民，往往包括不同民族、种族或不同宗教信仰的居民，但只要定居于国家领土之内，就是该国的居民。

（二）确定的领土

领土是国家赖以存在的物质基础，也是国家主权活动和行使排他性权力的

---

① 王铁崖主编：《国际法》，法律出版社 1981 年版，第 86~87 页。

② ［美］汉斯·凯尔森：《法与国家的一般理论》，沈宗灵译，中国大百科全书出版社 1996 年版，第 260 页。

空间。它包括领陆、领海和领空。有了确定的领土，居民才能聚居，生产居民和国家赖以生存的物质财富，国家才能在领土上建立起来，并有效地行使国家主权。没有领土，居民便没有生存的物质基础，国家便没有管辖的空间。世界上所有的国家都有一定的领土，无领土的国家是没有的，一个没有领土、漂泊不定的民族，是不能构成一个国家的。至于领土的大小和周围疆界是否已完全划定，领土是否连接成一整块陆地，均不影响其作为国家而存在。

（三）政权组织

政权组织是国家在政治上和组织上的体现，是执行国家职能的机构，是国家的代表。它对内实行管辖，对外进行交往。没有政权的国家是不存在的。至于政权组织采取何种形式，则是各国自己决定的内政问题，不影响国家的存在。

（四）主权

主权是一个国家独立自主地处理对内、对外事务的最高权力，是国家的固有属性。在一个地域之内，尽管有政权组织，有定居的居民，但如果没有主权，还不能构成国家，只能是一个国家的地方行政区、殖民地或其他政治实体。只有同时拥有主权才能构成一个国家。

以上四个要素，是密切联系在一起的。任何国家都必须具备以上四个要素，也只有具备了这四个要素，才能构成国家。因此，从国际法的角度来定义，国家是具有一定的居民、领土、政权组织和主权的社会实体。

二、国家的类型

国家的类型很多，是不是一切类型的国家都具有国际法主体资格呢？这就有必要对各类国家作进一步的分析。

国家可按不同的标准作不同的分类。按国家的结构形式，可分为单一国和复合国。按国家行使主权的状况，可分为独立国和附属国。按经济发展水平，可分为发达国家、发展中国家和最不发达国家等。

（一）单一国和复合国

1. 单一国是由若干行政区域构成的单一主权的国家。它实行统一的中央集权，全国只有一个立法机关和一个中央政府，并有一个统一的宪法和国籍。在国家内部划分行政区域，各行政区域的地方政府，都受中央政府的统一领导。在对外关系上，它是国际法主体，由中央政府代表国家行使缔约权和外交权，而各行政区域的地方政府都不是国际法主体，无权代表国家行使缔约权和外交权，除非中央政府授权。现代国家大多数是单一国。中华人民共和国是一个统一的多民族国家，属于单一国。在对外关系上，它是单一的国际法主体，它的省、自治区都不是国际法主体。台湾是中国的一个省，不具有国际法主体资格。任何把台湾视为一个"国家"的言行，都是对中国主权的侵犯。根据中华人民共和国宪法设立的特别行政区，享有高度自治权，但它仍然依法受辖于中华人民共和国中央人民政府，不具有像国家那样的国际法主体资格。

中华人民共和国在 1997 年 7 月 1 日对香港恢复行使主权时设立的香港特别行政区，虽然享有高度的自治权，也不具备国际法主体的资格。但是，在外交、国防事务属中央人民政府管理的原则下，香港特别行政区政府的代表，可作为中国政府代表团的成员，参加由中央人民政府进行的与香港特别行政区直接有关的外交谈判。香港特别行政区可以"中国香港"的名义，在经济、贸易、金融、航运、通信、旅游、文化、体育等领域单独地同世界各国、各地区及有关国际组织保持和发展关系，并签订和履行有关协定。对以国家为单位参加的、与香港特别行政区有关的、适当领域的国际组织和国际会议，香港特别行政区政府的代表可作为中国政府代表团的成员或以中央人民政府和上述有关国际组织或国际会议允许的身份参加，并以"中国香港"的名义发表意见。对不以国家为单位参加的国际组织和国际会议，香港特别行政区可以"中国香港"的名义参加。可见，香港特别行政区在经济贸易等方面可行使一定程度的对外交往权，但不能因此而把香港视为国际法主体。

2. 复合国。复合国是两个以上国家的联合体。复合国可分为联邦和邦联。在历史上还有过身合国和政合国，但早已绝迹。

身合国。又叫君合国或人合国，指两个主权国家共戴一个君主而形成一个国家联合，但是两个国家完全独立。例如，从 1714 年至 1837 年英国和汉诺威的联合，从 1815 年到 1890 年，荷兰和卢森堡的联合，都是身合国。身合国的成员国是国际法主体，而身合国本身则不是国际法主体。

政合国。是两个或两个以上的国家合于一个君主之下，内政各自独立，对外关系合为一体，以共同统治者的名义进行活动的国家联合。例如 1814 年到 1905 年的瑞典和挪威联合成立的瑞典挪威王国。1867 年到 1918 年奥地利、匈牙利联合成立的奥匈帝国。政合国本身是国际法主体，而政合国的成员国则不是国际法主体。

联邦。联邦也称联邦国家，是两个以上的联邦成员国（州）组成的国家联合体。它是复合国中最典型、最主要的形式。世界上如加拿大、美国、印度、缅甸、瑞士、德国等国都是联邦国家。联邦的特点是：联邦有统一的宪法和法律，有统一的武装力量，并设有最高权力机关和最高行政机关，对联邦成员国（州）和它的人民直接行使权力；在联邦和联邦成员国（州）的关系上，按照联邦宪法，划分联邦和各成员国（州）之间的权限，联邦成员国（州）具有一定自主性，也有自己的宪法和法律；联邦内的公民具有一个共同的国籍，联邦成员国（州）的公民同时也是联邦公民。一般来说，由联邦政府统一行使对外交往权，所以联邦本身构成一个统一的国际法主体，而联邦成员国（州）一般不是国际法主体。但是，联邦成员国（州）的国际地位，各国的情况有所不同。例如美国，全部对外交往权集中于联邦政府，各州无对外交往的权力，实际上如同一个单一国，各州都不是国际法主体。前苏联的情况则有所不同，根据原苏联 1944 年修改后的宪法和以后的宪法规定，各加盟共和国有对外交往权。但实际上，除乌克兰和白俄罗斯由于特殊历史原因在 1945 年成为联合国创始会员国外，其他加盟共和国均未加入联合国。此外，联邦德国和瑞士联邦等国，根据其宪法的规定，其所属各州可以就某些地方性事务与外国签订协定。近年来，加拿大的魁北克有权同法国及其他法语国家签订有关文化方面的国际条约。但是，一般认为，这些联邦成员仍然不是国际法主体。

邦联。邦联是两个以上主权国家为了某种特定的目的根据国际条约组成的国家联合。它不同于联邦。邦联的特点是：邦联本身没有统一的中央权力机关和行政机关，也没有统一的立法、军队和财政预算，邦联成员国仍然是主权国家，各自拥有立法、外交、行政、国防、财政等全部权力；各成员国公民只有本国国籍，而无邦联的共同国籍；在对外关系上，邦联本身不是国际法主体，而组成邦联的成员国才是国际法主体。邦联各成员国之间的关系不是国内法关系，而是国际法的关系。邦联产生于资本主义发展的早期，历史上出现过的邦联有 1778 年至 1787 年的美利坚合众国、1815 年至 1866 年的德意志同盟、1815 年至 1848 年的瑞士同盟。随着资本主义的发展，经济上和政治上进一步集中和统一，这些邦联都先后发展为联邦了。世界上久已无邦联这种国家联合，直到 1982 年，塞内加尔和冈比亚两国组成了邦联。

在复合国中，以往的国际法著作还讨论英联邦和法兰西共同体的国际地位问题，现在各国国际法学者普遍认为，无论是英联邦还是法兰西共同体，都不是国际法主体。

（二）独立国和附属国

1. 独立国是行使全部主权的国家。这类国家既可以是单一国，也可以是复合国，它们在国际上的地位，正如以上所述，都是国际法主体，不再赘述。这里要指出的是，在现代国际社会存在集团外交的情况下，一个国家在外交政策上追随另一国的现象是经常存在的，但并不影响追随国作为独立国的法律人格。一个国家只有当它与另一国签订一项条约或通过其他方式，承担义务，把自己的对外关系权的全部或大部分交给另一国管理，才丧失其独立国的地位而变成附属国。

2. 附属国是指由于封建统治残余关系或者由于帝国主义、殖民主义的外来压力，对他国居于从属地位，因而只能行使部分主权的国家。被保护国是这类国家的典型例子。

被保护国是指一国依据条约将其重要的对外事务交由一个强国（保护国）支配而处于该强国的保护之下。它们的主权受到保护国的限制，在国际法上只具有部分参加国际关系的能力。从形成的历史原因看，保护关系主要是帝国主义和殖民主义的侵略政策造成的，其成立以条约为依据，但保护关系的具体内容则依各保护条约条款的不同而有所差别。在一般实践中，被保护国作为一个国家，在一定限度内仍有它的国际地位，仍然是国际法主体，而不是保护国的一部分：被保护国的元首在保护国和其他国家仍享有管辖的豁免；保护国的战争不一定是被保护国的战争；保护国所订的条约也不当然自动适用于被保护国。19世纪中期以后，随着西方殖民势力向全球扩张，被保护国的实例屡有所见。如在非洲，有法国1881年对突尼斯和1912年对摩洛哥的保护，英国对埃及的保护（1914年）。在亚洲，有日本对朝鲜的保护（1905年）。两次世界大战之后，随着非殖民化进程的深入，各种被保护国均先后获得了独立，被保护国作为殖民主义的产物，也已成为历史陈迹。

（三）永久中立国

永久中立国是根据国际承认或国际条约，在对外关系中承担永久中立义务的国家。永久中立国不同于战时中立国：（1）战时中立国是一国单方自愿行为的结果，而永久中立国除自愿承担永久中立义务外，还必须得到有关国家的承认和保障；（2）战时中立国的地位，可以通过单方发表中立声明，或不发表声明而采取事实上遵守中立义务的方式宣告，而永久中立国的地位一般是通过国际条约来确立；（3）战时中立国具有临时性质，它可能是在一次战争中中立，而战后放弃中立，也可能是在一次战争的前一阶段中立，而在后一阶段放弃中立，永久中立国则具有永久性质。永久中立国也不同于执行中立政策的国家，后者也称"中立主义"，是一种政治意义上的中立，不产生法律后果。

永久中立国承担的永久中立义务主要包括以下几个方面：

1. 不得对他国进行战争或参加其他国家之间的战争，但有权对来自外国的侵略进行自卫。

2. 不得缔结与中立地位相抵触的条约，如军事同盟条约、共同防御协定等，也不得参加任何军事集团或联盟。

3. 不得采取任何可能使自己卷入战争的行动或承担这方面的义务。如不得允许外国军队过境或允许外国在其境内建立军事基地和组织军队，不得为他国提供准备、发动和进行战争的任何条件，不得参加对他国的经济抵制和经济封锁，不得接受附有任何政治条件以致损害自己中立地位的援助等。

永久中立国承担永久中立义务的结果，使永久中立国在与战争有关的权利方面受到一定限制，但是不能因此而否定永久中立国的国际法主体地位。因为永久中立国由于承担永久中立义务而放弃的权利是有限的，并不放弃国家的基本权利或国家主权，而且这种放弃是自愿的。现今世界上的永久中立国有瑞士和奥地利。

瑞士是 1815 年成为永久中立国的。在 1815 年维也纳公会上，英国、俄国、法国、奥地利、普鲁士、葡萄牙、西班牙、瑞典发表宣言，承认并集体保障瑞士的永久中立。瑞士接受了这一宣言。这个宣言又经维也纳公会公约的确认，从此，确立了瑞士的永久中立国地位。瑞士一直保持中立地位，虽经两次世界大战，其中立地位一直没有改变，被认为是世界上永久中立国的典范。由于担心永久中立义务可能与联合国会员国的某些义务存在抵触，瑞士在很长时间内一直徘徊于联合国之外，直到 2002 年才加入联合国。

奥地利的永久中立地位是 1955 年确立的。第二次世界大战后，奥地利作为战败国由苏、美、英、法四国分区占领。直到 1955 年 5 月 15 日，上述四国与奥地利签订了《对奥和约》（全称为《重建独立和民主奥地利的国家公约》），规定奥地利今后不得同德国结成任何形式的政治、经济同盟。同年 10 月奥地利国民议会通过宪法法案宣布永久中立，并照会当时同它建交的各国政府，各国政府先后复照予以承认。迄今为止，奥地利仍恪守其永久中立地位。

（四）"微型国家"问题

微型国家的问题，是 20 世纪 60~70 年代最先在联合国提出来的。现今联合国有 192 个成员国，根据《联合国宪章》的规定，会员国主权平等并在联合国大会各享有一个投票权[①]，而不论它们的面积大小、人口多少和经济能力如何。但有的会员国，领土面积很小，人口很少，资源很缺乏，这些国家由于人力财力的限制，难于承担与其他会员国一样的义务，因此在联合国有人建议，对这类"微型国家"采取一种新的成员国制度，对它们的权利给以某些限制，例如，不能投票和任职。但是，这种建议不仅受到"微型国家"的反

[①]　见《联合国宪章》第 2 条、第 18 条。

对，而且也不符合《联合国宪章》的规定。

什么是微型国家？联合国前秘书长吴丹在 1966 年至 1967 年年度工作报告中，曾将"微型国家"定义为：一个地域、人口和人力以及经济资源都格外小，却以独立国家出现的实体①。但是该定义并未给出一个具体标准。我们认为，微型国家在国际法上仍然是独立的主权国家，是国际法主体，享有国家的基本权利，不能因其"微型"而否定其国际法主体资格。至于这些小国家在某一国际组织中的义务和权利问题，应根据该国际组织的章程或依该组织成员国的协议来决定。

第二节　国家的基本权利和义务

国家之所以区别于其他政治实体，就在于它具有主权，即具有独立自主地处理其对内和对外事务的最高权力。国际法主要是调整主权国家之间的关系的，同时又是依主权国家明示或默示的同意而形成的。国际法效力的根据在于各主权国家的协调意志。因此，主权原则是国家基本权利与义务的基础。由于国家具有主权，国家才享有国际法上的各种权利。

传统国际法把国家的权利分为基本权利和派生权利两大类。我国国际法学者周鲠生教授也主张这种分类方法②。基本权利是国家所固有的权利，派生权利是指从国家基本权利中引申出来的权利。前者是由国家主权直接引申出来的，是主权国家所固有的和不可缺少的，因此，一切主权国家所享有的基本权利是没有差别的。后者则是运用国家主权或行使国家基本权利的结果，因而各国享有的派生权利是不完全相同的。

国家的基本权利和基本义务是统一不可分的。国家享有基本权利，同时又必须承担尊重他国基本权利的义务。一国享有的基本权利，正是他国相应承担的基本义务。反之，他国享有的基本权利，也正是该国相应承担的基本义务。所以，讲述国家的基本权利，也就包含着国家的基本义务。在国际关系中，不容许有只享受权利而不承担义务的特权国家，也不应该有只承担义务而不享有权利的无权国家。

关于国家有哪些基本权利的问题，国际上有各种不同的主张，甚至有根本

---

① 转引自［英］J·G·斯塔克：《国际法导论》，赵维田译，法律出版社 1984 年版，第 87 页。

② 周鲠生：《国际法》（上册），商务印书馆 1976 年版，第 167 页。

否定国家基本权利存在的说法。但是国家基本权利的存在，已为国际实践所确认。1948年的《美洲国家组织宪章》第三章规定了国家基本权利与义务的内容。1949年联合国国际法委员会根据联合国大会的决议，草拟出《国家权利义务宣言草案》，这个草案虽无法律拘束力，但反映了国际社会对这个问题的重视和对国家基本权利和义务的肯定。在《联合国宪章》和联合国大会的许多决议中，对于国家的基本权利和义务也有明确的规定和体现。因此否定国家基本权利和义务的存在是不符合国际实践的。至于国家享有哪些基本权利，有的列举了五项，有的列举了四项或三项①。根据一般国际实践，国家的基本权利可以概括为以下四项：独立权、平等权、自保权和管辖权。

一、独立权

独立权是指国家按照自己的意志处理本国对内、对外事务而不受他国控制和干涉的权利。例如，对内，国家可以自由地确立自己的政治、经济制度，制定国内的各项政策和法律，进行司法和行政活动；对外，国家可以自主实行自己的对外政策，从事国际交往，等等。分析起来，独立权包含两方面的含义：一是国家有权独立自主地处理其主权范围内的事务；二是国家处理这些事务不受外来的干涉。这两个方面是密切联系的。独立自主要求不受干涉，不受干涉是独立自主应有之义。独立和干涉是互相排斥的，独立要求排除干涉，对他国内政的干涉就是对他国独立的损害。因此，国家的独立权成为国际法上不干涉原则的基础。

独立权是国家主权的根本体现。一个国家如果丧失了独立，也就失去了主权，国家就要沦为他国的殖民地或附属国。所以国家主权和独立这两个概念是紧密联系在一起的，在国际实践中往往交互使用。

国家独立权是随着国际关系和国际法的发展而发展的。传统国际法认为，独立权是指国家在政治上的独立自主和不受外来的干涉。现代国际法上的独立权，不仅包括政治上的独立权，而且包括经济上的独立，不受外国剥削和掠夺的权利。政治独立和经济独立是统一不可分的，一个国家没有政治独立，就谈

---

①　周鲠生在其《国际法》中列举独立权、自保权、平等权、管辖权4项。王铁崖主编的《国际法》（法律出版社1981年版）列举独立权、平等权、自保权、管辖权4项。［英］詹宁斯和瓦茨修订的《奥本海国际法》（第9版）列举了国家在国际法中的地位的特征，包括平等、尊严、独立、属地和属人权力、交往、自保、不干涉和管辖权等。［英］J·G·斯塔克所著的《国际法导论》主要列举管辖权。

不上经济独立，但只有政治独立而无经济独立，政治独立是没有基础的，因而是不完全的独立。

二、平等权

平等权是指国家在国际法上地位平等的权利。例如，一切国家有权平等地与其他国家交往，平等地享受国际法上的权利。平等权意味着，国家在法律上的地位平等和享受权利的平等。国家平等和国家主权是密切相关的，由于国家是主权实体，因而是平等的。一切国家，不问其大小强弱，不问其社会、政治和经济制度的性质，也不问其发展水平高低，其法律地位一律平等。由于国家的法律地位一律平等，因此享受权利也是平等的。应该指出的是，国家平等应该是真正的平等，而不应该只是形式上的平等，不能以形式上的平等掩盖事实上的不平等。在国际关系中，一国对他国强行发号施令，把自己的意志强加于他国，或者以表面上合法的方式侵夺他国的权利，就是对他国平等权的侵害。

三、自保权

自保权是指国家保卫自己生存和独立的权利。它包括两个方面的内容：一是指国家有权使用自己的一切力量，进行国防建设，防备可能来自外国的侵犯；二是指当国家遭到外国的武力攻击时，有权行使单独或集体的自卫。按照国际法和《联合国宪章》的规定，国家行使自卫权应以遭到外国武力攻击为条件，不得对他国造成威胁，更不得以自卫之名，行侵略之实。在历史上，曾有过一些广有争议的"自卫"事例。例如，1807 年，拿破仑与俄皇亚历山大联合对付英国，并强迫丹麦加入反英阵线。英国因恐丹麦舰队落入法国手里，要求丹麦把舰队让渡给英国，丹麦拒绝，英国便以自卫为名拿捕丹麦舰队。又如，1838 年，英国因美国船加罗林号向英国自治领地加拿大的叛军提供武器弹药，英军便越过美国国境，把加罗林号驱逐到尼亚加拉瀑布，然后将船焚毁。至于 1931 年日本侵占我国东北，这当然不是什么自卫，而是赤裸裸的侵略。

四、管辖权

管辖权主要是指国家对其领域内的一切人（享受豁免权者除外）、物和所发生的事件，以及对在其领域外的本国人行使管辖的权利。一般地说，管辖权包括以下四个方面：

1. 领土管辖，也称属地优越权，是指国家对其领土范围内的一切人（享受豁免权者除外）和物以及所发生的事件有权行使管辖。国际法所说的领土，是一个立体概念，它包括一国的领陆、领海及其领空和底土。凡在这些领域内的人、物和事，均受该国管辖。例如，外国人必须遵守居留国法律；外资企业依所在国法律从事活动；外国船舶通过领海必须遵守沿海国的法律和规章；飞越领空的外国飞机必须受地面国的监督。此外，国家的专属管辖范围，如专属经济区、毗连区等，该国也有相应的管辖权。外国人、外国船舶和外国飞机的任何违反所在国法律的行为，该国法院有权管辖。

2. 国籍管辖，也称属人优越权，是指国家对一切在国内和在国外的本国人，有权行使管辖。国籍管辖的范围，包括自然人，也包括法人。根据国籍管辖，国家可以对本国人在外国的犯罪行为，行使管辖权。但有的国家行使这种刑事管辖权时往往在罪种上加以一定限制。例如《中华人民共和国刑法》第7条规定："中华人民共和国公民在中华人民共和国领域外犯本法规定之罪的，适用本法，但是按本法规定的最高刑为 3 年以下有期徒刑的，可以不予追究。"匈牙利、德国的刑法典也有类似规定。

3. 保护性管辖，是指国家对于外国人在该国领域外对该国的国家或公民的犯罪行为有权行使管辖。这种管辖的适用范围一般都是世界各国所公认的犯罪行为。《中华人民共和国刑法》第 8 条规定："外国人在中华人民共和国领域外对中华人民共和国国家或者公民犯罪，而按本法规定的最低刑为 3 年以上有期徒刑的，可以适用本法；但是按照犯罪地的法律不受处罚的除外。"由于对国家或公民的犯罪是一个含义广泛的概念，而且每个国家对于本国的国家和公民的犯罪行为可以作单方面解释，因此有可能发生滥用此原则的危险。现在一些国家对保护性原则的适用在罪种和刑期上作了限制性规定。

4. 普遍管辖，是指根据国际法的规定，对于普遍地危害国际和平与安全以及全人类的共同利益的某些特定的国际犯罪行为，各国均有权实行管辖，而不问这些犯罪行为发生的地点和罪犯的国籍。国际法对普遍管辖的适用加以严格的限制：其一，行使这种管辖，必须有国际法的依据；其二，行使这种管辖，只能对国际法规定为危害国际和平与安全以及全人类共同利益的某些特定的国际犯罪行为。如战争罪犯、海盗、贩卖奴隶和毒品者、灭绝种族者等，都属于普遍管辖的范围。

以上四种管辖权中，领土管辖和国籍管辖是主要的。

五、国家主权豁免

（一）国家主权豁免的概念

国家对其领域内的一切人、物和所发生的事件，有权行使管辖。但是国家不能对外国元首、外交官员以及外国的国家行为和国家财产行使管辖，因为他（它）们享有主权豁免。

国家主权豁免是指国家根据国家主权平等原则而享有的不受他国管辖的特权。国家主权豁免，是从国家主权平等原则引申出来的。国家是平等的，"平等者之间无管辖权"。国家主权豁免已是国际社会普遍承认的国际法原则。除非一国采取明示或默示的方式自愿地放弃豁免权，否则外国法院就不能对享有豁免权的国家代表、国家行为和国家财产行使管辖。

国家元首、外交官在东道国享有外交特权与豁免，这是一项公认的国际法规则。他们之所以在外国享受司法豁免，是因为他们代表国家，同时也是为了确保他们能有效地执行其职务。在 1893 年的"密希尔诉苏丹案"中，柔佛苏丹微服在英国居住，改名为阿尔伯·贝克，并与英国女子密希尔结婚，1891年他离英回国，密希尔向英国法院提起诉讼。法院发现贝克原是马来半岛柔佛国的苏丹，便将该案撤销。

国家行为和国家财产也享有豁免权。这是从"平等者之间无管辖权"（Par in parem non habet jurisdictionem）这一罗马法概念引申出来的一项习惯国际法规则。根据这项规则，凡是国家行为和国家财产都享有豁免权，外国法院是不能对它们行使司法管辖的，这称之为"绝对豁免原则"。例如，1812 年"交易号案"，交易号原为美国私人商船，1810 年在公海上为法国的军舰拿捕和没收，改充为军舰。1812 年，该船因天气关系驶入美国港口，原交易号的美国船主向法院提起对物诉讼，要求扣押该船。美国最高法院判称："与美国处于和平状态的外国军舰，在美国政府允许其入港的情况下，不受美国法院管辖。"又如，1879 年"比利时国会号案"，国会号为比利时国家邮船，在美国法院被诉，初审法院认为此船从事商业性行为，不能享受豁免，但上诉法院把原判决驳回，认为国家船舶即使从事商业性活动也同样享受豁免。

（二）国家主权豁免的发展

20 世纪以后，国家普遍放弃自由资本主义时代政府不干预经济的传统，开始从事商业活动，直接经营铁路、贸易、海运、航空、邮政电信等。针对这种新的情况，一些国家的法院在处理国家主权豁免问题的案件时，把国家行为分为"主权行为"（有的国家称为统治权行为或公法行为）和"非主权行为"（有的国家称为商业交易行为或私法行为），前者可以享受豁免，而后者则不能享受豁免。这就是所谓"有限豁免原则"或"相对豁免原则"。第一次世界大战后，欧洲许多国家，如德、法、意、比、荷、瑞士、奥、希等国均逐渐转向有限豁免的立场。英国是欧洲转向有限豁免最迟的一个国家。美国过去也是主张绝对豁免的。至 1976 年，美国国会通过《外国主权豁免法》，列举外国国家不能享受豁免的若干情况，如自愿放弃豁免、商业活动、没收财产、位于美国的不动产权利、由于侵权行为而在美国造成的损害赔偿请求权、基于外国国家商业活动而发生的对外国船舶或货物的海事留置权等，从而转向有限豁免的立场。目前，发达国家多数采取有限豁免原则，发展中国家中转向有限豁免立场的国家数量也在增加。

（三）《联合国国家及其财产管辖豁免公约》简介

2004 年 12 月 2 日，第 59 届联大通过了《联合国国家及其财产管辖豁免公约》，第一次以公约的形式确认了有限豁免原则，将国家与外国自然人或法人的商业交易行为排除在豁免范围之外。在判定商业交易行为时，公约采取了以行为性质为主、参考行为目的的做法。2005 年 9 月 14 日，中国正式签署了《公约》并随即开始了向有限豁免过渡的立法进程。这些实践都说明，国家及其财产的绝对豁免原则已不再是一项国际习惯法规则。但因为《公约》目前尚处于开放签署阶段，且仍有一些拉美国家还不愿放弃绝对豁免立场，所以还不能断言有限豁免原则已具有国际习惯法的效力①。

第三节　国际法上的承认

一、承认的概念和性质

在国际社会发展的进程中，新国家或新政府是时有产生的。在新国家或新政府产生的情况下，就产生了国际法上的承认问题。承认是既存国家以一定方式对新国家或新政府出现这一事实的确认，并表明愿意与之建立正式外交关系的国家行为。承认作为国际法的一项制度，有如下特征：

1. 承认是既存国家（承认国）对新国家或新政府所作的单方行为

既存国家对新国家或新政府，是否承认，何时承认，以何种方式承认，完全由其自由决定，无须征得对方同意，所以承认具有任意的性质。一国对新国家或新政府是否承认，何时承认，主要是出于政治上的考虑。从这个意义上说，承认是一种政治行为。

2. 承认包含两方面的含义

---

① ［意］安东尼奥·卡塞斯：《国际法》，蔡从燕等译，法律出版社 2009 年版，第 135 页。

一是指承认国对新国家或新政府出现这一事实的确认；二是指承认国表明它愿意与新国家或新政府建立正式外交关系。但承认并不就是建交，而仅仅表明承认国与被承认国建交的愿望。建交必须由有关国家以协议为之。

3. 承认引起一定的法律效果

一般来说，承认一经宣布就在承认国与被承认国之间奠定了全面交往的法律基础。因此承认也是一种法律行为，将会引起一系列的法律效果。

关于承认的性质，国际法学界有争论，主要有两种学说，即构成说和宣告说。

构成说认为，新国家只有经过承认，才能成为国际法主体；一个新国家，即使完全符合国际法主体的条件，如果未经承认，仍不能取得国际法主体资格。所以承认是构成性的，它具有构成或创造国际法主体的作用。19世纪以来持这种观点的学者有斯特鲁普、奥本海、劳特派特、凯尔森等。这一学说在理论上是说不通的：（1）新国家是先于并独立于外国的承认而实际存在的，并不是由于承认才创造出来的。（2）新国家一经出现，就享有主权和由此而引申出来的基本权利，因此具有参与国际关系和承受国际法上的权利和义务的能力。也就是说，国家一经产生，就具有国际法主体的资格，而无须经过别国批准。（3）按照构成说，就会出现一个新国家同时是国际法主体又不是国际法主体的自相矛盾的情况。因为一个新国家出现后，获得甲国的承认，对甲国而言，它是国际法主体，而对于不承认它的乙国而言，又不是国际法主体了。构成说在实践中还会导致严重的后果：某些强权国家可以以该理论为借口，歧视、排斥以致侵犯新国家，而未被承认的新国家则得不到国际法的保护。构成说盛行于19世纪的欧洲，当时欧洲列强正是利用这种理论来排斥它们所谓的非文明国家的。

宣告说与构成说相反，这种学说认为，国家的成立和它取得国际法主体资格，并不依赖于任何其他国家的承认。承认仅是一种对新国家已经存在这一既成事实的宣告。所以，承认只是一种宣告性行为。持这种观点的学者有里维尔、孔慈、霍尔、福希叶、布赖尔利、杰塞普等。宣告说认为新国家的国际法主体资格不依赖于任何国家的承认，这是正确的，现在已获得大多数学者的支持。1933年《美洲国家权利义务公约》、1936年国际法学会在布鲁塞尔年会上的决议都支持宣告说的观点。但是这一学说的缺点是对承认引起的法律后果估计不足。

二、对国家的承认与对政府的承认

国际法上的承认，按承认对象的不同，主要有对国家的承认和对政府的承认两种。此外还有对民族、交战团体和叛乱团体的承认，但这些承认的适用并不普遍。

（一）对国家的承认

对国家的承认是指对新国家的承认。对新国家的承认，一般发生在以下四种场合：

1. 合并。即两个或两个以上的国家合并为一个新国家。例如1958年2月，埃及和叙利亚合并，组成阿拉伯联合共和国。1964年，坦噶尼喀和桑给巴尔合并，组成坦桑尼亚共和国。

2. 分离。一国的一部分分离出去成立新国家。例如，1903年巴拿马从哥伦比亚分离出去成立独立国。1971年属于巴基斯坦的东巴基斯坦宣布独立，成立孟加拉国。在这种场合下，对新国家的承认应特别慎重。按照传统国际法，不适时的及过急的承认，不仅是对其母国尊严的冒犯，而且是非法行为。这样的承认往往被认为构成对母国内政的干涉。例如美国为了取得开凿巴拿马运河的租让权，在1903年巴拿马独立后10天之内，斗争局势完全未定，就正式承认巴拿马为独立国，这向来被认为是干涉的例证。

3. 分立。即一国分裂为数国，而母国不复存在。例如第一次世界大战后，奥匈帝国分裂为奥地利、匈牙利和捷克斯洛伐克。1960年西非的马里联邦分裂为马里共和国和塞内加尔共和国。1961年阿拉伯联合共和国分裂为埃及和叙利亚。

4. 独立。即原来的殖民地取得独立后，成立新的独立国家。第二次世界大战后，亚洲、非洲的许多民族独立国家即属此类。此外，原托管地取得独立成为独立国家也属此类。

以上诸种情况产生的新国家，一般都发生承认的问题，各国可以自行决定是否承认。但是对于违反国际法用武力制造出来的傀儡国家，现代国际法则禁止承认。例如，1931年"九·一八"事变，日本侵占我国东北三省后，于1932年由日本侵略军一手制造的"满洲国"，是一个由侵略者扶植起来和完全控制之下的，并且完全靠侵略者的武力维持的傀儡组织，根本不是一个国家，对这样的傀儡组织决不能承认，否则就构成对侵略行为的支持和肯定。1931年1月7日，美国国务卿史汀生（Stimson）照会中日两国，声明不承认用违反1928年《巴黎非战公约》义务的手段所造成的任何情势、条约或协定。该声明所表明的观点，被称之为史汀生不承认主义。尽管这是美国政府的声明，但是这一声明相继为国际联盟的决议和其他国际协议所接受。因此，不得承认一切依靠外国势力建立起来的傀儡国家，早已成为国际承认制度的一项规则。

近年来，联合国的一些文件也包含类似的内容。1970 年《国际法原则宣言》宣布，"使用威胁或武力取得之领土不得承认为合法"。1974 年《侵略定义》宣称，"因侵略行为而取得的任何领土或特殊利益，均不得亦不应承认为合法"。

（二）对政府的承认

对政府的承认是指对新政府的承认，即承认新政府为国家的正式代表，并表明愿意同它发生或继续保持正常关系。对政府的承认与对国家的承认，既有联系，又有区别。其联系方面表现在：当新国家产生时，总是同时建立新政府，因此，承认了新国家同时也就承认了新政府；反之，承认了新国家的政府，当然也就承认了它所代表的新国家。但政府不同于国家，在既存国家仅仅发生政府更迭的情况下，则只发生对新政府的承认，而不发生对国家的承认。例如 1789 年法国革命建立了革命政府，1917 年俄国十月革命建立了苏维埃政府，都只涉及对新政府的承认，而不涉及对国家的承认。

对中华人民共和国的承认，属于对新政府的承认，而不是对新国家的承认。因为作为国际法主体，中华人民共和国是旧中国的继续，中国革命的胜利，推翻了旧政权，建立了新政权，从根本上改变了中国的社会制度和国家性质，但是它并没有使作为国际法主体的中国因此而消失，也没有因此而增加另一个新的国际法主体。1949 年 10 月 1 日，毛泽东主席发表的中央人民政府公告，宣告中华人民共和国中央人民政府成立，并声明"本政府为代表中华人民共和国全国人民的惟一合法政府"。可见，对中华人民共和国的承认属于对新政府的承认。

政府的更迭是引起政府承认的原因，但并不是一切政府更迭都必然引起对政府的承认。一般来说，凡是按照宪法程序而进行的政府更迭，如正常的王位继承，通过正常选举而产生的新政府，就不发生对政府承认的问题。由于社会革命而产生的新政府，则发生对政府的承认。由于政变而产生的新政府，一般也发生对政府的承认，但有时需要视具体情况决定。

关于对新政府承认的原则，国际法并无明确的规定。根据国际实践，一国承认新政府，是以"有效统治"原则为根据的。就是说，新政府必须能在其控制下的领土有效地行使权力的条件下，各国才能予以承认。因为只有在这个条件下，新政府才能代表国家，独立地进行国际交往，承受国际法上的权利和义务。一国在有效统治原则的基础上对新政府的承认，一般不必再考虑该政府的政权起源和法律根据。

一国可以对新政府予以承认或不予承认，但不能利用承认干涉别国内政。

19世纪初期，欧洲封建王朝提出的正统主义的承认标准，已经破产。20世纪初，1907年厄瓜多尔外长托巴（Tober）提出以宪法程序作为承认政府的条件的托巴主义。按照托巴主义，一切违宪产生的新政府，在其依宪法重新组建以前，他国政府不应予以承认。1913年美国总统威尔逊宣布威尔逊主义，拒绝承认以破坏宪法的方式而执政的政权。实质上，这是用资产阶级的新正统主义来代替封建王朝的正统主义，是对他国内政的干涉，已为国际实践所否定。1930年墨西哥外长艾斯特拉达（Estrada）发表声明：鉴于给予承认是意味着对外国内政的判断后作出的决定，因此其本身就构成对他国内政的干涉。所以，墨西哥今后只限于继续保持或不保持和外国政府的关系，而不采用对外国革命变动进行判断的承认形式，这就是艾斯特拉达主义。这表明新正统主义遭到了美洲国家的反对。总之，凡是利用"过急承认"或采取拒绝承认的手段，干涉别国内政，都是违反"有效统治原则"和国际法基本原则的。

三、承认的方式和效果

（一）承认的方式

1. 无论是对国家的承认还是对政府的承认，承认的方式都可分为明示承认和默示承认两种

明示承认是一种直接的、明文表示的承认。从国际承认的实践来看，明示承认有以下三种：（1）承认国以照会（或函电）正式通知被承认者，表示予以承认。这是最常用的方式。中华人民共和国政府对亚非新独立的民族国家的承认，一般采取这种方式。（2）数个国家，包括新国家在内，签订一议定书或条约，表示对新国家承认。例如第一次世界大战后，1919年《凡尔赛和约》声明德国承认捷克斯洛伐克和波兰独立，《圣日耳曼和约》声明奥地利承认南斯拉夫独立。（3）数个国家，不包括新国家在内，签订一条约，其中载有宣布承认新国家的条款。例如英、俄、法三国依1830年2月3日《伦敦议定书》，承认希腊的独立。1878年英、俄、法、德等国签订的《柏林条约》，承认门的内哥罗、塞尔维亚和罗马尼亚的独立。后两种情况，构成若干个国家对新国家的集体承认。

默示承认是一种间接的通过某种行为表示的承认。默示承认通常有以下三种：（1）既存国家与新国家正式缔结条约，就构成对新国家的承认。（2）既存国家与新国家建立外交关系。例如印度尼西亚联邦共和国（现为印度尼西亚共和国）成立后，1950年3月28日中华人民共和国政府致印度尼西亚联邦共和国照会，声明中华人民共和国政府愿意在平等互利及互相尊重领土完整和

国家主权的基础上，与印度尼西亚联邦共和国政府建立正常的外交关系。决定建交，就是表示中国对印度尼西亚联邦共和国这一新独立国家的承认。（3）与被承认国建立领事关系。如既存国家正式接受新国家所派的领事，或正式向新国家派遣领事。至于新国家参加一个国际会议或国际组织，或参加缔结一项多边条约，并不因此构成其他国家对新国家的默示承认。现今各国大都采取明示承认，在国际实践中默示承认较为少见。

2. 传统国际法还将承认分为法律上的承认和事实上的承认

法律上的承认（de jure），也称正式承认，指承认国给予新国家或新政府以一种完全的、永久的正式承认。这种承认表示承认者愿意与被承认者建立全面的正式关系。这种承认是永久的、不可撤销的。在通常情况下，对新国家的承认是法律承认。但是在某些特殊情况下，既存国家对新国家地位的稳固抱怀疑态度，或者由于其他政治上的考虑暂时不愿与之建立正式关系，但在事实上又有与之进行一定交往的必要，于是决定暂时在比较狭窄的范围内与之发生关系，给予一种事实上的承认。

事实上的承认（de-facto）是一种非正式承认，它不同于法律承认：（1）事实上的承认是可以撤销的，具有临时的、不稳定的性质；（2）事实上的承认表明承认国与被承认国之间只发生业务关系，而不建立全面的正式关系。无论是法律上的承认还是事实上的承认，都会引起一定的法律效果，但事实上承认的效果要窄些。事实上的承认往往导致法律上的承认，但并非是法律上承认的必经程序。

（二）承认的效果

承认一经作出，就会产生一系列的法律后果。但是法律上的承认与事实上的承认的后果有所不同。法律上的承认将产生全面的法律效果，主要有以下几个方面：

1. 两国关系正常化，双方可以建立正式外交关系和领事关系；

2. 双方可以缔结政治、经济、文化等各方面的条约或协定；

3. 承认被承认国的法律法令的效力和司法管辖权和行政管辖权；

4. 承认被承认国的国家及其财产的司法豁免权。

根据国际实践，一般认为承认具有溯及的效果。就是说，对新国家或新政府的承认，其效力可以追溯到新国家或新政府成立之时，因此，对新国家或新政府成立之时所作的法律行为，应承认为有效。

事实上承认的效果不如法律上承认的效果广泛。事实上承认的效果主要有：承认被承认国的国内立法、司法权力和行政权力；被承认的国家在承认国法院享有司法豁免权；双方可以建立经济、贸易关系，缔结通商协定或其他非政治协定，接受被承认国的领事和商务代表等。

西方国家法院在审理涉及法律承认和事实承认的案件时，有时承认事实承认的效果，有时又偏重于法律承认的效果。

"路德诉萨哥案"（1921年）。原告英国人路德，是一家俄国木板厂的股东，该厂创办于1898年，1919年该工厂为苏俄政府收归国有。苏俄政府将工厂的一批木板卖给被告英国萨哥公司。当货物运到英国时，原告向英国法院起诉，称这批货物是属于前路德工厂的财产。当时英国尚未承认苏俄政府，高等法院判原告胜诉。被告萨哥向上诉法院上诉，当时英国已与苏俄政府签订贸易协定，已经给苏俄政府以事实上的承认。英国外交部将此事通知上诉法院后，上诉法院认为英国对苏俄的承认应追溯到苏俄政府成立之日，因而承认苏俄政府国有化法令的效力，苏俄政府把其国家财产卖给萨哥公司是合法的。这说明英国法院承认了事实承认的法律效力。

"海列·塞拉西案"（1938年）。阿比西尼亚（现埃塞俄比亚）国王海列·塞拉西，于1938年向英国高等法院起诉，要求英国电缆和无线电公司依据合同偿还阿比西尼亚一笔款项。当时阿比西尼亚部分地区已为意大利兼并，英国已对此事实给予事实承认，但当时英国仍承认阿比西尼亚是法律上的主权国家。高等法院认为此案涉及阿比西尼亚在国外的一笔国家财产，主权者有权索还其债权，判原告胜诉。当被告上诉到上诉法院时，英国已给予意大利组织的临时政府以法律承认，上诉法院认为，海列·塞拉西已无主张其国外财产的权利了，因此判被告胜诉。此项判决表明英国法院强调法律承认的效果。

法律上承认的一个效果是双方可以建交，但是承认不等于建交。承认是建交的前提，但承认不同于建交。承认是一国单方面的行为，而建交乃是双方的行为，它不但取决于互相承认，而且还要经过建交谈判，双方达成协议。承认一般是不能撤销的，但外交关系可以由于某种原因而断绝，即使断绝了外交关系，也不构成承认的撤销。

第四节　国际法上的继承

一、继承的概念

国际法上的继承是指国际法上的权利和义务由一个承受者转移给另一个承受者所发生的法律关系。当一个新国家、新政府或新的国际组织建立后，如何处理它们的前国家、前政府或前国际组织在国际上的权利和义务，这就发生了新国家、新政府和新的国际组织的继承问题。

国际法上的继承不同于国内法上的继承，它有以下特点：（1）参与继承法律关系的主体，即继承者和被继承者，可以是国家或政府，还可以是国际组织，但不是个人；（2）继承的对象，是国际上的权利和义务，而不是个人的权利和义务；（3）发生继承的原因，是由于国家领土变更、政府的变更或国际组织的变更，而不是自然人的死亡。因此，国际法上的继承问题不能以国内法的规则处理。

国际法上的继承可以分为国家继承、政府继承和国际组织的继承。不同的继承，其发生的原因和规则不同。

二、国家继承

国家继承是指由于领土变更的事实而引起一国的权利和义务转移给另一国的法律关系。从相对的意义上说，国家继承是指一国由于领土变更的事实而引起的该国的国际法上的权利和义务，被别国所取代的法律关系。取代别国的权利义务的国家称为继承国，被取代的国家称为被继承国。

引起国家继承的原因是国家的领土变更。引起国家继承的领土变更的情况甚为复杂，大体上可归纳为以下五种类型：（1）分裂。即一国分裂为数国。（2）合并。即两个或两个以上的国家合并组成一新国家。（3）分离。即国家的一部分或数部分领土从该国分离出去，成立新国家。（4）独立。即殖民地或附属领土获得独立，成立新的独立国家。（5）割让。即一国领土的一部分移交给另一国，例如 1871 年法国的领土阿尔萨斯和洛林两省割让给德国。以上五种情况，都由于领土的变更，引起原来国家的权利和义务为另一国所取代，即国家继承。

国家继承的对象是国家的国际法上的权利义务。国家的基本权利和义务是国家固有的、与国家共存亡的，因而不发生继承问题。国家继承的权利义务是指从国家基本权利和义务派生出来的、并与变更的领土相关的权利义务。这些权利义务的国家继承，都必须具备两个基本条件：一是条约和条约以外事项的权利和义务，必须符合国际法。一切与国际法相抵触的权利和义务，均不属于国家继承范围。二是国家继承的权利和义务必须与所涉领土有关联。与所涉领土无关的权利和义务不属于国家继承范围。

一些国际习惯法规则对国家继承问题做了规定，并且很大程度上已经被编纂为两个公约：1978 年《关于国家在条约方面的继承的维也纳公约》以及

1983 年《关于国家对国家财产、档案和债务的继承的维也纳公约》。

（一）关于条约的继承

条约继承是指继承国对被继承国有效的条约规定的权利和义务的继承。实质上就是在发生国家继承的情况下，被继承国的条约对继承国是否有效的问题。按照国际法，与国际法主体资格相关联的条约，例如参加某一国际组织的条约，是随着被继承国（原国际法主体）的消灭而消灭的；政治性的条约，如同盟条约、友好条约、共同防御条约等，这类条约，一般称为"人身条约"，由于情势变迁，一般不继承；处理与所涉领土有关事务的所谓"非人身条约"（impersonal treaty），如有关边界条约，有关河流使用、水利灌溉、道路交通等方面的条约和协定，一般是继承的；有关中立化或非军事区的条约，一般是应该继承的。但是，对于继承的条约，继承国在继承以后有权按《条约法公约》的规定，提出修改或终止。

根据 1978 年《关于国家在条约方面的继承的维也纳公约》，各类继承国对条约的继承规则可以概括如下：

1. 部分领土变更情况下的条约继承。当一国领土的一部分成为另一国领土的一部分时，被继承国的条约对国家继承所涉领土失效、继承国的条约对所涉领土生效。但从条约可知或另经确定，该条约适用于该领土不符合条约的目的和宗旨，或根本改变实施条约的条件时，不在此限。

2. 国家合并情况下的条约继承。当两个或两个以上国家合并成为一个国家时，例如 1958 年叙利亚和埃及联合成立阿拉伯联合共和国，对其中任何一个国家（被继承国）有效的条约，继续对继承国有效。但适用范围有限制，原则上只对原来适用该条约的那部分领土有效，而不适用于合并后的全部领土，除非继承国作出继承通知或继承国与其他缔约当事国另有协议。

3. 国家领土分离或解体情况下的条约的继承。一国和一部分或几部分领土分离而组成一个或一个以上的国家时，不论被继承国是否继续存在，原来对被继承国全部领土有效的任何条约，继续对每一继承国有效。仅对其部分领土有效的任何条约，只对该领土组成的继承国有效。当被继承国一部分领土分离后继续存在时，原来对其有效的任何条约，继续对该国的其余领土有效。但如果有关国家另有协议，或者从条约可知或另经确定该条约对继承国的适用不合条约的目的和宗旨，或者根本改变实施条约的条件时，则是例外。

4. 新独立国家的条约继承。殖民地和附属地经过斗争而建立的独立国家，对作为被继承国的前殖民国家所签订的条约，有权拒绝继承。这种新独立国家不承担前殖民国家任何条约义务的主张，称之为白板主义（Clean Slate Doc-

trine），后来演变为白板规则。1978 年《维也纳公约》第 16 条规定："新独立国家对于任何条约，不仅仅因为在国家继承日期该条约对国家继承所涉领土有效的事实，就有义务维持该条约的效力或者成为该条约的当事国。" 就是说，新独立国家对于这些条约有权决定是否继承。为了维护新独立国家作为国际法主体所固有的权利，新独立国家对于前殖民国家所参加的多边条约，有继承的权利。正如 1978 年《维也纳公约》第 17 条所规定的，新独立国家对于在国家继承日期对国家继承所涉领土有效的任何多边条约，可发出继承通知，确立其成为该条约当事国的地位。对国家继承所涉领土有效的双边条约，原则上应对新独立国家无效，只有在新独立国家与别的当事国两国之间作出明示同意，或由于两国的行为而可以认为同意，才属有效。

（二）关于国家财产的继承

按照 1983 年《关于国家对国家财产、档案和债务方面的继承的维也纳公约》的规定，就国家继承而言，国家财产是指国家继承发生时，按照被继承国国内法为该国所拥有的财产、权利和利益。国家财产继承是指被继承国的国家财产转属继承国的法律关系。国家财产继承的效果是：被继承国对该财产所享有的权利的消灭和继承国对该财产权利的产生。国家财产继承只涉及继承国与被继承国之间的国家财产转属问题，而对第三国在被继承国领土内所拥有的财产不发生影响。

国家对国家财产继承的一个标准是：被转属的国家财产与领土之间有关联。从这个标准引申出两项原则：一是国家财产一般随领土的转移而由被继承国转属继承国；二是关于国家继承所涉领土的实际生存原则。但是在适用这两项原则时，应对不同性质的财产予以不同的处理。国家财产分为不动产和动产。凡位于所涉领土内的被继承国的国家不动产，应转属继承国。对于动产，由于它的流动性，被继承的动产可能位于所涉领土之外，而第三国的动产也可能位于所涉领土之内，因此继承国不能因为动产位于所涉领土内就自动接受这些财产；反之，被继承国也不能因为动产位于所涉领土之外就自动保有这些财产。被继承国保有或继承国接受这类财产，必须根据所涉领土实际生存原则，并照顾到公正原则。这就是说，关于国家动产的继承，不是单纯以该动产的地理位置为依据，而是以该动产是否与所涉领土活动有关为根据，与所涉领土的活动有关的国家动产，应转属继承国。这就是所谓所涉领土实际生存原则。

在将上述标准和原则适用于不同类型的国家财产继承时，因具体情况不同而有所不同：

1. 一国将一部分领土移交另一国的财产继承。应按被继承国与继承国之间的协议解决。如无协议，则位于所涉领土内被继承国的不动产，以及与所涉领土活动有关的国家动产，均应转属继承国。

2. 两个或两个以上国家合并成为一个新国家的财产继承。被继承国的国家财产，包括动产和不动产，应转属继承国。

3. 一国领土的一部分或几部分分离而组成一个新国家，或一国解体而分裂为两个或两个以上新国家的财产继承。其继承的规则是，除被继承国与继承国之间另有协议外，位于继承国领土内的被继承国的不动产应转属继承国，与国家继承所涉领土的活动有关的被继承国的动产，也应转属继承国，而与所涉领土活动无关的国家动产，则按公平比例转属继承国。

在被继承国解体而不复存在的情况下，位于该国领土以外的国家不动产，无法按与所涉领土有关联的标准来解决其转属问题，只能将其转属其中一个继承国，但该继承国应对其他继承国给予公平补偿。

4. 新独立国家的财产继承。原则上依财产继承的两项原则处理财产的转属问题。但适用这些原则时应充分考虑作为继承国的新独立国家与被继承国（前殖民国家）之间关系的特殊情况。这种特殊情况，一是新独立国家与前殖民国家之间存在的政治上不平等、经济上不平衡的关系，因此财产的转属，应首先根据领土生存原则，而不是按被继承国与继承国之间的协议；二是新独立国家的人民在取得独立前，对被继承国国家财产的创造作出过贡献，因此财产的转属，应顾及新独立国家人民对创造这些财产所作的贡献，而不能只考虑这些财产的地理位置或是否与所涉领土的活动有关。因此，新独立国家关于财产继承的规则是：（1）原属国家继承所涉领土所有，而在该领土成为附属地期间为被继承国所占有的国家动产，应转属新独立国家。（2）与所涉及领土的活动有关的被继承国的国家动产，应转属新独立国家。（3）即使不属于原所涉领土所有和与所涉领土活动无关的被继承国的动产，由于附属地人民对创造该财产曾作出过贡献，应按附属地人民所作出的贡献，按比例转属新独立国家。（4）如果被继承国与作为继承国的新独立国之间不执行以上各项继承规则，而另订协定，这种协定不应违反各国人民对其财富和自然资源享有永久主权的原则和国际法基本原则。

（三）关于国家债务的继承

就国家继承而言，"国家债务"是指一国对另一国、某一国际组织或任何其他国际法主体所负之任何财政义务。这种债务主要是有两类：一类是整个国家所负的债务，称为国债；另一类是以国家名义承担的而事实上是用于国家领土某一部分的债务，称为地方化债务。

由地方当局名义承担并由该地方当局使用于该地区的债务，称为地方债务，按照国际法，不属于国家债务的范围。国家对外国企业包括私人所承担的债务，原则上亦不属国家继承的债务范围。此外，还有所谓"恶债"亦不属于国家继承的范围。恶债，是指被继承国违背继承国或转移领土人民的利益，或违背国际法基本原则而承担的债务，如征服债务和战争债务等。从形式上看，恶债似乎是国债，但是这种债务是违反国际法的，是与继承的权利与义务必须合法这一基本条件相违背的。

国家债务继承是指被继承国的国家债务转属继承国。但是，继承国并不是无条件地继承被继承国的一切国家债务。国际法上的国家债务继承所要解决的基本问题是，如何处理被继承国的国家债务。国家债务继承的效果是，被继承国的国家债务转属继承国，由此而引起被继承国义务的消灭和继承国义务的产生。

国家债务继承的规则，因国家领土变更的情况不同而异：（1）一国部分领土移交给另一国，或一国的一部分或几部分领土分离出去而组成一个新国家或与另一国合并的情况下，被继承国的国家债务转属继承国的问题，应按照双方之间的协议解决；如果无协议，则应按照公平的比例转属继承国。（2）被继承国解体而其领土分裂为数国时，由于存在数个继承国，所以除被继承国与各继承国之间另有协议外，被继承国的国家债务应在各继承国之间按公平比例转属。（3）在国家合并的情况下，根据"债务随财产一并转移"的规则，被继承国的国家债务应转属继承国。（4）新独立国家的债务继承。实质上就是作为继承国的新独立国家应否承担前殖民国家的债务问题。根据促进新独立国家的经济发展和减轻或免除它们的债务负担的原则，被继承国家的债务，原则上不应转属新国家，但并不排除有关双方依协议来合理解决债务的转属问题，但这种协议不应违反各国人民对其财富的自然资源享有永久主权的原则，不应有损新独立国家经济的平衡发展。

（四）关于国家档案的继承

就国家继承而言，国家档案是指属于被继承国所有并由被继承国作为国家档案收藏的一切文件。国家档案继承所要解决的基本问题，就是被继承国的国家档案转属继承国的问题。国家档案是国家的重要财富，但它又不同于国家财产。不同形式的国家财产可以分割，而档案一般是不能分割的。因此，档案不能像财产那样，可以在继承国和被继承国之间或几个继承国之间按比例分配。然而，档案可以复制，这是国家财产所不具有的特性。因此，国家档案的继承不能不考虑这些特点。

在国际实践中，国家档案的继承，除了新独立国家为继承国这一特殊情况外，通常由被继承国和继承国之间通过协议来解决。如无协议，一般将与所涉领土有关的档案转属继承国。

许多新独立国家过去长期遭受殖民国家的占领和统治，其档案往往被掠夺和移走。联合国大会和联合国教科文组织曾多次通过决议，强调应将一切文件、历史档案归还新独立国家，这是新独立国家固有的、合法的权利。因此，当新独立国家为继承国时，原属殖民地、委任统治地和托管地等所有，而在领土附属期间为被继承国所占有的国家档案，应归还新独立国家。被继承国国家档案中与所涉领土有关的部分，如被继承国在殖民时期积累的，同该国对所涉领土的统治有关的文件，其转属或复制问题，应由被继承国与新独立国家协议解决。此外，作为被继承国的前殖民国家，应向新独立国家提供必需的国家档案资料或证据，帮助证明其领土权利或疆界范围，澄清转属新独立国家的各种档案文件的含义。作为被继承国的前殖民国家和新独立国家所缔结的协议，不应损害新独立国家取得历史资料和文化遗产的权利。

此外，国家继承还包括国际组织成员资格的继承、国家既得权的继承、国家责任的继承以及居民国籍的继承等。

三、政府继承

政府继承是指由于革命或政变而引起的政权更迭，旧政权的权利和义务为新政权所取代的法律关系。政府的继承与国家的继承是两个不同的范畴：一是发生继承的原因不同，国家的继承是由于领土变更的事实而引起，而政府的继承则是由于革命或政变导致政权更迭而引起；二是参加继承关系的主体不同，国家继承关系的参加者是两个不同的国际法主体，而政府继承是在同一个国际法主体继续存在情况下的新政权和旧政权，即旧政权的国际权利和义务为新政权所取代；三是继承的范围不同，国家继承因领土变更的情况不同，有全部继承和部分继承之分，而政府继承一般只有全部继承。这里说的全部继承，并不是说新政府无条件地继承旧政府的一切权利和义务，而只是继承符合国际法的权利和义务。

政权更迭是引起政府继承的原因，但是并非一切政权更迭都引起政府继承，按照宪法程序进行的政权更迭，一般不发生政府继承。即使是由于政变而引起的政权更迭，只要政变后成立的新政权的国体保持不变，并声明尊重前政府的国际条约义务，也不发生政府继承问题。然而，政府的更迭如果是由于社会革命而引起，新政权在本质上不同于旧政权，就发生了政府的继承问题，即新政府如何对待旧政府在国际上的权利和义务问题。例如，1789 年的法国资产阶级革命，1917 年俄国十月社会主义革命，1949 年的中国革命，就发生了政府继承问题。

在现代，俄国十月革命后苏维埃政权的实践提供了有关政府继承的一些原则和规则。对于条约的继承，苏维埃政权按照《和平法令》，立即无条件地废除了沙皇政府和资产阶级临时政府所缔结的条约。正如列宁当时所指出的：“我们拒绝一切关于抢劫和暴力的条款，但是我们乐于接受一切关于善邻关系和经济协定的条款，这种条款我们决不能拒绝。”① 对于财产和债务继承，1918 年 1 月 28 日，全俄中央执行委员会颁布法令规定，无条件地废除沙皇俄国和资产阶级临时政府所借的一切外债。同时，苏维埃政权则继承了俄国政府在国外的一切财产和权益，包括在国外的动产和不动产，以及驻外代表机关的馆舍和财产。

新中国的实践，进一步丰富了政府继承的内容：

1. 关于条约的继承

中华人民共和国对旧中国所签订的条约和协定所采取的原则是：既不承认一切旧条约继续有效，也不认为一切旧条约当然失效，而是根据条约的内容和性质，逐一审查，区别对待。1949 年《中国人民政治协商会议共同纲领》第 55 条规定：“对于国民党政府与外国政府所订立的各项条约和协定，中华人民共和国中央人民政府加以审查，按其内容分别予以承认，或废除，或修改，或重订。”因此，任何旧条约没有得到新中国政府承认之前，外国政府不得据以向中华人民共和国提出要求。

2. 关于财产的继承

中华人民共和国根据公认的国际法原则，对于 1949 年 10 月 1 日前中国在外国的财产享有合法的继承权。自中华人民共和国成立之日起，对当时属于中国所有的财产，无论是动产还是不动产，无论在何处，也无论财产所在地的国家是否承认了中华人民共和国政府，一律归中华人民共和国所有。中华人民共和国成立以后就几宗国家财产继承事件发表的声明表明了这一立场。例如，1949 年 12 月 3 日，新中国政府就香港“两航空公司案”发表的声明指出：“中国航空公司和中央航空公司为我中华人民共和国中央人民政府所有，受中央人民政府民航局直接管辖。两航空公司留在香港的资财，只有我中央人民政府和中央人民政府委托的人员，才有权处理。”1950 年 3 月 18 日，中华人民

---

① 《列宁选集》第 3 卷，人民出版社 1995 年版，第 360 页。

共和国交通部关于中国留在香港和新加坡的商船产权的声明指出：最近起义驶往新加坡的海玄轮和在香港起义的各轮以及在各国港口原属于国民党政府及中国官僚资本所有的各轮，均应为中华人民共和国所有，受中央人民政府交通部直接管辖。我中央人民政府的此项神圣的产权，应受到新加坡政府、香港政府和各国政府的尊重。同年 10 月 10 日，中国人民银行致电国际复兴开发银行声明："中国在国际复兴开发银行中的全部财产及权益，是属于中国人民的，因此，只有作为中华人民共和国国家银行的中国人民银行才有处理中国在国际复兴开发银行中已缴股款及一切其他财产和权益的合法权利。"

3. 关于债务的继承

中华人民共和国政府根据旧中国所负的外债的性质和情况，分别处理旧债问题。旧政府为进行内战、镇压革命而向外国政府借的债务，属于"恶意债务"（即恶债），当然不在继承范围之内。例如中国清朝政府 1911 年举借的湖广铁路债券，就属于恶债，这是丧权辱国的清朝政府，为了维护其反动统治和掠夺中国人民的产物。对于这类外债，中国政府当然不予继承。但美国阿拉巴马州地方法院竟受理美国公民杰克逊等 9 人为要求中华人民共和国政府偿还湖广铁路债券而提出的诉讼，并于 1982 年作出缺席判决，要求中方偿还本息 4 130 万美元。这就是所谓"湖广铁路债券案"。美国地方法院的判决显然是违背国际法的。中国政府对美国法院无视中国国家豁免权、侵犯中国主权和损害中国尊严的行为提出严重抗议，严正声明，中国政府拒绝继承"湖广铁路债券"这种恶意债务。在中国政府的坚持下，1983 年该法院重审此案，撤销原判，驳回原告的诉讼。此案后来上诉到美国联邦第十一巡回法院，该法院 1986 年 7 月作出维持原判的判决。同年 8 月，原告又要求美国最高法院复审，美国最高法院拒绝听取原告申诉，作出维持联邦第十一巡回法院判决的裁定。历时八年之久的湖广铁路债券案最终了结。

中国政府对于合法的债务，则与有关国家友好协商，进行清理，公平合理地解决。

四、国际组织的继承

国际组织的继承问题，是现代国际法的一个新问题。在现代，特别是第二次世界大战以来，国际组织已在一定范围内成为国际法主体，承受着国际法上的权利义务。因此，当一个国际组织同其他国际组织合并，或者由于解散而不复存在，但按照国际协议或决议而使其职能转移于另一国际组织时，就发生国际组织的继承问题。前一种情况，如欧洲煤钢联营与欧洲原子能联营于 1967

年并入欧洲经济共同体;后一种情况,如常设国际法院为国际法院所代替,国际航空委员会为国际民航组织所代替,国际卫生局为世界卫生组织所代替等。

关于国际组织继承的规则,在职能继承方面,有其特殊性。由于各个国际组织的建立和职能的行使,都是按照缔约国所缔结的条约和组织章程的规定进行的,所以,即使会员国相同,或者国际组织的宗旨和职能相似,当一个国际组织解体时,也并不必然地将其职能自动移转于另一个新成立的国际组织。要实现新国际组织对旧国际组织的继承,原则上必须经过原缔约国签订国际协定,或者经过原国际组织作出决议,明确表示将其职能转移于另一新国际组织,才能使两者之间发生继承关系。

国际组织的继承,除了职能方面的继承外,还有财产、债务和文书档案等方面的继承,通常也是依照特别协定或决议来解决的。

思 考 题

1. 试述国家的要素和类型。

2. 什么是国家的基本权利?国家的基本权利有哪些?

3. 试述国家的管辖权。

4. 什么是国家主权豁免?试述国家主权豁免原则发展的现状。

5. 什么是国家承认?国家承认和政府承认有哪些联系和区别?承认的法律效果是什么?

6. 什么是国家继承?政府继承和国家继承有什么区别?中华人民共和国对于国民党政府签订的条约、在国外的财产和所负国家债务的处理原则是什么?

第六章　国际法律责任

第一节　国际法律责任的概念及发展

一、国际法律责任的概念

国际法律责任，是现代国际法的一项重要的制度。它是指国际法主体对其国际不法行为或损害行为所应承担的法律责任。这一制度的意义在于：

通过追究国际法律责任维护受害者的合法权益。一国的不法行为侵害另一国的合法权益，受害国就可以根据国际法采取一定的方式追究加害国的国际责任，以维护自己的合法权益。

国际法律责任制度是维护国际法律秩序的有力手段。在主权国家林立，又没有强制的司法机制的国际社会，国际法律秩序是靠各国自觉遵循以及对违反国际法和违反国际义务的行为追究其国际责任来维护的。因此，国际责任制度对保证各国遵循国际法以及履行其国际义务，维护国际法律秩序起着重大作用。

国际法律责任制度对于维持正常的国际关系起着巨大作用。由于国际法律责任制度起着维护国际法律秩序的作用，它有力地促使国家遵守国际法，对于国家的不法行为通过追究其国际责任使之得到纠正和制止。从而有助于维护正常的国际关系。

国际法律责任的特征是：

1. 国际法律责任的主体和国际法的主体基本上是相同的。国际法主体是国际权利和义务的承受者，因而，国际法主体必然是由其作为或不作为违背国际义务的责任的承担者。传统国际法只承认国家是国际法主体，所以只有国家是国际责任的主体，在那时，国家责任和国际责任是同义语。在现代，国际法主体除基本主体国家之外，还有政府间国际组织和争取独立民族，所以，国际责任主体除国家之外，还有政府间国际组织和争取独立民族。当国际组织或争取独立民族由于其国际不法行为而违背国际义务时，也应承担国际法律责任。因此，国家责任与国际责任在内容上是不完全相同的，国家责任包含在国际责任范围内。但是国际法律责任的主体主要是国家。

如前所述，个人在国际法的少数几个领域，如国际人权法、国际法律责任法、国际争端法等具有主体资格，但在许多重要领域又没有主体资格。因此，个人是国际法律责任主体，但是个人不能成为国际法一切领域的主体。

2. 国际法律责任的根据是国际不法行为或损害行为。传统国际法主张国际不法行为是国际责任的惟一根据。在现代，又确定了国际法不加禁止的行为所产生的损害性后果的国际责任，这种责任以赔偿为其形式。于是国际法不加禁止但造成了损害结果的损害行为也成为国际责任的根据之一，这是国际法律责任制度的新发展。

3. 国际法律责任的目的是要确定国际不法行为或损害行为所产生的法律后果。它的具体任务是要确定国际法律责任者及其责任的性质和范围，并使责任者履行应承担的责任，从而维护国际法律秩序。

二、国际法律责任的发展

在现代国际法中，随着国际关系的发展变化，特别是发展中国家在国际事务中起着越来越重要的作用，国际法律责任的内容和规则也有了新的发展。主要表现在以下几个方面：

1. 国际法律责任的主体发生了变化。近代国际法只确认国家是国际法主体，因而国家是国际法律责任的惟一主体。在现代，国际法主体不仅是国家，还有政府间国际组织和争取独立民族，从而，使国际法律责任的主体也从国家扩展到政府间国际组织和争取独立民族。由于许多国际公约规定了个人的责任，从而使个人也成为国际法律责任的主体。

2. 国际法律责任的范围和内容发生了变化。近代国际法中，国际法律责任多指国家违反对外国人待遇方面的义务的后果。如 1930 年海牙国际法编纂会议给国际法律责任所下的定义是：如果由于国家的机关未能履行国家的国际义务，而在其领土内造成对外国人的人身和财产的损害，则引起该国的国际责任。联合国成立后，对国际责任问题进行了编纂，1996 年国际法委员会一读通过了《国家责任条款草案》。该草案打破了传统国际法律责任范围的局限性，把国际责任扩展到一切国际不法行为的国际责任，包括严重不法行为在内，如国家从事侵略战争、灭绝种族、种族隔离等引起的国际责任。

3. 国际法律责任的根据扩大了。在近代国际法中，国际法律责任的定义一般表述为：国家对其国际不法行为所承担的责任。这一定义强调了不法行为是国际法律责任的惟一根据。这一理论被称为过失责任。过失责任是由国家故意或过失而违反国际义务的结果。构成过失责任的要件是：（1）损害事实必须存在，即加害行为实际上造成了损害后果；（2）加害行为必须违反了现行法律的规定或属于法律禁止的行为；（3）加害行为者主观上有过错，即加害行为必须是行为者故意或过失造成的；（4）加害行为与损害后果之间有着因果关系。随着科学技术的进步，国际法的发展，又提出了无过失责任理论。无过失责任是指虽非国际责任主体的故意或过失，但有违反国际法的客观事实，并给其他国际法主体造成了损害，或从事不为国际法所禁止的活动而给其他国际法主体造成了损害，就引起国际法律责任。这种责任也被称为"结果责任"或"绝对责任"。

4. 国际法律责任的形式和方法发展了。在近代国际法中，国际法律责任的形式或方法有限制主权、恢复原状、赔偿和道歉等，在现代国际法中，除保留以前合理地追究责任的措施外，又确定了对国际犯罪行为的国际刑事责任制度。

第二节　国际不法行为的责任

一、国际不法行为责任的概念

如上所述，国际不法行为，是指国际法律责任主体所作的违背其国际义务的行为。它包括一般国际不法行为和严重违背一般国际强行法义务的行为。前者，指违背一般国际义务的行为，如一国侵害了别国侨民合法利益，侵犯了外交代表的特权和豁免，损坏了边界的界标，拖欠联合国会费，等等；而后者，违反行为具有特别的严重性，且被违背的国际义务对于整个国际社会具有根本的重要性，如从事侵略战争、灭绝种族、种族隔离、贩运奴隶、贩卖毒品、从事海盗行为，等等。

某一行为是否构成国际不法行为，应视该行为是否具备主观要件和客观要件。具备主观要件和客观要件的行为构成国际不法行为，从而引起国际责任。

二、国际不法行为的主观要件

国际不法行为的主观要件，是指一国的某一行为可归因于国家而构成该国的国家行为。判断某一行为是否构成该国的国家行为，应根据国际法，而不是按照国内法。根据国际法，国际不法行为既有属于一国的国家行为，也有属于一国参与或介入他国所从事的行为。对于前者，该行为所引起的国际责任，应由行为国负责。对于后者，则可以由另一国负责或由它们共同负责。下面分别说明。

（一）国际不法行为可归因于国家而成为该国的国家行为，有如下几种情况：

1. 国家机关的行为。任何国家机关的行为，依国际法应视为该国的行为。但以该机关在有关事件中系以此种资格行事为限，而不论这些机关是属于制宪、立法、行政、司法或其他权力之下，不论担任国际性或国内性职务，也不论在国家组织中处于上级或下级地位。

例如，"孤独号案"（1935年）。1929年，加拿大籍船舶孤独号，停泊在离美国路易斯安那州海岸六海里半的地方贩酒，被美国海岸警卫船追逐，并击沉于公海。此案交付仲裁后，仲裁委员会在裁决中称，孤独号之被击沉是非法的，判美国向英国赔偿25000美元。

又如，"科孚海峡案"（1949年）。1946年，英国军舰在经过科孚海峡时，触到水雷被炸沉，导致重大伤亡和损失。国际法院认为，阿尔巴尼亚有义务把雷区情况通知他国船舶，以维持航行安全，因此，阿尔巴尼亚应对英舰触雷事件负责，并应对此事件造成的损失及人员伤亡负赔偿责任。国际法院判阿尔巴尼亚赔偿843947英镑。

有的国家政府以国家三权分立，政府不能控制立法、司法机关为借口，拒绝承担其立法或司法机关作出的国际不法行为的责任，这是违反国际法原则的。

2. 经授权行使政府权力的其他实体的行为。一个国家内部的地方政治实体，或虽非国家地方政治实体正式结构的一部分，但经国内法授权行使政府权力的实体，其机关的行为应视为该国的国家行为。但以上述机关在有关事件中以此种资格行事为限。

3. 实际上代表国家行事的人的行为。经确定，一个人或一群人实际上代表该国行事的行为，或该人或该群人在正式当局不存在和有理由行使政府权力要素的情况下，实际上行使这些权力要素的行为，应视为国家行为。

4. 别国或国际组织交由一国支配的机关的行为。别国或国际组织交由一国支配的机关，如为行使后一国家的政府权力要素而行事，其行为依国际法应视为该机关交由其支配的国家的行为。如果这些机关是以该别国或该国际组织的资格行事，其行为不应视为支配国的行为。

5. 叛乱运动的机关的行为。在一国领土或其管理下的任何其他领土内成立的叛乱运动机关的行为，依国际法不应视为该国的行为。如果一国与叛乱运动的机关有关，而按以上规则可归因于该国，则是该国的行为。

6. 成为一国新政府或导致组成一个新国家的叛乱运动的行为。成为一国新政府的叛乱运动的行为应视为该国的行为。行动导致在一个先已存在的国家的领土一部分或其管理下的领土组成一个新国家的叛乱运动的行为，应视为该新国家的行为。

7. 非代表国家行事的人的行为。非代表国家行事的人的行为，不应视为国家行为。但国家对此类行为是否应该承担责任，视其具体情况而定。国家元首、政府首脑、外交代表等在国外的私人行为，虽然不属于国家的行为，但由于他的特殊身份和地位，使他们享有外交特权与豁免，所以即使是私人行为，如果损害了外国的利益，一般仍应由他们所属的国家负责。至于其他个人损害他国利益的私人行为，则不应归责于国家。如果国家纵容或唆使个人或一群人肆意侵犯外国的权益，则该国应负国际责任。有的国际法著作把这种责任称之为间接的国家责任，以区别于代表国家行事或经授权行使国家权力的个人所作的行为产生的直接的国家责任。

（二）一国牵连入他国的国际不法行为，主要有以下几种情况：

1. 一国对他国的援助或协助的行为。一国对他国的援助或协助，如经确定是为了使该他国（即接受援助或协助的国家）从事国际不法行为，则该项援助或协助本身构成国际不法行为，应由援助国或协助国承担国际责任。接受援助或接受协助的国家，也应对其本身的国际不法行为负国际责任。

2. 一国在其受他国指挥或控制权力支配的活动领域内从事国际不法行为，行使指挥或控制权的支配国，应负国际责任。但这并不妨碍从事国际不法行为的国家按照有关规则负应负的国际责任。

3. 一国因受他国胁迫从事某项国际不法行为。不论实施胁迫的根据为何，也不论胁迫采取何种方式，只要由于实施胁迫，使该国违背自己的意愿从事国际不法行为，则胁迫国须负国际责任。但这并不妨碍从事国际不法行为的国家按照有关规则承担其应负的国际责任。

三、国际不法行为的客观要件

国际不法行为的客观要件是指该项行为违背国际义务。所谓违背国际义务，是指一国的行为不符合国际义务对它的要求，不论该义务是来源于国际习惯法、条约或其他，也不论该义务的主题为何。但是，该项义务必须是对该国有效的义务，因此，一国不符合国际义务对它的要求的行为，必须是在该义务对该国有效期内所作出，才产生违背该义务的国际责任。

一切违背国际义务的行为都是国际不法行为，但是由于违背的国际义务的性质不同，国际不法行为可分为一般国际不法行为和严重国际不法行为。无论是一般国际不法行为，还是严重国际不法行为，其本质都是违背国际义务。它们之间的区别在于，后者的违反行为不仅是大规模和系统的，具有特别的严重性，而且被违背的是国际强行法义务，是对于整个国际社会具有根本重要性的义务。从目前的实践看，此类国际强行法义务主要包括：

1. 严重违背对维持国际和平与安全具有根本重要性的国际义务，例如禁止侵略的义务；

2. 大规模地严重违背对保护人类具有根本重要性的国际义务，例如禁止奴隶制度、灭绝种族和种族隔离的义务；

3. 严重违背对维护和保护全人类环境具有根本重要性的国际义务，例如禁止大规模污染大气层或海洋的义务。

一国的行为被确定为国际不法行为后，是否当然产生国家责任呢？国际法学界历来有争论。主要有两种学说：一是"过失责任说"，二是"结果责任说"。过失责任说认为，只有在国家有过失或故意的主观因素下从事的不法行为，才承担责任。过失责任，一直是传统国际法国家责任的构成要件。20世纪以来，过失责任说受到了批评，产生了与之相对应的"结果责任说"。结果责任说，又称"客观责任说"，这种学说认为，只要国家行为违背了国际法或国际义务，国家就应承担责任。在国际实践中，结果责任说一般被认为比较合理，因为国家之间主权是平等的，很难确定犯有不法行为的国家是否有过失或故意的主观因素，而且从有无过失来确定国家的责任，往往成为一些国家逃避责任的借口。因此，原则上以一国的行为是否违反国际义务作为承担责任的根据是较为合理的。

结果责任说要求当国家行为产生违背国际义务的结果，且行为与结果之间存在因果关系时，国家就应承担责任。违背国际义务的行为所造成的结果，可能是物质的，也可能是非物质的。任何国际不法行为都违背国际义务，造成破坏国际法律秩序的结果，因此国家就应承担责任。

第三节　国际损害行为的责任

一、国际损害责任的概念

国际损害行为责任（简称国际损害责任）制度产生较晚。在理论上有很大的分歧，在实践上，也还没有一个系统的实在法规则。一般认为，国际损害责任是指国际法律责任主体在从事国际法不加禁止的活动中造成损害所应承担的国际责任。这种国际责任与国际不法行为责任不同，国际不法行为责任是由违反国际义务的非法行为所引起，责任的性质是过错责任。损害行为责任并非由于违反国际义务的非法行为所引起，相反，该行为是国际法不加禁止的，责任的性质属于损害赔偿责任。

国际损害行为责任概念的提出，是由于工业化的发展、高科技的开拓，如核能的和平利用、航天航空活动、远洋石油运输、跨界河流的开发等活动造成他国国民人身、财产及其环境的跨国界损害。损害责任行为的特点是：（1）其活动都是由国家或实体在其本国领土或控制范围内从事的，但其危害具有跨国性；（2）其活动通常具有潜在的危险性；（3）活动本身都是现行国际法未加禁止的；（4）受害国有权要求加害国给予合理赔偿。在人类发展的目前阶段，对这种产生损害责任的行为，既不能加以禁止，又不能不顾其所产生的域外损害性后果，而听任其不受限制地进行。这就需要有一种国际制度来调整和平衡这种行为的社会效益和社会危害之间，即行为国与受害国之间的利益关系，使那些可能产生域外损害的活动能够按照国际社会接受的方式进行，这就产生了国际损害责任制度。

目前损害责任制度主要是由第二次世界大战后签订的少数责任公约和一些条约或公约中的责任条款构成的。其中最重要的有：（1）多边公约，如《维也纳核损害民事赔偿责任公约》，《核动力船舶营运人双重责任公约》、《核能方面第三者责任公约》、《关于油污损害的民事责任公约》、《防止船舶造成污染的国际公约》、《远程跨界空气污染公约》、《及早通报核事故公约》、《空间实体造成损害的国际责任公约》、《海洋法公约》等；（2）双边条约，如《匈牙利和罗马尼亚国界制度和边界事务合作条约》等；（3）司法判例和实践，如 1954 年"美国在马绍尔群岛进行核试验造成损害的赔偿案"和 1978 年"前苏联 954 号核动力卫星坠落加拿大造成损害的赔偿案"等，它们都适用并确认了上述多边公约或双边条约中的一些被普遍接受的规则，也提出了一些新的规则。

在国际实践中，损害责任依其主体不同，可分为：（1）国家专属责任。其主体是国家，主要涉及国家本身或其他国家实体的活动，以及其他非政府团体的活动。它们的行为所引起的国际责任，完全由国家来承担。如《空间实体造成损害的国际责任公约》规定，国家对无论是国家机关还是非政府团体发射的空间物体造成的损害均承担绝对的赔偿责任。（2）由国家和经营人共同承担赔偿责任。该责任主要适用于民用核活动领域。由于核活动可能造成特别严重的损害性后果，仅仅由经营人承担损害赔偿责任不足以补偿实际损害，而过于严格的民事责任又不利于发展民用核事业，因此，有必要由经营人及其所属国共同对损害承担赔偿责任。例如，1962 年《核动力船舶营运人双重责任公约》和 1963 年《维也纳核损害民事赔偿责任公约》规定了营运人必须根据登记国的规定投保一定数额的核事故险，或作出其他财务安排。同时国家保证营运人的赔偿责任，并且在营运人保险额不足以赔偿损失的情况下在规定的限额内给予赔偿。（3）经营人承担赔偿责任。即由经营人单独承担有限赔偿责任。根据有关条约的规定，经营人必须担保或就赔偿作出必要的财务安排，以便使受害人按照统一标准得到赔偿。

多年来，联合国国际法委员会一直在主持草拟《国际责任条款草案》。1978 年国际法委员会根据联合国大会的决议，在其第 30 届会议上，将《关于国际法不加禁止的行为所产生的损害性后果的国家责任》专题列入工作计划，并进行审议，提出了从事国际法不加禁止的活动必须遵守的原则：（1）合作原则。即行为国与可能受影响的国家有义务相互合作，为预防减少和消除损害采取必要的合作措施。（2）通知和磋商原则。即行为国在进行某项活动时，如果预见到该项活动可能对邻国造成危害，应及时通知该国，并与之磋商；如果受影响国主动要求磋商，行为国有义务同意此项要求。（3）评估有害影响原则。即对拟议的活动可能对周围环境和邻国造成的影响进行评估。（4）预防和消除损害后果原则。即行为国在从事造成或可能造成危险或损害的活动时，承担预防的义务；一旦事故发生，行为国有义务立即采取紧急措施，减少和消除损害对他国的影响。

联合国国际法委员会"国际法未加禁止之行为引起有害后果之国际责任工作组"，已于 1996 年向国际法委员会提交了一份草案，名《国际法未加禁止之行为引起有害后果之国家责任条款》。该项条款草案包括三章，共 22 条。第一章为有关适用范围、责任、合作及实施等一般性的规定。第二章为有关事先批准、风险评估和情报交换等预防制度的规定。第三章为有关不歧视、救济之性质和谈判应考虑之因素等涉及赔偿问题的规定。这一条款草案如能获得各国接受，将成为第一个较全面系统规定损害后果责任的国际公约，但损害责任制度的形成和完善还需国际实践和对习惯规则的进一步编纂与发展。

二、国际损害责任的性质和适用范围

从事国际法不加禁止的活动造成损害应承担国际责任的规则已被广泛接

受，并成为一些条约或公约的一条法律原则，但关于损害责任性质却存在着不同的观点。有人将损害责任称为"危险的责任"或"极端危险活动的责任"，也有人称其为"合法行为的责任"，而国际法委员会则称其为"国际法不加禁止行为引起损害性后果的国际责任"。以"危险性"作根据，不仅会使损害责任的适用范围过于狭窄，而且只能指出损害责任产生的一个原因，并不能说明责任的性质和产生的全部原因。而以"合法化"作为根据，只能确立不违反现存法律情况下的责任，而不能说明在无法可依的情况下的责任。况且，现存的法律原则和规则又是迅速变化的，可能这一行为现在是合法的，而将来是不合法的。比较而言，国际法委员会的提法是较为恰当的。所谓国际法"不加禁止"就包含着两种情况：一种是国际法文件明文规定对此种行为不加任何限制，即不加禁止的；另一种是国际法文件对此种行为没有明文规定禁止也没有明文规定允许，这就意味着，只看行为与后果的因果关系，而不问其行为是否违反国际法的规定。

关于损害责任的适用范围，在理论和实践上都是有分歧的。有人主张包括经济和社会领域活动等无形后果，如贸易禁运、限制性商业活动、金融政策、限制性关税、向他国转移有害工业等，因为当今世界上具有不良后果的活动大多带有经济和社会性质。但大多数人认为，其适用范围应仅限于有关自然环境利用所造成的跨界有形后果，因为迄今有关的国家实践几乎都是与领土的利用有关的，而从这一领域国家实践的证据中尚不能归纳出适用于经济和社会领域的规则。损害责任适用范围的另一个问题是，产生损害责任的活动仅限于国家本身从事的活动，还是包括国家管辖或控制范围内从事的一切活动？国际法委员会的一致意见是：原则上损害责任适用于一国管辖或控制范围内从事的一切具有跨界损害的活动，包括个人和法人实体从事的活动。在损害责任制度中规定国家的责任有助于国家针对其管辖或控制范围内进行的具有潜在跨界损害后果的活动采取预防措施。

三、国际损害责任的归属和赔偿原则

在确定损害责任归属问题时，应考虑到发展中国家的利益和特殊需要。发展中国家由于科技不发达，缺乏设备和专门人才，对其境内所发生的活动不一定能全部掌握和控制。因此，在确定责任归属问题时应有所区别。在责任归属问题上宜采取属地原则，即按一国管辖或有效控制下进行的活动所造成的损害确定其责任。这里不发生"国家行为主义"。同时，上述的损害也包括私人活动造成的损害在内，事实上，许多跨界损害往往是私人企业而不

是国家造成的。

在确定责任归属和赔偿范围时，应注意国家在境内自由活动的权利与不给他国造成显著损害之间需保持合理的平衡，但也应注意不致损害国家主权和领土完整原则。

第四节　国际法律责任的免除

一、国际不法行为责任的免除

国际不法行为是产生国际法律责任的原因，国际法律责任则是国际不法行为引起的后果。因此，如果一国的行为已被排除了不法性，就不能构成国际不法行为，也就不会引起国际法律责任。在国际关系中，一国的行为有时从表面上看，似乎已具备了国际不法行为的主观要件和客观要件，但由于某些特殊情况的发生，以致有关的国际义务对该国已经或暂时失去效力，因此该项行为就不再属于违反国际义务的行为，这就排除了该行为的不法性，而与此有关的国际责任也就免除了。从国际实践来看，排除行为不法性的情况主要有以下几种：

1. 同意

一国以有效的方式表示同意他国实行某项与其所负义务不符的特定行为时，该行为在对该国的关系上，就排除了不法性。例如，一国获准在他国专属经济区内捕鱼或开发资源的行为，经一国同意放弃战争赔款因而不予赔偿的行为，某一民族解放组织经同意在他国建立流亡政府的行为等。但是以该行为不逾越该项同意的范围为限。经一国同意的行为不适用于国家据一般国际法强制规则而产生的义务。任何国家都不得违背国际法强制规则的义务，在实施了违背国际法强制规则的义务的不法行为时，也不得援引所谓已获得有关国家的同意为由要求免除其国际责任。

2. 国际不法行为的对抗措施

对抗措施是指受害国针对他国的国际不法行为而采取的对抗行为。这种行为即使不符合原先对他国承担的国际义务，但由于该行为是由于他国的国际不法行为所引起，因此该行为的不法性应予排除。对抗措施通常包括一般对抗措施和自卫行为两种。一般对抗措施是由于一般国际不法行为所引起，因此受害国的对抗行为应限于非武力方式，如经济制裁、断绝邦交等。自卫行为则是在受到他国的武力侵略和武装攻击时，受害国为了保卫国家主权和领土完整所采取的相应的武力反击行为。无论是一般对抗措施还是自卫行为，都是国际法所确认的合法行为，都不构成国际不法行为。

3. 不可抗力或偶然事故

一国不符合该国国际义务的行为，如起因于不可抗拒的力量或该国无力控制或无法预料的外界事件，以致该国实际上不可能按照该项义务行事或不可能知道其行为不符合该项义务，例如发生地震而使外国人生命、财产受到损害，或者由于风暴而使航空器发生故障以致军用飞机进入他国领空等，因此而发生的行为的不法性应予排除。但如果实际上不得已的情况的发生是由该国自身原因造成，则不应排除其行为的不法性。

4. 危难或紧急状态

危难情况下的行为，是指构成国家行为的行为人，在遭遇极端危难的情况下为了挽救其生命或受其监护之人的生命，除此之外别无他法，因而作出不符合该国国际义务的行为。该行为的不法性应予排除。紧急状态下的行为，通常是指一国遭遇到严重危及该国的国家生存和根本利益的紧急情况下，为了应付或消除这种严重紧急状况而采取措施所作的行为。其行为的不法性也应予以排除。但是如果极端危难情况的发生是由该国帮助造成，或该行为可能造成同样或更大的灾难，则不应排除行为的不法性。

上述四类行为，可以排除其不法性，因而可免除其国家责任。但是在国际关系中，有些国家利用上述情况为借口，尤其是利用别国"同意"为理由，来否认其所犯的国际罪行和回避由此而引起的严重国际责任，这是对"同意"的滥用。按照国际法，同意是国家自由意志的明确表示，而不能是胁迫和诈欺的结果；同意必须由一国正式权力机关作出，在国际上具有合法性，由外国扶植和控制的傀儡政府表示的同意是非法的；同意必须是有效的，而不能是无效的；同意必须在行为前作出，而不能实施行为后才加以追认。而且任何国家都不得利用别国的"同意"来进行军事干涉和武装侵略，从而侵犯他国的主权、独立和领土完整。因此，强权国家以"同意"为借口对他国进行侵略，是完全不合法的，不能成为解脱其国际责任的理由。

二、国际损害责任的免除

国际损害责任免除与国际不法行为责任免除的情况有所不同。在通常情况下，对国际不法行为责任，如果不法行为主体能够证明它已采取了一切可能采取的合理措施阻止违反国际义务行为和由其造成的损害结果发生，即使努力失败，也可以免除其责任。而在损害责任中，一般情况下，只要行为对地球表面的人员、财产和环境造成损害，行为国就应承担赔偿责任，而不问该行为是否有过失。

但是，国际法不加禁止的行为造成损害性后果，也并非在一切情况下都不存在免责情况。根据有关国际公约的规定，在以下几种情况，国际损害责任可以免除：

1. 由于暴乱、战争、自然灾害造成的损害。如《核能方面第三者公约》第 9 条规定：除国内法律可能作出相反规定的情况外，经营人对由于武装冲突、入侵、内战、暴乱或特殊性质的严重自然灾害造成的核事故引起的损害不负赔偿责任。《国际油污损害民事责任公约》第 3 条第 2 项也规定：由于战争行为、敌对行为、内战或武装暴动，或特殊的、不可避免的和不可抗拒性质的自然现象所引起的损害；完全是由于第三者有意造成损害的行为或不行为所引起的损害；完全由于负责灯塔或其他助航设备的政府或其他主管当局在执行其职责时的疏忽或其他过失行为所造成的损害，可以免责。

2. 在发射空间物体中，发射国的空间物体在地球表面以外的地方，对另一发射国的空间物体或其所载人员或财产造成损害，如果发射国没有过失，也可以免除其赔偿责任①。

第五节　国际法律责任的形式

国际不法行为和损害行为一经确定，如无免除责任的情形，就产生承担相应责任的法律后果。由于国际不法行为和损害行为所造成的后果的性质和范围不同，引起的国际责任的性质和形式也不同。

一、国际不法行为的责任形式

长期以来，在国际法著述中，常常把国际责任分为政治上的责任、物质上的责任和道义上的责任，但是国际法上的责任应该是法律责任。法律责任不同于政治上和道义上的责任，其要点在于，法律责任是以法律原则和规范为依据，而且具有强制执行的性质。目前，国际法对于国际责任的承担方式尚无明确统一的规则，国际法学者的看法也不一致。但是，从有关国际条约、国际习惯和国际实践中可以看出，国际不法行为的责任形式主要有以下几种：

---

① 《空间实体造成损失的国际责任公约》第 4 条。见《国际法资料选编》，法律出版社 1981 年版，第 576 页。

1. 限制主权

限制主权是指全面或局部限制责任国行使主权的一种责任形式。它是国家责任形式中最严厉的一种。限制主权只适用于对他国进行武装侵略，侵犯他国的主权、独立和领土完整，破坏国际和平与安全，从而严重违反国际强行法规则的国家。最明显的例证是，第二次世界大战结束后同盟国家为了惩罚和防止侵略势力再起，根据国际协定，在一定时期内，对德国和日本曾实行军事管制，并由同盟国管制委员会在这些国家行使最高权力。如当时美、苏、英、法四国政府共同行使德国的最高权力，包括德国政府、司令部和任何州、市或地方政府或当局所有一切权力在内。这是一种全面的主权限制。除此之外，也可以采取局部限制主权的方式，例如，1949 年缔结的对意大利的和约，规定该国拥有的武装力量的数量不得超过实行自卫所必需的限度。1951 年，对日本也实行同样的限制。此外，对某国限制其军事工业的发展和不许其参加旨在反对战胜国的军事同盟，也属于局部限制主权的方式。

2. 恢复原状

国际法上的恢复原状是指将被损害的事物恢复到发生不法行为以前存在的状态。例如归还非法没收或掠夺的财产、历史文物和艺术珍品，恢复被非法移动的边界界标或非法毁坏的边境建筑物，修复被不法行为损坏的外交使团的馆舍等。第二次世界大战后，1947 年签订的对意、匈、保、罗、芬的五国和约中，就规定有返还责任条款，规定上述国家应将所有用掠夺或用其他不正当方式从所属国家领土内移走的一切财产、物质及其他文化物品归还原国。恢复原状不是一种绝对的责任形式，在不能恢复原状的情况下，对不法行为造成的物质损失，可用金钱赔偿来代替。

3. 赔偿

国际法上的赔偿，是指对受害国的物质损失进行相应的货币或物质赔偿。这种形式，可以适用于侵略他国，犯有严重违法行为的侵略国家。例如第二次世界大战后，1947 年签订的对意、匈、保、罗、芬的五国和约中，规定了赔偿责任条款，规定上述国家应对各受害国承担不同数量的货币和物质损失的赔偿。赔偿这种形式，也可以适用于犯有一般国际不法行为，对他国造成物质损失的国家。例如，1904 年北海渔船事件，即多革堤事件（The Dogger Bank Case）。1904 年日俄战争时，俄国波罗的海舰队在开赴远东途中，向北海的多革堤附近的英国渔船队射击，造成渔民的死亡和渔船的损害，后以俄国政府向英国政府付给金钱赔偿了结。

关于赔偿的限额，国际法并无统一的规则，国际实践也不一致。国际法学界有两种主张：一种主张认为，赔偿是具有"惩罚性的损害赔偿"，因此可以不以实际损害的数额为限，赔偿数额可以大于实际损害的数额。因此，赔偿限额的问题应根据具体情况来解决。另一种主张认为，根据赔偿与损害等价的原则，赔偿以不超过所受损害的价值为宜。

关于赔偿范围，既包括对国家的损害赔偿，也包括对受害国国民的损害赔偿。在侵略战争中，被侵略国遭受巨大损害，被侵略国的国民也遭受到巨大损害，侵略国都必须给予赔偿。中华人民共和国与日本国恢复外交关系后，中国考虑到中日人民友好关系，声明放弃战争赔偿，但是并未声明也放弃受害人民的损害赔偿。中国人民向日本提出损害赔偿的要求是完全正当的。

应该把作为国际责任形式的赔偿与一国政府由于某种特殊情况给予外国人以救济或补偿区别开来。在发生战争或自然灾害的情况下，一国政府给予受害的外国人以人道主义的物资救济，或一国实行国有化或征用外国企业时给予外国人以适当补偿，都不是赔偿。因为在这两种情况下，国家不存在国际不法行为，因而不引起国际责任。

4. 道歉

道歉是指犯有国际不法行为的国际法主体向受害者承认错误，给受害者以精神上的满足的责任形式。道歉也是一种法律责任形式。这种责任形式，是由国际不法行为所引起的，在国际实践中普遍适用，因而已成为国际习惯法规则，具有一定的强制性质。道歉可以口头表达，也可采书面形式，有时还可以用其他方式表示。例如，派遣专使前往受害国表示遗憾、道歉，对受害国的国旗、国徽行礼致敬，或者惩办肇事人员，保证不再发生类似事件等。道歉是国际上使用得非常普遍的国际责任形式，通常适用于不太严重的国际不法行为，特别是损害他国尊严的事例中。但是有时对一件很严重的事件，也可以用道歉来了结。例如 1837 年发生的"加罗林号事件"，就是以英国政府向美国表示道歉了结的。又如 1905 年，德国炮舰美洲豹号，停泊在巴西的伊塔日阿伊港，由于一名船员没有回舰，舰长派出官兵到岸上寻找，他们闯入民宅，强迫居民帮助寻找。但是第二天早上该船员已自动返舰。德国舰长侵犯了巴西的属地最高权。德国表示道歉，并将该舰长撤职，以示惩处。

以上国际不法行为的责任形式，在一个事件中，可以单独使用，也可以合并使用。犯有国际不法行为的国际法主体，可能只承担一种形式的责任，也可能同时承担多种形式的责任。例如，对第二次世界大战的侵略国家，既被限制国家主权，又承担赔偿和恢复原状的责任。

二、国际损害的责任形式

国际损害行为的责任形式主要是赔偿。在这类赔偿责任中，除国家的赔偿责任外，还包括国家与经营者共同承担的赔偿责任和经营人单独承担的赔偿责任。

第六节　国际法上的刑事责任

关于国际法上的刑事责任问题，传统国际法认为，国家在国际上不负刑事责任，对于代表国家行事的个人所作的国家行为，个人也不负刑事责任，因为他们的行为一般认为是代表国家的行为。

一、个人国际刑事责任制度的形成

第一次世界大战后，1919 年《凡尔赛和约》明确地指出德国发动第一次世界大战是违反国际条约和国际道德的罪行。就这一罪行，和约还提出，除了要追究德国的国家责任外，还要建立国际法庭来追究德皇威廉二世个人的战争罪责，在国际法上第一次规定对犯有国际罪行的国家领导人和其他个人，应追究其刑事责任。国际刑事责任的新概念，由此开始进入国际法领域。

第二次世界大战和其后的纽伦堡、东京审判，对于国际刑事责任制度的确立具有决定性的意义。德、日法西斯国家不仅发动了侵略战争，而且在战争前和战争期间还犯下了诸如灭绝种族、屠杀平民和战俘的大量暴行。这些暴行震撼人类的良知，使人们普遍地感到，只有将这些行为确定为国际罪行并追究其个人责任才能满足正义的要求。1942 年，盟国根据《圣詹姆斯宫宣言》成立了战争罪调查委员会，1943 年美英苏发表了《莫斯科宣言》，正式决定起诉轴心国战犯。为执行《莫斯科宣言》的规定，盟国又先后公布了《欧洲国际军事法庭宪章》和《远东国际军事法庭宪章》，起诉和惩处德、日轴心国家的主要战犯。经过两个法庭的审理，戈林、东条英机等德、日战犯被定罪处刑，反和平罪和反人道罪两项国际罪行的单一罪名和构成要件也被首次阐明。

纽伦堡审判结束后，联合国大会即以第 95（1）号决议一致确认了《欧洲国际军事法庭宪章》和纽伦堡审判所包含的国际法原则。东京审判结束后，联合国国际法委员会根据联大决议，又于 1950 年编纂了两个法庭《宪章》和判决中所包含的原则，承认和继承了纽伦堡、东京审判的成果。在联合国看来，对战争罪及其他国际犯罪的惩处，是对联合国集体安全体制的重要补充，在整体上将有助于联合国的和平事业。联合国主要从两个方向上推动国际刑事责任制度的发展：

（1）在具体问题方面，联合国比较顺利地取得了一些成果。1968 年联合国通过了《战争罪行和危害人类罪不适用法定时效原则的公约》；1967 年和 1973 年，联大又分别通过了《领土庇护宣言》和《侦查、逮捕、引渡和惩治战争罪和危害人类罪的国际宣言》，要求联合国会员国不在各自的领土上庇护战争罪犯，同时鼓励各国就战争犯罪和危害人类犯罪的侦查、引渡、惩治等问题进行国际司法合作。

（2）对那些复杂敏感的重大问题，联合国付出了长期艰苦的努力。这类问题主要是两个：一是要编纂和发展一部国际刑法典，就反和平罪、反人道罪等各种国际罪行的罪名、犯罪构成等订出更为详尽的实体规则；二是要建立一个常设性的国际刑事法院，负责追究个人的国际刑事责任。

从 1946 年起，国际法委员会就致力于起草一个《危害人类和平与安全罪治罪法》，把它视为国际刑法典编纂的一个最主要的部分，同时联大还专门成立了一个 17 国专家委员会，负责研究包括建立国际刑事法院在内的国际刑事管辖权问题。但由于东西方冷战和意识形态的严重分歧，大会被迫于 1954 年决定推迟对这两个问题的审议。战后 40 年，联合国在编纂国际刑法典方面进展不多，除了关于"侵略定义"的决议外，最重要的就是 1948 年《防止和惩治灭绝种族罪公约》，通过该公约，"灭绝种族罪"作为一个新的单一罪名得到了确立。1989 年冷战结束，联合国在编纂国际刑法典和建立国际刑事法院方面的工作又重新提上了日程。国际法委员会加快了起草治罪法的步调，同时再一次重新起草《国际刑事法院规约草案》。

1991 年和 1994 年，前南斯拉夫和卢旺达因种族矛盾分别爆发内战，发生大量种族屠杀事件，引起了国际社会的震惊和严重关注。安理会作出反应，决定设立"前南斯拉夫国际刑事法庭"和"卢旺达国际刑事法庭"，惩处那些犯有种族清洗、大屠杀、严刑拷打等反人道罪行的个人。前南斯拉夫和卢旺达的情势使人们深刻地认识到编纂国际刑法典和建立国际刑事法院的重要性和紧迫性，联大因此要求国际法委员会加快治罪法的起草进度，并把制订《国际刑事法院规约草案》的工作放在优先位置。1994 年和 1996 年，国际法委员会先后二读通过了《国际刑事法院规约草案》和《危害人类和平与安全罪治罪法草案》。在国际法委员会草案的基础上，联合国于 1998 年在罗马召开多边外交会议，通过了《国际刑事法院规约》，2002 年 7 月 1 日规约正式生效，国际刑事法院诞生。

通过设立国际刑事法院，联合国在惩治战争罪、反人道罪等国际罪行方面有了一个常设机制，这标志着个人国际刑事责任制度的发展获得了实质性的进展。就目前的《国际刑事法院规约》约文看，法院管辖的犯罪主要包括灭绝种族罪、战争罪和危害人类罪，为避免歧义，规约对这些罪行一一进行了列举和界定。同时，规约还允许缔约国日后就其他国际犯罪（如侵略罪、国际恐怖主义罪和贩毒罪）的罪名定义进行协商，如能形成清晰的罪行界定，即可纳入法院管辖的范围。

二、国家刑事责任问题

除上述个人国际刑事责任方面的发展外，近来有关国家刑事责任方面一些动向也十分值得关注。在 1996 年一读通过的《国家责任条款草案》中，国际法委员会曾试图将国际不法行为进一步区分为一般不法行为和国际罪行。后者所违背的不是一般的国际义务，而是对于保护国际社会根本利益至关重要的义务，以致整个国际社会公认违背该项义务是一种罪行。属于这类犯罪的行为包括：（1）危害国际和平与安全，如侵略；（2）否定民族自决权，如以武力建立或维持殖民统治；（3）大规模侵犯人权，如施行奴隶制、灭绝种族和种族隔离；（4）严重危害人类环境，如大规模污染大气或海洋。国际法委员会对国际罪行所下的定义和所作的列举实际就是"国家罪行"。对于这一概念，不仅学理上存在争论，各国的立场也严重分歧：

反对者认为，犯罪是犯罪行为和犯罪意图的结合，"法人无犯意"是刑法的一项基本原理，国家作为法人，不可能成为犯罪的主体。就现行国际法来看，既无确定国家罪行的确切规范和标准，也无处罚国家的刑罚和裁判机关，在这种情况下给一国定罪，不仅有悖"罪刑法定原则"，而且将根本损害该国在国际社会的地位，进而使国际法的基础受到破坏。迄今为止，国家实践也没有为国家罪行这一概念提供基础，历史上从来没有一个国家作为被告出现在刑事诉讼中，即使是纽伦堡、东京审判，也只是作为国家领导人的个人被判罪，德国、日本作为国家并未被判定有罪。这种观点，得到了美国、法国等的支持。

在肯定者看来，法人不能犯罪的理论已趋没落，尽管刑事责任原则上是个人责任，但并不意味着国家不能或不应承担刑事责任——当一国对整个国际社会造成重大损害时，不应当也不容许把以国家名义犯下的罪责转移成个人的责任。实践中的确缺乏对国家罪行的判决，但这并不意味着没有必要或不应为此作出任何努力。应该说，国家罪行的概念是可接受的，即使可能使全体人民承受集体制裁，况且犯罪国的人民也可能不是完全无辜的。意大利、北欧国家等比较赞同这种看法①。

　　鉴于上述分歧，国际法委员会 2001 年二读通过的条款草案删除了"国家罪行"，取而代之的是"严重违背依一般国际法强制性规范承担的义务"这一新的概念。值得注意的是，尽管新的"严重违背强行法义务"概念有助于避开学理上的争论，但相比原来所列举的四种国家罪行，其覆盖范围更广，它实际上扩大了原来国家罪行的概念，并且更凸显了这类国家责任的对世性质。

思　考　题

1. 什么是国际法律责任？它有哪些特征。
2. 什么是国际不法行为责任？国际不法行为的构成要件有哪些？
3. 什么是国际损害行为责任？它与国际不法行为责任有什么不同？
4. 试述国际法律责任的免除。
5. 试述国际法律责任的形式。
6. 试述国际法上的刑事责任。

---

　　① ［英］T. 希利尔：《国际公法原理》，曲波译，中国人民大学出版社 2006 年版，第165 页。

■ 国 际 法

下 编 分 论

第七章 领　土　法

第一节　国家领土和领土主权

一、领土的概念

领土是指处于国家主权管辖下的地球表面的特定部分，包括陆地、水域以及陆地和水域的上空与地下层。

领土是国家物质财富的主要源泉，是国家和人民赖以生存的物质基础。领土是国家构成要素之一，是国家行使主权的空间。

国家领土有大有小，俄罗斯联邦有 1709 万平方公里，中国有 960 万平方公里，欧洲的摩纳哥只有 1.9 平方公里，但不失为主权国家。

领土对于国家的存在来说具有重要意义。正如周鲠生先生所说，领土对国家的重要性可以有社会和政治两个方面的意义。就其社会意义来说，领土是国家的物质基础。就其政治意义来说，领土是国家权力自由活动的天地。这就意味着国家在自己的领土内可以充分独立而无阻碍地行使其权力，排除一切外来的竞争和干涉。① 因此，领土首先是国家的构成要素之一。一个国家只能有领土大小的区别而不能没有领土，没有领土的国家是不存在的，即使是像圣马力诺共和国和列支敦士登公国这样的袖珍国家，也都具有一定的领土。而那些逐水草而居的游牧部落或流浪的民族，即使它们具有某种形式的"政府"或部落组织，如果没有固定的领土，根据国际法仍不构成国家。

二、领土主权

领土主权是指国家对其领土行使的最高的和排他的权力。

国家领土主权包括以下三方面的内容：

---

① 周鲠生：《国际法》，商务印书馆 1981 年版，第 325 页。

（一）领土所有权

在近代国际法形成时期，领土被视为君主的个人财产，到了近代资本主义国家，除了国道、国有地、河流与森林等有限的土地以外，其余土地的所有权属于私人，国家只有公用征收权。因此，过去欧美学者形成了一个错觉，认为国家与领土的关系属于统治权的关系，而不是所有权的关系，国家是领土的统治者，而不是所有者。

然而，根据国际法，凡是国家的领土都是以国家所有的形式出现的。一国的领土被侵犯，无论是哪一种所有制形式的土地，国家首先是以自己的领土被侵犯而提出抗议和采取保护措施的。由此可见，在国际关系上，根据国际法，国家具有完全支配和处理领土的权利，不能仅仅因为根据国内法的规定而否认国家在国际关系上对领土具有所有权。因而，从国际法的观点来看，国家不仅对其领土有统治权，而且具有所有权。换言之，国家对其领土范围内的一切土地和资源拥有占有、使用和支配的永久权利。

（二）领土管辖权

领土管辖权是国家领土主权的主要内容和标志。根据国际法，国家对其领土范围内的人、物和事，拥有排他的管辖权。这种管辖权是以领土为基础的，所以，亦称为属地优越权或属地最高权。领土管辖权是主权国家的基本权利之一。

根据属地最高权，外国人和外国财产一旦进入一国境内，就立即受领土所属国属地最高权的管辖。

领土管辖权是排他的，然而，由于条约的规定或根据习惯国际法，领土管辖权的行使受到一定的限制。例如，国家元首和政府首脑、外交代表、国际组织的代表、外国军舰以及根据条约驻扎的外国军队，在一国领土内享有管辖豁免权。

（三）领土主权不容侵犯

领土主权和领土完整是国家政治独立的重要标志，是久经确认的最基本的国际关系准则和最重要的国际法基本原则。

侵犯一国领土的任何部分，不仅是对他国领土所有权的侵犯，也是对国家人格的侵犯。根据国际法，侵犯一国领土构成严重的国际不法行为。无论以任何借口或形式对别国领土进行侵犯，都是对国际和平与安全的威胁。因此，现代国际法特别强调相互尊重主权与领土完整，互不侵犯。《联合国宪章》第2条第4项规定："各会员国在其国际关系上不得使用威胁或武力，或以与联合国宗旨不符之任何其他方法，侵害任何会员国或国家之领土完整或政治独立。"所以，一国未得到他国准许，不得派遣军队、军舰或警察进入或通过别国领土，不得在外国领域内行使管辖权，更不得侵占、掠夺别国的领土。

由于领土主权对于国家独立和安全具有重要意义，我国与印度和缅甸共同倡导的和平共处五项原则特别将互相尊重领土主权和领土完整放在首位。联合国大会于1974年通过的《各国经济权利和义务宪章》，将主权、领土完整和互不侵犯列为指导当今国际经济关系的基本原则。领土主权与领土完整不可侵犯是现代国际法的基本原则，违反此项原则的行为应受到国际社会的谴责和国际法的制裁。

第二节　国家领土的构成

一、领土的组成部分

国家领土是由领陆、领水、领空以及领陆和领水的底土等四部分组成的立体结构。领水附属于领陆，领空和底土则附属于领陆和领水。

（一）领陆

领陆指国家疆界以内的陆地，包括岛屿。领陆是国家领土最基本和最重要的组成部分，没有领陆则没有领水，而没有领陆和领水便没有领空。国家领土不能没有陆地，世界上没有无领陆之国。领陆因调整边界、买卖、交换或其他原因而发生变更，附属于领陆的领水、领空及底土也随之变更。

（二）领水

领水指位于一国领陆之内的水域和与其陆地边界相邻接的一定宽度的水域。换言之，领水是由一国的内水和领海等构成的全部水域。

一国的内水指国家领陆之内以及领海基线向陆地一面的所有水域，其法律地位与国家领陆完全相同。领海则指邻接一国陆地及其内水（内海），并处于该国主权管辖之下的一定宽度的海域。

内水和领海同属国家领土的组成部分，但两者的法律地位有所不同。沿海国对其领海行使领土主权附有一定的条件，即根据国际法，外国船舶享有无害通过权，而外国船舶在内水则不存在这种权利，沿海国在内水原则上可以无条件地行使国家主权。

（三）领陆及领水的底土

领陆下面的底土与领水下面的底土同是国家领土的一部分，有的国际法学者称之为地下领土。由于矿产的开发、隧道的开凿以及地下或水下电缆的铺设，领陆及领水的底土对于领土所属国具有重要意义。至于地下层的深度，尚无统一规定，各国亦有争议，大部分学者主张，以现代科学技术能达到的深度为准。

（四）领空

一国领陆和领水之上的空气空间，通称为领空。由于国家安全、民用航空和无线电信等原因，加之现代科学技术的迅速发展，领空对于国家极为重要。领空是一国领土不可分割的部分。现代国际法确认，国家对其领空拥有完全的、排他的主权。但是，迄今为止，领空的高度，尚未有定论。

一国领土的各个部分共同构成一个整体，统一处在国家主权的管辖之下。除了外国船舶在一国领海享有无害通过权之外，国家对其领陆、领水、领空和底土均可行使同样的权力。

以下专就内水进行阐述，领土的其他组成部分将在其他有关章节中阐明。

二、内水

（一）内水的概念及法律地位

内水是指陆地领土之内的水域和领海基线向陆地一面的海域，包括一国境内河流及其河口与港口、运河、湖泊、封闭性海湾和内海峡等。1958 年《领海及毗连区公约》第 5 条和 1982 年《联合国海洋法公约》第 8 条均规定："领海基线向陆一面的水域构成国家内水的一部分。"

沿海国对其内水拥有与领陆相同的领土主权。一国有权拒绝外国船舶进入其内水，但船舶遇难或按条约规定或海洋法公约第 8 条第 2 款规定可以驶入或通过者除外。外国商船一旦获准进入一国的内水，即受该国法律的管辖。获准进入内水的外国军舰和用于非商业目的的政府船舶享有管辖豁免权，如有违反沿海国法律或危害该国安全的行为，沿海国有权勒令其离境。

国家的内水由多个部分组成，本节仅说明其中的河流、运河及湖泊等。由于内海海域、内海湾和内海峡等在国际航运方面的重要意义，有的还涉及领海和无害通过问题，将在第六章专述。

（二）河流

一国境内的河流是沿岸国领土的一部分，属于国家的内水。河流分为内河、界河、多国河流和国际河流 4 类。

第一，内河。从河源到河口完全流经一国领土的河流叫内河。由于内河全部在一国境内，它完全处于国家主权管辖之下。国际法肯定国家对内河的管理和使用享有完全的、排他的权力，除非有条约的规定或经许可，所属国有权拒绝任何外国船舶进入其内河。

1949 年以前，列强根据不平等条约取得我国长江、珠江等内河航行权，甚至其军舰也长驱直入，这是对我国主权的侵犯。然而，根据 1983 年 4 月 20 日《中华人民共和国外籍船舶航行长江水域管理规定》，外国船舶经我国港务监督批准后，可以进入长江水域及其港口，但必须遵守我国一切有关的法律规章。这是为了适应对外经济、贸易关系迅速发展的需要，与过去外国商船取得在我国内河上的航行权，不可同日而语。

第二，界河。流经两国之间作为两国领土分界线的河流称为国界河流，简称界河。如黑龙江、乌苏里江是中俄两国的界河；鸭绿江、图们江是中朝两国的界河。界河分属于两岸国家，沿岸国各对分界线一侧的水域行使管辖权，双方的船舶一般都可在航道上自由航行。关于界河河水的使用、捕鱼及河道的管理和维护事项，由沿岸国通过协议解决。界河不论是否通航公海，一般不对他国船舶开放。

第三，多国河流。流经两个以上国家领土的河流称为多国河流。例如，我国云南省的元江，流入越南为红河；我国的澜沧江，流入老挝为湄公河。又例如，非洲的尼罗河流经坦桑尼亚、布隆迪、卢旺达、乌干达、苏丹、埃及六国。多国河流的沿岸各国对流经其领土的一段水域拥有主权和行使管辖权。但沿岸国在行使主权或管辖权时须尊重其他沿岸国的利益。流经印度和孟加拉国的恒河，由于印度在上游建立了一个水坝，控制了流量，在旱季时使孟加拉国的许多地区成了沙漠，两国因而发生争端。1977 年，印、孟两国订立协定，分配了恒河的流量，从而解决了它们之间因使用恒河而发生的争端。

自从 1815 年维也纳会议宣布欧洲河流通航原则以来，国际惯例承认，多国河流应对所有沿岸国开放，沿岸各国享有在河流全线通航的权利。

第四，国际河流。流经数国，可以通航公海，并且根据条约向所有国家商船或船舶开放的河流，称为国际河流。这类河流具有特殊的法律地位，它流经各沿岸国的部分属于各有关国家的领土，但是，由于这类河流对于国际航运的重要意义，经国际条约规定，包括非沿岸国在内的各国商船或船舶平时都可以在河上自由航行，由沿岸国设立委员会共同管理。

国际河流制度起源于 19 世纪的欧洲。第一次世界大战以后，国际河流的法律地位有了进一步发展。1919 年《凡尔赛和约》宣布大部分欧洲的通海河流为国际河流。国际联盟于 1921 年主持召开巴塞罗那会议，40 多个国家参加并通过了《国际性通航水道制度公约及规则》。该公约规定，各缔约国对属于本国主权管辖下的国际河流各部分，应允许所有缔约国（包括非沿岸国）的船舶自由航行，并在一切方面享有完全平等的待遇。

目前世界上有 10 多条主要的国际河流，如莱茵河、多瑙河、刚果河、尼日尔河等，其中多瑙河是世界上最重要且最先实行国际化的河流（1856 年）。几乎所有国际河流都由沿岸国组成专门的国际委员会，制订统一的管理规章，保障河流的自由航行，欧洲的莱茵河还允许非沿岸国参加管理。

国际河流与多国河流的区别在于：首先，通过国际河流，船舶能够直接通航至海洋；其次，国际河流有专门的国际条约来确立平时的航行自由。

（三）通洋运河

运河是一国在其境内以人工开凿的可航水道，属于该国内水，完全处于该国排他的主权之下，其法律地位和适用规则与一般国内河流相同。在国际法上具有重要意义的是通洋运河。此类运河在世界上共有 3 条。

第一，苏伊士运河。苏伊士运河位于埃及领土上，是沟通地中海和红海的一条通洋运河，它是欧洲和亚洲之间最短的航线，全长 173 公里，由于运河的利用，可以缩短航程八千多公里，具有极其重要的经济价值和战略地位。

苏伊士运河是由法国控制的运河公司利用法国技术和埃及劳工，于 1859 年至 1869 年开凿的，先后处于英国和法国的控制之下。为了保障运河自由通航，根据英国的建议，于 1888 年签订了《君士坦丁堡公约》。按照该公约，苏伊士运河实行中立化，无论平时或战时，均对一切国家的船舶自由开放，不得封锁；不得在运河上设永久性要塞，军舰通过时不得滞留或停泊；即使在战时，也不得在运河内或其港口 3 海里以内的河面从事敌对行动。

运河曾长期为英国所控制，1922 年埃及独立后，英国仍驻军运河至 1954 年。为维护领土主权，1956 年 7 月埃及政府宣布将苏伊士运河公司收归国有，并于同年 10 月挫败英、法和以色列发动的联合武装干涉，将运河真正置于埃及自己的管辖之下。

1957 年 4 月埃及政府发表宣言，保证尊重《君士坦丁堡公约》规定的运河自由通航原则，并建立埃及自己的运河管理局来管理运河航行事项。如今，苏伊士运河是埃及的内水，由埃及行使完全和排他的管辖权，但埃及按照条约规定，保证航行自由。

第二，巴拿马运河。巴拿马运河位于巴拿马共和国境内，是一条横贯中美洲地峡的运河，全长 81.3 公里，是沟通太平洋与大西洋的重要水道，由于运河的利用，使两大洋的航程缩短了一万多公里，具有十分重要的经济价值和战略地位。

1903 年 11 月 3 日，原属哥伦比亚的巴拿马省宣布独立，3 天以后，美国正式承认巴拿马，并于同年 11 月 18 日和巴拿马缔结了《关于开凿通洋运河的条约》。根据该条约，作为美国保障巴拿马独立的交换条件，巴拿马将建造运河所需的地段和两岸各 5 英里宽的土地，供美国永久使用、占有和控制，以便修筑、管理和保护运河。条约还规定，保持运河永久中立，并对所有国家的船舶开放；但美国在必要时可以动用其警察、军队或建筑要塞，以便保护运河及其设施与航行安全。

巴拿马运河于 1914 年开放，由美国颁布管理和通航规则，将其完全置于美国的控制之下。

美国对巴拿马运河的控制和管理是美国与巴拿马订立不平等条约的结果，巴拿马政府和人民一直要求收回运河管理权和运河区主权，经过长期的斗争，终于在 1977 年 9 月同美国政府签订了新的《巴拿马运河条约》和《关于巴拿马运河永久中立与运河营运条约》，同年 10 月 1 日生效。新的运河条约规定，由巴拿马逐步对运河区实行管辖；运河区的司法、移民、海关、邮政等交由巴拿马管理；巴拿马授予美国在条约生效期间经营管理、维修、保护运河与航行的必要权利；运河的防务由美国承担主要责任，巴拿马参与防卫。

《巴拿马运河永久中立与运河营运条约》规定，美、巴两国保证巴拿马运河永久中立，无论在平时或战时都保证运河的安全，并且平等地向所有和平通过的船舶开放。

新条约于 1999 年 12 月 31 日期满，巴拿马从 2000 年 1 月 1 日开始完全控制运河与运河区。

第三，基尔运河。基尔运河全长 98.7 公里，是 1896 年德国为战略目的而开通的运河，它连接波罗的海与北海，全部流经德国领土，属于德国的内水。1919 年凡尔赛和约曾规定，德国承担基尔运河国际化的义务，在完全平等的条件下，对所有与德国保持和平关系的国家的商船和军舰自由开放。但在 1936 年，有关条款为德国单方面废除，至今仍无关于基尔运河国际化的新条约。德国目前只是依其国内法规定，对各国商船开放基尔运河，而外国军舰的通过须事先得到许可。

（四）湖泊

湖泊有淡水湖和咸水湖之分，有的学者把咸水湖称为内海，但这里指的内海是广义的而不是严格意义上的内海，正如瑞士学者里维尔所说，一国境内的内海，实际就是咸水湖。

湖泊如由一国领土所包围，是该国领土的一部分，由沿岸国主权管辖，如我国的洞庭湖和青海湖。有些湖在两个或两个以上的国家领土之内，属于所有沿岸国，如无协议，通常以湖的中心为界，分别由沿岸国管辖，如法国和瑞士之间的日内瓦湖。有的湖通海，通常称为国际湖泊，实际上对一切国家的船舶开放，如美国和加拿大之间的安大略湖。

第三节　领土的取得与变更

国家领土的取得与变更，是指国家基于某种原因而取得或丧失部分领土而引起领土变化的情况。从历史上看，国家领土变更，是时有发生的。传统国际法认为，国家领土变更有先占、时效、添附、割让和征服五种方式。但按现代国际法的观点，领土的变更必须符合国家主权原则和民族自决原则，才是合法的。

一、传统的领土变更方式

（一）先占

先占，亦称"占领"，是指国家有意识地取得无主地的领土主权。

先占是一种古老的领土变更方式，原是取得领土主权的最重要的方式之一，曾被许多国家特别是殖民主义国家广泛使用。占有或控制真正无主地或被他国放弃的土地，虽然是合法的，但是，有些欧洲国际法学者竟认为非欧洲的土著部落未形成国家，因而将土著部落居住的土地视为无主地，任凭殖民国家肆意占有。从欧洲国家在美洲和非洲大陆的殖民史可以看出，这种先占实际上是抢占土著居民的土地。

先占必需具备以下两个条件：

1. 先占的对象必须是无主地。所谓无主地，是指不属于任何国家的或为原属国放弃的土地，包括无人居住的荒岛、荒原、没有形成"文明国家"的土著人居住的土地。如果一块土地曾经一度属于一个国家而后来被放弃，它就成为其他国家占领的客体。① 国际法院在 1975 年西撒哈拉案的咨询意见中曾指出，凡在社会上和政治上有组织的部落或民族居住的土地不能被认为是无主地，不能成为以先占方式取得领土主权的对象。法院这个解释被认为是从否定的角度对"无主地"概念的经典表述，在现代国际法中被广泛引用。

2. 先占的主体必须是国家。先占应以国家的名义实施，先占行为则必须

---

① ［英］詹宁斯、瓦茨修订：《奥本海国际法》第 1 卷第 2 分册，中国大百科全书出版社 1998 年版，第 75 页。

是一种国家行为，即必须是为国家而实行的。私人行为如果得到国家事先的授权或事后追认也可被认为是国家的行为。

3. 实行有效的占领。与先占有关联的是发现的概念，单纯的发现不构成对该地区的有效占领。所谓"有效占领"包括两项要素：其一，先占国必须明确表示将某个无主地置于其主权之下，这种意思表示可以在国家公开声明中或国家的外交文件中作出；其二，先占国在无主地上实行有效的占领和行政管理，即国家对无主地行使主权，并要求这种主权的行使在发生争端时能保持。

4. 先占的范围以有效占领的土地为限，不能主张连带占有。

如今，地球上几乎没有无主土地可占，因此，以先占作为取得土地的方式，已失去现实意义。然而，在国际社会中，不少国家的部分或大部分领土，最初是以先占方式取得的。因此，国际法院与国际仲裁法院在裁决此类领土争端中，大都是根据有效占领原则，即根据连续地、平稳地对某块土地行使国家主权的事实，解决此类有争议的领土归属问题。

（二）时效

时效是指一国原先不正当地或非法地占有他国领土，而占有者已经长期而安稳地占有并行使事实上的主权，丧失国予以默认或不提出抗议，以致造成一种信念或错觉，以为事物的现状是合乎国际秩序的，占有国即取得被占领土的主权。根据这种规则，原来的非法侵占可以因时效而成为"合法"的取得。时效与先占的区别在于先占是取得无主地，而时效则是非法取得属于他国的领土。

然而，国际法既没有规定领土取得时效及其所需的期限，也缺乏公认的规则与实践。格劳秀斯主张以100年为限，奥本海则认为应视不同情况而定。由于基于非法占有并且无确定的期限，时效作为取得领土的一种方式，历来是有争议的。

不正当或非法侵占他国领土，无论经历多久，不管受害者是否反对或抗议，都不应被认为是合法的。互相尊重国家主权与领土完整是现代国际法的基本原则，时效无疑是违背这一原则与《联合国宪章》的宗旨和原则的，因而，现代国际法应毫无保留地摒弃时效作为取得领土的方式。国际法院在1959年比利时诉荷兰的某些边境领土案中，也显然排斥了时效概念，认为荷兰对应属于比利时所有的边境土地虽然不受干扰地进行了50年以上的有效占领，但仍然不能以时效为根据取得对该地的主权。

（三）添附

添附是指由于自然的原因或人为的作用而形成新的土地。自然的添附属于原始的领土取得，是合法的。例如，一国的河口因泥沙冲击而形成三角洲，在海岸外产生涨滩，领海内出现新的岛屿等，均使国家领土通过新的形成而增加。

添附也可以是人为造成的。例如沿着海岸线建筑防波堤，围海造田等，领海亦随之向外扩展，从而使领土有所增加，这是国际法所允许的。

如果在界河的一边出现新岛屿或沙滩，属于该侧的沿岸国所有，但不构成添附，因为它产生在该国领土内，并未引起领土的增加。然而，如果这种自然作用使河水移向另一方，致使河流分界线发生变动时，也会发生一方领土增加而对岸国领土减少的情况。

（四）割让

割让是指一国根据条约把部分领土主权转移给另一个国家。

割让可以分为两类，即强制性的和非强制性的。前者是在非自愿的条件下无代价地转移领土主权，后者则是在自愿的基础上买卖、赠与或交换领土。但严格意义上的割让是指对领土的强制性转移，而且是无偿的转移，这通常是战争的结果。通过战争，战败国被迫签订和约，割地赔款，而战胜国则根据和约，以武力取得他国的领土。譬如，普法战争后，根据《法兰克福和约》，1871 年法国把阿尔萨斯和洛林割让给普鲁士；甲午战争后，日本通过 1896 年的《马关条约》强迫中国割让台湾给日本；日俄战争结束以后，帝俄依据 1905 年《朴茨茅斯和约》，将库页岛南部割让给日本。

如今，强制性的、无代价的割让领土已为现代国际法所明确禁止。但国家之间以平等自愿为基础而作出的非强制性的领土转移却是合法的。在专制君主时代，因婚姻、遗嘱或王位继承而馈赠或买卖领土的情形，时有发生。例如，1604 年，英国国王查理二世与葡萄牙公主结婚，葡萄牙把非洲属地丹吉尔作为嫁妆送给英国，1803 年拿破仑以 1 500 万美元的代价将路易斯安那卖给美国；1867 年沙皇俄国以 720 万美元将阿拉斯加卖给美国。这些都是近代史上馈赠领土和买卖领土的典型事例。

割让的效果是领土主权的转移，涉及人民的重大利益，因而，在现代国际社会中，许多国家的宪法对这种国家行为都有限制性的规定，例如必须经过国会同意或以公民投票表决来决定。

（五）征服

征服是指一国以武力兼并他国的全部或部分领土。征服与割让的不同之处是：征服并不缔结条约，而将战时所占领的敌国领土，在战时或战后宣布予以兼并；如果战后订有条约，则征服变为割让。

传统国际法承认征服是国家取得领土的方式之一。按照这种理论，征服需要满足以下两个条件，才是有效的征服：其一是征服国有征服之意并宣告之；其二是如果兼并的是敌国的部分领土，战败国应有放弃收复失地之意；如果兼并的是全部领土，则征服国的权力必须遍及被征服的全部领土，战败国及其盟国的一切反抗必须停止。

　　根据现代国际法，征服是侵犯国家主权的严重不法行为，以此而取得领土在法律上是无效的。然而，在国际社会中，征服或兼并他国领土的事件仍不罕见。例如，1967 年阿以战争中，以色列侵占了阿拉伯国家的大片领土；1973 年至 1975 年，印度对锡金实行军事占领和吞并；1990 年 8 月，伊拉克对科威特的武力兼并等。这些都是践踏现代国际法基本原则的严重事件。

二、现代领土变更的新方式

　　20 世纪 20 年代以来，由于国际关系的变化和现代国际法的形成和发展，国际上出现了一些新的领土变更方式与实践，其中重要的有以下几种方式：

　　（一）民族自决

　　在现代国际社会中，领土的变更主要表现为新独立国家取得领土主权，这主要发生在殖民地取得独立的场合。一般情况是，殖民地人民因独立而取得的领土主要是有关民族在独立以前所居住的土地，或者"非殖民化"以后的托管领土。

　　民族自决是现代国际法的一项基本原则。根据自决原则，一个民族或国家不应受外国的统治与奴役，可以摆脱殖民地地位而独立。民族自决的形式多种多样，有政治斗争、公民投票、宪政发展，甚至武装斗争，而现代的民族自决主要表现为摆脱殖民地地位而独立。1960 年联合国大会通过的《关于给予殖民地国家和人民独立的宣言》，要求"迅速和无条件地结束一切形式和表现的殖民主义"，"所有人民都有自决权，可以自由地决定其政治地位"。因此，根据现代国际法原则，民族自决已成为现代领土取得或变更的一种方式。据不完全统计，从第二次世界大战结束至今，世界上共有 90 多个殖民地获得政治上的独立，成为主权国家。其中，许多国家的独立是通过民族自决而取得的。

　　如今，世界上已经没有真正意义上的殖民地或者托管领土，传统意义上的民族自决原则的适用空间几乎不存在。有的人主张将这一原则适用于其他情况（如民族分离和分立），但这尚未得到国际社会的普遍认可。

　　（二）公民投票

　　公民投票，是指由居民以投票方式决定领土的归属问题。

公民投票首次适用于法国大革命初期，18 世纪末到 19 世纪中叶广为流行。19 世纪的一些割让条约规定，任何割让只有通过公民投票表示同意，才属有效。现代意义的公民投票是从俄国十月革命以后才开始的，当时的苏维埃俄国，以公民投票方式决定领土的自愿合并或分离，或归还或交换部分领土。在现代国际社会中，在殖民地或托管领土取得政治独立的场合，往往举行公民投票。例如，依据公民投票的结果，冰岛于 1944 年获得独立，西伊里安与印度尼西亚于 1969 年恢复统一。

公民投票是表达人民意愿的一种方法，作为一种变更领土的方式，其合法性取决于当地居民是否能够进行自由的投票，是否能够自由地表示自己的意志。如果没有自由投票的保证，而是在武力威胁或操纵之下进行投票，居民缺乏自由意志的表示，那么，这种公民投票是虚假的、非法的，因而是无效的。20 世纪 70 年代，联合国大会曾先后两次否决印度尼西亚在东帝汶炮制的公民投票的效力。

以公民投票决定领土的变更或归属问题，根据国际实践，应具备三个条件：其一，有合法和正当的理由；其二，没有外国的干涉、威胁和操纵，当地居民能够自由地表示意志；其三，应由联合国监督投票。具备上述条件的公民投票才能视为有效，才具有领土变更的法律效果。

（三）收复失地

收复失地指收复过去被外国占领的领土。如第二次世界大战以后，中国收回被日本占领的台湾；德国归还波兰西部的领土。

20 世纪 50 年代以来，因一国收复失地或另一国归还领土而导致领土变更的事例时有发生。这种情形大都起因于历史上的征服与强制性割让。由于过去领土与领土丧失国具有密切联系，因而要求收复，而另一国则同意归还，因而引起领土变更。

收复失地一般采取两种方式：一种是和平方式，即通过谈判并签订条约的方式收复失地，如我国分别与英国和葡萄牙通过谈判解决了香港和澳门问题；另一种是武装斗争方式，即通过武装斗争的方式夺回失地。根据联合国宪章，和平解决国际争端是国际法的基本原则，现代国际法原则上反对以武力收复以前的失地。1961 年，印度以武力收复了 16 世纪被葡萄牙征服而夺去的果阿。事后，印度在联合国安理会举行的辩论中称，"葡萄牙的权力是无效的，因为它是建立在征服的基础上的，而解放过去被殖民国家夺去的领土是一般禁止使用武力的例外"。当时大多数国家支持印度的观点，国际上压倒多数的舆论支持印度用武力收回果阿，联大和安理会均未谴责印度的行动。由此可见，在特殊情况下，用武力收复失地似乎也可以被视为领土变更的方式。

（四）交换领土

国与国之间在平等自愿的基础上，调整或交换其部分领土是合法的。如，依据柏林条约，罗马尼亚将比萨拉比亚的一部分与俄国的多布鲁查交换；第二次世界大战以后，苏芬、苏波进行过领土调整。1960 年缅甸发表声明，放弃猛卯三角地永远租借给缅甸的权利，而中国则决定将这块地区交给缅甸管辖。作为交换，缅甸政府决定把班供、班老两个部落的管辖区划给中国。这是在平等自愿的基础上交换领土的典型事例。

三、对领土主权的限制

为了维护国际和平与安全，国家在行使领土主权时通常受到两方面的限制：其一是受到国际习惯的限制，即一般性限制，比如领海允许外国船舶无害通过，领土的利用不得损害邻国的利益；其二是受条约义务的限制，即特殊的限制。

条约对国家行使领土主权的限制，如果是建立在缔约各方平等自愿的基础上，是国际法所允许的；反之，则是非法无效的。

根据条约对国家领土主权的特殊限制，主要有下列几种形式：

（一）共管

共管是指两个或两个以上国家对某块土地或领土共同行使主权。例如，根据 1867 年日俄之间签订的《库页岛暂行规定》，在 1875 年 5 月 7 日《库页岛、千岛交换条约》签订之前，库页岛为日俄两国共管；1898 年英国和埃及根据英埃协定对苏丹进行共管；第一次世界大战以后直到 1968 年，英国、澳大利亚和新西兰对瑙鲁岛进行共管。

（二）租借

租借是指一国根据条约将其领土的一部分租借给另一国，在条约规定的期限内，用于条约所规定的目的。被租借的领土称为租借地，出租国对租借地的主权不转移，租方只是在条约规定的租借期内，取得对领土的使用权与管理权，但不享有任意处理领土本身的权利。

租借领土只有建立在平等自愿的基础上才是合法的，但历史上发生的租借事例绝大多数是缔结不平等条约的结果。在帝国主义列强的压力下，中国清朝政府在 1898 年被迫将胶州湾租借给德国（99 年），旅顺和大连租借给帝俄（25 年）、威海卫租借给英国（99 年），广州湾租借给法国（99 年），九龙租借给英国（99 年）。以上租借条约第 1 条都明确规定，这些地区的领土主权属于中国，但上述领土内的立法、行政及司法的一切权力则完全由租借国掌握。第一、第二次世界大战以后，中国已先后收回除九龙外的租借地，并已于1997年7月1日对包括九龙在内的香港地区恢复行使主权。

与上述根据不平等条约的租借不同，英国于1894年将拉多"飞地"租给刚果自由邦；1944年，芬兰将波尔卡海军基地租借给前苏联，租期为10年。

（三）势力范围

西方列强在非洲争夺殖民地时期，为了扩张其领域，相互之间常缔结协定，划分彼此的势力范围。列强要求对这种区域或领土享有次于领土主权的权利。由于这种权利尚未达到对殖民地或附属国所享有的权利的程度，在外交术语上称之为"势力范围"或"利益范围"。

划分势力范围以取得殖民地为最终目标，当然也包括经济利益在内。划分利益范围则主要是为了经济利益，不一定以取得领土或殖民地为目的。一国要求某个特定地区为其利益范围，通常要求在该地区享有经济或财政上的排他性特许权，或排他性采矿权，不允许其他国家分享这种权利。

19世纪末叶，根据列强同清政府缔结的协定，清政府作出保证，扬子江流域各省为英国的势力范围；广东、广西、云南和海南岛为法国的势力范围；福建为日本的势力范围；山东为德国的势力范围。这种根据不平等条约所取得的特权，违反国家主权原则，破坏国家领土完整，当然是违反国际法的。

（四）国际地役

按照传统的学说，国际地役是指一国根据条约将其特定领土在一定范围内提供给他国为某种目的而永久使用。

国际地役亦称为国家地役，这是国家属地最高权受到的一种特殊的限制。它使国家领土在一定范围内，须永久为另一个国家的某种利益服务。例如，一国依条约而允许他国在其领土上通行，或者根据条约同意为另一国的利益而不在其国境上的特定地区设防或建立军事要塞。前者称为积极的地役，后者则称为消极的地役。

地役的概念来自罗马法，是私法上的一个名词，在私法上，它是指某人所拥有的土地为别人拥有的土地的利益服务，前者为供役地，后者为需役地。但国际法上的地役与国内法上的地役有性质的不同：第一，国际法上的地役往往是基于不平等条约产生的，而国内法上的地役则是基于双方自愿的意思表示。第二，国内法上的地役以土地相邻为必要条件，而国际地役则不完全如此。

由于国际地役只能存在于国家之间，因此，国际地役的主体只能是国家。国际地役的客体或对象是领土。凡对于一国领土主权的某种特殊限制而不涉及该国领土供他国使用的，均不属于国际地役的范畴。

国际地役问题，在国际法理论上一向存在争论，在实践中也有各种不同解释。由于不平等条约而产生的国际地役有损国家主权，当然是违反国际法基本原则的。只有缔约双方在平等自愿基础上达成的协议，才具有国际法上的合法性。1982 年《联合国海洋法公约》第 10 部分确立的过境权也属于国际地役的范畴。

第四节　边界和边境制度

一、边界的概念

国家边界是确定国家领土范围的界线，是分隔一国领土和他国领土，一国领土和公海或专属经济区，以及一国领空和外层空间的界线。

由于国家领土由各部分组成，因而国家边界有陆地边界、水域边界、海上边界、空中边界以及地下边界。

边界和边境是不同的概念，前者指分界的线，后者则指界线两边的一定区域，即国家领土的边缘地带。

国家边界是不容侵犯的，侵犯国家边界就是侵犯一个国家的主权和领土完整，是国际法所禁止的国际不法行为。许多国家的边界是自古以来形成的，有的未经条约加以确认，因而国与国之间经常发生边界争端，有的边界争端甚至导致武装冲突，所以边界问题是当今国际社会异常关注的敏感问题。

二、边界的形成与划分

根据国际实践，国家边界的形成主要基于以下两种事实：一种是由传统习惯所形成，另一种是依条约而划定。由传统习惯所形成的边界，称为传统边界线，如中国和印度之间的边界。传统边界线经有关双方以条约确定，即成为确定边界线。我国与缅甸、阿富汗、蒙古等国经签订边界条约后划定的边界线就是确定边界线。如今，欧洲国家的边界大都依条约而确定，非洲国家的边界几乎一开始就是根据条约划定的，亚洲各国和美洲国家的边界，部分是由习惯形成，部分是根据条约划定。

边界可分为自然的和人为的两种。自然边界即利用天然地形所形成的分界线，如山脉、河流等，亦称为地形边界。人为边界不问地形，或者以经纬度划分，称为天文学边界；或者以两个固定点之间的直线划分，称为几何学边界。

天文学边界如美国和加拿大之间的部分边界以北纬49°为界线，几何学边界如某些非洲国家的直线边界。至于海上边界、空中边界和地下边界，属于无形边界，以陆地界线与水上界线伸上空中及引向地下的若干垂直线为界。

国际政治上有所谓"天然边界论"或"自然边界论"，主张各国应以自然赋予它们作为边界的天然屏障（高山、河流等）作为领土分界线。有的国家以在自己领土以外的地方有某种天然地理特征为借口，要求把自己的领土扩张到这个"天然边界"上去，这种"天然边界论"是一种扩张主义的理论，不能与国际法意义上的天然边界相提并论。

边界的划定应根据条约，但在邻国间决定以天然地理特征为边界时，国际间形成了一些习惯法规则：

（1）以山脉为界时，边界的划定一般以分水岭为准。

（2）以河流为界时，通航河流以主航道中心线为界，不通航河流则以中间线为界。

（3）河流上的桥梁以桥的中间为界。

（4）湖泊以中间为界。

划界是依一定的程序进行的，通常包括三个重要步骤：（1）签订边界条约，确定两国边界的主要位置和边界线的走向。边界条约是有关边界的基本条约，称之为母约。（2）由缔约双方依据边界条约设立划界委员会，实地进行勘测，树立界桩，作为标志。（3）由双方起草边界议定书并绘制地图。议定书和地图是确定边界线的根据，经双方代表签字和政府批准后，作为边界条约的附件，称之为边界条约的子约。

如果由于某种原因使边界条约、划界议定书和地图之间出现矛盾时，通常遵照下列原则解决：

（1）如果界桩位置与地图所标的界线不符，应以地图为准。

（2）如果地图的画法与议定书所载的界线不符，应以议定书为准。

（3）如果议定书与条约规定不符，应以条约规定为准。

三、边境制度

为了确保边境的安全，维护睦邻关系和便利边境居民的生活，相邻国家通常签订有关边境制度的条约，然后分别由各自的国内法作出详尽的规定。一般地说，边境制度包括下列内容：

（一）边界标志的维护

边界标志是国家主权的象征，侵犯一国的边界标志是侵犯国家主权和领土完整的严重国际不法行为。因而，有关边界或边境制度的条约通常规定，双方负有保护边界标志的责任。1961年《中缅边界议定书》第38条规定："为了有效维护界桩，双方分担责任；如果一方发现界桩已被移动、损坏或毁灭，应尽速通知另一方，负责维护界桩的一方这时应采取必要措施，在另一方在场的情况下，在原址按原定规格予以恢复、修理或重建。"1948年《苏波边界制度协定》规定双方有责任维护界标并对毁坏界标者加以惩罚。

（二）界河与边境土地的利用

界河河水的利用不得损害邻国的利益，不得使河水污染。在界河上，双方船舶均可在主航道上自由航行，沿岸国有权在分界线的一方水域内捕鱼，但对界河生物资源的养护负有共同责任。对于因界河自然改道而引起的界线变化及岛屿归属问题，一般通过协议解决。

边境陆地领土的利用不得危及邻国的安全。例如，双方均不得在边境的一定范围内设置靶场或武器试验场，彼此不得污染邻国边境的空气和环境。

（三）方便地方居民的来往

为了便利边境居民的生活和生产，相邻国家通常根据传统习惯，对边境居民从事航运、小额贸易、探亲访友、求医治病、进香朝圣为目的的出入国境，提供特殊便利，无需护照、签证或许可证，不受有关出入国境的正规手续的限制。

（四）边境争端的处理

为了处理边境争端，邻国双方可以通过条约，设立边界委员会或其他机构，处理边境事故和一般事端。特别严重的争端则通过外交途径解决。

四、边界争端和中国的边界

边界争端涉及国家领土主权，因而，是国际关系中异常敏感的问题，如果解决不好，就有可能引起当事国之间的武装冲突，甚至发生战争。据不完全统计，第二次世界大战以后迄今为止，世界上发生了约200次武装冲突，其中大部分起因于领土问题或边界争端。由此可见，如何解决国与国之间的边界争端是国际社会的一个重要课题。

边界争端可能起因于国界的一部分或全部未经划定，或者双方对边界条约中关于边界线的规定有不同的解释，或者边界线被单方面移动等等。所以，边界线的确定对边境的安宁和邻国间的和睦相处，至关重要。

与解决其他国际争端一样，解决边界争端也应该利用和平方法，而不应该诉诸武力。根据和平解决国际争端的原则，解决国家之间的边界争端主要有两种方式：

（一）通过有关争端当事国的谈判，以缔结条约的方式解决

如果双方争端涉及的是未经划定的边界，或者争执的地区较大，通常由双方直接谈判，达成协议，最终以缔结边界条约为宜。中国的实践就是最好的例证。

（二）通过国际仲裁或国际司法程序解决

如果边界争端所涉及的是小块地段或不十分重要的地段，在当事国自愿的基础上，有可能通过国际仲裁或国际司法程序解决彼此的边界争端。依仲裁解决边界争端是 19 世纪末叶以后常见的事，当事国把边界争端提请某个国家的国王、总统或者常设仲裁法院，作出有拘束力的裁决。自从联合国成立以来，较常见的则是通过国际司法程序解决彼此的边界争端。例如，1960 年洪都拉斯诉尼加拉瓜边界争端案（前者胜诉），1962 年柬埔寨和泰国之间的隆端古寺归属案（柬胜诉），均由国际法院作出有拘束力的裁决。

中国位于亚洲东部，领土总面积为 960 万平方公里，陆地疆界长达 20 000 多公里，与朝鲜、独联体成员国、蒙古、阿富汗、巴基斯坦、印度、尼泊尔、不丹、锡金、缅甸、老挝、越南等十多个国家毗邻。海岸线长约 18 000 多公里，濒临黄海、东海和南海。黄海与韩国相向，东海与日本相向，南海与菲律宾、印度尼西亚和越南相向。

中华人民共和国成立后，一贯主张与邻国本着友好协商精神谈判，解决边界问题。中国与缅甸于 1960 年 10 月 1 日缔结了《中缅边界条约》。随后又先后与尼泊尔、蒙古、巴基斯坦、阿富汗、老挝等国签订了多项边界条约。中国与越南于 1999 年达成了边界协议并于 2008 年完成了全部陆地边界的勘定。中国同俄罗斯的边界问题，业已通过两国于 1991 年到 2004 年签订的一系列协定得到了解决，① 全部陆地边界的勘定也已经于 2008 年完成。可以说，在陆地边界的划定方面，中国已经取得了卓有成效的进展，目前中国的 14 个陆地邻国中，仅有印度和不丹尚未与中国划定边界。但是在海洋边界的划定方面，目前进展较为缓慢。

第五节　南北极及其法律地位

一、南极及其法律地位

南极洲位于地球的最南端，包括南纬 60°以南的大陆及其周围的岛屿，总

---

① 详见罗国强：《国际法本体论》，法律出版社 2008 年版，第 278 页。

面积达 1 410.7 万平方公里。

南极洲气候恶劣，98%的地表终年为平均 1 700 多米厚的冰层所覆盖，有世界极寒之称，是地球上迄今为止尚无固定居民的惟一大陆。

南极洲自然资源十分丰富。已知的矿物资源有 220 余种，有异常丰富的石油和天然气，有世界上最大的铁矿区，足够全世界开采 200 年。南极洲的水生物资源也十分丰富，盛产鲸鱼，捕获量占世界捕鲸总数的 90%。

南极洲是南美洲、大洋洲和非洲空中交通的最短航线，具有重要的战略地位。

正因为南极洲具有重要的经济价值和战略意义，便久已成为帝国主义列强角逐之地。1908 年英国以扇形理论对南极提出领土要求，随后法国、南非、澳大利亚、新西兰纷纷效尤。挪威、智利和阿根廷则以发现和先占为由先后对南极提出领土要求。

由于各国对南极的主权要求争论不休，在美国的倡议下，1959 年 12 月 1 日，阿根廷、澳大利亚、比利时、智利、法国、日本、新西兰、挪威、美国、英国、前苏联以及南非等 12 国在华盛顿签署了《南极条约》，于 1961 年 6 月 23 日生效，有效期 30 年。截至 1990 年底，缔约国共 39 个。

《南极条约》由序言、14 项条款及最后议定书组成，主要内容是：

（一）南极只能用于和平之目的。为了全人类的利益，南极应永远用于和平的目的，不应成为国际纷争的场所和对象，禁止一切具有军事性质的措施，禁止在南极进行核爆炸和处理放射性尘埃。

（二）在科学调查方面进行国际合作。在南极实行科学调查自由并进行国际合作，在各国考察队和考察站之间，交换调查成果与科研人员，以保证用最经济的方法获得最大的效果。

（三）冻结各国对南极领土的要求。对以往各国对南极领土的要求不置可否地予以冻结，在条约生效期间，各国不能提出新的领土要求。

（四）实行国际监督。缔约各方有权指派观察员随时视察南极的任何地区。

（五）定期举行南极协商会议。根据条约规定，原来参加南极条约会议的 12 个原始缔约国是协商会议的协商国，其他加入国，只有在南极具有"全年站"的国家才有资格成为协商国。其他非协商国没有表决权。协商国不仅具有表决权，而且具有否决权。协商会议每两年举行一次。

我国于 1983 年 6 月 8 日加入《南极条约》。1985 年底我国在南极建立了"长城"观察站。同年 10 月，我国取得了协商国的资格。1989 年，我国在南极建立了第二个常年科学考察站——"中山站"。1991 年至 1995 年，中国初步实现了由建站为主向科学考察为主的转变。1996 年至 2000 年，中国实施了"南极洲对全球变化的反馈和响应"为重大科学研究目标的计划，提升了在南极科学研究中的地位和影响。2000 年至 2005 年，中国极地考察事业形成了"一船"（雪龙号极地科学考察船）、"三站"（南极长城站、中山站、北极黄河站）、"一中心"（中国极地研究中心）的业务支撑体系和科研平台，这段时期的科考将中国与先进南极考察国家之间的差距缩短到零距离。由此，中国已经进入南极科学考察大国的行列。

1972 年和 1980 年在各协商国的倡议下，先后制订了《保护南极海豹公约》和《保护南极海洋生物资源公约》。这两个公约，连同《南极条约》以及南极条约的协商会议，构成"南极条约体系"。南极条约体系的最新发展是1991 年 10 月通过的《南极条约环境保护议定书》以及 1988 年通过的《南极矿物资源活动管理公约》。然而，由于南极条约国之间的分歧，上述新协议，在短期内较难生效。

如今，南极条约已经期满，南极洲的法律地位应该在各国平等协商的基础上以和平谈判方式加以解决。鉴于南极洲的地理特点和气候条件，这一"地球气温的调节器"对于人类的环境和生态平衡，对于人类的生存与发展至关重要，南极洲理应成为全人类共同财富或共同继承财产，对发展中国家，对开发南极有所贡献的国家，应当给予一定的照顾，则是毫无疑义的。

二、北极及其法律地位

北极即北冰洋，是地球上四大洋中最小最浅的洋。大致以北极为中心，介于亚洲、欧洲和北美洲的北岸之间。面积 1 310 万平方公里。

北极资源丰富。海洋生物有海象、海豹和鲸等。有丰富的石油和天然气。沿海岛屿有煤、铁、铜、铅、锌等。

北极气候严寒，多暴风雪，夏有极昼，冬有极夜。中部以北终年冰层覆盖，是以固体冰块构成的"冰土"。北极冰土是不固定的，不断地从白令海峡向大西洋方向缓慢移动，人类至今尚不能在那里定居。

1926 年，苏联根据扇形区理论宣布对北极的一大片海域拥有主权①。苏联宣称，凡是在苏联扇形区以内的一切陆地和岛屿，无论是已经发现的或未发

---

① 扇形区理论指毗连北极地带的国家以其海岸线为底，以北极为顶点和从北极到各该国东西国界的两条线为腰的一个空间。

现的，甚至流动冰群，都是苏联的领土。前苏联的上述主张和理论，遭到了美国、加拿大和挪威等国的反对。然而，围绕北极海域的陆地已为其沿海国划分完毕，它们是美国、加拿大、冰岛、挪威、丹麦、芬兰和俄罗斯。除了这些北极圈国家之外，英国、德国和日本等也长期在北极地区活动。中国从 1994 年开始派遣科研人员赴北极地区考察。

迄今为止，北极的法律地位，尚无国际协议加以规定。1990 年，北极地区有关国家成立了国际北极科学委员会。1991 年，北极地区有关国家首脑会议发表了《保护北极环境宣言》并制定了《北极环境保护战略》。可见，有关北极的法律制度正在形成之中。

北极是冰冻的公海或固体公海，是全人类共有的公海，其自然资源应为全人类的共同财富。一切国家均可以按照《联合国海洋法公约》的有关规定，对北极进行和平考察和研究。但是，不得以任何方式向其主张主权，不得将其资源据为己有，这似应成为将来北极法律制度的主要内容。

思　考　题

1. 领土主权的概念是什么？
2. 领土由哪几部分组成？
3. 传统的领土变更有哪些方式？应该如何看待这些方式？
4. 现代领土的变更有哪些方式？
5. 什么是自然边界和人为边界？
6. 边界争端应如何解决？
7. 简述"南极条约体系"及其有关规定。

第八章 海 洋 法

第一节 概 说

一、海洋的意义和海洋法的概念

海洋是海与洋的总称，以洋为主，以海为辅。海是洋的边沿，洋是海的主体，海洋的中心部分为洋，地球上一共有四大洋：太平洋、大西洋、印度洋和北冰洋。其中，太平洋最深最大。与陆地邻接的水域叫海，地球上一共有二十多个海，如北海、地中海、红海、阿拉伯海；靠近中国的有南海、东海和黄海。

海洋约占地球表面总面积的 71%，是陆地的 2.5 倍，其面积为 3.61 亿平方公里。海水的体积是 13.7 亿立方公里，平均深度达 3800 多米，最深处达11000 米以上。

浩瀚的海洋是生命的摇篮，同时也是巨大的宝藏。正如希腊哲学家撒尔歇所说，"一切取之于海洋，无穷无尽，一切归回到海洋，无踪无影。"海洋蕴藏着丰富的生物资源和矿物资源，在人类生活中占有非常重要的地位。海洋中的生物多达 20 余万种，其中动物约 18 万种，植物 2 万余种，据专家测算，世界海洋鱼类年生产量约为 6 亿吨，贝类产量为 30 亿吨。如果把海洋中的盐提炼出来，可以把半个太平洋填满还绰绰有余。深海海底的锰矿球，含有大量的锰、钴、铜、镍。富饶的海洋资源，决定了海洋对人类生活和经济的发展具有十分重要的作用。

海洋还是人类进行交往、发展贸易的一个重要通道。中国历史上郑和七次下西洋，最远到达红海，足迹遍及亚非三十多个国家；意大利人马可·波罗远涉重洋，传奇般地来到中国。当今国际贸易中，80%是通过海上运输进行的。

正是因为海洋如此重要，它一直是许多海洋大国争夺的对象，如今海洋权益的保护则是发展中国家反对海洋霸权的课题。随着社会的进步和科学的发

146

展，人类在海洋上从事科学研究和经济活动的范围不断扩大。各国越来越深刻地体会到，为了更好地利用海洋为人类造福，海洋的行为规则十分重要。到目前为止，这些海洋规则已发展成为国际法相对独立的一个部门或分支——海洋法。

海洋法是指有关各种海域（如领海、毗连区、专属经济区、大陆架、海峡、岛屿、群岛国和群岛水域、公海、国际海底等）的法律地位和调整各国在各种海域从事航行、资源开发和利用、科学研究以及海洋环境保护的原则、规则和规章制度的总称。

二、海洋法的发展

海洋法的发展有着悠久的历史，它的萌芽和产生可以追溯到中世纪甚至更早一些。古罗马的《优士丁尼法典》第一次以法律的形式规定海洋和空气一样是大家共有之物，所有人都可以自由加以利用。后来，随着罗马的发展，罗马法的注释家们，曾论证过君主的权力扩展到海洋。意大利法学家巴尔多鲁，论证沿海国对毗连的水域有管辖权。中世纪后半叶，统治者认识到海洋的重要意义，宣布对海洋拥有权利。英国 10 世纪开始宣布不列颠为海洋之王，北欧的瑞典控制了波罗的海，威尼斯共和国控制了亚得里亚海。在航海贸易比较发达的地中海，曾编纂过航海贸易法律。但海洋法的产生还是资本主义的产物。

16 世纪以后，欧洲进入了资本主义时期，资本主义国家为了开拓海外殖民地而争夺海洋，海洋制度也随之发展。1494 年葡萄牙和西班牙以罗马教皇亚历山大六世 1493 年的谕旨为根据瓜分大西洋、太平洋和印度洋。葡萄牙管辖的范围是全部印度洋和摩洛哥以南的大西洋，西班牙管辖的范围则是整个太平洋和墨西哥湾。与此同时，由于十字军东征促进了航海商业的发展，出现了一些以商人习惯、或以海事法院所作判决为基础而编纂起来的法典，如奥里朗法典、威斯比海上法和海事法集等。① 为了满足封建君主占有海洋的需要，一些学者提出了沿海国可以对邻近水域享有管辖权的主张。例如，意大利法学家真提利斯主张国家领土应包括毗连的海域，并将这种海域称为"领水"，这是国际法历史上首次出现领水概念，但领海制度尚未形成。17 世纪以后，随着荷兰崛起成为新兴海洋大国以及资本主义生产关系的发展和航海贸易的兴盛，为了打破葡萄牙和西班牙对海洋的垄断，被称为近代国际法奠基人的格劳秀斯

---

① 参见魏敏主编：《海洋法》，法律出版社 1987 年版，第 9 页。

于 1609 年发表了《海洋自由论》，主张海洋不能成为任何人独占的对象，所有国家都可以自由地加以利用。格劳秀斯的观点在理论上奠定了"公海自由"原则的基础，但其主张在当时遭到了海洋既得利益大国的反对，一些学者也从理论上提出了不同的主张，其中最富盛名的是英国的塞尔顿于 1618 年写成 1635 年出版的《闭海论》一书，他认为海洋并非全部共有，应为国家所使用，英国君主有权占有英国周围的海洋。这些著作与格劳秀斯的海洋自由论相抗衡，体现了反对垄断海洋主张海洋自由，与保护国家安全主张毗连海域主权这两种理论之间的斗争，反映出资本主义追逐自由贸易，扩大国际市场的利益与维护国防安全和沿海国利益之间的冲突。在这种时代背景下，公海自由制度和领海主权制度得以确立和发展。

17 世纪初，意大利法学家真提利斯提出国家的领土包括毗连的海域。后来荷兰法学家宾刻舒克，提出武器射程到达的地方为国家对海洋的权力范围。1782 年意大利法学家加赖尼根据当时的大炮射程，提出 3 海里为领海的宽度。1793 年，美国第一个提出 3 海里的领海。以后英、法也规定了 3 海里的宽度。1852 年，英俄条约规定了公海自由的原则。

20 世纪以来，海洋法有了重大的发展。第二次世界大战以后，海洋法发生了两次大突破，产生了许多新概念和新制度。1945 年美国先后发表了两个声明，一个是声明美国在邻接的公海上有捕鱼的权利，另一个是同年 8 月 28 日美国总统杜鲁门宣布关于大陆架的声明。声明指出，在公海下但与美国海岸毗连的大陆架应归美国管辖和控制，从而把 240 万平方公里的海底资源占为己有。杜鲁门这一声明产生了相当大的影响，接着各国也发表了大陆架的声明。例如墨西哥于 1949 年 10 月宣布其大陆架，而美洲的一些国家，如智利和秘鲁于 1947 年宣布 200 海里的领海。这样一来，海洋法发生了第一次大突破。

20 世纪 60 年代以后，海洋法发生了第二次大突破。一方面由于民族运动的发展，新独立的国家不断增加，加之科学技术的发展，人们对海洋的认识也开阔多了。例如，拉美国家提出的 200 海里专属经济区制度以及 1961 年马耳他提出的国际海底共同开发主张等，都反映了有关扩大国家海域管辖范围及利用和保护海洋自然资源的国内立法和权利要求。这些新海域的法律地位和制度经过联合国三次海洋法会议的编纂，已经发展成为当代海洋法的核心内容。

三、海洋法的编纂

1930 年在国际联盟的组织下，对海洋法的编纂作了第一次尝试，讨论领水、毗连区和历史性海湾等问题，共有 47 个国家参加。但由于各国的利益和分歧太大，没有达成协议，仅通过了《领海法律地位》的草案。

第二次世界大战以后，在联合国的组织下先后召开了三次海洋法会议对海洋法进行编纂的。第一次会议于 1958 年 2 月 24 日到 4 月 27 日在日内瓦召开，有 86 个国家参加。4 月 29 日通过了四个公约：（1）领海与毗连区公约；（2）公海公约；（3）捕鱼和养护公海生物资源公约；（4）大陆架公约。

上述公约对编纂海洋法作了重要的尝试。但由于历史条件的限制，这些公约还没有反映广大发展中国家的要求，却反映了海洋大国的要求。如《大陆架公约》规定 200 米深度和技术水平容许开发的深度两个标准。《领海与毗连区公约》笼统规定船舶享有无害通过领海的权利；而且对领海宽度这个海洋法中的大问题没有达成协议。

第二次海洋法会议于 1960 年 3 月 17 日至 4 月 26 日召开，参加国 88 个，其主要目的是要解决领海的宽度问题。然而由于各国存在重大分歧，会议没有达成任何协议。

1958 年和 1960 年两次海洋法会议以后，随着海洋科学技术的发展和发展中国家的崛起，国际上围绕着海洋权的斗争日益尖锐。海洋法面临的问题与日俱增。1967 年以来联合国通过了一系列有关海洋法的决议。1967 年联合国大会决定成立"国家管辖范围以外海床、洋底和平利用特设委员会"。1968 年联合国大会通过决议，将特设委员会改为"和平利用国家管辖范围以外海床洋底委员会"，简称"海底委员会"。1970 年联大通过决议，决定再召开一次海洋法会议，以制定一项新的全面的海洋法公约。

从 1970 年开始，海底委员会为第三次海洋法会的召开进行了大量的筹备工作，经过三年的筹备，联合国第三次海洋法会议于 1973 年 12 月 3 日在纽约的联合国总部开幕，会议自 1974 年 6 月在委内瑞拉首都加拉加斯举行的第 2 期会议开始，讨论了实质的问题。以后各期会议分别在纽约和日内瓦两地举行。会议有一百五十多个国家参加，到 1982 年历时 9 年一共开了 11 期 146 次会议，于 1982 年 4 月通过了《联合国海洋法公约》。当时表决的情况是：130 票赞成（包括中国），17 票弃权（包括苏联），4 票反对（美国、以色列、土耳其、委内瑞拉）。会议确定于 1982 年 12 月在牙买加签署公约。到 1984 年 12 月 9 日签字截止为止，已有 157 个国家或实体签署了《联合国海洋法公

约》，尚未在该公约上签字的国家主要有美国、英国和德国等发达国家。截至
2010 年 11 月 30 日为止，已有 161 个国家或实体批准了公约。① 《联合国海洋
法公约》共 320 条，9 个附件，其内容包括领海和毗连区、用于国际航行的海
峡、群岛国和群岛水域、专属经济区、大陆架、公海、岛屿制度、闭海或半闭
海、内陆国出入海洋的权利和过境自由、国际海底区域、海洋环境保护、海洋
科学研究、海洋技术的发展和转让、争端的解决和国际海洋法法庭规约等，成
为海洋法领域最权威的法典，被誉为"海洋大宪章"。

　　截至 1993 年 11 月 16 日，有 60 个签字国向联合国秘书长递交批准书。根
据《联合国海洋法公约》第 308 条规定，"公约应自第 60 份批准书或加入书
交存之日起 12 个月后生效"，公约已于 1994 年 11 月 16 日正式生效。

　　此前，由于批准国不多，为了争取更多的国家批准公约，在联合国前秘书
长德奎利亚尔的倡议下于 1990 年开始举行非正式协商。截至 1994 年共举行了
15 次会议，对公约第十一部分进行了全面的研讨，终于在 1994 年联合国大会
第 48 届会议上通过了一项《关于执行 1982 年 12 月 10 日联合国海洋法公约第
十一部分的协定》。该协定规定《公约》第十一部分须依照该协定执行，该协
定和第十一部分的规定应作为单一文书来解释和运用。

　　这一公约从总体上看，基本上反映了发展中国家的利益和要求，如 200 海
里专属经济区和 200 至 350 海里大陆架等。但同时也反映了海洋大国的利益，
如船舶在用于国际航行海峡采用"过境通行"制度和《关于执行 1982 年 12
月 10 日联合国海洋法公约第十一部分的协定》中之若干规定等。由此可见，
这个公约仍然是妥协的产物；但这一公约却是当前国际社会最详尽和最有权威
的海洋行为规则。

第二节　内　　海

一、概说

　　内海是指一国领海基线向陆一面的全部海域。它包括一国的港口、海湾、
河口湾和海峡以及领海基线与海岸之间的其他海域。

　　内海是国家领土不可分割的一部分，国家对内海如同对任何其他领土一

---

　　① 参见 http：//www.un.org/Depts/los/reference_ files/status2010.pdf，2010 年 12 月
22 日浏览。

样，行使完全的、排他的主权。所有外国的船舶非经许可不得在一国的内海航行。一国对外开放的海港，可以允许外国商船进入，但得遵守沿海国为此而规定的法律和规章。外国军用船舶进入一国内海，必须通过外交途径办理一定的手续。对于因不可抗力、自然灾害等原因而遇难或寻求避难的外国船舶，沿海国通常允许它们驶入其内海，但应绝对遵守沿海国的法律和规章，不得从事贸易、捕鱼以及任何违反沿海国利益的行为。

根据《海洋法公约》第 8 条第 2 款的规定，如果沿海国采用直线基线法，使原为领海的靠海岸部分的海域成为内水（内海），那么外国船舶在这部分海域仍享有无害通过权。

二、港口

具有天然条件和人工设备，便于船舶停泊和上下客货的海域，称为港口。在海岸线上的港口，则称为海港。

根据《海洋法公约》的规定，海港的最外部永久海港工程视为"海岸"，沿海国在划定领海基线时，可以此"海岸"最外部分的一条线作为领海基线（第 11 条）。

港口有开放和不开放之分。一国准许外国船舶进入的港口是开放港口。不对外国船舶开放的港口为不开放港口，如军港或专为本国沿海贸易服务的港口等。

有关港口制度的国际条约，最重要的是 1923 年在日内瓦签订的《国际海港制度公约》和《国际海港制度规则》。

有关国际条约和习惯涉及港口制度的规则主要有以下几方面的内容：

（1）一国开放的港口应对所有国家一视同仁，不得歧视。

（2）外国商船一旦进入一国港口，就应遵守该国的法律。

（3）对于遇难和躲避风暴或其他不可抗力的船舶，港口国应允许其进入、停泊，但该遇难船舶不得在港口内从事违反沿海国法律的行为。

（4）对于外国军舰入港的条件，各国可以作出特别规定。

港口国对外国商船在其港口内发生的刑、民案件，原则上享有管辖权，但只对那些扰乱港口安宁、案情重大、受害人是港口国公民或经船旗国请求干预的案件方予管辖。

外国军舰和政府公务船舶在一国港口内享有司法豁免权，但应严格遵守港口国各项法律和规章；否则港口国可以勒令其离境或通过外交途径解决有关违法事宜。

各国有权对外国船舶进入其港口问题制定规章制度。我国于 1957 年曾颁布《中华人民共和国对外国籍船舶进出港口管理办法》，1979 年又颁布了《中华人民共和国对外国籍船舶管理规则》，对外国船舶进出港和航行、停泊作了具体规定：

（1）外籍船舶到港前一个星期办理进港申请手续；

（2）进出港口或在港内航行、停泊，必须由港务监督指派引航员进港；

（3）封存船上的武器弹药，限制无线电发报器的使用，不得危及港口安全秩序。

三、海湾

海湾是指海洋伸入陆地较深、入口较小的明显水曲，该水曲面积应大于以其入口宽度为直径所作的半圆的面积①，否则不视为海湾，而只是海岸的弯曲。

海湾可以分为三种：第一种是沿岸完全属于一国领土的海湾；第二种是沿岸属于两个或两个以上国家领土的海湾；第三种是历史性海湾。

（一）沿岸属于一国领土的海湾

对于沿岸属于一国领土的海湾，属于沿海国内水的一部分，沿海国对其行使完全排他的主权。

1982 年《海洋法公约》第 10 条第 4 款和第 5 款就海湾的法律地位作了规定：

1. 如果海湾天然入口两端的低潮标之间的距离不超过 24 海里，则可在这两个低潮标间画出一条封口线，该线所包围的水域应视为内水（内海）。

2. 如果海湾天然入口两端低潮标之间的距离超过 24 海里，则 24 海里的直线基线应划在海湾内；基线以内的水域才是内水。

公约第 10 条第 6 款规定两种例外，即上述规定不适用于"历史性"海湾和采用直线基线法的任何情形。

（二）多国海湾

沿岸属于两个或两个以上国家领土的海湾，公约未作出规定。在实践中，有些国家采用特别协定的方式来确定这类海湾的法律地位，例如萨尔瓦多、洪都拉斯和尼加拉瓜之间的丰塞卡湾。

---

① 沿岸向陆地凹入的地方称为水曲。

（三）历史性海湾

历史性海湾是指那些沿岸属于一国，其湾口虽然超过领海宽度的二倍，但历史上一向被承认是沿海国内海的海湾。

1958 年《领海与毗连区公约》第 7 条第 6 款和 1982 年《海洋法公约》第 10 条第 6 款都承认了历史性海湾的存在。1982 年《海洋法公约》第 10 条第 6 款规定，关于海湾的各项规则不适用于所谓"历史性"海湾。

在国际条约和实践中用来支持历史性海湾的重要理论根据是：沿海国已经对该类海湾长期地作为内海实行有效控制，并在沿海国和海湾之间形成了重要的利益关系，而其他有关国家长期以来对沿海国实行该项控制作出了明示或默示的承认。至于"长期以来"是指多长时间，学者们的观点并不一致，有的主张 50 年，有的主张 100 年。

在各国的实践中，已有一系列的海湾被宣布为历史性海湾。比如，加拿大的哈得逊湾，其湾口宽度为 50 海里，而前苏联的大彼得湾，其湾口宽度为 110 海里。

我国的渤海湾，自古以来在我国主权支配之下，并且早已得到国际上的承认，是我国的内海湾。1958 年我国政府的领海声明中已明确宣布它是我国直基线以内的内海。中国渤海湾的湾口虽然有 45 海里，但入口上有一系列岛屿把湾口分隔成 8 个较小的入口，其中最宽的不超过 22.5 海里。因此，无论从何种角度出发，渤海湾理所当然是我国的内海湾。

四、海峡

海峡是位于两块陆地之间、陆地与岛屿之间，或岛屿与岛屿之间，两端连接海洋的狭窄天然水道。所谓狭窄是相对的，有的海峡可能宽数里以至数十里，有的甚至可以超过数百里，如莫桑比克海峡和丹麦海峡均超过 200 海里，但仍不失为海峡。

海峡的形成有三种情况：其一是由两块陆地形成；其二是由沿岸岛屿与陆地形成；其三是由岛屿之间形成。

从海峡的法律地位来考察，海峡有以下三种情况：

（一）海峡在一国领海基线以内，这种海峡叫做内海海峡。内海海峡照例不准外国商船航行。中国的琼州海峡便是内海海峡。

（二）海峡的宽度不超过沿海国领海宽度的一倍，即两岸加起来等于或不够领海的宽度（24 海里）叫做领海海峡。如果海峡分属两个国家，而且宽度不超过两国领海宽度之和者，则该海峡分属两国的领海，通常以海峡的中间线为界。

（三）一个海峡的宽度超过了两岸领海加起来的宽度，中间水域就是公海或专属经济区，其他各国船舶可以自由航行，飞机也可以在其上空自由飞越。中国的台湾海峡就是如此。

第三节　领海和毗连区

一、领海的概念

领海（territorial sea）是邻接沿海国陆地领土或内水以外受国家主权支配和管辖下的一定宽度的海水带。1958 年《领海与毗连区公约》第 1 条规定："国家主权扩展于其陆地领土及其内水以外邻接其海岸一带海城，称为领海。"1982 年《海洋法公约》保持了 1958 年的提法，但增加了群岛国的内容。如果是群岛国，国家主权则及于群岛水域以外邻接的一带海域。以往对领海有不同的称谓，有的称为沿岸水或海水带，有的称为领水，但现在统称为领海。

二、领海的宽度

关于领海的宽度，历史上曾经有过以下几种学说：

（一）航程论。即以船舶航行一定时间的距离作为领海的宽度。

（二）视野论。根据海岸上所能看到的地平线来决定领海的宽度。

（三）大炮射程论。即以大炮射程来规定国家管辖的海域范围的一种理论。

（四）海上要塞围墙论。由国家根据自己的安全来决定领海的宽度。

以上四种学说中，大炮射程说得到不少国家的赞成。由于 18 世纪大炮射程平均不超过 3 海里，一些国家便规定其领海宽度为 3 海里。这样，大炮射程规则演变为 3 海里规则。众所周知，一些发达的资本主义国家的海军是比较发达的，为了使其军舰获得航行的更大自由，它们不赞成宽领海。美国是第一个提出领海 3 海里的国家。长期以来，美国不仅不愿放弃 3 海里的规则，而且不承认别国超过 3 海里的要求。1981 年，美国与利比亚发生了一次短暂的空战，就是因美国只承认 3 海里领海而引起的。

但是，另一些国家规定了大于 3 海里的领海。例如，前苏联规定 12 海里的领海宽度。据 1979 年统计：主张 3 海里领海宽度的国家一共有 19 个，10 海里的 2 个，12 海里的 70 多个，20 海里的 1 个（安哥拉），50 海里的 1 个（喀麦隆），100 海里的 1 个（加蓬），200 海里的有 10 多个（阿根廷、巴西、秘鲁等国）。由此可见，12 海里领海宽度的主张占压倒的优势。《海洋法公约》第 3 条明文规定领海宽度不超过 12 海里。截至 2010 年 7 月 31 日，世界上有 140 个国家实行 12 海里领海宽度①。

三、领海的基线

领海基线是一国的领海与海岸或内水（内海）之间的界线，即测定领海宽度的起算线。在 1982 年《海洋法公约》中，这一基线不仅是测算领海宽度的起算线，同时也是测算毗连区、专属经济区和大陆架的起算线。

国际上采用的领海基线有三种：

（一）正常基线

正常基线就是海水退潮时退到距离海岸最远的那条线，即沿岸的低潮线，这条线即为领海基线。沿着这条基线的走向，向海洋方向量出一定宽度的海域，这条海水带就是国家的领海。这一测算领海宽度的方法称为正常基线法。《联合国海洋法公约》第 5 条规定"正常基线是沿海国官方承认的大比例尺海图上所标明的低潮线"。

（二）直线基线

直线基线就是在海岸上（多半是向外突出的地方）和海岸附近的岛屿上（群岛国则在外缘岛屿上）选定一系列基点，在这些基点之间画出一条条相互连接的直线，构成一条折线，这条折线即为领海基线。沿着这条折线向海洋方向量出一定宽度的海域，这条海水带就是国家的领海。这一测算领海宽度的方法称为直线基线法。

采用直线基线法一般是海岸线比较曲折，沿海有许多岛屿的国家。一个国家是否有权利采取直线基线法，国际上曾经发生过争执。20 世纪 50 年代初，国际法院审理了英挪渔业案。1951 年 12 月 18 日，国际法院作出判决认为，挪威的直线基线法并不违反国际法。1958 年《领海及毗连区公约》也肯定了这种方法。1982 年《海洋法公约》第 7 条重申了直线基线法的合法性。截至 2008 年 5 月，共有约 90 个国家采用了直线基线法确定领海②，例如挪威、冰

---

① 参见 http：//www. un. org/Depts/los/LEGISLATIONANDTREATIES/PDFFILES/table _ summary_ of_ claims. pdf，2010 年 12 月 22 日浏览。

② 参见 http：//www. un. org/Depts/los/LEGISLATIONANDTREATIES/PDFFILES/table _ summary_ of_ claims. pdf，2010 年 12 月 22 日浏览。

岛、印度尼西亚和中国等国。1982 年《海洋法公约》第 7 条明确了使用直
线基线法的相关规则，规定直线基线的划定不应在任何明显的程度上偏离海
岸的一般方向，而且基线内的海域必须充分接近陆地领土，使其受内水制度
的支配。

（三）混合基线

混合基线是兼用正常基线和直线基线两种方法。海岸线较长、地形复杂的
国家，如荷兰、瑞典、丹麦等国，多采用混合基线法。1982 年《海洋法公约》
第 14 条规定沿海国为适应不同情况，可交替使用公约规定的任何方法以确定
基线。

四、领海的外部界限

领海的外部界限是一条其每一点同基线最近点的距离等于领海宽度的线。
根据各国实践，一般采取以下三种方法划定领海的外部界限。

（一）交圆法。如领海基线是正常基线，可采用交圆法。即以基线上的某
些点为中心，以领海宽度为半径向外划出一系列相交的半圆。这些连接各半圆
顶点之间形成的线，为领海的外部界线。

（二）共同正切线法。即以每一基点为中心，以领海宽度为半径，向外划
出一系列半圆，然后划出两个半圆之间的共同正切线，这些切线连接在一起，
形成领海的外部界限。采取直线基线的国家，可采取这种划法。

（三）平行线法。即领海外部界限与基线完全平行。

五、相邻或相向的两国领海上的分界线

对于相邻或相向国家间领海界限的划定，一般认为，两国间的领海分界线
应由双方根据不同的地理情况并照顾到历史上和经济上的各种因素，通过充分
协商以协议来解决。1958 年《领海与毗连区公约》第 12 条和 1982 年《海洋
法公约》第 15 条规定，如果两国海岸彼此相向或相邻，两国中任何一国在彼
此没有相反协议的情况下，均无权将其领海延伸至一条其每一点都同测算两国
中每一国领海宽度的基线上最近各点距离相等的中间线以外。但如因历史性所
有权或其他特殊情况而有必要按照与上述规定不同的方法划定两国领海的界
限，则不适用上述规定。

六、领海的法律地位

领海是国家领土的组成部分，受国家主权的支配。国家对领海的主权就是

领海主权。国家对领海的主权是不需宣告的。根据国际法，沿海国主权还及于领海的上空、海床和底土。沿海国在领海享有属地最高权，领海内的一切人和事物均受沿海国管辖；沿海国对领海内一切资源的开发和利用享有专属权；沿海国享有沿海航运的专属权利，沿海国有权制定和颁布有关领海的法律和规章等。但是根据国际法，沿海国的领海主权又受外国船舶无害通过权的限制，因而与国家领土构成部分的领陆和内水有一些不同的制度。现分别加以说明：

（一）无害通过（innocent passage）

无害通过是指外国的非军用船舶可以在不损害沿海国和平、安全或良好秩序的原则下无须事先通知或征得许可而通过一国领海。这是国际法规定非沿海国在沿海国领海上的一项权利，称为"无害通过权"。根据1982年《海洋法公约》的规定，通过是指穿过领海但不进入内水，或从内水驶出或驶入内水的航行。航行必须是继续不停和迅速进行。停船和下锚以通常航行有此需要，或由于不可抗力或遇难或救助为限。通过必须是无害的，这成了各国允许外国非军用船舶——商船无害通过自己领海的一项制度。无害，是指不损害沿海国的和平、安全和良好秩序。外国商船通过一国领海时，有下列情况之一者，其通过应视为损害沿海国的和平、安全或良好秩序：

1. 对沿海国的主权、领土完整或政治独立进行武力威胁或使用武力；
2. 以任何种类的武器进行军事操练或演习；
3. 搜集情报；
4. 进行反对沿海国的宣传活动；
5. 在船上起落或接载飞机；
6. 在船上发射、降落或接载军事装载；
7. 违反沿海国有关海关、财政、移民或卫生的法律和规章；
8. 严重的污染行为；
9. 任何捕鱼活动；
10. 进行研究和测量活动；
11. 干扰沿海国通讯系统或其他设施或设备的行为；
12. 与通过没有直接关系的任何其他活动。

潜水艇在另一国领海通过时，必须在海面航行并须展示其国旗。

沿海国可以制定无害通过的法律和规章，如海上交通安全管理、保护沿海国的环境、养护海上生物资源、保护灯塔、保护领海内的电缆和管道等法律和规章。行使无害通过权的外国船舶应遵守沿海国这些法律和规章，对于违反这些法律和规章者，沿海国可以作出处理。沿海国认为对于航行安全有必要时，可要求所有船舶使用海道和分道通航制。无害通过制度一般限于平时适用，如战时可以禁止外国商船通过。平时在特定的水域也可以暂时禁止外国商船通过，或规定某一段领海为禁区予以关闭，但此规定对任何外国商船都必须一视同仁。

至于外国军舰通过其他国家的领海，在国际实践上是有分歧的。西方国家主张军舰和商船一样，有无害通过权。但是社会主义国家和其他发展中国家却主张军舰经过一国领海要事先通知并获得批准。1958 年的《领海与毗连区公约》第 14 条第 2 款规定："……一切无论有海岸或无海岸的国家的船舶，均享有无害通过领海的权利。"上述规定中所指的"船舶"是否包括军舰，在我国学者中尚有争议。当时有的国家提出保留，如前苏联、匈牙利和保加利亚等国，后来，苏联、东欧国家在联合国海洋法会议上一反过去的立场，主张军舰享有无害通过权。1982 年《海洋法公约》基本上沿用了 1958 年的规定。该公约第 17 条规定："所有国家，不论为沿海国或内陆国，其船舶均有无害通过领海的权利。"

但是各国对此条的解释一直存在分歧，在是否给予军舰无害通过权的问题上，各国实践也不一致。中国 1992 年公布的《中华人民共和国领海及毗连区法》第 6 条规定："外国军用船舶进入中华人民共和国领海，须经中华人民共和国政府批准。"该条明确规定了外国军用船舶通过我国领海需经批准。

至于飞机，未得到沿海国的同意是不能飞越一个国家的领海上空的。

（二）国家在领海的管辖权

沿海国原则上对本国领海内一切犯罪行为都有权利实行司法管辖。但在实践上中，对领海内外国商船上的犯罪行为是否行使管辖权，要看其行为是否关系到本国的利益和安全。通常对无害通过的外国商船上的犯罪行为不行使管辖权。但有下列情况之一者例外：

1. 犯罪的后果及于沿海国。

2. 罪行属于扰乱当地的安全或领海的良好秩序。

3. 外国船舶的船长或船旗国外交代表或领事要求管辖。

4. 非法贩运麻醉品等。

对于有违法或犯罪行为的外国船舶，在其驶离内水后通过领海时，沿海国有权采取其法律所授权的任何步骤，进行逮捕或调查，但在考虑是否逮捕或如何逮捕时，应适当顾及船舶的航行利益。

至于民事管辖，沿海国不应为对通过领海的外国船舶上某人行使民事诉讼管辖权而停止该船的航行或改变其航向。除该船在通过沿海国水域航行过程中或为此种航行的目的而承担的义务或发生的债务诉讼外，沿海国也不得为任何民事诉讼的目的而对船舶从事执行或加以逮捕。

七、毗连区

毗连区（contiguous zone）是邻接领海并由沿海国对某些事项行使必要管制的一定宽度的海域。1958 年《领海与毗连区公约》第 24 条规定，毗连区从测算领海宽度的基线量起，不得超过 12 海里。由于大多数国家主张 12 海里宽度的领海，1982 年《海洋法公约》把毗连区的宽度改为"从测算领海宽度的基线量起，不得超过 24 海里"。

1982 年《海洋法公约》第 33 条规定，沿海国在毗连区内行使下列事项所必要的管制：（1）防止在其领土或领海内违犯其海关、财政、移民或卫生的法律和规章；（2）惩治在其领土或领海内违犯上述法律和规章的行为。

由于毗连区不构成沿海国领土的组成部分，沿海国仅可就上述特定事项行使管制权。所有国家在毗连区内依然享有航行和飞越自由、铺设海底电缆和管道的自由，以及与这些自由有关的海洋其他国际合法用途。

八、中华人民共和国的领海和毗连区制度

我国的大陆海岸线有 18 000 多公里。在旧中国，从清朝到国民党统治时期，一直未能自由行使领海主权，更谈不上建立自己的领海制度。1875 年日本到朝鲜沿岸进行测量（当时朝鲜是中国的属地），日船遭到清军的炮击。日本驻中国大使提出抗议，而李鸿章代表清政府声明沿岸 10 里（约 3 海里）以内是中国的领海。1899 年中国和墨西哥签订通商条约，规定彼此都以 3 力克为水界（每力克合中国 10 里，按此规定领海宽度为 9 海里）。这是第一次提到中国领海的条约。1931 年 4 月，经海军部提议，国民党政府行政院颁布命令，决定中国的领海宽度为 3 海里，缉私区为 12 海里。

1958 年 9 月 4 日，中国政府颁布了《中华人民共和国关于领海的声明》。1992 年 2 月 25 日，中国政府颁布了《中华人民共和国领海及毗连区法》，其基本规定如下：

1. 中国领海为邻接中国陆地领土和内水的一带海域。

中国的陆地领土包括中国大陆及其沿海岛屿、台湾及其包括钓鱼岛在内的附属各岛、澎湖列岛、东沙群岛、西沙群岛、中沙群岛、南沙群岛以及其他一切属于中国的岛屿。

2. 中国领海基线采用直线基线法划定；中国领海的宽度从领海基线量起

为 12 海里。

3. 外国非军用船舶,享有无害通过中国领海的权利。外国军用船舶进入中国领海,须经中国政府批准。

4. 外国船舶通过中国领海,必须遵守中国的法律、法规,不得损害中国的和平、安全和良好秩序。

5. 为维护航行安全和其他特殊需要,中国政府可以要求通过中国领海的外国船舶使用指定的航道或者依照规定的分道通航制航行。

6. 外国航空器只有根据该国政府与中国政府签订的协定、协议,或者经中国政府或者其授权的机关批准或接受,方可进入中国领海上空。

7. 中国毗连区为领海以外邻接领海的一带海域;毗连区的宽度为 12 海里。

8. 中国有权在毗连区内,为防止和惩处在其陆地领土、内水或者领海内违反有关安全、海关、财政、卫生或者入境出境管理的法律、法规的行为行使管制权。

第四节　专属经济区

一、专属经济区的概念和法律地位

专属经济区(exclusive economic zone),是 1982 年《海洋法公约》创设的一个新海域。根据海洋法公约的规定,专属经济区是沿海国在其领海以外邻接领海的一个区域。它从领海基线算起不超过 200 海里。在这个区域内,沿海国享有以勘探和开发、养护和管理自然资源为目的的主权权利,以及对于人工岛屿、设施和结构的建造和使用,海洋科学研究、海洋环境保护和保全的管辖权。而外国在这个区域内享有船舶航行、飞机飞越、铺设海底电缆和管道的自由,但要遵守沿海国的法律和有关规章制度。

专属经济区不是公海,它不像公海那样对一切国家开放。也不是领海,它不属于沿海国领土的组成部分,沿海国只行使一定的管辖权,因而它是自成一类的海域。以往海洋大国一直在掠夺中小国家沿岸的海洋资源,长期以来中小国家沿海资源几乎被海洋大国掠夺殆尽。因而专属经济区制度的形成,可以说是发展中国家为保护自己沿海资源与海洋大国进行斗争的结果。

二、专属经济区形成的历史

世界上第一个提出不同于领海的国家管辖范围内特定海域的国家是智利。

由于智利捕鲸作业遭到美国的严重打击，智利总统于 1947 年提出 200 海里的领海权，但也同时提到了不影响公海自由航行的规则，不过智利总统没有用专属经济区这一名称。1952 年 8 月 18 日，智利、厄瓜多尔和秘鲁签署的《圣地亚哥宣言》给这个新海域以 "二百海里海洋区域" 的称呼。1970 年拉美国家签署的《蒙特维的亚宣言》和《利马宣言》提出了承袭海（Patrimonial Sea）概念，1972 年 6 月 7 日，哥伦比亚等 16 个国家在多米尼加首都圣多明各召开会议，通过了《圣多明各宣言》，进一步明确了承袭海制度，规定沿海国对 200 海里以内的承袭海的水域、海床和底土享有主权权利。从它们的基本观点来看，与专属经济区概念相似。

1971 年 1 月，肯尼亚代表在亚非法律协商委员会科伦坡会议上首次提出了专属经济区的概念。1972 年 6 月 30 日在喀麦隆首都召开的非洲国家海洋法问题区域讨论会上，通过了一个关于海洋法问题的总报告，其中提到要设立一个经济区，沿海国对这一区域实行管辖，但不影响航行的自由。该报告除经济区的宽度没有提到以外，其他问题都作了详细的论述。同年 8 月肯尼亚代表提出了关于专属经济区的条约草案，补充了宽度，即不超过 200 海里，同时提到该区域的科学研究和环境保护也属于沿海国的专属管辖。这样一来，专属经济区的制度就完善了。

正式提出 "专属经济区" 概念的是非洲国家。有的沿海国颁布法律规定一定水域为其 "专属渔区"。世界上规定这一制度的国家，其宽度不尽相同，由 30 到 200 海里不等。截至 2010 年 7 月 31 日，宣布 200 海里的国家有加拿大、冰岛、联邦德国、日本、澳大利亚等 105 个国家，有 6 个国家宣布了 200 海里渔区。

三、专属经济区的法律制度

（一）沿海国在专属经济区内的权利、管辖权和义务

根据《海洋法公约》，沿海国在专属经济区内享有以下权利：

1. 沿海国在专属经济区内享有以勘探和开发、养护和管理海床和底土及其上覆水域的自然资源（不论为生物或非生物资源）为目的的主权权利。

2. 沿海国对专属经济区内的人工岛屿、设施和结构的建造及使用、海洋科学研究、海洋环境的保护和保全等方面拥有管辖权。

沿海国有权制定有关专属经济区的法律和规章。

沿海国在专属经济区内行使上述权利时，应同时履行公约规定的义务，如养护专属经济区的海洋生物资源和保护海洋环境等义务。沿海国还应适当地顾

及其他国家在专属经济区内的权利和义务。

（二）其他国家在专属经济区内的权利和义务

第一，所有国家，不论是沿海国或内陆国，在专属经济区内均享有船舶航行、飞机飞越、铺设海底电缆和管道的自由。

第二，经沿海国同意，在专属经济区内进行科学研究的权利。

第三，内陆国或地理条件不利的国家，有权在公平的基础上，参与开发同一分区域或区域的沿海国专属经济区内的生物资源的剩余部分。

第四，各国在专属经济区内行使权利和义务时，应适当地顾及沿海国的权利和义务，并应遵守沿海国按照公约的规定和其他国际法规则所制定的与公约第五部分（专属经济区）不相抵触的法律和规章。

四、相邻或相向国家间专属经济区的划界问题

在海岸相向国家之间海域宽度小于 400 海里的情况下，或在海岸相邻国家间发生专属经济区部分水域重叠的情形时，就会产生专属经济区的划界问题。由于这一问题直接关系到有关国家的主权权利和经济利益，在第三次海洋法会议上引起了激烈争论。争论的焦点集中于划界原则是适用等距离或中间线原则还是适用公平原则？1982 年《海洋法公约》第 74 条对于专属经济区的划界仅作了一般性的原则规定，要求海岸相向或相邻国家间专属经济区的界限，应在国际法院规约第 38 条所指国际法的基础上以协议划定，以便得到公平解决。在达成协议以前，有关各国应基于谅解和合作的精神，尽一切努力作出实际性的临时安排，并在过渡期间内，不危害或阻碍最后协议的达成。此等临时安排应不妨害最后界限的划定。有关国家如在合理期间内未能达成任何协议，则可以根据公约第 15 部分所规定的争端解决程序加以解决。

第五节　大　陆　架

一、大陆架的概念

大陆架（continental shelf）也叫大陆棚、大陆台或大陆礁层。

大陆架原是地质地理学上的概念，指从大陆沿岸逐渐地向外自然延伸直到大陆坡度平缓的海底区域。它通常是指环绕大陆周围坡度极小的平缓海底和浅海地带，平均坡度为 0°07′，平均宽度为 75 千米，总面积 2710 万平方千米，占全球面积的 5.3%。大陆架上覆水域的深度一般在 182~200 米左右。世界各

地大陆架的宽度参差不齐，最大可达千余千米，如亚洲东海岸的大陆架面积达930万平方千米，最窄处几乎缺失，如佛罗里达东南岸根本没有大陆架。① 大陆架上蕴藏着丰富的自然资源。其中主要有石油和天然气，此外，沙矿中含有金、银、锡、铅、铝等金属。

早在1916年，西班牙地理学家德布伦和阿根廷学者苏亚雷斯分别主张沿海国对大陆架应享有若干权利，但未引起普遍注意。1916年沙皇俄国认为西伯利亚以北的一些岛屿是俄国大陆的连续，这种主张和后来大陆架的概念很相似。1924年前苏联政府重申了这一主张。但大陆架成为国际法的一项制度，是在第二次世界大战以后。

美国总统杜鲁门于1945年9月28日发布了《关于大陆架的底土和海床的自然资源的政策〈第2667号总统公告〉》。公告宣称"处于公海之下，但毗连美国海岸的大陆架的底土和海底的自然资源属于美国，受美国的管辖和控制。"这是第一个对大陆架提出权利要求的文件，此后许多国家相继发表公告，对大陆架提出主权要求。于是大陆架作为一项制度被提出来了。

从法律的角度来看，大陆架被认为是沿海国的陆地在海水下面的自然延伸部分，与大陆形成一个连续的完整的整体。中国的东海大陆架就是一个典型而突出的例子，它几乎延伸到琉球群岛。至于大陆架的宽度，有的以海水的深度为准，有的以宽度为准。1958年《大陆架公约》规定了两种标准，一是以深度为准，该公约规定大陆架邻接领海，但在领海范围以外，一直到200米深的海底；第二种标准是延伸到可以开发的深度，当然这一标准是有利于海洋大国的。

目前各国的实践，对大陆架的划定大致有以下几种情况：

（一）明确规定依据1958年《大陆架公约》规定的划法，即以上述两种标准相结合来划定大陆架。

（二）单纯200米深度标准，即根据第一种标准来划定大陆架。

（三）宽度以200海里为准。这种划法与专属经济区一致起来了。

由于1958年公约所规定的可开采性标准对海洋技术大国有利，以及各国对石油资源的储备和使用需求日益增大，大陆架问题在第三次联合国海洋法会议上成为斗争十分激烈的一个议题。经过反复的斗争和磋商，1982年《海洋法公约》对大陆架重新下了定义，其第76条第1款规定："沿海国的大陆架

---

① 参见高之国、张海文、贾宇主编：《国际海洋法的理论与实践》，海洋出版社2006年版，第18页。

包括其领海以外依其陆地领土的全部自然延伸，扩展到大陆边外缘的海底区域的海床和底土，如果从测算领海的基线量起到大陆边的外缘的距离不到 200 海里，则扩展到 200 海里的距离。"这种规定既确认了大陆架是沿海国陆地领土的自然延伸，又兼顾窄大陆架国家的利益，如不到 200 海里的大陆架，可以扩展到 200 海里。对于宽大陆架的国家，公约第 76 条也作了规定，即不得超过 350 海里或不得超过连接 2 500 公尺深度各点的等深线的 100 海里，而 200 海里以外的大陆架开发制度另订（即应缴付费用或实物，按公平标准分配给各缔约国）。对于 200 海里以外大陆架界限的确定，由大陆架界限委员会负责。截至 2010 年 12 月 7 日，俄罗斯、巴西、爱尔兰、英国、挪威、日本、法国、丹麦等 44 个国家单独或联合向大陆架界限委员会提交了申请。

二、大陆架的法律地位

大陆架有着异常丰富的矿物资源和生物资源，石油资源尤其突出。因而一谈到大陆架就使人们联想到石油资源。根据有关部门统计，1969 年海底石油的产值是 40 亿美元，而到了 1974 年却增加到 100 亿美元。由此可以看出，大陆架给人类提供的石油是与日俱增的。

根据 1982 年《海洋法公约》，有关大陆架法律地位的要点如下：

1. 沿海国为勘探大陆架和开发其自然资源的目的，对大陆架行使主权权利。

2. 这种权利是专属的。如果沿海国自己不勘探开发，任何人未得到沿海国明示同意，不得从事这类活动。

3. 沿海国对大陆架的权利，不取决于有效的占领、象征性的占领或明文公告。

4. 沿海国为了勘探开发大陆架，有建造人工岛屿设施和结构的专属权利。

5. 沿海国对大陆架的权利，不影响大陆架上覆水域和水域上空的法律地位。

6. 所有国家有权在其他国家大陆架海底铺设电缆和管道，但其路线的划定要得到沿海国的同意。

沿海国对于超过 200 海里的大陆架，开采到的石油和实物要按比例分配给海洋法公约的成员国，分配时要特别考虑到照顾发展中国家。按公约规定，矿物开采 5 年以后，从第 6 年开始应缴付产值或产量的 1%，以后每年增加 1%，到第 12 年增加到 7%，12 年以后一直是 7%。

三、相邻或相向国家间大陆架的划界问题

1958 年的《大陆架公约》关于相邻和相向国家之间的大陆架划界问题作了如下规定：由有关国家协商解决，即签订协定来划定大陆架界线，如果没有协定，除非有特殊情况，则采取等距离中间线原则。但由于各国大陆架的情况不一，地质结构不同，仅有这个原则是解决不了问题的。1969 年的北海大陆架案，以联邦德国为一方，以丹麦、荷兰为另一方，因北海大陆架的划界问题发生了争端，提交国际法院解决。丹、荷两国认为它们和联邦德国之间的大陆架应按 1958 年《大陆架公约》，以等距离中间线原则来划界。但联邦德国认为，根据国际法关于条约不对第三国产生效果的原则，1958 年《大陆架公约》只对缔约国有效，联邦德国是非缔约国，因而该条约对其无效。

上述案例，根据地质和地理条件，如果采取等距离中间线的原则，对联邦德国很不利，因为联邦德国的海岸线向内弯曲很大。据估计，按等距离中间线原则，联邦德国只能得到北海大陆架的 5%，丹麦 10%，荷兰 11%，挪威 27%，比利时和法国各占 0.5%，英国的比例最大，占 46%。国际法院经过审理，于 1969 年作出判决，认为：1958 年《大陆架公约》规定的等距离中间线原则不是习惯国际法规则，联邦德国没有参加该公约，因而对其没有拘束力。判决还指出在划定大陆架界线时应根据自然延伸适用公平原则以达到结果公平。

北海大陆架判决以后，经过第三次海洋法会议，公平解决大陆架划界争端原则被确认下来了，1982 年《海洋法公约》第 83 条第 1 款采用了与第 74 条（专属经济区划界）完全相同的措辞，规定："海岸相向或相邻国家间大陆架的界限，应在国际法院规约第 38 条所指的国际法的基础上以协议划定，以便得到公平解决。"当然，在适当的情况下，如果相向两国海岸线长短相等或基本相等，也不排除以等距离或中间线规则划界，而相向两国海岸线的长短比例和岛屿的存在则是调整大陆架划界公平与否的重要因素。

由于专属经济区与大陆架在 200 海里范围内是重叠区域，目前在有关国际实践中，既存在着专属经济区与大陆架各自单独划界的情形，如 1989 年民主德国和波兰之间签订的海洋划界双边协定对专属经济区所划定的界限不同于两国于 1968 年签订的协定中划定的大陆架界限；也存在着对专属经济区与大陆架进行单一划界的趋势，如 1984 年美加缅因湾划界案、1985 年几内亚与几内亚比绍海洋划界仲裁案、1993 年格陵兰—扬马延海洋划界案、2001 年的卡塔尔诉巴林海洋划界和领土争端案以及 2001 年尼加拉瓜诉哥伦比亚领土和海洋

争端案等。

四、中国的大陆架

1998 年 6 月 26 日，中国立法机关颁布的《中华人民共和国专属经济区和大陆架法》规定，"中国的大陆架，为中国领海以外依本国陆地领土的全部自然延伸，扩展到大陆边外缘的海底区域的海床和底土；如果从测算领海宽度的基线量起至大陆边外缘的距离不足 200 海里，则扩展至 200 海里"。我国大陆架的面积是很大的，渤海、黄海海底全部是大陆架。东海的大陆架占东海海底的 2/3，南海占 1/2。这些大陆架有着丰富的矿藏，特别是石油资源。1975 年，有些外国专家估计，中国大陆架有 40 亿吨石油资源。而日本有关专家则估计，仅渤海就有石油资源 100 亿吨，油气资源储量在 40~160 亿吨之间。但我国与日本、韩国、越南等国的大陆架划界问题尚待解决。我国政府一向主张，"中国与海岸相邻或相向国家关于专属经济区和大陆架的主张重叠的，在国际法的基础上按照公平原则以协议划定界限"。东海大陆架位于中、日、韩三国之间，界线尚未划定，但 1974 年，日本出面与韩国政府签订协定，拟共同开采东海大陆架，这是侵犯中国主权的行为，我国曾多次发表声明表示抗议。黄海大陆架主要涉及中国与朝鲜民主主义人民共和国和韩国的划界问题，这些界线迄今尚未划定。在南海，主要问题是南海诸岛的归属和大陆架划界以及北部湾海上分界。南海诸岛自古以来，就是中国的领土，中国对其享有无可争辩的主权。对于同越南在北部湾的领海、专属经济区和大陆架划界问题，2000 年 11 月和 12 月，中国政府边界谈判代表团与越南政府边界谈判代表团就缔结《中国和越南关于两国在北部湾领海、专属经济区和大陆架的划界协定》先后在河内与北京举行两轮谈判。2000 年 12 月 25 日，中国外长与越南外长分别代表本国在北京正式签署了这一协定。2004 年 6 月 30 日，这一协定生效。

第六节 用于国际航行的海峡及群岛水域

一、用于国际航行的海峡

海峡是两块陆地之间、、陆地与岛屿之间、或岛屿与岛屿之间，两端连接海洋的天然狭窄水道。全世界有几千个海峡，其中有一些在国际航行方面具有重要价值。

连接两端都是公海或专属经济区，而又用于国际航行的海峡，即为用于国际航行的海峡。

由于领海宽度的扩大，规定 12 海里宽度的国家越来越多。这样一来，就使得窄于 24 海里、过去用于国际航行的海峡成为沿海国的领海，不能自由通航了。像这种情况的海峡在世界上有 116 个，其中经常用于国际航行的重要海峡就有三十多个。如位于马来西亚、新加坡和印度尼西亚之间的马六甲海峡，最窄处为 8.4 海里，位于西班牙和摩洛哥之间的直布罗陀海峡，最窄处为 7.5 海里。

在第三次海洋法会议上，对由于领海的扩大而形成的领海海峡和部分领海海峡如何通航的问题，引起了激烈的争论。以美国、前苏联为代表的海洋大国主张所有外国飞机、军舰、商船都可以在这种海峡内或其上空自由通行。美国于 1971 年提出一个草案，建议这种海峡像公海一样适用自由航行的原则，但发展中国家如塞浦路斯、马来西亚和菲律宾等国认为，外国商船在用于国际航行的海峡只能享受无害通过权，军舰、飞机须事先通知，得到批准后方能通过。

经过激烈的斗争，1982 年《海洋法公约》采用了妥协的办法：即用于国际航行的海峡，实行一种特殊制度，称过境通行（transit passage）制度。该制度规定各国船舶和飞机享有过境通行的权利。过境通行是一种新概念，它与领海的无害通过是有区别的。无害通过是适用于领海的规则，主要是指商船，至于飞机没有事先得到同意是绝对不能飞越一国领海上空的，而过境通行不仅包括商船，而且包括军舰和飞机，潜水艇可以不浮出水面而在水下潜行。过境通行必须连续不断地、迅速地通过，不对沿海国主权和领土完整进行威胁，遵守海上安全的规章制度和国际惯例等。而沿海国也有义务对不利于航行的情况随时公布；沿海国不应妨碍过境通行，也不应对过境通行予以禁止。应当指出的是，过境通行制度仅涉及航行，不影响构成这种海峡的水域的法律地位，也不影响海峡沿岸国对这种水域及其上空、海床和底土行使其主权或管辖权。

过境通行制度不适用于以下三种情况：（1）如果海峡是由海峡沿海国的一个岛屿和该国大陆形成的，而且该岛向海一面有航行和水文特征方面同样方便的一条公海航道或专属经济区内的航道。（2）海峡是在公海或专属经济区的一部分和外国领海之间（见第 45 条（1））。（3）如果穿过某一用于国际航行的海峡有一条在航行和水文特征方面同样方便的穿过公海或专属经济区的航道（见第 36 条）。

上述三种情形不适用过境通行的制度，只适用领海通行的规则——无害通过制度。

必须指出，达达尼尔海峡和博斯普鲁斯海峡，两岸均属土耳其所有，由于历史原因，这些海峡的法律制度已规定在 1936 年的《蒙特勒公约》中，因而不适用过境通行，而适用该公约。

二、群岛与群岛国

岛屿是指四面环水并在高潮时高于水面的自然形成的陆地区域。岛屿可以与陆地领土一样，拥有自己的领海、毗连区、专属经济区和大陆架。但不能维持人类居住或其本身经济生活的岩礁，只能拥有领海和毗连区，而不能拥有专属经济区和大陆架。

一般来说，一个岛屿有自己的领海，然而相邻很近的大小岛屿群，它们的领海如何划定是一个很复杂的问题。一种叫沿岸群岛，即离沿岸国比较近的群岛，用直线基线法就可以了。如群岛在基线以内，就是内海群岛，受沿海国法律的管辖。

第二种是远洋群岛，离海岸线比较远。如中国的西沙群岛和南沙群岛，离我国最近的东沙群岛中的一个岛就有 168 海里。这些岛屿的法律地位，1982 年《海洋法公约》规定得不够明确。但根据国际实践，岛屿有自己的领海是没有问题的。

第三种是群岛国，如印度尼西亚、菲律宾等国。1958 年第一次海洋法会议期间，群岛国代表提出，群岛国应作为一个整体来划定领海。他们的提议当时遭到了海洋大国的反对，因而没有通过。后来这些国家自己颁布了国内法。如菲律宾规定，各岛水域是陆地的附属物，把全部岛屿看成一个整体，用直线基线法来划定其领海。

在第三次海洋法会议上经过反复协商，在 1982 年《海洋法公约》中对群岛国的"群岛水域"作了规定。现分述如下：

（一）群岛国和群岛的定义

"群岛国"指全部由一个群岛或多个群岛构成的国家，并可包括其他岛屿；"群岛"是指一群岛屿，彼此密切相关，以致这种岛屿、水域和其他自然地形在本质上构成一个地理、经济和政治的实体（第46条）。

（二）群岛基线的划定

群岛国可根据直线基线法，在最外缘的各岛确定一系列的点来划定领海；

但这种基线应包括主要岛屿。在基线范围内，水域面积和陆地面积的比例应在
1∶1到9∶1之间。基线的长度不能超过100海里，不过基线总数中至多3%
可以超过100海里，但最长不能超过125海里。

（三）群岛水域的法律地位和制度

群岛国主权及于水域及其上空、海床和底土。所有国家船舶有通过群岛水
域的无害通过权，但必须按群岛国规定的航道通过。外国飞机也可以在指定的
航道飞越。当然，群岛国可以为了安全的理由，规定一定的水域，禁止外国船
舶通过。

第七节　公　　海

一、公海的范围和定义

按照传统国际法，"公海"（high seas）一词是指不包括领海和内水的全部
海域，因而领海以外便是公海。但联合国第三次海洋法会议改变了公海的概
念，1982年《海洋法公约》第86条规定：公海指不包括国家的专属经济区、
领海和内水或群岛国的群岛水域的全部海域。

在联合国第三次海洋法会议以前，大陆架以外的国际海底区域也属于公海
的范围。但由于第三次海洋会议建立了一个新的国际海底区域制度，国际海底
不再是公海的组成部分，并且实行一种与公海完全不同的制度。国际海底制度
的建立，引起了公海概念的变化。公海的范围明显地缩小了。

二、公海的法律地位

按照国际法，公海是人类的共同财富，供所有国家平等地、共同地使用，
不属于任何国家的领土组成部分。公海不在任何国家的管辖之下，因而任何国
家都不得对公海本身行使管辖权，也不能主张主权权利。1982年《海洋法公
约》第87条第1款规定："公海对所有国家开放，不论其为沿海国或内陆
国。"换言之，实行公海自由原则，而公海自由原则是国际法上较古老的海洋
法规则。随着资本主义的发展，这个原则得到了各国的公认。

根据1958年《公海公约》的规定，公海自由的内容包括：

1. 航行自由；2. 飞越自由；3. 铺设海底电缆和管道的自由；4. 捕鱼自
由。

以上自由称为"公海四大自由"。1982年《海洋法公约》增加了"建造

人工岛屿和其他设施的自由"和"科学研究的自由",合称为公海六大自由。

三、公海的法律制度

如果国际法只有公海自由和公海不受任何国家管辖的原则,其结果将使公海成为无政府状态。为了避免无政府状态,长期以来形成了有关公海的习惯国际法规则,同时国际社会还制定了一些有关公海的公约,从而保证了公海即使不是任何国家的领土,却有一定的法律秩序。现将有关公海法律秩序的几项原则分述如下:

(一)公海航行和管辖

公海航行是自由的。任何国家都可以在公海上行驶其悬挂自己国家旗帜的船只。1982 年《海洋法公约》确认内陆国也有在公海航行的权利。船舶在公海上航行,只服从国际法和本国的法律。因此,确定船舶的国籍是很重要的,识别船舶国籍是依据其国籍证书和悬挂的国旗。船舶依据什么条件取得一国国籍,国际法并没有具体规定,主要是根据一国的国内法。有的国家法律规定只有本国人的船舶才能取得该国的国籍,有的国家要求船舶所有权部分属于本国人就可以取得该国的国籍。但有的国家,不仅要求船主是本国人,而且要求全体船员或大部分船员都应是本国人,才能取得该国的国籍。中国授予船舶国籍的条件是:(1)船舶的所有权应属于中华人民共和国或其集体或其个人所有;(2)船员应为中国公民。

根据国际法,一艘船同时悬挂两国以上的国旗是不允许的。对随时改变旗帜的船舶应视为无国籍的船。然而,目前国际航行上最大的问题是方便旗船。所谓方便旗船就是悬挂开放登记国家国旗的船舶。开放登记国家是指那些允许属于外国人的船舶到它们国家登记并悬挂它们的国旗的国家。例如,1980 年给我国运货的一艘货船是日本某公司租用的,这艘船在巴拿马登记,船主是联邦德国人,但 26 名船员却全部是中国人。在国际上,之所以出现方便旗船,主要是船主出于经济上的考虑,或者因登记国的税收低一些,或者因为可以雇佣别国廉价的船员。而就接受登记的国家来说,也可以增加一些收入。实行开放登记的国家有巴拿马、利比里亚等。据统计,自 1976 年以来,利比里亚一直拥有世界上最大的船队,因为世界上许多国家的船舶都在那里登记。统计数字表明,1979 年全世界的方便旗船占 30%。像这种方便旗船,船旗国是不可能对其实行真正的管辖的。方便旗船如出了问题,向船旗国提出追诉往往是没有结果的。但要消除这种现象比较困难。1982 年《海洋法公约》对此仅作了原则性规定,第 91 条第 1 款规定:"国家和船舶之间必须有真正的联系。"

船舶在公海上航行，要遵守安全航行的制度，如《国际海上避碰规则》、《国际船舶载重线公约》、《关于统一船舶碰撞若干法律规则的公约》、《关于统一海上救助若干法律规则的公约》等。

必须特别指出的是，一国的军舰和政府公务船舶（如海关船）在公海上享有完全的豁免权，不受任何其他国家的管辖。

（二）制止海盗行为

为了维护公海上的航行秩序，各国对海上的海盗行为有权进行管辖，这是国际法上较为古老的制度。海盗是违反国际法的行为，因而不能得到船旗国的保护；海盗是全人类的公敌，任何国家对其均可以加以逮捕并进行处罚。这是处理海盗行为的习惯国际法规则。1982年《海洋法公约》规定，海盗指私人船舶或私人飞机上的船员、机组人员或乘客，为了私人的目的，在公海上或任何国家管辖范围以外的地方，对另一船舶或飞机上的人或财物进行非法的暴力或扣留行为或掠夺行为（第101条）；如果军舰、政府船舶或政府飞机由于船员或机组人员发生叛变进行上述行为，也叫海盗行为（第102条）。但一国因内战而发生的船舶起义，投奔他国，不视为海盗船。海盗行为的客体是针对一艘公船或私船，为着私人的目的进行暴力、扣留或掠夺行为。

按照国际法，所有国家要通力合作，对海盗进行拿捕和惩罚。但只有军舰、军用飞机或经授权的船舶才能拿捕海盗。商船则无权对海盗进行拿捕。对拿捕到的海盗可以进行审理处罚，但要遵守海盗行为不改变所有权的原则。也就是说，不剥夺合法所有者（善意第三者）对其财产的权利。拿捕后发现不是海盗，拿捕国对船舶或飞机所有国负赔偿损失的责任。

（三）禁止贩运奴隶

贩卖奴隶，特别是贩卖黑奴是17～18世纪伴随着资本主义发展的一个触目惊心的罪恶之一。到了19世纪，为了缓和世界舆论，国际上签订过一些禁奴的条约。1885年柏林非洲会议签订了柏林条约，1890年布鲁塞尔禁奴会议签订了一个总决议书，均宣布了禁止贩卖奴隶并且制定了一些相应的措施。上述条约尽管在一定程度上禁止贩卖奴隶，但是并不彻底，而且适用的范围也是有限的。按照条约规定，禁止贩卖奴隶仅适用于印度洋、红海和波斯湾，而且在公海上贩卖奴隶的轮船吨位只限于500吨以下的船舶。

1926年9月25日，在国联的组织下，在日内瓦制定了一个禁奴公约（全称是《废除奴隶及奴隶买卖的国际公约》）。这个公约的规定比较全面而彻底，不仅要求各缔约国在其国内废除奴隶制，而且要求各国不得在公海上在悬挂其国旗的船舶上贩运奴隶。第二次世界大战以后，在联合国的组织下，成立了一个专门委员会进行有关奴隶的调查。1956 年 9 月制定了一个禁止奴隶制的补充公约（全称为《废止奴隶制、奴隶贩卖及类似奴隶制之制度与习俗补充公约》）。该公约内容很广泛，详尽地规定了防止并禁止悬挂自己国家国旗的船舶贩卖奴隶。1958 年《公海公约》第 13 条和 1982 年《海洋法公约》第 99 条都规定，各国要采取有效措施来防止并惩罚在公海上贩运奴隶，防止有人非法利用悬挂本国国旗船舶贩运奴隶。如果一个国家拿捕贩运奴隶的船舶，无论哪一国的船舶，船上的奴隶一律无条件地获得自由。

（四）禁止贩运毒品

吸毒给人类健康带来很大威胁，引起一系列社会问题。1961 年在纽约制定的《1961 年麻醉品的单一公约》和 1972 年在日内瓦通过的《修改 1961 年麻醉品单一公约的议定书》规定，非法种植、制造、贩卖、购买和运输麻醉品即构成犯罪，各缔约国应采取措施，务使这些犯罪行为受到刑罚的制裁。1982 年《海洋法公约》第 108 条第 1 款规定："所有国家应进行合作，以制止船舶违反国际公约在海上从事非法贩运麻醉药品或精神调理物质。"

（五）禁止从公海上进行非法广播

非法广播是指在公海上从事未经许可的广播，即没有按照国际公约统一分配的无线电波段而进行的广播。由于这种广播影响了正常的无线电波段的使用从而危及到公海航行安全，因此，必须严加禁止。1982 年《海洋法公约》第 109 条第 1 款规定："所有国家应进行合作，以制止从公海从事未经许可的广播。"有关国家的军舰，应逮捕从事未经许可而进行广播的任何人或船舶，并押送回国进行处理。

（六）登临权

登临权是指各国的军舰在公海上对于有合理根据被认为犯有国际罪行或其他违反国际法行为嫌疑的商船，有登临和检查的权利。1982 年《海洋法公约》第 110 条规定，有下列情况之一者可以进行检查：（1）该船从事海盗或贩卖奴隶的行为；（2）从事非法广播；（3）无国籍；（4）拒绝展示国旗；（5）虽然悬挂外国国旗，但实际上与军舰国同一国籍。

军舰遇到上述情况可以进行临检，必要时还可以进行进一步的彻底检查。

根据国际法和有关的国际实践，在公海上商船遇到军舰要立即升起国旗表明国籍。如果一国商船没有升国旗，而军舰主动升起了国旗，军舰就可以进行临检了。1946 年一艘轮船"阿苏埃"号从法国港口运了几百名移民向巴勒斯坦开去，遇到了英国军舰。一开始该船升起了土耳其国旗，后来又升起以色列的国旗，英国军舰因而进行登临，把该船押到巴勒斯坦港口予以没收。事后该船向英国最高法院申诉，被驳回。

必须指出，临检权是不能滥用的。检查错了要道歉，并对该船舶遭受的任何损失或损害予以赔偿。

（七）紧追权

紧追权（hot pursuit）是指沿海国对违反其国家法律的外国船舶进行紧追，这种紧追必须在沿海国的内水、领海或毗连区之内开始，如外国船舶在专属经济区内或大陆架上违反沿海国有关专属经济区和大陆架的规章时，也可以从专属经济区或大陆架海域开始紧追。

1982 年《海洋法公约》第 111 条第 4 款规定："……追逐只有在外国船舶视听所及的距离内发出视觉或听觉的停驶信号后，才可开始。"

此外，1982 年《海洋法公约》还规定只有追逐未曾中断，才可以在领海或毗连区外继续进行。一旦中断，紧追权就告结束。而且紧追权只可由军舰、军用飞机或其他有清楚标志的、经政府授权的船舶或飞机来行使。

违法的船舶被追上后，可以押回本国领海并进行处理，被紧追的船舶不能以公海自由为理由而拒绝拿捕。不过，被追逐的船舶一旦进入其本国领海或第三国领海，紧追权则立即终止。

（八）捕鱼制度

在公海上捕鱼是自由的，但不等于无政府状态。鉴于现代捕鱼技术不断更新，使用拖网渔轮大量捕捞，如果不加以限制，公海上的渔业资源将有被网尽杀绝的危险。1958 年第一次海洋法会议制定了《捕鱼与养护公海生物资源公约》。《海洋法公约》基本上沿用了该公约的各项规定。根据上述公约，各国有养护生物和渔业资源的义务，因而在公海上的捕鱼量和可捕捞鱼种均要受到一定的限制。

（九）铺设海底电缆和管道的制度

1982 年《海洋法公约》第 112 条规定："所有国家均有权在大陆架以外的公海海底上铺设海底电缆和管道。"但以不影响已经铺设的电缆和管道为前提。如果因为铺设电缆和管道而使他国电缆或管道遭受损失，则要负赔偿的责任。

（十）防止海洋污染

在公海防止海洋污染是各国的一项重要义务。这一点将在第十章中详细加以说明。

第八节 国际海底区域

一、国际海底区域的概念及重要性

国际海底区域，简称为"区域"，是指国家管辖范围以外的海床、洋底及其底土。"区域"约占全球海洋面积的 65% 以上。"区域"的上覆水域是公海，其上空是公空。这是国际法上的新概念。过去人类对公海海底无开发能力，因而没有涉及其法律地位问题。然而由于科学技术的发展，在公海海底发现了大量矿藏，特别是锰矿球（锰结核矿）。锰矿球是一个个小矿球，一层层地铺在 3~5 千米的深海海底中。据估计，大约有 2 万亿到 3 万亿吨锰矿球蕴藏在海底，仅太平洋的藏量就有 17 000 亿吨。这种锰矿球含有 30 多种稀有金属，含量最高的是锰、铜、钴、镍 4 种金属。有关专家估计，陆地上的铜只能供人类用 40 年。但海底下的铜却可供人类用 6 000 年，锰、镍、钴陆地上的藏量只能供人类用 100 余年，而海底藏量则够人类使用 3 万至 15 万年。此外，深海海底的石油、天然气储量也很丰富，已知其储量为 2500 亿吨，占全世界石油、天然气储量的 1/3 以上，其中相当一部分便蕴藏在国际海底里。

二、国际海底区域的法律地位及有关制度

国际海底区域作为人类共同继承财产的原则是 20 世纪 50 年代以来海洋法的两次重大突破之一，是亚洲、非洲和拉丁美洲发展中国家在与海洋大国的斗争中，继专属经济区之后，对新海洋法作出的又一重大贡献。

1967 年 8 月 17 日，马耳他驻联合国大使阿维德·帕尔多提出，国际海底应被看做人类共同的财产，为全人类的福利服务。然而当时却遭到西方国家的反对，它们认为海洋自由应包括开发国际海底的自由。

经过反复磋商，1970 年第 25 届联大通过了"关于国际海底区域的原则宣言"（全称为"各国管辖范围以外的海床洋底及其底土原则宣言"），基本上同意了帕尔多的建议。第三次海洋法会议以来，经过七八年的反复谈判和妥协，规定了国际海底的一系列制度。这些制度总的来说是有利于发展中国家和人民的。如今海洋法公约已经通过并已生效，国际海底区域的法律地位可概述如下：

1. 国际海底区域及其资源是人类的共同继承财产。
2. 国际海底区域开放给所有国家，不论是沿海国或内陆国，专为和平目

的利用。

3. 任何国家都不能对国际海底区域及其资源主张或行使主权或主权权利。

4. 任何国家或自然人或法人都不能把国际海底区域及其资源的任何部分占为己有。对资源开发的一切权利属于全人类，由国际海底管理局代表全人类进行管理。

5. 国际海底区域的开发要为全人类谋福利。各国都有公平地享受海底资源收益的权利。特别要照顾到发展中国家和未取得独立的国家人民的利益。

6. 对国际海底区域的规定，不影响其上覆水域及其水域上空的法律地位。

三、国际海底的开发制度

国际海底开发制度是第三次海洋法会议上争论的焦点。在第三次海洋法会议开会期间，两种开发方案被提出。发展中国家提出单一开发制，即"区域"的一切勘探和开发活动全部由国际海底管理局来控制。这一方案遭到了美国等发达国家的反对，它们主张由缔约国及其企业进行开发，管理局只起登记作用，但为发展中国家所反对。1976年，美国前国务卿基辛格提出了一个平行开发的原则，即一半交给国际海底管理局开发，另一半交给各个国家的企业去开发；但这些企业要向国际海底管理局提供基金和技术。广大的发展中国家同意了这个方案。方案规定，各国要开发国际海底，首先要与国际海底管理局订立合同，提出两块具有同等商业价值的可开发国际海底，管理局在45天之内应指定其中一个矿区作为管理局的保留区，留给企业部自己开发，或同发展中国家联合开发，另一矿区作为合同区，由申请者与管理局签订合同后自己开发。申请者还要转让技术，在经营中取得的利润还要提成，把利润提成和国际海底管理局自己开发而取得的利润分给全体1982年《海洋法公约》的成员国，这一办法暂定为15年。实施15年以后召开一次审查会议，审查开发制度的实施情况。对于收费标准也大体上有一个规定：申请费为50万美元，每年要交固定的开采费100万美元，开采出来的矿物还要提成。

管理局下设企业部，分管勘探和开发活动事宜。企业部的资金，从申请费、利润提成和参加海洋法公约的国家按向联合国缴费的比例向国际海底管理局提供。对于锰矿球的开采，其产量也作了一些规定，如以年产为标准，60%海上生产，40%陆地生产。

四、管理局机构的组成和表决制度

根据1982年《海洋法公约》的规定，管理局下设以下几个机构：大会、理事会、秘书处和企业部。大会由全体成员国参加,理事会由 36 国代表组成,其中 18 个按地区分配,18 个分给特殊利益集团。所谓特殊利益集团是指 4 个最大的投资国(美、俄等国),4 个主要消费国,4 个主要陆地产矿国,还有 6 个分配给特殊利益的发展中国家(人口众多的国家、内陆国等)。

经过反复协商,理事会的表决程序采取了实质性问题的三级表决制。这一制度在国际机构的表决制度中被认为是独一无二的。其基本内容为:

第一,关于程序问题的决定,由出席并参加表决的过半数成员作出;

第二,第一类实质问题(实质问题中的一般问题,共 8 项)应以出席并参加表决的成员的 2/3 多数决定;

第三,第二类实质问题(实质问题中较为重要的问题,共 19 项)应以出席并参加表决的成员的 3/4 多数决定;

第四,第三类实质问题(实质问题中最重要的问题,共 3 项,例如,通过海洋法公约国际海底部分的修正案)以"协商一致"的方式决定。

第九节 联合国海洋法公约第十一部分的执行问题

一、海洋法公约第十一部分的困境

经过 168 个国家和实体长达 9 年的谈判,于 1982 年签署的《海洋法公约》,原来规定,公约应自第 60 份批准书或加入书交存之日起 12 个月后生效。然而,截至 1991 年 11 月 24 日为止,在 159 个签署公约的国家和实体中,只有 51 个国家和实体批准了公约,而且绝大部分是发展中国家。主要原因是,欧美发达国家,尤其是美国、英国和德国等,对公约第十一部分持有异议。部分发达国家"关于国际海底区域采矿制度的国内立法"和它们之间"有关国际海底资源开发的小型条约"是对《海洋法公约》公开的挑战。

当时有关专家预测,要达到公约生效的批准数,估计还需要较长时间,但有可能在 1993 年至 1994 年生效(按:后来,公约于 1994 年 11 月 16 日正式生效)。但生效后的海洋法公约,如果得不到发达国家的支持,届时的海洋法公约,有可能只是发展中国家的一项公约。发展中国家缺少资金和技术,要使行将建立的国际海底管理局正常运转是异常困难的。联合国副秘书长南丹在 1989 年曾经提出:如果公约依靠小国生效,而大国却无动于衷,把公约作为依据，反对其他国家的行动或过失，这会是一种奇怪的现象①。美国华盛顿大学海洋研究所爱德华·L·迈尔斯教授发表了《要为第四次联合国海洋法会议做准备吗?》一文，其中提道，"1982 年《海洋法公约》获得普遍接受是一个迫在眉睫的问题"，"只有所有主要海洋国家都成为公约的缔约国并且有诚意共同维持公约所确立的平衡，才能保卫已经取得的成果"，"没有美国、英国和联邦德国的参加，成果是不能巩固的"。

有关主要大国对批准公约的态度是：日本扬言，美国不加入，它就不批准。俄罗斯及东欧集团的态度是，只有修改第十一部分才能批准。美国前国务卿贝克主张继承里根政策，换言之，不修改公约第十一部分，美国不可能加入公约。如今，美国、英国和德国已成为一股强大的国际海底活动的力量。三国在联合国预算中分摊的经费超过 40%。它们留在公约之外，不仅会严重地削弱公约建立的国际海底制度，而且将开创在公约之外勘探和开发国际海底的不良先例。可见，当时为了使公约具有普遍性，为了使公约早日生效，各国共同协商公约第十一部分的执行问题，已迫在眉睫。

二、关于海洋法公约第十一部分的协商过程

为了使海洋法公约的海底开发制度摆脱困境，使公约具有普遍性并早日生效，联合国前秘书长德奎利亚尔一直在进行积极活动，力求使公约在广泛接受的前提下，尽早生效。在此背景下，"77 国集团"于 1989 年，在联合国国际海底管理局和国际海洋法法庭筹委会第 7 届会议期间，声称，"可与任何利益集团讨论公约第十一部分的问题"。中国代表对此表示赞赏，欧美国家对此表示欢迎。"77 国集团"的这一声明，为公约早日生效并使其成为带有普遍性的代表全人类利益的海洋法公约起了促进作用。

1990 年，联合国前秘书长德奎利亚尔认为公约签字后八年以来，国际政治经济的变化已使第十一部分的规定有重新评价的必要。从 1990 年 7 月 19 日开始，秘书长主持召开包括美国在内的有关国家，进行了非正式磋商。经过两轮共 15 次磋商，最后一次磋商是在 1994 年 5 月 31 日至 6 月 3 日，参加国约有 90 个。经过各方努力，终于在 1994 年 6 月 3 日拟定了一份《关于执行 1982 年 12 月 10 日〈联合国海洋法公约〉第十一部分的协定（草案）》。1994 年 7 月 28 日举行的关于海洋法问题的第 48 届联大会议上，以 121 票赞成、7 票弃

---

① 南丹：《处于十字路口的 1982 年〈海洋法公约〉》，1989 年 6 月 12 日在荷兰海洋法学会第 22 届年会上的讲话。

权、零票反对通过了"关于执行 1982 年 12 月 10 日《联合国海洋法公约》第十一部分的协定和决议"。决议宣称,由于政治经济的变化,尤其是对市场原则的依赖与日俱增,有必要重新评价关于"区域"及其资源制度的某些方面;决议还指出,应将协定视为公约第十一部分的单一的法律文书而进行解释和适用。

三、海洋法公约第十一部分执行协定的形式与内容

从形式上看,协定是关于海洋法公约的"执行条款",并未提及"修正"二字,但若从全部条款及其附件的内容来考察,它实际上是对公约第十一部分——"海底资源开发制度"的一种修正。协定第 2 条第 1 款规定:"……本协定和第十一部分如有任何不一致的情况,应以本协定的规定为准。"这与其说是关于公约第十一部分执行的协定,不如说是对公约第十一部分的重大修改。这是广大发展中国家对工业发达国家不得已的让步。然而,必须指出,协定所修正的只是公约第十一部分及其有关规定,并未涉及公约的其他方面。这不仅解决了公约的普遍性问题,也维护了公约的完整性,从而避免了在海洋法领域出现多种法律制度并存的局面。该协定已于 1996 年 7 月 28 日生效,截止 2010 年 11 月 30 日,共有 140 个国家批准了《执行协定》。①

反映实质性问题的主要是协定的附件,现将进行过重要修改的内容分述如下:

(一) 缔约国的费用及体制安排

在缔约国的财政开支上,协定对公约第十一部分的规定作了重大修改,缔约国的财政负担将大大减轻。在活动初期,管理局不设企业部,只设大会、理事会、秘书处、法律和技术委员会以及财务委员会。公约原来承诺采矿缔约国资助企业部开发一个矿址的费用不予执行,缔约国没有为企业部或企业部与发展中国家联合经营的企业提供资金的义务。

(二) 企业部

企业部暂不设立,"管理局秘书处应履行企业部的职务,直至其开始独立于秘书处而运作为止"②。管理局秘书长应从管理局工作人员中任命一名临时总干事来监督秘书处履行这些职务。协定对企业部的职务、活动形式作了很多

---

① 参见 http://www.un.org/Depts/los/reference_files/status2010.pdf,2010 年 12 月 22 日浏览。

② 见附件第 2 节第 1 条。

削减与改变，而企业部初期的深海海底采矿业务应以联合企业的方式进行。

（三）决策程序

关于理事会的决策程序，协定对公约的规定作了重大的修改。将理事会有关实质性问题的决定，由三级表决制改为二级表决制，但增加了分组表决的办法，换言之，各分组有"集体否决权"。其具体程序是：公约原规定实质问题中三类最重要的问题需要协商一致才能作出决定，仍保留不变，其他一般与较重要的实质问题，应以出席并参加表决成员 2/3 多数作出决定，但须任何一个特定分组成员没有过半数反对该项决定为限。所谓特定分组，是指 36 个管理局成员中的：（1）4 个主要消费国，（2）4 个最大投资国，（3）4 个陆地产矿国，（4）6 个特殊利益的发展中国家，（5）18 个按地区分配的国家。以（1）、（2）、（3）各为一组，以（4）、（5）中的发展中国家共为一组。从上述分组情况说明，各特定分组均有"过半数"的"集体否决权"。

（四）审查会议

公约第 155 条原来规定：最早的商业生产开始进行的那一年 1 月 1 日起 15 年后，大会应召开一次会议，审查有关"区域"资源开发制度的各项规定是否已使全人类得到利益，是否防止了对"区域"内活动的垄断；会议应确保继续维持人类共同继承财产的原则和其他各项有关"技术转让"的原则；会议如果未达成协议，则可以以 2/3 的多数作出修正案，供各缔约国批准、加入或接受。但协定的第 4 节规定："公约第 155 条第 1、3 和第 4 款有关审查会议的规定，应不适用……大会可根据理事会的建议，随时审查公约第 155 条第 1 款所述的事项。"由此可以看出，协定已将公约所规定的"审查会议"取消了。至于大会可根据理事会建议随时审查各种事项，这实质上已经把审查一事纳入到理事会的职权范围。理事会有关召开审查会议的建议，如遭到理事会中的任何一组利益集团的反对，大会就不能召开。

（五）技术转让

协定附件第 5 节第 2 款规定："公约附件 3 第 5 条的规定应不适用。"这表明取消了对有关缔约国采取强制性技术转让的条款，只鼓励"企业部和希望获得深海底采矿技术的发展中国家应设法按公平合理的商业条件，从公开市场或通过联合企业安排获取这种技术"，这一规定无疑对技术落后的发展中国家是很不利的。

（六）生产政策

公约原来按一定比例规定了生产限额，以减轻因海底矿产资源开发而受损害的发展中国家中的陆地矿产国的损失。然而协定附件第 6 节却规定，"'区域'的资源应按照健全的商业原则进行开发",取消了原来最高和最低限额的规定,只规定了一些弹性很大的原则。这对发展中国家中的陆地矿产国异常不利。

（七）经济援助

协定附件第 7 节对公约中原来的规定作了重大修改,将补偿基金改为经济援助。管理局从其经费中超出行政开支所需的部分拨款设立经济援助基金。基金的来源是管理局行政开支多余的部分,从采矿者（包括企业部）收到的付款和自愿捐款,只有这些款项才可用来设立援助基金。只有经确定其经济因深海底矿物生产而受到严重影响的发展中陆上生产国才可以从经济援助基金中得到援助。

（八）合同的财政条款

公约原来规定,经营者要交申请费 50 万美元,以后甚至在商业生产以前每年要交固定开采费 100 万美元,以及利润提成等。但协定附件第 8 节对原来的规定作了重大修改:固定年费不是从合同生效之日起,而是自商业生产开始之日起缴付,而年费的数额则由理事会确定;至于利润提成,只规定了一些制定合同财政条款时应遵守的原则（交纳税收）。

1994 年 7 月 29 日举行签字仪式时,包括中国、美国、德国、英国和日本在内的 41 个国家的代表签署了协定。印度尼西亚代表"77 国集团"赞同新协定,认为协定照顾了"各种不同国家的利益,确保了各成员国平等利用海洋资源的权利"。德国代表在发言中代表欧盟支持新协定,称赞有关国家以务实精神参加了这次谈判。可见,新协定的诞生,虽然是广大发展中国家对工业发达国家不得已的让步,但最终得到了会员国的普遍支持,有助于带有普遍性的代表全人类利益的《海洋法公约》的全面执行。

思 考 题

1. 领海和毗连区的法律地位有何不同?
2. 大陆架和专属经济区有何联系和区别?
3. 过境通行和无害通过有何区别?
4. 船舶在公海航行受什么法律支配?
5. 什么是平行开发制度?
6. 概述《关于执行 1982 年 12 月 10 日联合国海洋法公约第十一部分的协定》的主要内容及其与原来公约内容的重要区别。你对此有何新的认识和感想?

第九章　空　间　法

第一节　概　　说

一、空间法的概念

空间法主要是调整国家之间因利用空气空间和外层空间而产生的各种关系的原则、规则和制度的总体。空间法可以分为两部分：空气空间法或航空法（Air Law）和外层空间法（Law of Outer Space）。

"Space Law"一词，我国词书大都译做"空间法"或"航天法"，印度空间法学家达摩达尔·韦德加翁卡所著《空间法领域》和前苏联于 1984 年出版的《国际空间法》则专指外层空间法。由此可见，"空间法"一词可作广义和狭义的理解。广义的"空间法"包括航空法和外层空间法，狭义的"空间法"则专指外层空间法。

二、空间法的发展

人类探索和利用空气空间的理想早就存在，然而，由于科学技术条件的限制，长期未能如愿以偿。随着科学技术的发展，人类长期以来梦寐以求的宿愿终于实现。19 世纪 70 年代，出现了氢气球，接着有关国家就开展了有关航空的立法活动。到了 20 世纪初，由于飞机的发明和发展，使空气空间的法律地位发生了急转直下的变化。1919 年 10 月 13 日在巴黎签订的《巴黎航空公约》是世界上第一个关于航空的国际协定。随后，1928 年 2 月 20 日在哈瓦那签订了《泛美航空公约》，1929 年 10 月 12 日在华沙签订了《统一国际航空运输某些规则的公约》，1952 年 9 月 11 日在罗马签订了《统一航空器对地面上第三者造成损害的某些规则的公约》，1944 年 12 月 7 日在芝加哥签订了《国际民用航空公约》，于是，航空法作为现代国际法的一个新分支已经完全确立。

20 世纪下半叶，有关航空安全的国际立法取得了很大发展，有关的国际公约包括：1963 年《关于在航空器上犯罪和其他某些行为的公约》（简称《东京公约》）、1970 年《关于制止非法劫持航空器的公约》（简称《海牙公约》）、1971 年《关于制止危害民用航空安全的非法行为的公约》（简称《蒙特利尔公约》）。在此期间，双边航空协定也成为了重要的国际航空法渊源。而 1999 年《统一国际航空运输某些规则的公约》（简称 1999 年《蒙特利尔公约》）的制定，标志着"华沙体系"的新发展，意味着国际航空立法进入了新的活跃期。进入 21 世纪，国际航空出现了从重视外延增长到强调内涵提升、从关注航线规模到聚焦航线安全的新变化和新发展。

第二次世界大战后，到了 20 世纪 50 年代后期，空间科学技术取得了突飞猛进的发展。1957 年 10 月 4 日前苏联第一颗人造卫星发射成功，使人类的活动开始越过空气空间而到达了外层空间，从而使人类进入了征服宇宙的新时代，随后，联合国发表了一系列有关外层空间的探索和利用的宣言和决议，国际间签订了一系列有关外层空间的条约，于是国际法的另一新分支——外层空间法开始形成。

20 世纪 50 年代以后，各国根据外层空间法向外层空间进行探索和利用的活动越来越频繁。如今，人类不仅可以把带有仪器的宇宙飞船带到外层空间，而且还可以把人送上宇宙。1961 年 4 月 12 日前苏联的加加林是人类第一个到达宇宙的使者。1962 年 2 月 20 日美国载人的宇宙飞船也成功地上了天。1969 年 7 月 20 日美国载人的阿波罗 11 号登上了月球。我国则于 1970 年 4 月 24 日成功地发射了第一颗人造卫星，之后就开始启动载人航天工程，出台了"863"计划，推动了中国载人航天工程的实施，确立了中国载人航天工程"三步走"的战略。2003 年 10 月 15 日，神舟五号飞船升空，实现了中国首次载人航天飞行。2005 年 10 月 12 日，神舟六号飞船升空，开展了我国首次太空空间实验活动。2008 年 9 月 25 日，神舟七号飞船升空，实现了中国首次航天员太空行走。由此，新世纪的中国已经逐渐步入了航天大国之列。

如今，人造卫星、宇宙飞船和航天飞机主要是在外层空间进行活动和探索，但外层空间的界线，迄今为止尚未有定论。

三、空气空间与外层空间的分界问题

空气空间与外层空间的界线问题，确切地说，就是领空与外层空间的界线问题。这是一个有争论的问题。

在人造卫星上天之后一段时间内，有少数法学家坚持国家的空中主权原则应适用于外层空间。他们把罗马法关于"土地所有人的权利上至天空，下至

地心"这一格言奉为经典，认为国家领土及领水上空的主权得随着人类活动进入太空，因而主张一个国家的领空上达于无限高度。这种学说最大的弱点就是缺乏现实性。由于地球本身的自转和公转，人类在太空的活动，是无法被认为在某一国家之上的。因而领土上空的主权可及于无限高空的主张，实际上不可能适用于太空活动。所以目前几乎没有谁再坚持这种学说了。

关于空气空间与外层空间的分界线，目前流行的主要有以下几种学说：

（一）纯物理标准说

这一学说以自然科学为依据，划分"太空"与"领空"。他们认为"领空"的高度，应硬性地规定，以有空气的领域为"领空"，无空气的领域为"太空"。但事实上大气层的高度是难以确定的。有的数据认为它的最高限度离地面约1100公里，有的则认为离地面数千公里，有的甚至认为可达38 000公里。以上述高度来确定一国领空主权的范围，同样是不现实的。因而这一学说也没有被各国普遍接受。

（二）航空器的最高限度说

所谓航空器的最高限度是指航空器依靠足够的大气可以运行的高度。这一高度也就是国家领空主权所及的高度，一般为30~40公里。这种主张的根据是芝加哥公约第7号附件对航空器的解释，"航空器是指能够从空气的反作用中依靠大气的支持而飞行的任何工具"[①]。但由于这个标准离地面太低，不利于确保地面国家的安全，因而这一主张也一直没有获得足够的支持。

（三）人造卫星最低限度说

这一学说主张，"国家主权及于人造卫星不依靠大气可以运行的最低限度，一般为100~110公里"[②]。从1958年起，这一主张就曾在国际法学界讨论过，国际法协会于1978年在马尼拉年会通过的决议中宣称："在海拔100公里及以上的空间，已日益被各国和从事外空活动的专家们接受为外层空间。"[③]前苏联代表在1977年召开的联合国外空委员会第21次会议上声称，"支持某些国家的海平面上空100~110公里高度作为外空下部界线的建议"[④]。这一主张为较多的人所接受。

[①]　麦克马洪：《外层空间的法律方面》，载《英国国际法年刊》，1962年英文版，第390页。

[②]　戈德胡伊斯：《空气与空间法年刊》第2卷，1977年英文版，第301页。

[③]　国际法协会《第48次会议报告》，1978年英文版，第2页。

[④]　见《苏维埃国家与法》，1979年第11期，第103页。

（四）有效控制说

在国际法学界中有人主张以一国对其上空行使有效控制的界限作为该国的领空主权和范围。然而，一则由于各国空间技术水平相差悬殊，如按这一主张，势必出现不同的划界标准。二则正如著名的太空法学家曼弗雷德·拉克斯所说的，"有效控制的检验标准，充满着危险性。因为它不仅是包含控制的程度和形式问题，更主要的是，它还是一个原则性的问题。没有足够技术或军事潜力的国家，将会被剥夺它们作为平等的国际法主体的权利"①。显然，这种标准是不合理的。它只有利于科学技术发达的国家，而不利于广大的发展中国家，因而，这一主张也不可能得到普遍接受。

（五）功能论

从某种意义上说，以上几种学说或主张，都属于空间论，因为它们都是以空间高度作为划分一个国家领空主权的标准。与之相对立的观点是功能论。功能论是以飞行器本身的"功能"来划分，飞行器指从事外空活动的"航天器"与从事航空活动的"航空器"。前者在它的活动的全部过程中，无论它位于何处，都应适用外空法规则，而不受相应地面国主权的管辖。后者的活动则应按照有关国际航空公约或地面国航空法的规定来处理有关问题，受到国家领空主权的约束。

功能论的优点是以航天器与航空器活动的不同范围作为法律上区别空气空间与外层空间的依据，在实践上较为可行。事实上，自从 1957 年第一颗人造卫星上天以来，航天活动的实践和迄今为止有关外空条约的制订都是按照这一办法来处理的。然而功能论也有缺点，一是可能导致对国家主权原则的否定；二是随着航空航天技术的发展，可能出现一些"混合功能"的飞行器，从而无法按飞行器的功能划分空气空间与外层空间的界限。正如曼弗雷德·拉克斯所说的，"由于不完全依靠空气动力的新式飞行器的出现（例如，航天飞机就是传统的飞行器和太空飞船结合起来的），已经影响了有关飞行器和卫星的界限问题。"② 因此，功能论的主张，也不是完美无缺的。

综上所述，在确定太空和领空的界线时，正确的做法是，既要考虑到多年来太空活动的实践和立法经验，也要考虑到国家的安全。从目前各国的意见和太空实践正在形成的规则来看，以离地面 100 至 110 公里的高度作为领空和太空的界线，而有关地面国允许太空物体无害地通过其领空的这一主张，似乎较

---

① 曼弗雷德·拉克斯：《外层空间法》，1978 年英文版，第 36 页。

② 曼弗雷德·拉克斯：《外层空间法》，1972 年英文版，第 56 页。

易得到各国普遍的接受。

<h1 style="text-align:center">第二节　空 气 空 间</h1>

一、国家领土上空的法律地位

空气空间指地球表面的上空；但国家领土上空（即领空）的法律地位则专指除了毗连区、专属经济区和公海以外上空的空气空间的法律地位，因为根据国际法，毗连区、专属经济区以及公海上空是自由的，任何国家的航空器均可以自由飞越。

早在19世纪，人类便试图在空气空间进行活动。19世纪70年代，随着气球的出现，许多国家先后制定了有关航空的国内立法。1870年，法国内政部长甘必大乘气球从巴黎越城而出，到外地调集军队，轰动了整个欧洲，于是，人类开始对空气空间的重要性有所认识。20世纪初，随着飞机的发明和航空运输的发展，国家之间签订了一系列规定国际航空法律制度的国际公约，出现了国际法的新分支——国际航空法。

在第一次世界大战以前，关于国家领土上空空气空间的法律地位，有以下几种理论：

1. 完全自由论。这一学说主张空中完全自由，认为空气空间和公海一样是开放的，完全自由的。

2. 有条件自由论。这一学说主张，原则上，空气空间是开放的和完全自由的，但国家享有自保权，必要时，国家对其领土上空有进行干预的权利。比如，国家为了保障其本国的利益，可以制定各种航空规则，在其领空飞行的航空器必须遵守。

3. 海洋比拟论。此学说把空间与海洋相类比，像海洋分为公海和领海一样，空间也分为公空和领空，一国对空主权只能向上延伸到一定的高度，超过此高度应该是无主的和自由的。但领空有多高，说法不一。

4. 国家主权论。这一学说主张国家领土上空属于国家主权，是国家领土的组成部分，受地面国的管辖和支配。

5. 有限主权论。这一学说主张，原则上，国家对其领土上空享有主权，但外国航空器享有无害飞越国家领土上空的权利。

当时国际法学界对以上五种学说没有一致的看法。但由于在第一次世界大战中飞机给人类带来的严重威胁，航空自由的主张被否定了。中立国坚持了国家主权的要求，禁止交战国飞机飞越其领土上空，当时各主权国家为国家的安全和利益着想，认为惟一正确的理论是国家主权论。于是在 1919 年，26 个国家在巴黎签订了《巴黎航空公约》。该公约的第 1 条明文规定："缔约各国承认，每一个国家对其领土上的空间具有完全的和其排他的主权。"这是国际法的历史上第一次规定国家领土主权及于领土上空。1944 年签订的芝加哥《国际民用航空公约》第 1 条以与《巴黎航空公约》第 1 条完全相同的措辞规定了国家对其领土上空的主权。1958 年《领海及毗连区公约》第 2 条规定，"沿海国主权及于领海之上……"1982 年《联合国海洋法公约》第 2 条第 2 款亦规定，沿海国主权"及于领海的上空……"

由此可见，国家对其领土上空享有主权是毫无疑问的；国家领土上空的空气空间是国家领土的一部分，从而受国家主权的管辖和支配，已形成一条公认的国际法规则。

二、国际航空制度

（一）1919 年《巴黎航空公约》

1919 年的《巴黎航空公约》是第一个关于航空的国际公约。参加国有 26 个，全文共有 43 条。公约首先确定了国家对于其领土上空具有完全的和排他的主权。按照公约的规定，"缔约各国承允在和平时期给予其他缔约国的航空器以在其领土上空无害通过的自由……"同时公约还规定，"缔约各国因军事上的原因或者为公共安全起见，有权禁止其他缔约国航空器在其领土一定区域上空飞行"。

公约确认，航空器的国籍取决于注册。换言之，在哪一国注册的航空器，就具有哪一国的国籍。航空器分为两大类，民用航空器和国家航空器，而国家航空器又可分为军用航空器和公务航空器①。按照公约的规定，"任何缔约国的军用航空器，未经另一缔约国特许，不得飞越或降落于该国领土。"

此外，公约允许缔约国保留"国内两地间空运"的权利。

第二次世界大战以前，除了《巴黎航空公约》以外，许多国家还签订了许多双边专约和协定，规定民用飞机的航行问题。1929 年在华沙签订的《统一国际航空运输某些规则公约》，目的在于统一规定航空运输凭证和承运人的责任。我国于 1958 年加入了该公约。

---

① 公务航空器指为邮政、海关、公安服务的航空器。

（二）1944 年芝加哥《国际民用航空公约》

由于航空技术和航空事业的发展，在第二次世界大战尚未结束之际，即 1944 年 11 月，有 40 多个国家在芝加哥开会，讨论有关国际民用航空问题。会议通过了《国际民用航空公约》。《芝加哥公约》被认为是国际航空公法的基础和宪章性文件，现在已有包括我国在内的 180 多个国家批准或加入了这个公约，因而公约中的许多原则和规则既是国际条约法，又构成国际习惯法。公约规定了有关国际航空的一般原则和规则，并设立一个常设国际机构——国际民用航空组织。

国际民用航空组织的宗旨和目的在于发展国际航行的原则和技术，并促进国际航空运输的规划和发展。目前，国际民用航空组织拥有 188 个成员国，其中 36 个为常任理事国。这些常任理事国分为三个类别：在航空运输方面占主要地位的国家为第一类理事国；在为空中航行提供设施方面贡献最大的国家为第二类理事国；在航空方面拥有重要地理区域性位置的国家为第三类理事国。理事会是国际民用航空组织的常设机构，《芝加哥公约》赋予理事会行政管理权、准立法权和准司法权。

像 1919 年巴黎公约一样，芝加哥公约承认，"每一个国家对其领土上空具有完全的和排他的主权"。顾名思义，芝加哥公约仅适用于民用航空器，而不适用于国家航空器。

芝加哥公约的一个很大的特点是把"在缔约国上空飞行"分为两类："非航班飞行"和"航班飞行"。前者可飞经他国领土上空而不降停或作非业务性的降停；后者非经特准不得飞过或飞入他国领空。一如巴黎公约，芝加哥公约亦有关于"禁区"和为缔约国保留"国内两地间空运"权利的规定。

1944 年的芝加哥会议还签订了两个协定，即：《国际航空运输协定》和《国际航班过境协定》。

《国际航空运输协定》规定五种关于定期国际航班的空中自由，因而又称为"五种自由协定"。这五种自由是：

1. 航空器得飞越外国领土上空而不降落；
2. 航空器得为非商业目的而降落于外国（加油或修理）；
3. 航空器得在本国装进客货，而送到外国卸下；
4. 航空器得在外国装进客货，而送回本国卸下；
5. 航空器得在外国装进客货，而在第三国卸下。

这个协定当时仅有 20 个国家签字，之后的批准国亦不多。后一个协定只规定上述五种自由中头两种自由，因而又称为"两种自由协定"。这个协定虽然在会议上得到多数国家签字并得到较多的国家参加，但也未能取得普遍的赞同。

国际航空事业在蓬勃发展中，有许多航空问题本应该在国际基础上加以解决，然而，由于这些问题往往牵涉到各国的经济利益和国家安全，一时很难以公约的形式达成协议，因而许多国家以双边协定来处理这些问题。

1974 年 2 月 15 日，我国政府致函国际民用航空组织，通知我国承认 1944 年芝加哥公约，并参加该组织活动。自 1974 年起，我国连续当选为该组织理事会的理事国，并已经成为国际民用航空组织一类理事国。

在双边协定方面，目前我国已经与 95 个国家建立了国际民用航空运输双边关系，拥有国际航线 233 条、国际航班 421 班。我国民航平均增长速度高出世界民航平均水平两倍多，自 2005 年以来一直保持在世界第二的位置，业已成为世界航空大国。

1995 年《中华人民共和国民用航空法》明确规定我国对领空享有完全的排他的主权。《航空法》规定了外国民用航空器在我国境内从事民用航空活动时应遵守的规则，其主要内容有：

第一，外国民用航空器根据其国籍国政府与我国政府签订的协定，或经我国民用航空主管部门批准或接受，方可飞入、飞出我国领空和在我国境内飞行、降落。

第二，外国民用航空器的经营人经其本国政府指定并取得我国民用航空主管部门颁发的营业许可证，方可经营协定规定的国际航班运输，外国民用航空器的经营人经其本国政府批准和我国民用航空部门批准，方可经营我国境内一地和境外一地之间的不定期航班运输。

第三，外国民用航空器的经营人，不得经营我国境内两点之间的航空运输。

第四，外国民用航空器应按我国民用航空主管部门批准的班期时刻或飞行计划飞行，变更班期时刻或飞行计划的，其经营人应获得我国民用航空主管部门批准，因故变更或取消飞行的，其经营人应及时报告我国民用航空主管部门。

第五，外国民用航空器应在我国民用航空主管部门指定的设关机场起飞或降落。

三、空中劫持

狭义地说，空中劫持指在航空器上"劫夺"或"强夺"飞机的罪行，但广义地说，可以包括在航空器内的任何犯罪行为以及危害民用航空安全的非法行为。

随着航空事业的发展和各种势力斗争的尖锐化，出现了一个新问题——空中劫持。据历史记载，在国际民用航空事业的发展史上，第一起空中劫持事件发生在 1932 年的秘鲁，几名失败的"革命者"劫机逃走。事隔 15 年以后，即 1947 年发生了第二起劫机事件，一名保加利亚的叛逃分子，劫持该国飞机逃往西欧。在 20 世纪 50 年代，劫机事件零星地、断断续续地发生在东西欧之间，大部分属于叛逃性质。20 世纪 60 年代以后，劫机事件层出不穷，此起彼伏。比如，1968 年发生了 30 起，1969 年发生了 91 起，平均 4 天一起，得逞率高达 82.5%。据统计，从 1969～1977 年的 20 年间，全世界发生劫机事件 550 多起。而 2001 年"9.11"劫机事件的发生更是震惊了世界。

由于空中劫持严重地影响了国际航空运输事业和旅客的安全，在联合国和国际民航组织以及世界各国的共同努力下，先后制定了有关空中劫持的三个公约。

（一）1963 年《东京公约》

1963 年 9 月 14 日在东京签订的《关于在航空器内的犯罪和其他某些行为的公约》（简称为《东京公约》），是国际上第一次试图对有关航空器内发生的罪行问题加以解决的国际公约。截至 2009 年该公约共有 185 个缔约国。中国于 1978 年加入了该公约，并对其第 24 条第 1 款声明了保留。公约明文规定适用于：1. 违反刑法的罪行；2. 可能或确实危害航空器或其运载人员或财产的安全，或危害航空器内的良好秩序和纪律的行为。

为了保证在缔约国登记的航空器内犯有上述罪行或行为的人，无论该航空器是在飞行中，在公海上或不属于任何国家管辖的地区内，不因为任何国家都不对其加以逮捕和审判而逍遥法外，公约确立了登记国管辖权原则。公约第 3 条第 1 款规定："航空器登记国有权对航空器内的犯罪和行为行使管辖权。"第 2 款还进一步规定，为了行使作为登记国的管辖权，"每一缔约国应采取必要措施"。

公约还确立了以登记国为主的并行管辖体制，即除了登记国可以行使管辖权以外，公约确认了依据本国法行使的任何刑事管辖权。东京公约第 3 条第 3 款规定："本公约不排斥按照本国法行使的任何刑事管辖权。"这是一项十分广泛的决定。任何国家均可以根据领土原则、保护原则或普遍原则，按照本国法行使管辖权。

为了便于登记国行使管辖权，《东京公约》第 16 条第 1 款规定："在某一缔约国登记的航空器内所犯的罪行，为引渡的目的，应看做不仅是发生在所发生的地点，而且也是发生在航空器登记国领土上。"但公约规定，公约中的任何条款不应当被解释为规定引渡的义务。换言之，可以引渡，但引渡并不是缔约国的义务。至于政治性的罪行，则完全排除在公约之外。

（二）1970 年《海牙公约》

20 世纪 60 年代后期，空中劫持事件空前增加，严重地危害了国际民用航空事业的安全和发展，也危害了国际社会的安宁和稳定。严峻的现实告诉人们，东京公约已不能适应与非法劫持行为作斗争的需要，因而必须尽快地制定出行之有效的，足以对非法劫持行为构成威慑的新的国际法规则。

由国际民航组织法律委员会特设的一个法律小组委员会负责新公约的起草工作，1970 年 12 月 16 日在海牙举行的外交会议上通过了《关于制止非法劫持航空器的公约》（简称为《海牙公约》）。截止 2009 年该公约共有 185 个缔约国。中国已于 1980 年加入该公约，并对该公约第 12 条第 1 款声明了保留。海牙公约是专门为制止空中劫持而制定的。公约第 1 条规定："凡在飞行中的航空器内的任何人，用武力或用武力威胁，或用任何其他恐吓方式，非法劫持或控制该航空器……即是犯罪行为。"这是该公约对非法劫持航空器所下的定义。按公约规定，各缔约国承担义务，对这种空中劫持的罪犯给予严厉的处罚。

为了弥补东京公约关于"在飞行中"定义的缺陷，海牙公约关于"在飞行中"的定义作了修正。公约规定，"在飞行中"是指，航空器从装载结束，机舱外部各门均已关闭时开始，直至打开任何一机门以便卸载时为止的任何时间，而如果航空器是被强迫降落时，则在主管当局接管航空器及其所载人员和财产以前①。

在空中劫持中，对罪犯行使管辖权是一个异常复杂的问题。按照海牙公约的规定，除了登记国根据旗国原则拥有管辖权以外，缔约国中的降落地国、承租人主要营业地或永久居所地国以及发现地国均有管辖权。公约还规定，被指称的罪犯在缔约国领土内，而该国未予引渡的情形下，该缔约国应对这种罪行行使管辖权。但拥有主要管辖权的国家是：登记国、降落地国、承租人主要营业地或永久居所地国。

---

① 本规定与《东京公约》第 5 条第 2 款规定的标准雷同，但比东京公约第 1 条第 3 款规定标准前进了一步。该条规定，从航空器起飞开动马力起，到着陆滑跑完毕时止，应被认为是在飞行中。

海牙公约虽然强调了引渡，但也没有硬性地规定必须引渡，而只是规定把空中劫持看做是包括在缔约各国间现有引渡条约中可以引渡的罪行，并且在今后缔结的引渡条约中应包括这一罪行。在缔约国间没有引渡条约的情况下，可以自行决定以公约作为引渡的法律根据。至于政治犯是否可以引渡，仍应由有关国家的法律予以规定。

此外，海牙公约还规定，案犯所在国如果不引渡，应无例外地将这个案件提交有关当局，以便起诉，而有关当局应按照该国法律以对待严重性质的罪行的同样方式作出决定。这项规定表明，缔约国对于空中劫持的案犯原则上应予引渡或起诉，这叫做"或引渡或起诉原则"，国际民航组织大会曾多次强调了这一原则。

（三）1971 年《蒙特利尔公约》

海牙公约在处理空中劫持问题上比东京公约前进了一步，但海牙公约规定的对象只限于"空中"劫持。而从 1968 年至 1971 年期间事态的发展表明，对国际民用航空安全的威胁不限于航空器在飞行中，而且甚至不限于直接对航空器本身。例如，对停在地面上的飞机以及对有关飞机的地面设施进行攻击，从而使飞机安全遭到严重威胁的实例，屡见不鲜。

为了适应这种情况，1971 年 9 月 23 日在蒙特利尔举行的外交会议上通过了《关于制止危害民用航空安全的非法行为的公约》（简称为《蒙特利尔公约》），截至 2009 年该公约共有 188 个缔约国。中国已于 1980 年加入该公约，并对该公约第 14 条第 1 款声明了保留。该公约大部分条款沿袭了海牙公约的条款，但扩大了罪行的范围，如在地面上破坏飞机，在飞机上放置装置或物质，传递假情报，等等，都被认为是破坏航空安全的行为，要受到惩罚。

如上所述，《蒙特利尔公约》所规定的罪行范围不仅包括在"飞行中"，而且包括在"使用中"的航空器内所犯的罪行。而所谓"使用中"，是指从地面人员或机组对某一特定飞行的航空器开始进行飞行前的准备起，直到降落后 24 小时止。

至于引渡问题，蒙特利尔公约和海牙公约的规定基本相似。引渡仍然应受被请求国的法律所规定的其他条件的限制。由此可以看出，无论是东京公约、海牙公约或是蒙特利尔公约都没有解决政治罪犯的引渡问题。政治罪犯能否引渡取决于有关国家的法律。

除了上述三个公约以外，还有 1988 年制定的《蒙特利尔议定书》，全称是《制止在用于国际民用航空的机场发生的非法暴力行为以补充 1971 年 9 月 23 日订于蒙特利尔的〈关于制止危害民用航空安全的非法行为的公约〉的议定书》。该《议定书》主要是针对在机场上发生的暴力行为，是 1971 年《蒙特利尔公约》的补充。在《议定书》各缔约国之间，《公约》和《议定书》应被视为单一的文件。

鉴于国际上存在使用软叶状或富于弹性的塑性炸药摧毁航空器或其他交通工具以制造恐怖的活动，而塑性炸药又难以探测，因而于 1991 年制定了另一《蒙特利尔公约》，全称是《注标塑性炸药以便探测的公约》。该《公约》要求各国制造塑性炸药时加添"可探测物质"，使之成为"注标塑性炸药"，以便探测。《公约》规定，各缔约国应采取必要和有效措施，在其领土上禁止生产、进出口非注标塑性炸药，对于储存和交换非注标塑性炸药者应采取必要措施予以严格和有效的管理。

1963 年《东京公约》、1970 年《海牙公约》和 1971 年《蒙特利尔公约》是关于国际民用航空安全的主要国际条约。它们均致力于规定航空犯罪及其惩罚，它们确立了有关的管辖权规范，对起诉或引渡犯罪分子的问题以及有关国家的权力和责任问题作了较为详细的规定。这三项公约形式上相互独立，但在内容上却相互补充，从而构成了一个基本的国际民用航空安全法体系。

《中华人民共和国民用航空法》第十五章有关条款规定：以暴力、胁迫或者以其他方法劫持航空器、对飞行中的民用航空器上的人员使用暴力或在航空器内放置危险品、传递虚假情报干扰飞行秩序等行为均构成危害航空安全的犯罪行为，应追究刑事责任。1997 年修订的《中华人民共和国刑法》分则第二章"危害公共安全罪"，具体规定了危害国际航空安全犯罪的罪名及其刑事责任，包括劫持航空器罪、危害飞行安全罪、破坏航空器罪、破坏航空设施罪。

第三节 外 层 空 间

一、外层空间的法律地位

外层空间法律地位的核心是国家的主权是否及于外层空间。众所周知，国家对其领土上空拥有完全的、排他的主权，这是公认的国际法原则。现在问题在于能否按照罗马法的格言"谁有土地，就有土地的上空"得出结论，国家的主权及于外层空间，以往有些国家曾经坚持国家领空无限的学说，但随着外层空间的探索和利用表明外层空间的性质使其难以成为国家主权的对象。

1961 年通过的联合国 1721 号决议，肯定了外层空间由所有国家按照国际法自由探索和利用，而不得由任何国家据为己有的原则。联大的决议虽然不具有严格的法律拘束力，但是这项决议所宣示的原则却未曾有任何国家表示异议。1963 年联大通过的《各国探索和利用外层空间活动的法律原则宣言》和 1967 年的《外空条约》确认了上述原则①。《外空条约》第 1 条规定："所有国家可在平等不受歧视的基础上，根据国际法自由探索和利用外层空间，自由进入天体的一切区域。"第 2 条规定："各国不得通过主权要求、使用或占领等方法，以及其他任何措施，把外层空间据为己有。"

由此可见，无论根据联合国的决议或宣言还是根据具有普遍法律意义的 1967 年《外空条约》，外层空间提供各国自由探索和利用，各国不得以任何方式把外层空间据为己有已成为公认的国际法原则。

与外层空间有密切联系的一个重要问题是"过境权"问题，即一个国家发射的人造卫星还没有到达外层空间以前，往往要"穿过"别国的领空，在回到地球以前也可能"穿过"其他国家的领空，这种"穿过"是否侵犯其他国家的领空主权？实践证明，迄今为止还没有一个国家对他国的人造卫星"穿过"其领空而提出抗议。由此可见，"穿过"是允许的，但要有一个条件，即以不损害地面国的安全为前提；如对地面国的安全造成损害，则要负赔偿责任。

二、外层空间法的原则和规则

自从 1957 年前苏联发射第一颗人造卫星以来，数以千计的人造卫星、宇宙飞船和航天飞机发射到外层空间并在地球上穿梭活动，从而引起了许多法律问题。各国国际法学者都热衷于研究外层空间的法律问题，各国政府也为此而签订了一些重要的国际条约，国际法的一个新分支——外层空间法便由此而产生了。

1959 年，联大通过决议，决定将"和平利用外层空间特设委员会"改为常设机构，即"和平利用外层空间委员会"（简称"外空委员会"），专门负责审查、研究和促进外空领域的合作，以及负责研究外空活动的法律问题，逐步拟订和编纂外层空间法。该委员会通过其积极的工作已经向联合国大会提出了一系列有关外空法的国际法律文件，经联合国大会通过的有：

1. 1963 年通过的《各国探索和利用外层空间活动的法律原则宣言》（简称《外空原则宣言》）。

2. 1966 年通过的《关于各国探索和利用包括月球和其他天体在内的外层

---

① 1967 年外空条约，又称为外层空间条约，全称是：《关于各国探索和利用包括月球和其他天体在内外层空间活动的原则条约》。

空间活动原则条约》（简称《外层空间条约》）。

3. 1967 年通过的《营救宇航员、送回宇航员和归还发射到外层空间的物体的协定》（简称《营救协定》）。

4. 1971 年通过的《空间物体造成损害的国际责任公约》（简称《国际责任公约》）。

5. 1974 年通过的《关于登记射人外层空间物体的公约》（简称《登记公约》）。

6. 1979 年通过的《指导各国在月球和其他天体上活动的协定）（简称《月球协定》）。

7. 1982 年通过的《各国利用人造地球卫星进行国际直接电视广播所应遵守的原则》。

8. 1986 年通过的《关于从外层空间遥感地球的原则》。

9. 1992 年通过的《关于在外层空间使用核动力源的原则》。

10. 1996 年通过的《关于开展探索和利用外层空间的国际合作，促进所有国家的福利和利益，并特别考虑发展中国家的需要的宣言》。（简称《国际空间合作宣言》）。

此外，1961 年联合国大会通过决议，确保"国际法，包括《联合国宪章》适用于外层空间和天体，外层空间和天体供一切国家自由探索和利用，任何国家不得据为己有"的原则。

而 1963 年联合国大会通过的《各国探索和利用外层空间活动法律原则宣言》，则宣布了以下九项原则：

1. 为全人类的幸福利用外层空间；

2. 各国有按照国际法探测和利用外层空间和天体的自由；

3. 禁止将外层空间和天体据为国家所有；

4. 各国探测和利用外层空间，应遵守国际法并维护国际和平与安全；

5. 各国对其政府和非政府实体的外空活动承担国际责任；

6. 各国对可能导致损害他国的外层空间活动，应事先进行国际磋商；

7. 发射国对发射物体及所载人员保持所有权、管辖权及控制权；

8. 发射国对其发射物体造成的损害承担赔偿责任；

9. 各国应把宇航员视为人类派往外层空间的使节，对遇难宇航员应尽一切可能给予援助并尽快送回登记国。

上述宣言所宣布的九项原则得到了国际社会的普遍赞同，对于外层空间的活动起着指导作用，同时为缔结外层空间条约奠定了基础。

外层空间法的构成内容十分丰富，有联合国和平利用外层空间委员会颁布的五个国际条约，有国际电信公约，国际电信联盟条例，无线电条例，与国际电信卫星组织、国际海上卫星组织、国际宇宙、国际卫星组织、阿拉伯卫星组织等国际组织相关的协定，与欧空局和其他区域性组织相关的协定，各种军备控制协定，与跟踪站、空间遥感、发射服务、各种空间合作计划相关的多边或双边协定及有关的换文、谅解备忘录，联合国决议和国际习惯法等。除此之外，一些参与外层空间活动的国家为发展外层空间活动的立法，如美国的航空航天法、俄罗斯联邦航天活动法及乌克兰航天活动法等都是本国外层空间法的重要组成部分，并同国际外层空间法有着密切的联系。外层空间法的主体部分是联合国和平利用外层空间委员会颁布的五个国际条约，即《外空条约》、《营救协定》、《责任公约》、《登记公约》和《月球协定》。这五个条约，特别是《外空条约》确立了外层空间的国际法律地位和重要作用。

（一）1966 年《外空条约》

1966 年 12 月 19 日联合国大会通过的《关于各国探索和利用包括月球和其他天体在内外层空间活动的原则条约》（简称为《外空条约》）。我国于 1984 年加入该条约。截至 2010 年，共有 100 个国家批准该条约，尚有 26 个签署国未批准该条约。这是到目前为止，空间法的最重要的国际公约，是 1963 年《法律原则宣言》的发展和法律化，被称为外层空间宪章。条约与宣言一样，规定了诸如"根据国际法，自由探索和利用外层空间；各国不得通过主权要求等方法把外层空间据为己有；探测和利用外层空间应为所有国家谋福利和利益"等原则。

外空条约所规定的重要原则和制度包括：和平利用外层空间原则；自由平等原则；合作和互助原则；国际责任、赔偿责任和登记国的管辖权；关于救助宇航员的规定。

条约还规定，禁止将载有核武器或其他大规模毁灭性武器的物体放置在环绕地球的轨道上或安置在天体或外层空间。对于外层空间活动的国际责任和损害赔偿责任，发射国对发射物的管辖权、控制权以及所有权和追索权，条约也作了原则性的规定。此外，条约还规定了在防止污染、避免有害干扰以及观察发射物体在空间飞行等方面的国际合作。

（二）1967 年《营救协定》

1967 年 12 月 19 日经联合国大会通过的《营救宇航员、送回宇航员和归还发射到外层空间的实体的协定》（简称为《营救协定》）。我国已于 1987 年加入该协定。截至 2010 年，共有 92 个国家批准了该协定，尚有 24 个签署国未批准该协定。协定规定，各缔约国在获悉或发现外空发生事故时，有义务通知发射当局和联合国秘书长。对因意外事故而降落的宇航员，降落地国应立即营救，必要时，发射当局与降落地国应通力合作，进行寻找和营救；如果降落地点是公海或不属于任何国家管辖的地方，能提供协助的缔约国则应协助寻找和援助。协定对宇航员的无条件送回以及对发射物体及其构成部分的寻找、送回和费用负担还作了具体规定。

根据协定的规定，"发射当局"，包括国际组织，但该国际组织必须宣布接受协定所规定的权利和义务，而且该国际组织的多数成员国应是协定和《外空条约》的缔约国。

（三）1971 年《赔偿责任公约》

1971 年 11 月 29 日经联合国大会通过的《空间实体造成损害的国际责任公约》（简称为《赔偿责任公约》）。我国已于 1989 年加入该公约。截至 2010 年，共有 90 个国家批准了该公约，尚有 23 个签署国未批准该公约。该公约规定，发射国的空间实体在地球表面造成损害，或对飞行中的飞机造成的损害，应负赔偿的绝对责任。但是，如果一个发射国的空间实体在地球表面以外的其他地方，对另一发射国空间实体或其所载人员或财产造成损害时，只有损害是因前者的过失而造成的条件下，该国才对损害负有责任。

此外，如果一个发射国的空间实体在地球表面以外的其他地方，对另一发射国的空间实体造成损害，并因此而对第三国造成损害时，前两国应共同或单独对第三国负责。在这里又可分为两种情况：如果对第三国的地球表面或飞行中的飞机造成损害，前两国应对第三国负绝对责任，否则只负过失责任。

如果发射当局是国际组织，应按上述规定负赔偿责任。但对这种损害的任何赔偿要求，应首先向国际组织提出；唯有该组织在 6 个月内，未支付按照协议规定的赔偿时，求偿国才可以要求该国际组织成员国中的本公约缔约国支付赔偿金额。

条约规定，赔偿应以国际法和公平原则为依据。条约还规定了要求赔偿的程序：如果通过外交途径在 1 年内不能达成协议，有关双方应组织求偿委员会①，若各方同意，委员会的决定是最终的，并具有拘束力，否则委员会应提

---

① 求偿委员会由 3 人组成：1 人由求偿国指派，1 人由发射国指派，第 3 人由双方共同选派，并担任主席。如从求偿委员会成立起，4 个月内对选派主席未达成协议，任何一方可请求联合国秘书长于两个月内指派。见《国际法资料选编》，法律出版社 1982 年版，第 579 页；本公约第 15 条。

出最终的建议性裁决，由各方认真加以考虑。

（四）1974 年《登记公约》

1974 年 11 月 12 日经联合国大会通过的《关于登记射入外层空间物体的公约》（简称为《登记公约》）。我国已于 1989 年加入该公全约。截至 2010 年，共有 54 个国家批准了该公约，尚有 4 个签署国未批准该公约。公约明确规定，登记是一项强行制度，要求发射当局不仅在本国登记并且向联合国秘书长登记。公约详尽地规定了每一登记国应在切实可行的范围内尽速向联合国秘书长提供下列情报：

1. 发射国的名称；

2. 外空物体的标志或其登记号码；

3. 发射的日期和地点；

4. 基本的轨道参数；

5. 外空物体的一般功能。

除上述应纳入登记的事项以外，登记国还有义务随时向联合国秘书长提供外空物体的其他情报。

（五）1979 年《月球协定》

1979 年 12 月 15 日经联合国大会通过的《关于各国在月球和其他天体上活动的协定》（简称为《月球协定》）。于 1984 年生效。截至 2010 年，共有 13 个国家批准了该协定，尚有 4 个签署国未批准该协定。这是有关外层空间的最新条约。

《月球协定》第 1 条第 1 款规定，"本协定内关于月球的条款也适用于太阳系内地球以外的其他天体……"因而月球协定也可以说是"太阳系内除地球以外的各天体协定"。有朝一日，人类能进入其他天体时，《月球协定》将适用于其他天体，这是该协定第 1 条第 1 款的含义。

协定规定了几项探索和利用月球的原则：月球应供全体缔约国专为和平的目的而加以利用，禁止为各种军事目的而利用月球；对月球的探索和利用应为一切国家谋福利；月球及其自然资源是人类共同财产，所有缔约国应公平分享这些资源的利益，并应对发展中国家以及对探索作出贡献的国家给予特殊照顾。

协定规定：缔约国在月球上的活动，应通知联合国秘书长、公众和国际科学界；要防止对环境的污染和破坏；缔约国在月球上进行的活动要承担国际责任；缔约国对其在月球上的人员、运载器、装备、设施、站所和装置应保有管辖权和控制权；为科学目的，缔约国有权在月球上采集矿物和其他物质的标本并有权处置这些标本。

此外，协定还规定，在月球上的一切装备、设施和站所应对其他缔约国开放，但参观前应事先协商，不能达成协议时，可以要求联合国秘书长协助解决。

总之，《外层空间条约》是外层空间的基本法，其他四个条约是补充某些条款的。这五个条约所规定的原则和规则由于得到大多数国家的接受而形成为具有普遍拘束力的法律规范。

三、外层空间活动的若干法律问题

（一）卫星遥感地球问题

自从 1972 年 7 月 23 日美国发射遥感卫星"陆地卫星一号"以来，卫星遥感地球问题已经提到了外层空间法的议事日程。

遥感是一项综合性的技术，用来描述旨在收集有关地球物理特征的资料的一整套技术。

所谓卫星遥感地球，是指利用卫星所载的电子遥感器，从外层空间对地球表面、内层以及其上空的形状或现象进行探测，它可以勘探地球的物质资源、监察环境、预报气象以及了解自然灾害等各方面情况，从而取得有关的各项资料。

随着遥感技术和实践的发展，产生了一个十分重要的法律问题，即一国没有取得他国的同意，是否有权利用卫星遥感其管辖下的领域问题。发展中国家强调，未经受感国的同意，不得进行遥感，也不得将资料公布转让。而以美国和日本为代表的西方国家则主张，从外空对地球进行遥感，并不侵害有关国家的主权或资源，分发地球资源资料，对全世界有利。前苏联虽是一个基本主张外空自由的国家，但在这个问题上却认为一国的自然资源是其主权不可分割的部分，应得到尊重，认为就现阶段而论，将地球资源资料提供给第三国使用，必须得到有关国家的同意。

1976 年 5 月，联合国外空委员会法律小组委员会根据法国、阿根廷和前苏联等国提出的提案和各国对各种提案的讨论情况，开始着手制订关于遥感法律问题的原则草案，至 1978 年提出了 17 项原则。其要点是：遥感应符合国际法，并为所有国家的利益服务；应促进国际合作并鼓励有关国家订立协定；进行遥感的国家应尊重所有国家对其自然资源的主权；在进行遥感前，应事先通知有关国家和联合国秘书长，必要时进行磋商，在彼此同意的条件下，应使有关国家，特别是发展中国家，获得技术或情报，未经有关国家的同意，不得将情报转让给第三者等。然而上述原则，由于各国意见分歧，尚未完全达成协议。这些分歧的意见，大体上可以归纳如下：发展中国家坚持遥感国应得到受感国的同意，方可将遥感得到的资料散布给其他国家。美国和日本等西方工业国则主张自由散发，而前苏联则搞折中，如它所提的方案中，主张所谓"分辨力高、涉及军事和重大经济利益的资料散布时，应加以限制①。

联合国大会于 1986 年以第 41/65 号决议，通过了《关于从外层空间遥感地球的原则》。其中规定遥感活动应为所有国家谋福利，进行国际合作，保护环境，当一国取得另一国数据时，受感国得在不受歧视的基础上依照合理的费用条件，取得这些数据。

（二）静止轨道的法律地位问题

卫星遥感地球是与外层空间有直接联系的，也就是说，它是在外层空间进行的活动，这一点各国并没有提出异议。与外层空间活动有关的另一个问题是关于静止轨道的法律地位问题。自从 1963 年发射第一颗静止卫星以来，静止卫星的作用与价值已引起国际社会的关注，随后出现了静止轨道是处于外层空间还是空气空间的争论，如今静止轨道的法律地位问题已成为当务之急，列入了国际社会的议事日程。

所谓静止轨道是指位于赤道平面上空离地面 35871 公里的一条圆形轨道。这条轨道上的人造卫星绕地球一周需要 24 小时，恰好等于地球自转一周的时间。由于卫星运行的方向和地球自转的方向完全相同，从地面上观察，卫星正如同处于静止的状态，固定在轨道的一定位置上，因而这条轨道被称之为静止轨道。这条静止轨道最突出的特点是，每一颗静止卫星对地球表面有一个很大的视野区，它发出的电磁波可以覆盖地球表面的 1/3，只要在地球静止轨道上等距离地放置三颗卫星，就可以实现环球通讯和广播。因而静止卫星对空间通讯、卫星导航、直接电视广播、气象观察以及未来的太阳能发电等都具有非常重要的意义。

静止轨道的周长大约 26 万公里，但它对卫星的"容量"并不是无限的。根据有关专家估计，如果卫星上的电磁波发射器达到国际电信联盟所允许的最大功能，为了不互相干扰，静止轨道在同一时间内至多能容纳 180 颗人造卫星。据统计，自 1963 年发射第一颗静止卫星以来，地球静止卫星的总数已达 126 颗。近年来不少国家纷纷发射静止卫星，争取占据有利的地位。

鉴于"同步轨道是一种珍贵的自然资源，其重要性与价值，随着空间技

---

① 见外空委员会 1980 年工作报告（AAC105/C/121）第 21 段。

术的发展与对通信的日益增长的需要，正在迅速增长"①，赤道国家纷纷对静止轨道提出主权要求。哥伦比亚代表于 1975 年 10 月，在第 30 届联合国大会上第一次提出该国上空的地球静止轨道应该归该国所有的主张。他声称，哥伦比亚上空的静止轨道是其领土的一部分，它不属于外空的范围，因而不能对它适用 1967 年外空条约的各项规定。随后，于 1976 年，在第 31 届联合国大会上，重申了上述主张，并得到了厄瓜多尔和巴拿马的支持。

1976 年 11 月，8 个赤道国家（巴西、厄瓜多尔、哥伦比亚、刚果、乌干达、扎伊尔、印度尼西亚和肯尼亚）在哥伦比亚首都波哥大举行会议，同年 12 月 13 日，发表了《赤道国家波哥大宣言》。

波哥大宣言的出发点是，"同步轨道是起源于我们行星性质的一种物质现象，因为它的存在完全依赖于它同地球所引起的引力现象的关系，根据这一点，它决不能被认为是外层空间的一部分。"② 其次，宣言指出"同步轨道是一种珍贵的资源"，而这种自然资源又是有限的，随着"技术进步已经使这一轨道的卫星数目不断增加，而在最近的将来，可能达到饱和的程度。"加之"发展中国家得不到公平进入的机会，因为它们没有大国所拥有的技术和财政手段。所以，赤道国家有必要说明它们对同步轨道的相应区段行使主权的决心。"关于同步轨道的法律地位，宣言指出，"安放在赤道国家同步轨道区段某一固定位置的各种装置，应得到有关国家方面的事先和明确的认可，并且此种装置的操作应受该国国内法的支配……各赤道国家不默认卫星在其同步轨道区段的存在，并且宣布，这种卫星的存在并不授予在该轨道区段设置卫星或使用该轨道区段的任何权利，除非对该轨道区段行使主权的国家明示地予以认可"。至于 1967 年外空条约，宣言认为，"对于外层空间，并没有国际社会认为有效和令人满意的定义，可以用以支持同步轨道包括在外层空间之内的论点"，因此，"1967 年条约缺乏一个外层空间的定义，它并不影响业已批准条约的各赤道国家的权利"。宣言最后宣称，"没有批准该条约的各国应不采取任何步骤使业已暴露其法律上无效的规定生效。"

1977 年 1 月至 2 月在日内瓦召开的利用人造卫星进行广播的世界会议上，赤道国家集团重申宣言提出的主张，在同年 3 月至 4 月召开的外空委员会法律

---

① 《赤道国家波哥大宣言》，见《国际法资料选编》，法律出版社 1982 年版，第566~570 页。宣言中所指的"同步轨道"即静止轨道。

② 《赤道国家波哥大宣言》，见《国际法资料选编》，法律出版社 1982 年版，第566~570 页。宣言中所指的"同步轨道"即静止轨道。

小组委员会上，赤道国家又纷纷论证其主张，并建议召开专门性的国际会议，讨论静止轨道的法律地位问题①。

赤道国家对静止轨道的这种强烈主权要求，是对少数空间大国进一步发展空间技术和进行航天活动的严重威胁，因而美国和前苏联以及其他西方国家极力反对赤道国家的上述主张。就在1977年3月至4月召开的法律小组委员会上，前苏联代表主张，"决不能把静止轨道与外层空间割裂开来，某些国家的地理位置无论对整个轨道或是对其个别地段，都不能创造任何所有权。"② 第三世界一些国家，则主张在公平合理的基础上，另行作出安排，以照顾赤道国家和发展中国家的利益。

鉴于静止轨道的法律地位问题存在着严重的分歧，1977年联合国大会接受了外空委员会的建议，将原来的关于外空定义和定界议题改为"审议有关外空和外空活动的定义和定界问题，同时，考虑有关地球静止轨道问题"。这一议题就把外空定义和定界同静止轨道问题有机地结合起来了，因此比原来的议题更富有现实性。

1984年3月在日内瓦召开的第23届外空法律小组委员会上，哥伦比亚、厄瓜多尔、印度尼西亚和肯尼亚四国提出了工作文件，重申了赤道国家对静止轨道的一贯立场。但在解释性发言中，哥伦比亚代表大量引用海洋法专属经济区的概念，借此类比赤道国家对静止轨道所具有的特殊利益和权利。认为整个静止轨道其中70%处于公海上空，30%处于赤道国家之上。对于公海上空的70%轨道可以宣布为人类共同继承财产，而其余30%的轨道可以模仿专属经济区制度。但这又不是要求专属权利，而只是要求承认赤道国家的某些优先权利。这种论点比之赤道国家以前对其领土之上的静止轨道的主权要求显然有所让步，但仍然没有得到普遍的接受。

对目前静止轨道使用的不合理现象，广大第三世界国家表示了强烈的不满，认为法律上不能接受"先来先占"原则。但西方国家坚持高效率地使用轨道，否则空着一些轨道位置将造成浪费。西方国家的观点，实质上是坚持"先来先占"原则，反对制订任何法律原则。

在会上，中国代表作了比较全面的发言。发言中首先肯定了静止轨道是有限的自然资源，是人类的共同财产。认为公平、经济、有效地使用静止轨道和无线电频谱应取代现行的"先来先占"原则。

---

① 《苏维埃国家与法》，1979年第6期，第103页。
② 《苏维埃国家与法》，1979年第44期，第105页。

根据国际电讯联盟计划，1985 年和 1988 年召开世界无线电行政大会，其任务之一是规划使用静止轨道和无线电频谱①。

在 1985 年 6 月外空委员会第 28 届会议上，关于静止轨道问题，各国的立场一如既往，重申了以往的看法。

1986 年 6 月外空委员会第 29 届会议建议下届法律小组委员会（即 1987年）除审议其他议题外，继续审议静止轨道的合理使用问题。

波哥大宣言的国家主张静止轨道不是外层空间的一部分，但这一主张不仅没有得到西方工业国和前苏联东欧集团的支持，就是在发展中国家中，也有不少表示异议的。比如阿根廷、印度、埃及、墨西哥、乌拉圭等国家，一致认为静止轨道属于外层空间。由此看来，以后给外层空间下定义、订约或立法时，静止轨道似应列入外层空间的范畴。但根据目前国际交往中正在形成的对发展中国家给予支援和照顾的原则，给予赤道国家在其上空以优先发射卫星的权利或一旦其他发达国家在其上空发射卫星时，对其利益作适当照顾则是完全必要的。

1991 年，赤道国家对其关于静止轨道的立场作了第二次调整，承认静止轨道为外空一部分，主张"在实践中，通过制定具体明确的优先次序以达到公平的目的。这种优先次序为：（1）发达国家和发展中国家提出使用同一轨道位置的要求时，或已在使用的国家和尚未使用的国家有同样要求时，发展中国家或尚未使用的国家享有优先权。（2）在两个或多个发展中国家，或者两个或多个发达国家提出同等要求时，应适用'先来先占'原则。（3）如果在最近的将来没有足够能力发射卫星的国家提出使用静止轨道的某一位置的要求，而同时有能力立即发射卫星的另一国也提出要使用该位置的要求，则根据《国际电联公约》所宣布的效率性原则，后一国以经过证实的要求应享有优先权"。赤道国家立场的第二次调整旨在进一步发展公平有效的法律原则，并使发展中国家及目前尚未利用该轨道的国家获得某些优先权，以确保静止轨道的公平占有。上述主张，受到了各国不同程度的赞赏，从而使留在联合国外空法律小组委员会议题上的这一棘手问题的讨论有了较为可行的基础和较为乐观的前景。

（三）外空使用核动力源问题

为了控制航天器的飞行，进行通信指挥以及运转多种设备，航天器需要一定的电能。而外空使用核动力源是一项尖端技术，其主要目的是解决航天器对

① 《第二十三届外空小组委员会》，见 1985 年《中国国际法年刊》，第 419~420 页。

电能的需要。

在正常的情况下，一如在地面上使用核发电站，只要符合一切必要的安全条件，在外空使用核动力源是安全的。然而，当核动力卫星失控或发生故障而重返地球时，不能排除其在重返过程中被烧毁后的散落物对环境和人造成的危险影响。有鉴于此，制定关于在外空使用核动力源法律原则和规则，保障环境和人体不受失控卫星的放射性物质的危害，已成为当前国际社会所关心和联合国外空委员会及其所属的科技和法律小组委员会的一个主要议题。

加拿大在 1979 年 2 月 16 日外空科技小组委员会第 15 届会议上，首次要求审议前苏联核动力卫星"宇宙 954 号"的坠毁事件。从 1981 年起，法律小组委员会设立了工作组，专门就外空使用核动力源问题进行审议，直至 1985年。经过多年的摸索和探讨，可以归纳为下列几个问题，其中有的已达成协议，有的还需有关各方继续协调彼此的不同意见，以期制定共同的法律原则和规则。

第一，关于通知问题。关于通知的建议有两类主张：一是在核动力卫星发射前就应由发射国发出通知；二是在核动力卫星发生故障，其放射性物质有可能重返地球时发出通知。

鉴于拥有发射核动力卫星的空间大国都不愿在发射前发出通知，要求它们接受在发射前发出通知的规定是不可能的，也是不现实的。1983 年法律小组委员会工作组经反复协商，对失控的核动力卫星重返地球的通知的程序和格式达成了协议。协议认为，发出通知的时间应当是在核动力卫星发生故障，其放射性物质有重新进入地球的危险的时候。

第二，安全措施问题。关于防止辐射的具体安全措施，科技小组委员会工作组从 1979 年开始的历届会议都确认了以国际防护辐射委员会建议的标准作为指导原则，着重强调在决定使用核动力源时，应考虑该委员会第 26 号出版物所提出的诸如个人所受的辐射剂量当量的限度。

第三，援助问题。在法律小组委员会工作组会议上，前苏联多次坚持发射国有优先向受害国提供援助的权利。但多数国家认为，受害国向哪一国或哪些国家要求援助的问题，是属于受害国主权范围的事，它可以向发射国，也可以向其他国家要求援助，也可以在发射国和第三国共同援助下进行此项工作。

在 1985 年法律小组委员会工作组会议上，经过反复正式协商，制定了有关援助的案文，其中规定：除发射国外，一切拥有技术能力的国家和国际组织，在受影响国提出要求时，应尽可能提供必要的援助。

第四，赔偿责任问题。依照 1972 年《赔偿责任公约》第 1 条，"损失"

是指生命的丧失以及对身体和财产的损害，而未提及对环境的损害。由于核动力卫星失事后，在其坠落国家进行搜寻和清除放射性物质，以使受污染的环境恢复到原状，需要大量费用，因而这方面的损害理应包括在"损失"的定义中，由发射国负赔偿责任，在今后立法或制定公约时，对此还需作出新的明确的规定。

在外空使用核动力源可能带来一定的危险，因而制定在外空使用核动力源的法律制度是异常必要的，而这一工作正在取得稳步的进展。尽管制定一项普遍性的国际公约需要经历漫长的岁月，在谋求协议的道路上还有许多困难，但通过世界各国坚持不懈的努力，将会逐步取得为各方都能接受的协议，这是毫无疑义的。

国际社会历经十几年艰难曲折的谈判，终于在 1992 年由联合国大会以47/68 号决议通过了《关于在外层空间使用核动力源的原则》。

该原则规定：核动力源在外空的使用限于不用核动力源无法合理执行的任务，载有核动力源系统的设计应包括冗余设备、故障纠正系统、牵制和隔离以及部件相互独立等功能，以防止或尽量减少公众接触辐射。

核反应堆的设计应能使其在达到运行轨道前不得进入临界状态，使之用后存放在足够高度的轨道上，以确保该系统再入大气层之前放射性物质衰变到安全的水平；放射性同位素发电机的设计应使其能承受再入大气层和地面撞击，同时不将放射性物质散入环境。

发射核动力源的国家应公开对该系统的安全评价，万一该系统发生故障导致重返地球时，发射国应通知有关国家并帮助消除任何有害影响。对所造成的任何损害，发射国应承担责任。

（四）卫星直接电视广播问题

20 世纪 80 年代出现的直接电视广播是人类物质文明发展的里程碑。这种新技术有助于教育、卫生事业和文化水平的提高，有助于促进各国人民之间的相互了解。然而，这种技术如果使用不当，又可能产生不良影响，如针对别国进行恶意的宣传，广播该国法律禁止的节目，宣传该国不欢迎的生活方式，等等。有鉴于此，在卫星直接电视广播行将进入实用阶段之际，越来越多的国家要求早日制定关于国际直接电视广播的原则，以期最终制定关于直播的国际公约。

直接电视广播的特点是既可以通过直播卫星对国内的观众转播电视节目，也可以通过直播卫星对国外的观众转播电视节目。卫星从外层空间转播给家庭接收者收看的节目，并不局限于特定的国家，原因是转播的节目不可能准确无误地停止在边界上或边界附近。即使特定的节目是针对特定的国家或地区的，但超过边界的地区也有可能收到转播的节目。这就是所谓"溢出"问题。这一不可避免的"溢出"问题以及为了防止有的国家或其管辖下的某些实体不适当地利用或滥用直播这一新的技术，制定调整直播的原则和规则已列入国际社会的议程。

1968 年 12 月 20 日，联合国大会的第 2453 号决议，批准建立卫星直接广播工作组，研究有关直播的法律问题。1982 年第 37 届联大通过《各国利用人造地球卫星进行直接电视广播所应遵守的法律原则》的决议，107 票赞成，13 票反对，除序言外，具体条文共 12 条。在 12 条条文中，前 9 条是无争议条款，后 3 条为有争议的条款，现将有争议的条款分述如下：

1. 国家间的协商和协议问题

上述联大通过的决议中，本《原则》的案文内容基本上体现了从事卫星国际直接电视广播必须遵守尊重国家主权的原则，即广播国利用人造地球卫星要对另一国进行直接电视广播之前应将此意图通知接受国，并在后者要求下迅速与之协商，同时这种协商必须导致它们之间的协议和（或）安排，而这种协议和（或）安排应和国际电信联盟有关的规定相符。

但是上述案文遭到以美国为代表的西方国家的反对。美国认为，应以"鼓励和扩大自由和公开交流消息和思想的方式"建立国际直接电视广播业务，对他国进行直接电视广播，无须经过该国的同意。美国同意案文中的"协商"，但不同意案文中的"协议"。

2. 节目的内容问题

关于节目的内容，联大通过的案文作了如下规定：参加以卫星进行直接电视广播的国家或其广播实体应与其他国家就节目安排、节目的内容和制作以及节目的交换进行通力合作。在任何情况下，利用卫星从事直接电视广播的国家应排斥任何不利于维持国际和平与安全、宣传战争、军国主义、民族和种族仇恨以及旨在干涉他国内政或破坏当地文明、文化、生活方式、传统和语文基础等内容的节目。

一如事先同意的原则一样，此项节目内容的规则，也未取得一致意见。

3. 非法和不容许的广播问题

本《原则》案文把可以引起国际责任的广播视为非法广播。这类广播可以分为以下几种情况：其一是广播国针对某一外国广播而没有得到后者的明示同意；其二是上文列为应排斥内容的广播；其三是收到了非故意"溢出"的结果，而广播国又拒绝与之协商的广播。

不容许的广播是指一国不希望在其领土内或在其居民中进行的任何广播，而该国又已经把这一决定通知广播国，这种广播视为是不容许的。各广播国、国际组织或经授权广播机构应制止这种广播，如果该广播已经开始应立即终止。

上述案文，各国之间也存在重大分歧。

对上述三原则的分歧，最后导致了联大在表决上述决议时，虽获绝大多数赞成票的通过，但还有 15 票反对，11 票弃权。

联大的决议是建议性的，要把上述联大关于卫星国际直接电视广播的决议变成各国间的正式协议，看来，还须经历很长一段路程。

（五）空间碎片问题

在空间活动中，空间碎片碰撞带来的危害被认为是空间活动的最大威胁。停留在地球轨道上的空间物体可以分为两类：一类是在运作中或者在控制下的卫星，另一类是空间碎片。空间碎片可以是已失效的卫星和同飞行任务有关的物体，如用完的各级火箭、解体的火箭以及卫星的碎片，等等。

空间碎片的危害是巨大的。它们停留在地球静止轨道上，由于静止轨道是一种不可更新的资源，很难通过自然力量将物体移走，从而导致静止轨道的拥挤；核材料物体的碰撞会造成污染；它们对卫星的碰撞可能对卫星造成损害；它们还可能干扰地面和空间的天文观察和空间的实验。

自 1957 年苏联把全世界第一颗人造卫星送上天，人类的空间活动已制造了数以亿计的太空垃圾。主要包括废弃的卫星及探测器、运载火箭末级的碎片和宇航员意外丢失的物品等，地面能探测到的 1000 公里以内、尺寸 10 厘米以上的"太空垃圾"约有 1.8 万个，10 厘米以下的这类"垃圾"有 10 万颗之多，它们主要源自美国和俄罗斯。这些碎片是太空中四处漫布的"杀手"。尤其是微小碎片，由于它以每秒 7.8 公里左右的第一宇宙速度运行，且撞击力跟速度的平方成正比，哪怕一毫米的碎片撞击到航天器的要害部位上也将产生致命的影响。两颗卫星相撞立刻化为太空碎片云团，这些碎片至少也会在太空中存留几十年，甚至上百年。早在 1994 年，联合国外空科技小组委员会就在报告中指出，外层空间约有 3000 吨碎片，且数量以每年 2% ~ 5% 的速度递增。而按这样的增长速度，到 2300 年，任何发射物体都将因空间碎片的存在而无法进入太空轨道。

2009 年 2 月 11 日，美国一颗通信卫星与一颗俄罗斯报废卫星在西伯利亚上空的太空中相撞。发生相撞的分别是美国 1997 年发射的一颗铱星以及俄罗斯 1993 年发射的一颗作为通信中继站的卫星，据信俄罗斯这颗卫星已经有 10

年不曾工作过了。这是人类历史上首次卫星太空相撞事故。由于铱星系统的66 颗卫星大多集中在极地轨道附近，故而本次卫星相撞产生的碎片将对整个铱星系统以及他国的卫星及太空船产生巨大威胁，发生新太空碰撞的几率正在以几何级数增长。这些碎片极有可能导致一系列的对铱星系统的连环碰撞，而新的碰撞又将产生成千上万的新碎片威胁更多的卫星。

空间碎片所引起的环境污染和潜在威胁，使人们深信，任何关于保护地球及其环境的讨论，如果不将空间碎片问题列入议程，都是不全面的。有鉴于此，1989 年有些国家首次就空间碎片问题向外空法律小组委员会提出工作文件。同年第 44 届联合国大会第 44/46 号决议要求各国对空间碎片碰撞问题予以注意并进行研究。1993 年联合国大会第 48/39 号决议将"空间碎片"作为新议题列入联合国外空科技小组委员会的工作议程。1999 年 7 月"联合国第三次外空会议"着重讨论了 21 世纪利用外空的行动计划，其中包括"空间碎片"问题。

2003 年，国家航天局在京召开了空间碎片研究工作会，会上制定了《2006 年至 2020 年空间碎片行动计划发展纲要》。纲要中特别指出要切实做好"三个工程"。一是以数据库为载体的空间碎片探测预警工程。二是以防护设计专家系统为载体的空间碎片防护工程。三是以空间碎片减缓设计标准为载体的空间环保工程。

目前，全国空间碎片交流研讨会每两年举办一次，最近的一次研讨会（第五届研讨会）是 2009 年在山东烟台召开的，与会代表就空间碎片监测预警、航天器防护、空间环境保护的研究和应用成果交流研讨了近百篇报告，并就我国未来五至十年空间碎片战略发展规划提出了有益建议；会议还特别安排了"空间碎片控制管理政策"和"美俄卫星碰撞分析"两个专题研究。

思 考 题

1. 空气空间的法律地位是怎样的？

2. 1944 年《国际民用航空公约》关于"非航班飞行"和"航班飞行"的规定有何不同？

3. 根据有关空中劫持的三个公约，哪些国家对空中劫持有管辖权？

4. 什么是有关空中劫持的"或引渡或起诉"原则？

5. 外层空间的法律地位？

6. 根据联大的决议和外空条约，各国探索和利用外层空间应遵循哪几项原则？

7. 1971 年《赔偿责任公约》关于空间实体对他国造成损害的国际责任有哪些具体规定？

8. 试论"空间碎片"与环境问题。

第十章　国际环境法

第一节　概　　说

一、国际环境法的概念和特征

受人类自身活动的影响，加上地球自身演化规律的原因，地球和人类生存环境受到史无前例的严峻挑战：酸雨广泛出现，臭氧层变薄，地球大气层温室效应和全球变暖，表明地球从整体上在不断恶化，甚至大气层以外的宇宙空间也变成了人造"太空垃圾"的堆放场所；地球上的淡水和海水正日益受到人类排放的废水、废气和废渣的严重污染；森林面积锐减，土壤的沙漠化和盐碱化在不断加剧；动植物和微生物物种的灭绝和栖息地减少的速度明显加快。人类环境的急剧恶化，促使现代国家不得不重新思索人类的经济与社会发展模式，不得不调整各自的发展战略，不得不在保护、利用和改善环境方面积极开展国际协作。作为这种协作的规范性成果，在20世纪的后半叶迅速形成了国际法的一个崭新分支——国际环境法。

国际环境法，是指各国及其他国际法主体在利用、保护和改善环境的国际交往中形成的，调整彼此间权利义务关系的原则、规则和制度的总体。

作为现代国际法的一个新的分支，国际环境法在整个国际法律秩序中具有若干区别于国际法其他部门的特殊性。

（一）国际环境法是一个主要以国际书面文件为表现形式的国际法分支

尽管在理论上，国际环境法的渊源可以包括《国际法院规约》第38（1）条所列的各种渊源，但是迄今国际环境法的各种规范，无论从数量上考察，还是从覆盖面来看，最重要的是来自条约和国际组织及国际会议的决议这两大类国际书面文件。鉴于国际环境问题的紧迫性、不确定性和复杂性的特点，保护国际环境的条约，特别是造法性的环境条约，较多地采用"框架公约+议定书

+附件"的形式，或称之为"框架公约模式"①。国际组织及国际会议有关环境问题的决议有各种各样的名称，较常见的有决定、宣言、决议、行动计划（纲领），等等。其中，有的决议具有一定的法律约束力；而更多的决议则不具有法律约束力，严格说只是国际环境法发展过程中的一种广泛历史意义上的渊源。

（二）国际环境法是一个"软法"现象较多的国际法分支

虽然环境保护领域的各种双边条约和多边条约在不断增多，但是国际环境法中的"软法"现象仍然十分突出。这种现象是由如下因素造成的。首先，国际习惯和国际条约的形成一般需要经历相当的时间和复杂的过程，这显然不能适应国际社会急需法律来应对业已发生的环境危机，特别是重大全球环境问题的紧迫性。而所谓"软法"性文件，因其制定程序较为简易，则能较快地对此等紧迫的全球环境问题作出有效反应，尽管其法律约束力甚弱。其次，环境科学技术和环境法律紧密相连，而人们对环境问题的认识不可避免地带有局限性和不确定性。在这种情况下，采用较宽松的形式能较容易地在国家之间达成妥协。最后，环境的国际法律保护必须有一定的预防性和超前性，必须对未来的和影响后代的国际环境问题尽早地建立国际预防机制，而这种预防性的国际法律和机制更宜采用较灵便的方式，否则难于被国际社会普遍接受。

（三）国际环境法学是一个交叉性很强的国际法分支学科

国际环境法，从最初的处理边境和特定物体、物品或事项的环境问题，已迅速发展到调整全球整体的环境关系。而国际环境法学，亦随之成为各国政府和国际组织及区域性组织以及法学界、科技界、经济界、政治界、社会学界等进行交叉研究和开展交叉活动的新领域。因此，作为国际法（学）的一个新分支，国际环境法（学）处于多种学科交汇点上，融汇了多种学科的知识并对多种学科产生影响，具有比较显著的边缘学科的特征②。

二、国际环境法的简史

虽然从19世纪中期开始就有关于环境方面的条约和国际判例的存在，但是作为现代国际法的一个相对独立的分支，国际环境法的形成与发展主要是晚

---

① 参见王曦编著：《国际环境法》，法律出版社1998年版，第66页；王铁崖主编：《国际法》，法律出版社1995年版，第456~457页。

② 关于国际环境法的这一特征，参见王曦编著：《国际环境法》，法律出版社1998年版，第60~61页。

近40年来的事。

在联合国成立之前，有关国家签署了一些有关环境方面的条约，其内容主要涉及两大类：一是关于渔业资源的管理与保护以及有关界河和国际河流水污染的防治；二是关于鸟类和野生动植物的保护。在这一时期还出现了一些对国际环境法形成与发展具有重要影响的国际仲裁判例。例如，1893年的"太平洋海豹案"是早期涉及保护国家管辖范围以外的生物资源的判例；1938年和1941年的"特雷尔冶炼厂案"是国际上首起涉及跨国环境责任的判例，确立了国家应承担跨国环境污染责任的原则。不可忽略的是，1909年在巴黎召开的国际自然保护大会以及1913年成立的国际自然保护顾问委员会，为推动环境保护领域的国际组织建设和国际会议的发展进行了有益的尝试。

从第二次世界大战之后到20世纪70年代初，国际环境保护方面的发展有如下几个特点：首先，联合国的成立为环境保护的国际合作奠定了组织基础。联合国的主要机关（如大会、经社理事会）和专门机构（如联合国粮农组织、联合国教科文组织）都在各自的职权范围内促进环境保护的国际合作。例如，在联合国教科文组织的支持下，国际自然保护同盟作为第一个专门的国际环境保护组织于1948年成立。第二，有关环境保护的国际条约明显增多，特别是产生了一些重要的全球性公约（如1954年《国际防止海上油污公约》）和区域性条约（如1966年《关于建立国际委员会以防止莱茵河污染协定》和1968年《非洲自然和自然资源保护公约》）。第三，环境保护国际合作的领域相对集中。这一时期有关环境保护的国际会议、国际组织决议和国际条约主要涉及海洋环境保护、极地区域环境保护、外层空间环境保护。

自20世纪70年代以来，国际环境法进入了全面、系统发展的新阶段。1972年的联合国人类环境会议和1992年联合国环境与发展大会，堪称为国际环境法发展史上的两个里程碑。

（一）1972年联合国人类环境会议

根据联合国大会1968年的决议，联合国人类环境会议于6月5日至16日在斯德哥尔摩举行。会议通过了《人类环境宣言》、《行动计划》和《关于机构和资金安排的决议》等重要文件。虽然这些文件本身不具有法律约束力，但是它们对于推动国际环境法的发展具有深远的意义。

首先，《人类环境宣言》表达了各国对人类环境问题的共同认识和共同信念。宣言宣示的对人与环境的关系、保护和改善环境的重要性和责任、人类改造环境的能力、人口与环境的关系、保护和改善人类环境之共同目标和任务等问题的认识，标志着国际社会对于人与自然的关系的认识发生了一次飞跃，为后来国际环境法的快速发展奠定了思想基础。

其次，《人类环境宣言》宣示的一系列人类环境保护的基本原则，有的是对习惯国际法的确认，有的预示着国际环境法及其原则发展的方向。宣言第21条明确规定了如下习惯国际法规则，即："按照联合国宪章和国际法原则，各国有按自己的环境政策开发自己资源的主权权利，并且有责任保证在它们管辖或控制之内的活动，不致损害其他国家的或在国家管辖范围以外地区的环境"。宣言的其他条文系统地就污染和其他环境损害的责任和赔偿、国际环境标准、国际合作、国际组织的作用、消除核军备等问题分别作出了原则性规定。

再次，会议通过的《行动计划》为协调各国环境政策和加强环境保护的国际合作提供了一个框架性的工作方案。《行动计划》提出的100多项建议极大地促进了人类居住环境质量的规划与管理、自然资源环境的管理、具有广泛国际意义的污染物和公害的查证与控制、环境问题的宣传教育以及与全球环境保护相关的其他事业。

最后，会议促成在联合国系统内增设专门性国际环境合作组织。根据会议提出的有关建议，联合国大会于1972年通过决议，决定设立联合国环境规划署，作为联合国专司环境保护事务的机构。该机构自成立以来，为在联合国内提供环境政策的协调与指导、审查世界环境状况、实施联合国环境项目、建立全球环境监测系统和国际资料查询系统、促进国际环境法的编纂、加强环境条约的管理等方面作出了积极的贡献。

斯德哥尔摩会议之后，环境保护的国际法制建设明显地加快了速度，陆续签署了一些重要的多边环境条约或与环境有关的公约。其中具有特别重要意义的有1972年《保护世界文化和自然遗产公约》、1973年《濒危野生动植物物种国际贸易公约》、1979年《远距离跨界大气污染公约》、1982年《联合国海洋法公约》、1985年《维也纳保护臭氧层公约》、1989年《控制危险废物越境转移及其处置的巴塞尔公约》，等等。

（二）1992年联合国环境与发展大会

根据联合国大会1989年第44/228号决议，联合国环境与发展大会于1992年6月3日至14日在巴西里约热内卢举行。会议通过了《里约环境与发展宣言》、《21世纪议程》和《关于森林问题的原则声明》，并将《气候变化框架公约》和《生物多样性公约》开放供各国签署。这次会议及其通过的文件对于人类环境的国际保护及其法律秩序的进一步发展具有划时代的意义。

第一，会议标志着各国对于人类环境问题的共识在联合国人类环境会议的基础上又有了更高的突破性认识。其主要表现为四个方面：其一是在环境与发展的相互关系上的突破，即认识到人类处于环境与发展的中心，环境与发展是辩证的统一；其二是在国际环境合作上的突破，即提出建立新的公平的全球伙伴关系来共同解决人类面临的环境与发展两大问题；其三是在社会发展模式上的突破，即提出了可持续的经济与社会发展新思路；其四是在环境责任问题上的突破，即在全球环境退化问题上提出了各国负有"共同但有区别的责任"①。

第二，会议及其成果标志着国际环境法作为一个新的国际法分支日趋成熟。会议通过的有关文件不仅进一步宣示、澄清或强调适用于环境保护的习惯国际法规则，如国家对其管辖下的自然资源的主权权利和相应的责任规则和国家发展权规则，而且重申或确立了一些国际环境法所特有的原则，如可持续发展原则、共同但有区别的责任原则、损害与风险预防原则，等等。

第三，会议通过为人类社会的可持续发展制定了一个空前宏大且具有可操作性的行动规划，为21世纪国际环境法的发展确定了主要目标和重点领域。《21世纪议程》的内容涉及人类环境与发展两个中心问题的各个方面，并且强调各类社会团体在推动可持续发展方面的作用。尤其值得重视的是，它规定了全方位、多层面的实施手段，要求在国内、区域和全球各个层面上综合考虑环境与发展问题。

（三）2002年可持续发展世界首脑会议及之后的发展

根据2000年12月第五十五届联大第55/199号决议，可持续发展世界首脑会议于2002年8月26日至9月4日在南非约翰内斯堡召开，旨在为了全面审查和评估《21世纪议程》的执行情况、在全球范围内推动可持续发展战略。会议通过了《约翰内斯堡可持续发展宣言》和《执行计划》。这次会议是国际环境法发展史上的第三座里程碑②。

可持续发展世界首脑会议之后，国际环境法走向了系统化、体系化的发展道路。这个时期，国际环境法的发展呈现出以下特点：

第一，随着环境保护运动的高涨和人们环境意识的提高，国际社会开始普遍关注环境问题，有关环境保护的国际法条款越来越多地出现在一般国际法文件中，从事环境保护的全球、区域和专门国际组织数量越来越多、层次越来越高，在国际环境事务中的作用也越来越明显，国际环境法的组织化趋势进一步

---

① 参见王曦编著：《国际环境法》，法律出版社1998年版，第42页。
② 参见王曦编著：《国际环境法》（第二版），法律出版社2005年版，第56页。

得到加强。

第二，国际环境法的体系日臻完善。（1）其调整范围已经囊括当今世界上出现的几乎所有环境问题；（2）在指导思想上，出现超前立法的观念及实践，风险预防的思想广泛传播并不断得到贯彻实施；（3）在保护方法上，开始对不同环境部门实行综合控制（Integrity control）；（4）国际环境立法的重心开始向实施、责任和赔偿等领域倾斜。

第三，国家以外的参与者的作用在加强。非政府组织在提请各国关注全球重大环境问题、以观察员身份列席有关国际公约的谈判、进行国际环境法的宣传教育、监督国际环境条约的实施等方面发挥了极大的作用。而跨国公司和个人在国际环境法中享有越来越多的权利，开始被承认为国际环境法的有限主体，并在国际环境法的立法与实施过程中发挥着积极的作用。

三、环境保护与贸易自由化

历史上，从来没有将国际贸易与环境联系起来。环境保护与贸易自由化的关系直到20世纪90年代才成为国际社会普遍关心的一个焦点问题。这个问题之所以在20世纪最后的十年成为一个热点，主要是20世纪90年代初国际社会在环境与贸易两个领域相继发生的两个事件起了"推波助澜"的作用：一是1992年召开的联合国环境与发展大会对全球环境保护提出了更高的目标与要求，国际上形成了一股思潮，强烈要求国家采取更加严格的进出口管制措施达到保护环境的目的；二是当时正在进行的乌拉圭回合将大幅度地提高国际贸易自由化和全球化水平，国际上形成了另一股思潮要求各国进一步放宽进出口管制措施。

环境保护与贸易自由化都是直接牵涉每个国家、每个区域和全球人类的生存与发展的根本利益的大问题。贸易与环境的关系，实质上是有关二者的法律与政策的交互影响问题，即：国内和国际的环境法律与政策对贸易自由化产生的影响；反过来，国内和国际贸易法律与政策对环境保护产生的影响。环境保护主义者认为，贸易自由化对环境保护是一个潜在的威胁，只有实行严厉的贸易限制措施，才能真正有效地使有关的环境法律和政策落到实处，才能从根本上杜绝有害人类健康和破坏生态环境的产品的交易，从而达到保护人类及其环境的目的。贸易自由化论者认为，贸易自由化和全球化是世界经济与社会发展的必经之路，贸易自由化能促使世界资源的合理配置，并可以为环境保护提供必不可少的资金保证，因此不可以牺牲贸易为代价来保护环境，过分强调环境保护必然对国际贸易自由化构成障碍，更何况以保护环境为由实施贸易限制措施实质上是一种"绿色贸易保护主义"①。

贸易与环境之间的关系错综复杂，我们不可将二者的关系简单地一概而论。应该承认，贸易自由化并不必然与环境保护发生冲突，尽管前者在有些情况下会给环境保护产生一定的负面影响；同样地，环境保护并不一定要通过限制贸易才能达到最佳效果，尽管严格的进出口管制在一定的条件下无疑能促进环境保护目标的实现。关键是，各国应在国际和国内两个层面上在环境保护法律和政策与国际贸易法律与政策之间建立建设性的交互支持关系。近年来，联合国和世界贸易组织及其他一些国际组织一直在组织各国政府和国际组织的代表、非政府组织的代表以及贸易界、环保界和法学界的专家致力于这种建设性关系的研究工作。其中联合国环境与发展大会和世界贸易组织的成果及工作进展特别引人注目。

联合国环境与发展大会通过的《21 世纪议程》特别呼吁各国促使建立环境与贸易之间的相互支持关系，宣称："一个开放的多边贸易制度使得资源的更有效配置和利用成为可能，从而有助于增加生产和收入，有助于减轻环境压力。它为经济增长与发展和得到改善的环境保护提供所需的额外资源。另一方面，良好的环境为持续增长和贸易的不断扩展提供所需的生态资源和其他资源。一个开放的多边贸易制度，在良好的环境政策的支持下，将对环境产生积极的作用并有助于可持续发展。"② 联合国环境与发展大会通过《21 世纪议程》达成的这种共识，为世界贸易组织具体研究环境与贸易之间的支持关系并最终就此达成一项专门协议的可能性奠定了基础。

当前，环境与贸易问题的国际研讨与协商中心是世界贸易组织。事实上，1947 年关贸总协定的条文和实践早就涉及到环境与贸易的关系问题。在关贸总协定第 20 条规定的诸项例外中，就有两种属于环境保护方面，即：缔约国在非歧视原则下，可以背离关贸总协定的义务，为保障人民、动植物的生命或健康，为保护可能用竭的天然资源采取特殊的限制措施，只要此等措施不构成对国家贸易的变相限制。关贸总协定争端解决机制中也曾经专门涉及到贸易与环境问题的案件。建立世界贸易组织的协定和乌拉圭回合达成的其他有关多边贸易协定（如技术贸易壁垒协定、卫生和植物检疫措施协定、补贴与反补贴协定、农业协定、与贸易有关的知识产权协定），都有专门条款或明文提及环

① Ved P. Nanda, International Environmental Law and Policy, Transnational Publishers, Inc. (1995), p.27.

② Agenda 21, section 2.19.

境问题。而且，世界贸易组织争端解决机制所受理的案件中不乏涉及环境问题的争端。然而，由于环境与贸易问题的复杂性，更由于各国，特别是发达国家与发展中国家之间存在差异较大的环境与贸易利益，迄今世界贸易组织还没有就此达成一项专门的协议，尽管乌拉圭回合专门通过了《贸易与环境部长决定》并据此成立了专门的贸易与环境委员会，尽管后者制定了内容较广泛的《工作方案》并据此一直在开展这方面的工作。

尽管仍然存在着难以调和的分歧，世界贸易组织各成员终于在 2001 年的多哈部长级会议上达成了一致，决定就贸易与环境问题展开新一轮的多边贸易谈判。贸易与环境问题也就正式成为"多哈回合"谈判的一个新议题，也是唯一的新议题。在《多哈宣言》中，有关贸易与环境问题的议程安排主要包括两个部分：谈判议题（第 31 条）和讨论议题（第 32 条）。贸易与环境的谈判议题包括：（1）现行 WTO 规则与多边环境协定中的具体贸易义务的关系。（2）多边环境协定秘书处与 WTO 的相关委员会定期交换信息的程序，以及授予观察员地位的标准。（3）减少或适当时消除环境货物或服务的关税或非关税壁垒。贸易与环境的讨论议题包括：（1）环境措施对市场准入的影响。（2）《TRIPs 协定》的相关规定。（3）为环境目的的标志要求。《多哈宣言》规定的谈判截止期限是 2005 年 1 月 1 日，遗憾的是，多哈回合自启动以来一直进展缓慢。迄今为止，包括贸易与环境议题的各项谈判并没有完成。贸易与环境之间的协调之路曲折而漫长。

第二节　国际环境保护制度综述

一、大气环境的国际保护

防止地球大气环境的恶化一直是国际社会关注的焦点。为此，各国不仅制定相应的国内法，而且还在区域和全球两个层面上，着重就防止气候变化、保护臭氧层和防止酸雨等方面展开国际合作，并签署了一些重要的国际公约。

（一）防止气候变化公约

20 世纪 80 年代初，联合国环境规划署、世界气象组织和国际科学联盟等国际组织相继单独或共同发起对气候变化问题进行调查评估和应对策略研究。在此基础上，1988 年联合国大会通过了《为人类今世后代保护全球气候决议》。1990 年 12 月，联合国大会通过第 45/212 号决议，决定成立关于《气候变化框架公约》的政府间谈判委员会（INC），并要求各会员国尽快就该公约的缔结进行谈判。委员会于 1992 年 5 月 9 日在纽约通过《气候变化框架公约》文本。该文本于同年 6 月在里约热内卢召开的联合国环境与发展大会上开放供各国签署。

1.《气候变化框架公约》

公约于 1994 年 3 月 21 日生效。公约是迄今在防止气候变化方面最重要的国际法律文件。

《气候变化框架公约》为缔约方确立的目标是"将大气中温室气体的浓度稳定在防止气候系统受到危险的人为干扰的水平上"。为此，公约要求缔约方尽快实现这一目标，从而使生态系统能够自然地适应气候变化，确保粮食生产免遭威胁，并促使经济可持续地发展。为实现上述目标，公约确立了下列五项重要原则：

第一，各缔约方应在公平的基础上，并根据他们共同但有区别的责任和各自的能力，为人类当代和后代的利益保护气候系统。

第二，应当充分考虑到发展中国家缔约方尤其是特别易受气候变化不利影响之发展中国家缔约方的具体需要和特殊情况。

第三，各缔约方应当采取预防措施，预测、防止或尽量减少引起气候变化的原因，并缓解其不利影响。

第四，各缔约方有权并且应当促进可持续的发展。

第五，各缔约方应当合作促进有利的和开放的国际经济体系。为对付气候变化而采取的措施，包括单方面的措施，不应当成为国际贸易上的任意或无理的歧视手段或者隐蔽的限制。

根据"共同但有区别的责任"原则，公约第 4 条和附件将缔约方的义务分门别类予以规定。其中一般性承诺是所有缔约方，不论是发达国家缔约方还是发展中国家缔约方，都要承担的共同义务；具体承诺则是特定类型的缔约方各自承担的不同义务。

2.《京都议定书》

1997 年 12 月，在日本京都召开的公约缔约方第三次会议通过了旨在限制发达国家温室气体排放量以抑制全球变暖的《京都议定书》。该议定书于 2005 年 2 月 16 日开始生效，引人注目的是美国没有签署该条约。

议定书遵循了《公约》确定的"共同但有区别的责任"原则，要求作为温室气体排放大户的发达国家采取具体措施限制温室气体的排放，而发展中国家不承担有法律约束力的温室气体减排义务。具体而言，到 2010 年，所有附件一国家（即发达国家）二氧化碳等 6 种温室气体的排放量，要比 1990 年减少 5.2%。这是人类历史上首次通过国际法以量化的形式限制各国的温室气体排放。

议定书在减排途径上规定了三种灵活机制，即联合履行机制（JI）、清洁发展机制（CDM）和排放贸易机制（ET）。这些机制允许发达国家通过碳交易等市场机制完成减排任务，而发展中国家可以获得相关技术和资金。但为了规避发达国家利用灵活机制逃避本国的实质性减排义务，议定书明确规定这三种灵活机制只能作为发达国家国内减排行动的补充。

3. 后京都时代的发展

《京都议定书》规定发达国家在第一承诺期（即 2008 年至 2012 年）的减排义务，但 2012 年之后国际社会如何应对气候变化，仍需缔约各方进行谈判。2007 年，公约和议定书的缔约方会议在印度尼西亚巴厘岛通过了一项"路线图"，确立了《公约》和《京都议定书》之下的"双轨并进"的谈判安排。即签署议定书的发达国家要履行议定书的规定，承诺 2012 年以后的大幅度量化减排指标；另一方面，发展中国家和未签署议定书的发达国家（主要指美国）则要在公约下采取进一步应对气候变化的措施。

2008 年，落实"巴厘路线图"的谈判全面展开。由于发达国家与发展中国家在减排责任和义务上的巨大分歧，气候谈判进展十分缓慢，成果不大。2009 年，备受瞩目的哥本哈根气候会议未能如期完成谈判，只是以公约及议定书缔约方大会决定的形式发表了不具法律约束力的《哥本哈根协议》，决定延续"巴厘路线图"的谈判进程，两个工作组继续进行谈判。在 2010 年墨西哥坎昆举行的公约及议定书缔约放大会上，各方经过紧张密集的谈判后，达成折中的两项《坎昆协议》。该协议坚持了《京都议定书》，并体现了对第二承诺期的要求，但没有给出具体的时间表。众多分歧被留给下一次的联合国气候大会，气候谈判任务仍将十分艰巨。

（二）保护臭氧层公约

大气中的臭氧层具有吸收外层空间照射到地球的紫外线辐射的作用。自 20 世纪 70 年代开始，国际社会开始注意到，由于人类活动中所排放的多种损耗臭氧的物质的增多，臭氧层已受到严重破坏，而臭氧层的破坏直接威胁着人类和地球生态系统。自 20 世纪 70 年代末以来，在联合国环境计划署的发动、组织和主持下，先后通过了 1985 年《保护臭氧层维也纳公约》和 1987 年《关于消耗臭氧层物质的蒙特利尔议定书》及其后来的多次调整和修正。

1. 《保护臭氧层维也纳公约》

公约于 1998 年 9 月 22 日生效。公约要求缔约方采取适当措施，保护人类和环境免受人类活动可能改变臭氧层而带来的不利影响。为此，各缔约方应在其能力范围内，通过系统的观察、研究和资料交换方面的合作，更好地了解和评价人类活动对臭氧层的影响，以及臭氧层的变化对人类健康和环境的影响；采取适当的立法和行政措施，协调适当的政策，控制、限制、削减或禁止其管辖或控制范围的人类活动已经或可能对臭氧层造成的不利影响；从事合作，制定执行公约的措施、程序和标准，以期通过有关的议定书和附件；同有关的国际组织合作。公约还就公约的执行、机构设置、争端解决等事项作出了一些具体规定。

2.《蒙特利尔议定书》

1987年9月，公约缔约国代表在蒙特利尔通过了《关于消耗臭氧层物质的蒙特利尔议定书》（以下简称1987年《蒙特利尔议定书》）。该议定书的实质意义在于，它具体对消耗臭氧层的物质的生产与消费作出了限制。该议定书规定，缔约国应分阶段逐步减少氯氟烃的消费与生产，实现在1990年之前将氯氟烃的消费和生产减少到1986年的消费量和生产量的50%。议定书还以附件的形式分类规定了受控制的物质以及不同物质消费与生产的不同削减比例。与此同时，议定书也为发展中缔约国的特殊情况规定了一些优惠条件。修订后的议定书专门为发展中国家规定了提供财政和技术援助的机制，并为此设立一项多边基金。

根据公约和议定书的规定，经过缔约国大会2/3多数可以对受控制的物质进行调整，这种调整对所有批准原始议定书的缔约国都有效；经过缔约国大会3/4多数进行修正，以增添新的受控物质。迄今，公约和议定书先后经历了五次调整和四次修正。其中，伦敦修订与调整增加了受管制物质的种类，并要求缔约国到2000年将氯氟烃的消费与生产减少到零，而且在2000—2005年期间将其他受控物质的消费与生产减少到零。哥本哈根修正则将发达国家的氟氯碳化物禁产时程提前至1996年1月实施，而非必要之消费量均严格禁止。此外，在2007年的缔约国会议上，各国同意加速在发达国家和发展中国家淘汰氢氯氟烃。

（三）《远程跨界大气污染公约》

保护大气层的国际法律合作是以控制跨国空气污染的地区性多边公约而发端的。在1975年欧安会的倡导下，联合国欧洲经济委员会于1979年11月在日内瓦主持制定了《远程跨界大气污染公约》（亦称《长程越界空气污染公约》）。公约于1983年3月生效，参加的国家有欧洲各国以及美国和加拿大。其宗旨是控制跨界空气污染，尤其是解决以二氧化硫的排放和酸雨为主的跨界大气污染问题。

《远程跨界大气污染公约》对"空气污染"和"远程跨界空气污染"两个重要的环境概念从法律上作出了定义，尤其是明确了缔约各国上空的空气环境是一个整体的大气环境。它还规定了：缔约国控制远程跨界空气污染以及为此进行合作的一些原则，如通过信息交流、磋商、研究和监测尽快制定控制空气污染物排放的政策和规划；交流情报并审查各自有关的政策、科学活动和技术措施；受远程跨界空气污染缔约国与此等污染的起源地缔约国之间应尽早就有关跨界大气污染问题进行磋商，等等。公约的诞生不仅开创了建立区域性控制跨界空气污染多边法律制度的先河，而且为建立全球性的保护大气层法律机制创造了条件。

为进一步实施《远程跨界大气污染公约》，缔约国后来陆续签署了八项议定书，它们分别是 1984 年《关于长期资助远程跨界空气污染监测和评价议定书》、1985 年《关于至少减少硫排放量或其跨界流量 30% 议定书》、1988 年《关于管制氮氧化物排放量或其跨界流量议定书》、1991 年《关于挥发性有机物及其越界流动议定书》、1994 年《关于进一步削减硫排放议定书》、1998 年《关于重金属议定书》、1998 年《关于持久性有机污染议定书》和 1999 年《关于减缓酸化、富营养化和地表臭氧议定书》。

二、海洋环境的国际保护

与大气层的污染问题相比，国际社会对国际海洋污染及其控制的关注要早一些。自 20 世纪 50 年代以来，各国逐步注重关于保护海洋环境的国际合作，有关防止海洋环境污染的国际法律迅速发展起来，先后缔结了一系列有关保护海洋环境的全球性公约和区域性公约。

（一）保护海洋环境的全球性公约

在全球性的公约中，最重要的当属 1982 年的《联合国海洋法公约》（以下简称为《海洋法公约》）。虽然《海洋法公约》并不是一个专门的海洋环境保护公约，但是它的签署与生效对于海洋环境保护的国际法制建设具有深远的意义。首先，它为各缔约方利用和保护海洋资源的行为确立了一些重要的国际法原则；其次，它对各缔约国保护海洋环境规定了较为系统的法律义务①。

作为保护海洋环境的一般原则和义务，《海洋法公约》序言明确地将海洋资源的养护和海洋环境的保全作为该公约的宗旨之一和作为建立海洋法律秩序

---

① 参见王曦编著：《国际环境法》，法律出版社 1998 年版，第 217 页。

的重要组成部分。为此，公约规定，各国有依据其环境政策和按照其保护和保全海洋环境的职责开发其自然资源的主权权利；各国应采取一切必要措施，确保在其管辖或控制下的活动的进行不致使其他国家及其环境遭受污染的损害，并确保在其管辖或控制范围内的事件或活动所造成的污染不致扩大到其行使主权权利的区域之外；各国对于其管辖下的自然人或法人污染海洋所造成的损害，应确保按照其法律制度可以提起申诉以获得迅速和适当的补偿或其他救济；各国应在全球和区域性的基础上进行合作来制定符合国际海洋保护和保全的国际规则、标准、办法和程序；各国还应在有关海洋污染及其损害的通知、应急计划、研究、情报和资料交换方面进行合作。

除了上述一般原则和义务外，《海洋法公约》还就防止和控制各种来源的海洋污染分别作出了相应的规定，即：要求各国和有关的国际组织制定法律、规则、规章和标准以期控制来自陆地的海洋污染、国家管辖的海底活动造成的污染、国际海底区域造成的污染、倾倒造成的污染、来自船舶的污染和来自大气层或通过大气层的污染。

除了《海洋法公约》之外，还有一些专门的海洋环境保护全球性条约，如 1972 年《防止因倾倒废弃物及其他物质而引起海洋污染公约》、1973 年《国际防止船舶造成污染公约》、1973 年《关于油类以外物质造成污染时在公海上进行干涉的议定书》、1989 年《国际打捞公约》和 1990 年《关于石油污染的准备、反应和合作的伦敦国际公约》等。

（二）保护海洋环境的区域性公约

自 20 世纪 70 年代中期以来，联合国环境规划署一直不懈地开展其区域海洋项目和制定区域海洋环境保护公约的活动。迄今，联合国环境规划署的区域海洋项目已涉及 18 个区域，其中有 13 个区域已经制定了关于海洋环境的行动计划，有 14 个区域（南极、波罗的海、黑海、东非、地中海、东北大西洋、东北太平洋、太平洋、红海和亚丁湾、波斯湾、南亚海、东南太平洋、西非和大加勒比海）已经制定了海洋环境保护的区域性公约和相关的议定书。联合国环境规划署的区域海洋项目以及由此形成的一系列区域性条约是国际环境法的重要组成部分，对于促进区域海洋和全球海洋的环境保护以及有关国家为此而进行的国际合作具有不可忽视的作用和影响。另一方面，我们也注意到，有关区域的武装冲突不止、政局不稳、社会不安、经济不景气，使得这些区域海洋环境保护项目和条约的实际效用大打折扣。

除了联合国环境规划署主持制定的区域海洋环境项目和条约外，有关区域内的国家还自发地制定了本区域的海洋环境保护条约，其中较重要的有东北大西洋和北海区域沿海国于 1972 年签署的《防止船舶和飞机倾弃废物污染海洋公约》、1974 年签署的《防止陆源海洋污染公约》、1983 年签署的《关于对付北海石油和其他有害物质污染的合作协定》、1992 年签署的《保护东北大西洋海洋环境公约》；波罗的海沿海国分别于 1974 年和 1992 年签署的《保护波罗的海区域海洋环境公约》。

三、自然资源的国际保护

根据国家主权原则，各国对于其境内的自然资源拥有永久的主权，其中包括开发和利用自然资源的主权权利。但是，人类科学和实践表明：一国对其自然资源的过度开发和利用，不仅对其本国，而且对他国甚至整个全球的生态环境产生负面影响，因此，自然资源的国际保护便成为现代国际法调整的一个新兴的领域。

（一）淡水资源的国际保护

虽然早在 20 世纪 20 年代就有关于淡水资源的利用与保护的国际司法判例，但是迄今并没有一个普遍性的公约。尽管如此，1966 年国际法协会通过的《国际河流利用的赫尔辛基规则》（以下简称为《赫尔辛基规则》和 1997 年联合国大会通过的《国际水道非航行利用法公约》 （以下简称为《公约》），是国际淡水资源保护法发展过程中的两个重要标志。

尽管国际法协会是一个非政府间的国际团体，其通过的《赫尔辛基规则》对各国并没有法律上的约束力，但是它对国际河流的利用、管理和保护的习惯国际法的形成与发展具有积极的影响，而且为后来联合国国际法委员会的《公约草案》的制定奠定了基础。《赫尔辛基规则》编纂了适用于国际流域内水域的一般国际法规则；确定了 "国际流域" 和 "水污染" 概念；确立了国际流域的公平利用原则；规定了国家负有责任防止和减轻对国际流域的污染，停止其引起污染的行为并对同流域国所遭受的损失给与赔偿；制定了航行和浮运木材的规则；规定了以和平方式解决有关争端的义务和程序。

与《赫尔辛基规则》不同，《公约》是由联合国国际法委员会这一政府间国际组织的专门编纂机构制定的一个框架性公约，它已经于 1997 年 5 月 21 日为被联合国大会以第 51/229 号决议定通过，不过迄今尚未生效。《公约》的第一部分为导则，主要规定公约适用的范围和公约与其他 "水道协定" 之间的关系。第二部分规定非航行利用国际水道的一般原则，如水道国应以平等和合理的方式参与国际水道的利用、开发和保护；水道国在本国利用国际水道不应对另一国境内的水道或其他自然资源造成严重损害；水道国有义务为实现国际水道的最佳利用和充分保护进行合作；水道国之间应就有关水道定期交流数据与信息；在没有相反的协议和惯例的情况下，国际水道的任何一种用途都不必然地优先于另一种用途。第三部分规定水道国之间就其计划中的措施对国际水道的可能影响进行信息交换和磋商。第四部分是关于国际水道的保护、保存和管理的规定包括关于国际水道生态系统保护、水道国个别保护和联合保护相结合的规定。第五部分是关于国际水道的有害状况和紧急情况的应对措施。第六部分为杂项规定，涉及在武装冲突时保护国际水道及其设施和关于争端解决的规定。第七部分为最后条款，涉及公约的签署和生效等事项。

（二）生物资源的国际保护

用国际法来保护生物资源的尝试在 19 世纪就开始了。1886 年《莱茵河流域捕捞大马哈鱼管理条约》被认为是第一个保护生物资源的条约。随着人类活动对生物资源的危害日益加重，国际社会要求保护生物资源的呼声越来越高，国家间在保护生物资源的合作方面发展甚快。虽然有关生物资源保护的国际法规则仍然较弱，但是迄今有关这一领域的国际文件已经是数以百计，且呈不断增多的趋势。现行的保护生物资源的条约，按其缔约国和效力范围来划分，大致可以概括为两大类，即全球性公约和区域性公约。在每一类中，如果按有关条约具体保护的生物资源对象来区分，又可以进一步分为三种条约，即：（1）普遍性的（非特定的）生物资源保护条约；（2）特定地区或特定自然条件下的生物资源保护条约；（3）特定生物物种或物种类型保护条约。

诚然，在所有的生物资源保护条约中，最具代表性的是全球范围内的普遍性生物资源保护条约，这些条约分别是 1972 年《保护世界文化和自然遗产公约》、1973 年《濒危野生动植物物种国际贸易公约》和 1992 年《生物多样性公约》。

1. 《保护世界文化和自然遗产公约》

该公约确立了"全人类世界遗产"的新概念。在这一新概念下，公约指出经过确认的文化遗产和自然遗产应作为全人类世界遗产的一部分予以保存，任何文化或自然遗产的损坏或消失都构成使世界各国遗产枯竭的有害影响。公约的各缔约国一方面强调保护本国的文化和自然遗产主要是各有关国家的责任，另一方面也承认这些遗产是世界遗产的组成部分，因而各国有义务为保护这些遗产进行国际合作。

公约为建立保护世界文化自然遗产的有效机制，专门设立一个"世界遗产委员会"，隶属于联合国教科文组织。世界遗产委员会的主要职责是制订《世界遗产目录》，将具有突出的普遍价值的文化和自然遗产列入其中。该委员会在其认为必要时还应制订《处于危险的世界遗产目录》，重点列入那些需要采取特别保护措施的世界文化自然遗产。公约还专门设立"世界遗产基金"，用于援助保护具有突出的普遍价值的世界文化自然遗产。公约还要求缔约国提交为实施公约而采取立法和行政措施的情况。

2. 《濒危野生动植物物种国际贸易公约》

该公约是在国际自然保护同盟的倡导下，经 1972 年联合国人类环境会议及其第 99·3 号建议而谈判和缔结的。其目的是保护野生动植物物种不致因国际贸易而遭到过度开发利用。

公约对野生动植物的贸易实行许可证制度，即：对公约三个附录中所列入的 879 种动物和 157 种植物的国际贸易，根据各自的濒危程度采取不同的控制。公约规定附录一所列物种为"所有受到和可能受到贸易的影响而有灭绝危险的物种"。对于这些物种的贸易，应受到最严格的管制，只有在特殊情况下才允许进出口。附录二所列物种为"目前虽尚未濒危灭绝，但对其贸易不严加管制，以防止不利其生存的利用，就可能变成有灭绝危险的物种"，以及必须加以管理的其他物种。附录三所列物种为"任何一成员国认为属其管辖范围内，应进行管理以防止或限制开发利用，而需要其他成员国合作控制贸易的物种"。公约规定，成员国应采取适当措施实施公约的规定。这些措施包括处罚违反公约的贸易者，或者没收有关的贸易标本，或既处罚又没收。

3. 《生物多样性公约》

该公约是生物资源的国际保护方面一个重要的框架性公约。公约的序言"确认生物多样性的保护是全人类的共同关切的事项"，"重申各国对它自己的生物资源拥有主权权利"，"也重申各国有责任保护它自己的生物多样性并以可持久的方式使用它自己的生物资源"。公约明确地将其目标规定为："按照本公约有关条款从事保护生物多样性，持久使用其组成部分以及公平合理分享由利用遗传资源而产生的惠益；实现手段包括遗传资源的适当取得及有关技术的适当转让，但需顾及对这些资源和技术的一切权利，以及提供适当资金。"公约第 3 条规定："依照联合国宪章和国际法原则，各国具有按照其环境政策开发其资源的主权权利，同时亦负有责任，确保在它管辖或控制范围内的活动，不致对其他国家的环境或国家管辖范围以外的地区的环境造成损害。"这里所确认的不仅仅是生物资源享有、利用、开发和保护的一般原则，而且是整个国际环境法的一般原则。

公约专门为各缔约国规定了关于保护和持久利用生物资源和生物资源多样性的一些基本措施。如缔约国应制定保护和持久使用生物多样性的国家战略、计划或方案；应尽可能并酌情将生物资源多样性的保护和持久利用订入有关的部门或跨部门计划、方案和政策之内；应查明并监测对保护和持久利用生物多样性至关重要的生物多样性组成部分，以及对保护和持久使用生物多样性产生或可能产生重大不利影响的过程和活动种类；就地保护，包括建立保护区系统或采取特殊措施以保护生物多样性的地区；移地保护并最好在生物多样性组成部分的原产国采取措施移地保护这些组成部分，或最好在遗传资源原产国建立和维持移地保护及研究植物、动物和微生物的设施；在国家决策过程中考虑到生物资源的保护和持久使用，避免或尽量减少对生物多样性的不利影响，保障及鼓励那些按照传统文化惯例而且符合保护或持久使用要求的生物资源习惯使用方式；在查明、保护和持久使用生物多样性及其组成部分的措施方面建立和维持科技教育和培训方案，并为此种培训提供资助以满足发展中国家的特殊需要；通过大众传播工具促进和鼓励对保护生物资源多样性的重要性及所需要的措施的理解；对可能对生物多样性产生严重不利影响的拟议项目进行环境评估；交流有关生物多样性保护和持久使用的一切可得信息，并促进生物多样性保护和持久使用领域的国际科技合作。

公约专门就遗传资源的取得、技术的取得和转让以及资金的筹措与财务机制等方面分别作了规定。

公约自生效以来，先后举行了 10 次缔约方会议，推动了公约及其各项制度的发展。其中最为重要发展包括 2000 年《卡塔赫纳生物安全议定书》及其 2010 年《名古屋-吉隆坡责任与救济补充议定书》和 2010 年《名古屋遗传资源获取与惠益分享议定书》。遗传资源的获取与惠益分享是公约的三大目标之一，《名古屋议定书》的通过，为这一目标的实现提供了重要的国际法律保障。议定书规定，遗传资源及其相关传统知识的获取必须尊重原创国的国家主权、遵循事先知情同意和共同商定条件的原则进行，所获取的惠益必须在提供者和利用者之间公平合理的分享。

（三）土地资源的国际保护

与上述淡水资源和生物资源的国际保护相比，土地资源的国际保护显得要软弱得多，尽管地球上的土地资源的退化日趋严重。在 20 世纪 90 年代中期以前，国际上还没有一项关于土地资源的国际保护条约，而只有一些不具有法律约束力的决议。这些决议分别是联合国粮农组织于 1981 年制定的《世界土壤宪章》、联合国环境规划署于 1982 年制定的《世界土壤政策》和欧洲委员会于 1992 年通过的《关于土壤的建议》。

1994 年的《在经历严重干旱和/或荒漠化的国家，尤其是非洲，防止荒漠化公约》（通称为《防止荒漠化公约》），是迄今专门涉及土地资源国际保护的第一个公约。它是通过联合国大会 1992 年 12 月的第 47/188 号决议而开始谈判缔结的。公约于 1994 年 10 月 14 日开放签署，于 1996 年 12 月 26 日生效，现已获得 193 个国家的批准。

公约宣称的目标是实现受干旱和荒漠化影响地区的可持续发展，通过国际合作防止干旱和荒漠化，尤其是在非洲的干旱和荒漠化。公约重申各国对其自然资源的主权权利和国家在防止干旱和荒漠化过程中的首要作用。在这一前提下，为实现上述目标，公约确立了四项原则，即：确保公众和地方社区参与有关防止干旱和荒漠化的项目设计及其实施的决策；以团结和伙伴精神在次区域、区域和全球各个层面上改善合作和协调，促进资金、人力、组织和技术资源的更好利用；以伙伴精神在各个层面上的政府、社区、非政府组织和土地持有者之间发展合作，促使对受影响地区土地和稀有水资源的性质和价值的更好认识；充分考虑受影响地区发展中国家，特别是最不发达国家的特殊需要和情况。公约为不同类型的缔约国分别规定了三种义务，即所有缔约方的一般义务、受影响国家缔约方的义务和发达国家缔约方的义务。公约还就防止荒漠化的行动方案、科技合作和支持措施作出了较为具体的规定。公约进一步就机构的设置、程序事项以及公约的签署与生效等事宜作出了规定①。

四、极地区域的环境保护

极地区域的环境保护，是指关于地球的南极和北极及其周围一定范围的区域的环境保护。有关极地区域的环境保护规则构成极地法律制度的重要组成部分。

（一）南极地区的环境保护

自 20 世纪 50 年代末以来，涉及南极地区环境保护的条约主要有 1959 年《南极条约》、1964 年《保护南极动植物议定措施》、1972 年《养护南极海豹公约》、1980 年《南极海洋生物资源养护公约》和 1991 年《南极条约环境保护议定书》。

《南极条约》是有关南极法律地位问题的一个基础性条约。其中有关环境保护的规定主要是禁止在南极进行核爆炸和处理放射性尘埃。此外，该条约建立了缔约国协商会议，负责审议包括南极生物资源保护与保存措施在内的条约执行事项。《保护南极动植物议定措施》的宗旨是促进并实现保护、研究和合

---

① 详见王曦编著：《国际环境法》，法律出版社 1998 年版，第 264～268 页。

理利用南极动植物资源。该协议措施首次宣布南极地区为"特别自然保护区"。为此，条约的正文和附件规定了一系列具体的特别保护措施。《养护南极海豹公约》的宗旨是促进并保护在科学研究及合理使用南极海豹方面取得的成果，确保在南极生态系统上保持平衡。公约保护的对象是南极地区的五种海豹和所有的南方海狗。公约及其附件具体规定了各缔约国应具体采取的措施。《南极海洋生物资源养护公约》的宗旨是保护南极四周海洋的环境及其生态系统的完整性，养护南极海洋生物资源。为此，公约专门设立南极海洋生物资源养护委员会。《南极条约环境保护议定书》是一项全面、系统保护南极环境的条约。议定书禁止在南极地区从事任何除科学研究以外与矿产资源有关的活动。议定书将南极地区宣布为贡献给和平和科学的自然保护区，然后规定了全面的保护措施。议定书要求各缔约国加强合作，促进有关保护南极环境及其生态系统的科学、技术和教育合作项目；为有关的环境影响评估项目提供援助；为有关环境风险和减轻事故影响提供情报资料；联合进行考察和共享考察站及其他设施。议定书还要求缔约国采用适当的立法、行政和执法措施确保对议定书的遵守。

（二）北极地区的环境保护

与南极地区的环境保护措施相比，北极地区的环境保护不仅起步要晚得多，而且保护的力度较弱，参与的国家较少，尽管北极地区的环境污染程度并不亚于南极地区。

北极地区环境保护的国际合作始于 20 世纪 80 年代末期。根据芬兰政府 1989 年发出的倡议，北极地区的 8 个国家于 1991 年在芬兰举行首届北极部长会议。此次会议产生了两项重要文件：一是签署了《保护北极环境宣言》，二是通过了《北极环境保护战略》。虽然这两项文件不是具有法律约束力的条约，但是它们在国际法秩序中填补了北极地区环境保护的空白，为国际社会在北极地区开展环境保护的实质性合作奠定了基础。1996 年，北极国家宣布成立北极理事会，负责监督、协调《北极环境保护战略》中确立的各个项目的实施。

五、外层空间的环境保护

自 20 世纪 50 年代以来，人类探索和利用宇宙空间的活动与日俱增。外层空间技术和外层空间活动的迅猛发展，一方面对全球的经济与社会发展起着越来越重要的作用，另一方面也给外空、地球和人类带来严重的环境问题。

外层空间环境问题最突出的表现是空间碎片所产生的危害。其次是人造物体从外层空间坠落到地球给人类及其环境造成损害。此外，人类频繁的外空活动势必对外空和其他行星的环境造成污染，同时航天器从外空返回到地面时有可能将地球以外微生物或细菌带回到地球威胁人类及其环境。

尽管迄今并没有保护外层空间环境的专门性条约。但是20世纪60年代以来的一系列有关和平探索和利用外空的条约都涉及外层空间环境保护的规定。1963年《禁止在大气层、外层空间和水下进行核试验条约》明确禁止缔约各国在大气层和各自管辖以外的外层空间和水下进行核武器试验爆炸或其他任何核爆炸，以免给人类及其环境造成放射性污染。1967年《关于各国探索和利用外层空间包括月球和其他天体的活动的原则条约》规定，缔约各国不在绕地球旋转轨道放置任何携带核武器或其他类型大规模毁灭性武器的物体，不在天体上配置这种武器，也不以任何其他方式在外层空间部署这种武器；各缔约国对其本国在外层空间和其他天体所从事的活动，应承担国际责任；凡进行发射或促成把物体射入外层空间包括月球和其他天体的缔约国，以及为发射提供领土或设备的缔约国，对该物体及其组成部分使另一缔约国或其自然人或法人受到损害，应负国际赔偿责任；各缔约国从事研究、探索外层空间包括月球和其他天体时，应避免使其遭受污染，并避免地球以外的物质使地球环境发生不利的变化。1972年《空间实体造成损失的国际赔偿责任公约》规定发射国对其空间物体在地球表面，或给飞行中的飞机造成的损害，应负有赔偿的绝对责任。但是，公约将这种"损失"限定为人身伤害和财产的损失或损害，不包括对环境的危害。1975年《关于登记射入外层空间物体的公约》建立了外层空间射入物体的登记工作，以监测、跟踪和识别有关射入物体对环境造成的损害。1979年《指导各国在月球和其他天体上活动的协定》规定建立指导开发月球的国际制度，其宗旨之一就是有秩序和安全地开发月球的自然资源。协定还规定各缔约国在探索和利用月球时，应防止月球环境的现有平衡遭到破坏，应防止地球环境由于引入地球以外物质或由于其他方式而受到有害影响。1992年联大通过的《关于在外空利用核动力源的原则决议》专门为在外空使用核动力源确立了一系列原则，以便尽量减少在外空的核材料数量，保证外空核动力源以合理的方式使用和避免核材料污染外层空间。

引人注目的是，联合国第三次外层空间会议于1999年7月19~30日在维也纳举行。会议特别关注日益增多的空间碎片可能对航天发射构成的威胁，尤其是可能对以核能动力的航天发射构成威胁。因此，外层空间的污染问题是会议讨论的重要议题之一。可以相信：会议最后通过的《空间与人类发展维也纳宣言》和《关于21世纪利用外层空间的行动计划》等重要文件，必将对各国在新的世纪里有序地和平、安全和可持续探索与利用外层空间产生深远的影响。

六、危险物质和废物的国际管制

（一）化学品的国际管制

国际上有关化学品管理的法律文件主要集中于化学品登记和分类、化学品贸易和化学品运输三个方面。

关于化学品的登记和分类的国际组织及其制定的文件主要有：联合国环境规划署、国际劳工组织和世界卫生组织共同制定的《国际化学品安全方案》；联合国环境规划署制定的《国际潜在有毒化学品登记册》；世界卫生组织制定的《按危险性分类的农药建议分类：分类指南》；联合国经社理事会制定的《关于危险商品检测和标准的建议》，等等。

关于化学品国际贸易的一个重要文件是联合国大会于 1983 年通过的第 37/137 号决议。该决议确立了关于化学品国际贸易的"事先知情的同意"原则，对后来有关国际组织制定关于化学品国际贸易规则和程序具有积极的指导性意义。此后，联合国粮农组织于 1985 年制定了《关于农药使用和分销的国际行为准则》；联合国环境规划署于 1987 年制定了《关于化学品国际贸易资料交流准则》。更重要的是 1998 年《关于在国际贸易中对某些危险化学品和农药采用事先知情同意程序的鹿特丹公约》（以下简称《鹿特丹公约》）。上述这些国际文件都规定了事先知情同意程序。《鹿特丹公约》于 2004 年 2 月 24 日生效，目标是控制某些危险化学品和农药在国际贸易中可能的健康和环境影响，加强各国在国际贸易中对危险化学品的技术、经济和法律等信息进行交流，促进缔约方在此类化学品的国际贸易中分担责任和开展合作。其核心内容是要求各缔约方对公约管制的化学品未来是否同意进口做出决定，并要求各缔约方通报本国因人类健康和环境的原因而禁止或严格限制使用的化学品，在出口这些化学品前要通知进口方，出口时附带相关健康安全和环境的最新数据资料。

关于化学品，尤其是危险物质和货物的运输，国际上已形成了较完善的标准和准则。其中较重要的有联合国经社理事会《关于危险货物运输的建议》、1957 年《关于国际铁路运输货物的欧洲协定》、1981 年《国际海上危险货物规程》、《关于航空安全运输危险货物的技术准则》、1944 年《国际民用航空组织公约》的附件 18《关于航空安全运输危险货物公约》和国际原子能机构 1990 年《关于安全运输放射性材料条例》。

在化学品管制方面，国际法的最新发展是《关于持久性有机污染物的斯德哥尔摩公约》。公约于 2004 年 5 月 17 日正式生效，其目标是铭记《里约宣言》确立的风险预防原则，保护人类健康和环境免受持久性有机污染物（POPs）的危害。为动员各国政府共同采取控制措施削减并最终消除 POPs 的人为排放，公约规定了旨在减少或消除源自有意生产和使用的排放、旨在消除源自无意生产的排放以及旨在消除源自库存和废物的排放的三方面措施。首批列入公约受控名单的 POPs 有 12 种，分别为滴滴涕、六氯苯、氯丹、灭蚁灵、毒杀酚、艾氏剂、狄氏剂、异狄氏剂、七氯、多氯联苯、多氯代二苯并二恶英（"二恶英"）和多氯代二苯并呋喃（"呋喃"）。

（二）放射性物质和大规模毁灭性武器的国际管理

放射性物质，不论适用于和平目的，还是用于军事或战争目的，对人类的生命、安全、健康和环境构成潜在的威胁，因此，国家通过协议将放射性物质作为现代国际法严格控制的对象。

现行的有关和平利用的放射性物质管理的条约主要有国际原子能机构主持签订的 1980 年《核材料实质保护公约》、1986 年《核事故及早通报公约》和 1986 年《核事故或辐射紧急情况援助公约》。其中《核材料实质保护公约》的主要目的是保护用于和平目的的核材料的国际运输；《核事故及早通报公约》的目的是建立一个核事故的及早通报制度，以便将核事故的跨界影响降到最低程度；《核事故或辐射紧急情况援助公约》的宗旨是建立一个便利在发生核事故时迅速提供援助以便减轻事故后果的国际框架。

大规模毁灭性武器，如核武器、生物武器、化学武器和"环境武器"，对人类和自然界其他生物及其生存环境具有大规模的毁灭性和致命的杀伤性和破坏性。自 20 世纪 60 年代以来，国际社会一直在致力于禁止或限制这类武器的研制、生产和使用，先后签署了一系列重要的条约。其中主要有 1963 年《禁止在大气层、外层空间和水下进行核试验条约》、1968 年《不扩散核武器条约》、1971 年《禁止在海床、洋底及其底土安置核武器和其他大规模毁灭性武器条约》、1977 年《禁止为军事或任何其他敌对目的使用环境致变技术公约》、1993 年《关于禁止发展、生产、储存和使用化学武器并销毁此类武器公约》、1996 年《全面禁止核武器条约》，等等。虽然这些条约的主要目的不是保护环境，但是它们在维护国际和平与安全的同时也发挥着保护人类环境的作用。

（三）生物安全管理

现代生物技术越来越广泛地应用，一方面为人类福利发展作出了积极的贡献，另一方面又可能对地球物质物种和生态系统的平衡甚至人类的健康和安全带来严重的威胁。为此，国际社会从 20 世纪 90 年代开始，加速了对现代生物技术的应用管理，陆续制定了一些国际法律文件。

1992 年的《生物多样性公约》对生物安全管理问题有两项专门规定。首先，公约第 19 条第 3 款规定缔约国应考虑制定一项关于生物安全的专门议定书，适用于可能对生物多样性的保护和持久使用产生不利影响的由生物技术改变的任何生物体的安全转让、处理和使用。其次，公约第 19 条第 4 款规定每一缔约国应直接要求或要求其管辖下的自然人和法人，将该缔约国在处理由生物技术改变的活生物体方面规定的使用和安全条例的任何现有资料，以及有关该生物体可能产生的不利影响的任何现有资料，提供给将要引进这些生物体的缔约国。据此，公约于 2000 年通过了《卡塔赫纳生物安全议定书》，旨在遵循风险预防原则，确保改性活生物体（LMOs，即转基因生物体）的越境转移、过境、处理和利用不会对生物多样性的保护和可持续利用造成不利影响。议定书的核心内容是，规定对于拟有意向进口缔约方的环境中引入转基因生物，在其首次有意越境转移之前，适用"提前知情同意程序"。出口缔约方应要求出口者在首次有意转移转基因生物之前，确保以书面形式通知进口缔约方的国家主管部门。议定书同时要求就因改性活生物体的预警转移而造成损害的赔偿责任和救济方法谈判国际规则和程序。议定书的缔约各方在 2010 年的名古屋会议上通过了《赔偿与救济补充议定书》。补充议定书的主要内容包括：改性活生物体越境转移导致生物多样性和人体健康严重受损时，缔约方可要求直接或间接管理转基因生物的所有者、开发者、生产者、进出口者等主体恢复原状并负担相关费用；缔约方有必要根据国内法制定新的责任制度和/或利用现行的责任制度要求赔偿生物多样性自身的损失，并采取建立保险和基金等措施来进行财务保证。

联合国环境规划署于 1995 年制定的《关于生物技术生物安全的国际技术准则》，是迄今内容最全面的关于生物安全管理的国际文件。其目的是提出一个关于评价生物安全、查明有关管理生物技术的可预见的风险和便利监测、研究与情报交流的机制。其作用是在关于生物安全的议定书签订之前为各国提供一个有关生物安全管理的临时机制；一旦该议定书签署之后，就作为其补充文件。

此外，联合国工业发展组织于 1991 年制定了《关于将微生物引入环境的自愿行动准则》。其目的是为各国政府制定本国有关转基因生物体的管理制度和标准提供帮助。该准则明确指出转基因生物体具有潜在的跨界环境影响并要求对其进行风险评价。评价应以生物体的特性为重点，而不应以制造该生物体

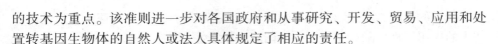

的技术为重点。该准则进一步对各国政府和从事研究、开发、贸易、应用和处置转基因生物体的自然人或法人具体规定了相应的责任。

（四）废物的国际管理

废物，尤其是工业废物和生活废物，日益成为困扰各国政府的一个环境保护难题。为此，近几十年来，联合国环境规划署、经合组织和欧洲联盟等国际组织一直在全球和区域两个层面上致力于建立有关废物处置与跨境转移的国际法律制度。其中1989年《巴塞尔公约》是这一国际法律制度的代表性条约。

《巴塞尔公约》的目的不是全面禁止危险废物的越境转移，而只是对危险废物的越境转移进行控制。为此，公约规定各缔约国应采取适当措施：（1）保证将其国内产生的危险废物和其他废物减至最低程度；（2）保证提供充分的处置设施用以从事危险废物和其他废物的环境无害处理；（3）保证在其领土内参与危险废物和其他废物管理的人员采取步骤，防止在管理工作中产生废物的污染，并在污染产生时，尽量减少其对人类健康和环境的影响；（4）保证在符合废物的环境无害和有效管理下，把这类废物越境转移减至最低程度。公约确认各国享有禁止来自外国的危险废物进入其领土或在其领土内处置的主权权利，并且明确规定：如果一缔约国禁止进口危险废物，或者没有书面形式对某一进口表示同意，其他缔约国就不得允许向该缔约国出口危险废物。公约还就危险废物的定义、种类与等级以及公约实施的机构安排、争端解决程序等方面作出了具体规定。公约要求缔约国将危险废物的非法运输定为犯罪。

公约第12条还规定："各缔约国应进行合作，以期在可行时尽早通过一项议定书，就危险废物和其他废物在越境转移和处置所引起损害的责任和赔偿方面制定适当的规则和程序。"根据这一授权，缔约各国开始就责任和赔偿议定书开展协商和谈判。《巴塞尔责任与赔偿议定书》的草案历经3年多的协商，在1999年第五次缔约国大会中提出并获得大会的批准。此议定书为有史以来第一项针对危险废物和其他废物越境转移及其处置所造成损害责任和赔偿问题予以明文规范的国际约定，也是国际间对危险废物和其他废物越境转移及其处置之管理上的一大进展。议定书的目标是建立一套综合赔偿制度，迅速充分赔偿因危险废物和其它废物越境转移及其处置，包括此类废物的非法运输所造成的损害。议定书最终给"损害"下的定义是包括生命丧失或人身伤害、财产丧失或损坏、以任何方式使用环境而获得的经济利益之收入（包括资金和所涉费用）因环境遭到破坏而告丧失、恢复被破坏的环境而采取的措施所涉费用、采行预防措施所涉费用等。

思　考　题

1. 国际环境法，作为现代国际法的一个新分支，有哪些特征？
2. 试论环境保护与贸易自由的关系。
3. 分别概述大气环境、海洋环境和自然资源等方面的国际保护问题。
4. "我们只有一个地球！"你对环境保护的重要性和迫切性有何认识？

第十一章　国际法上的个人

第一节　国　籍

一、国籍的概念和意义

居住在一国境内的人，主要是本国人，但也有外国人和无国籍人。在现代国际社会中，国家间的人员交往频繁，可以说，任何一个国家的境内都有外国人。区别谁是本国人，谁是外国人和无国籍人，就需要看这些人的国籍。具有本国国籍的是本国人，具有外国国籍的是外国人，不具有任何国家国籍的是无国籍人。所有居住在一国境内的人，无论是本国人，还是外国人，都受该国法律管辖。但是本国人和外国人的法律地位是不同的。因此，研究国际法上的个人问题，特别是研究外国人的法律地位问题，必须首先研究国籍问题。

国籍是指一个人属于某一国家的国民或公民的法律资格。它表明一个人同某一特定国家之间固定的法律联系。国籍对个人和国家都具有重大意义：

1. 国籍是一个国家确定某人为其国民或公民的根据

一国依法赋予某人以该国国籍，就使得这个人取得该国国籍从而成为该国的国民或公民。一般来说，国民与公民并无严格区别。凡具有一国国籍，就是该国的国民或公民。但在某些国家，国民与公民的含义和在国内的法律地位并不完全相同。例如，美国法律规定，凡是出生于美国本土并受美国管辖的人，是美国的公民；凡是出生于美国海外属地的人则是美国的国民而非公民。在法国，法国本土的人为法国公民，法国殖民地的人具有法国国籍则为法国国民，但不是法国公民。公民享有完全的政治权利，而国民只享有部分政治权利。从国际法的观点来看，一个人只要具有一国国籍，他就和该国发生一种固定的法律联系，不论他居住在何处，都受国籍国的管辖和保护，因此，这种区别并无实际意义。

2. 国籍是确定一个人法律地位的一个重要依据

国籍是区别本国人和外国人的根据，具有本国国籍的人就处于本国公民的地位，受本国法律管辖，享有本国公民的权利，包括外国人不能享有的选举权与被选举权，承担本国公民的义务，包括外国人不能承担的服兵役义务。国家对侨居在外国的本国人有权予以外交保护，并且有义务接纳其回国。不具有本国国籍的外国人或无国籍人，就处于外国人地位。外国人享有的权利和承担的义务和本国人是有区别的。国家对于外国人，既无权予以外交保护，也无义务接纳其入境。

　　3. 国籍对于国家行使管辖权具有重要意义

　　国家管辖权包括领域管辖、国籍管辖、保护性管辖和普遍性管辖四个方面。前三种管辖权，都必须在区分国籍的基础上行使。例如，行使领域管辖，对本国人和对外国人的管理不同。就中国而言，对外国人是依 1985 年第六届全国人民代表大会常务委员会通过的《中华人民共和国入境出境管理法》进行管理的。行使国籍管辖，即属人管辖，就是对具有本国国籍的人行使管辖，国家首先要确定哪些人具有本国国籍，才能行使管辖。行使保护性管辖，在我国具体体现为《中华人民共和国刑法》第 8 条的规定。该条是只适用于外国人的，因此，必须确定犯罪人是外国人，才能根据刑法第 8 条行使保护性管辖。

　　国籍问题涉及国家主权和重要利益，因此各国都主张把国籍问题保留在国内管辖的范围之内。按照国际法，国籍问题原则上属于每个国家的国内管辖事项，每个国家有权以自己的法律决定谁是它的国民，这个原则早已为 1930 年的《关于国籍法抵触的若干问题的公约》所肯定。该公约第 1 条规定，"每一国家依照其法律决定何人为其国民"。国际实践也一再确认了这一原则：1923 年常设国际法院对"突尼斯—摩洛哥国籍命令案"的咨询意见指出，在国际法的目前状态下，按照本院的意见，国籍问题原则上是属于国家保留范围之内的事项。1955 年国际法院对"诺特波姆案"的判决亦认为，国籍属于国家的国内管辖。

　　国籍法是一国制定的有关其国籍的取得、丧失和变更等问题的法律规范的总称。从本质上说，它属于国内法。各国由于其形成过程、民族传统和习惯、人口和经济等情况不同，关于国籍立法的方式和原则是不同的。就立法方式而言，大致有两种，一种是在宪法中规定国籍事项，另一种是以单行法来规定。最早用宪法规定国籍问题的是法国 1791 年宪法，最早用单行法方式规定国籍问题的是 1842 年普鲁士国籍法。现今世界上大多数国家都采取后一种方式。就立法的原则来说，各国的做法也是不同的。例如，关于国籍的取得，有的采取血统原则，有的采取出生地原则，还有的采取两种原则兼用的混合原则。

旧中国曾制定和颁布过几部国籍法，最早的是 1909 年清政府颁布的《大清国籍条例》。1914 年 12 月，袁世凯政府颁布了《修正国籍法》。1929 年 2 月，国民党政府颁布了《修正国籍法》。中华人民共和国成立之后，处理国籍问题主要是依据政府有关政策的规定，直到 1980 年 9 月 10 日，才颁布了《中华人民共和国国籍法》。这是新中国成立以后颁布的第一部，也是我国现行的国籍法。

国籍法虽然是国内法，但是由于各国国籍法的规定不同，在国家之间交往不断增加和各国人民往来频繁的情况下，往往引起国籍抵触。这些问题如果得不到解决或解决不当，就会引起国家之间的纠纷。这些纠纷应由有关国家协商解决，因而国籍问题又具有国际性。

为了在国际范围内解决国籍问题，国际上签订了若干有关国籍问题的公约。第二次世界大战以前，比较重要的有 1930 年的《关于国籍法抵触的若干问题的公约》、《关于某种无国籍情况的议定书》、《关于双重国籍某种情况下兵役义务的议定书》和 1933 年订于蒙得维的亚的《美洲国家间国籍公约》、《美洲国家间关于妇女国籍的公约》等。联合国成立后，联合国国际法委员会把国籍问题列为优先考虑的编纂项目之一，先后签订的国际公约有 1954 年《关于无国籍人地位的公约》、1957 年《已婚妇女国籍公约》、1957 年《减少无国籍状态公约》等。这些公约的缔结使有关国籍问题的一些原则和规则成为国际法的重要内容。

二、国籍的取得与丧失

（一）国籍的取得

国籍的取得是指一个人取得某一国家的国民或公民的资格。一个人是否取得一国的国籍，应依该国的法律决定。根据各国的国籍立法和实践，国籍的取得主要有两种方式：一种是因出生而取得，另一种是因加入而取得。

1. 因出生而取得的国籍

因出生而取得国籍，又称原始国籍，是指一个人由于出生而取得一国国籍。这是最主要的一种取得国籍的方式，因为世界上绝大多数人都是因出生而取得一国国籍的。但是，各国国籍立法对因出生而取得国籍的规定，采取的立法原则是不相同的。有的采取血统原则（jus sanguinis），有的采取出生地原则（jus soli），有的采取血统原则和出生地原则相结合的混合原则。采取的立法原则不同，取得国籍的情况也不同：

（1）依血统原则取得国籍，就是根据血统关系取得一国国籍，即以父母的国籍来确定一个人的国籍。根据这一原则，凡本国人所生的子女，不论出生在国内还是在国外，当然具有本国国籍。

血统原则又可分为单系血统原则和双系血统原则。单系血统原则通常是指父亲的国籍决定其子女的国籍，故又称父系血统原则。例如，1924年伊拉克国籍法规定："任何人出生时，其父为伊人者。不论在何地出生，都应认为是伊拉克国民。"① 双系血统原则，是指父母的国籍决定其子女国籍，例如，匈牙利1957年国籍法规定："父母一方属于匈牙利国籍者，子女是匈牙利人。"②

从现代各国国籍立法的情况看，采取纯粹血统原则的国家是很少的。根据我国著名国际法学者李浩培教授对99个国家国籍法的研究表明，采取纯粹血统原则的国家只有5个，即奥地利、埃塞俄比亚、列支敦士登、苏丹和斯里兰卡③。

（2）依出生地原则取得国籍，是指一个人的国籍根据他的出生地来决定。也就是说，一个人出生在哪里，就取得哪个国家的国籍，而不问他的父母属于哪国国籍。历史上一些地广人稀的国家，为了尽量吸收外来人口，一般采取出生地原则。例如拉丁美洲的一些国家如墨西哥、巴拉圭、秘鲁、乌拉圭等，都曾采取过出生地原则，不过现在已转而兼采血统原则了。现在采取纯粹出生地原则的国家已经没有了。

（3）依血统原则和出生地原则相结合的混合原则取得国籍，这是指血统关系和出生地都是决定国籍的根据。换言之，就是一个人可以根据他的血统关系或出生地决定其国籍。不过，采取混合原则的国家，立法上也有不同。有的以其中一种原则为主，以另一种原则为辅，而有的则平衡地兼采两种原则。现今世界上大多数国家的国籍立法都采取"混合原则"。

2. 因加入而取得国籍

因加入而取得国籍，又称继有国籍。是指一个人由于加入某国国籍而取得该国国籍。"入籍"有狭义和广义之分，狭义入籍是指外国人或无国籍人按一国法律之规定，通过本人自愿申请并经批准而取得该国国籍。广义入籍还包括由于婚姻、收养、准婚生、领土变更等原因而取得某国国籍。在前一种情况下，入籍是由于当事人自愿；在后一种情况下，入籍不是根据当事人的自愿，

① 李浩培：《国籍法比较研究》，商务印书馆1979年版，第53页。

② 李浩培：《国籍法比较研究》，商务印书馆1979年版，第54页。

③ 李浩培：《国籍法比较研究》，商务印书馆1979年版，第49页。

而是根据法律规定的入籍法律事实的存在。下面分别予以说明：

（1）自愿申请入籍。旧称"归化"，通常所说的入籍，是指这种狭义的入籍。

一个国家是否允许外国人或无国籍人加入本国国籍，是一国主权范围内的事。国家可以根据本国法律的规定，或者批准当事人的申请而予以入籍，或者拒绝当事人的申请而不准入籍，别国无权干涉，任何人也没有权利主张一个国家必须接受他入籍。但是，原则上各国都允许外国人入籍，不过规定一定的条件和法律程序。

入籍条件和法律程序由各国法律规定。关于入籍的条件，由于各国的性质、利益和内外政策不同，法律规定的具体内容是各有差异的。但一般来说，许多国家国籍法都规定有年龄、居住期限、行为表现、职业等条件。有的国家还规定文化程度、通晓该国语言、身心健康等条件。例如，按 1952 年泰国《国籍条例》的规定，必须具备以下条件者，才可以加入泰国国籍：依照泰国法律及其本国法律已达法定年龄；行为良好且有正当职业；居留泰国的时间截至申请日连续不下 10 年；具有有关部门所规定的泰文知识程度。入籍的条件由各国自行规定，但是，各国规定的条件不应违背国际法。例如，历史上美国曾经拒绝黑人和黄种人加入美国国籍，这是种族歧视的表现，是违反国际法的。

关于入籍的程序，根据各国国籍法的规定，申请入籍须经一定的国家机关批准。有的规定由立法机关批准，有的规定由司法机关批准，但是大多数国家规定由行政机关批准。入籍申请被批准后，就取得该国国籍。

入籍的效力是否及于其配偶和子女由各国法律规定。各国法律对这个问题的规定并不一致，但是现今大多数国家的国籍法都承认，父母入籍其未成年子女也随同取得国籍。例如，希腊 1955 年国籍法规定："在入籍人入籍时，其子女未满 20 岁且未结婚者，从该人入籍时起，成为希腊国民。"但有的国家的国籍法准许入籍人使其未成年子女不随同入籍。例如，原捷克斯洛伐克 1949 年国籍法规定："15 岁以下的子女包括在其父或母的入籍申请内者，随同其父或母取得捷克斯洛伐克国籍。"也就是说，未成年子女，如果不包括在其父或母的入籍申请内，则不随同其父或母入籍。关于丈夫入籍，其效果是否及于妻子，现在大多数国家的立法采取了妻子国籍独立的原则。例如，波兰 1962 年国籍法规定："配偶之一方改变国籍时，不影响配偶之另一方的国籍。"现在采取丈夫入籍使妻子也自动入籍的原则的国家已为数甚少了。

（2）由于婚姻入籍。因婚姻入籍是指一国国民由于与他国国民结婚而取得他国国籍。由于婚姻而变更国籍的问题，主要是婚姻对女子国籍产生的影响问题，因为从现代各国的国籍立法来看，男子的国籍一般不受婚姻的影响，而女子的国籍却往往由于婚姻而发生变更。然而，关于婚姻对女子国籍的影响，各国法律规定是不同的，主要有以下三种情形：

第一，无条件的妻随夫籍。就是说，凡是与本国男子结婚的外国女子即取得本国国籍，凡是本国女子与外国男子结婚即丧失本国国籍。例如，埃塞俄比亚1930年国籍法规定："埃塞俄比亚国民同外国女子的正式婚姻，赋予后者以埃塞俄比亚国籍。""埃塞俄比亚女子由于同外国人结婚，就丧失埃塞俄比亚国籍。"① 这种立法的理论基础是夫妻国籍应当一致的原则，但这一原则是建立在男尊女卑的基本观念之上的，是违反现代历史潮流的。现今采取这种立法的国家已不多见。

第二，外国女子与本国男子结婚，无条件地取得本国国籍，采取妻随夫籍的原则；而本国女子与外国男子结婚，不当然丧失本国国籍，即采取女子国籍独立的原则。例如，1907年海地国籍法规定，"同海地男子结婚的外国女子依从其丈夫的地位"，而海地1942年国籍法规定，"同外国男子结婚的海地女子保持其海地国籍"。这种立法的目的在于增加本国国民数量，片面地有利于本国的性质很明显，采取的国家也很少②。

第三，外国女子与本国男子结婚，原则上取得本国国籍，但有一定条件；而本国女子与外国男子结婚，原则上丧失本国国籍，但也有一定条件。例如萨尔瓦多1950年宪法规定，外国女子在萨尔瓦多境内居住满二年而同萨尔瓦多男子结婚，并在结婚时选择萨尔瓦多国籍时，即认为由于入籍而取得萨尔瓦多国籍。另一方面，按照萨尔瓦多1886年外国人法的规定，萨尔瓦多的女性公民依照其夫的本国法由于结婚并不取得其夫的国籍时，仍保留其自己的国籍。

但是，现在大多数国家国籍立法的倾向是，根据男女平等的原则和妇女国籍独立的原则，规定婚姻不影响国籍。就是说，与本国男子结婚的外国女子不因婚姻而取得本国国籍，与外国男子结婚的本国女子也不因结婚丧失本国国籍。外国女子要取得本国国籍，须经过入籍程序，本国女子丧失本国国籍，须经过退籍程序。

（3）由于收养入籍。因收养入籍是指一国国民因收养无国籍或具有外国国籍的儿童为养子女，而使被收养的儿童取得收养者国家的国籍。收养是否使

---

① 引自李浩培：《国籍问题的比较研究》，商务印书馆1979年版，第116页。

② 引自李浩培：《国籍问题的比较研究》，商务印书馆1979年版，第119~120页。

被收养者的国籍发生变更，各国的法律规定是不同的。根据各国法律的规定，大致有三种情形：

第一，收养影响国籍。本国国民收养的外国国籍或无国籍的养子女，因收养而取得本国国籍。

第二，收养不影响国籍。即养子女不因收养而取得养父母所属国的国籍。

第三，收养虽不影响被收养人的国籍，但养父母所属国可以按优惠的条件给被收养人以该国国籍。

（4）由于交换领土入籍。两国在平等的基础上依条约交换部分领土，该领土上的居民的国籍是否随领土的交换而变更，一般是依双方的协议解决的。如果协议规定，该领土上的居民随领土的交换而移交给对方，这些居民就取得对方的国籍。例如1960年，中国和缅甸曾交换部分领土，根据1960年中缅边界条约的规定，在领土被移交给另一方以后，所涉领土上的居民应该被认为是该领土所属一方的居民。就是说，领土交换前，在所涉领土上的中国国民，交换后取得缅甸国籍。在所涉领土上的缅甸国民，交换后取得中国国籍。

（二）国籍的丧失

国籍的丧失是指一个人由于某种原因丧失他所具有的某一国家的国籍。关于国籍的丧失一般都在国籍法中加以规定，国籍的丧失可分为自愿和非自愿两种。

1. 自愿丧失国籍，是指根据本人的意愿而丧失国籍。它有两种情形：一是本人自愿申请退籍，经批准后丧失本国国籍。但是各国国籍法都规定了一些退籍的条件。例如，瑞士1952年国籍法规定，任何瑞士国民，如果并不居住在瑞士境内，年龄至少已满20岁，且已取得或保证能够取得一个外国国籍者，经过申请，得被解除其国籍。1980年颁布的《中华人民共和国国籍法》第10条规定："中国公民具有下列条件之一的，可以经申请批准退出中国国籍：（1）外国人的近亲属；（2）定居在国外的；（3）有其他正当理由。"第11条规定："申请退出中国籍获得批准的，即丧失中国国籍。"二是自愿选择某一国国籍，因而也发生丧失国籍的情况。例如，在交换领土的情形下，交换地区的居民选择了对方国籍，即丧失本国国籍。在一个人具有双重国籍的情况下，他根据有关国家的协议，自愿放弃某一国籍，即丧失该国国籍。

2. 非自愿丧失国籍，是指由于法定原因而非由于本人自愿而丧失本国国籍。非自愿丧失国籍，主要是由于取得外国国籍、婚姻、收养、认领等原因而丧失本国国籍。与上述因同样原因而取得国籍是相对应的，无需赘述。关于由于被剥夺而丧失国籍，这可说是非自愿丧失国籍的典型。现今一些国家的法律规定了剥夺国籍的制度，从而使得一些人由于被剥夺而丧失本国国籍。关于剥夺国籍在国际法上的效力问题，在学者中虽有争论，但国内法院的判决，对于外国剥夺其本国国民国籍的法令的效力一般是肯定的。例如 1934 年瑞士联邦法院审理的"勒姆贝尔特诉蓬勿尔市政府案"，就是一桩涉及承认外国剥夺国籍法令效力的案件。在该案中，原告约克林的父亲康·勒姆贝尔特出生时为俄国籍，1919 年迁居瑞士，1927 年同蓬勿尔市女市民考尔巴兹结婚。1927 年这对夫妻迁居比利时，生一女取名约克林。但依比利时国籍法，约克林并未取得比利时国籍。1933 年他们一家又迁居瑞士。约克林父母向蓬勿尔市政府提出申请，要求将约克林登记在市民册上，并发给证书，但该市行政当局拒绝登记。约克林父母乃以约克林的名义向瑞士联邦法院对蓬勿尔市政府起诉。瑞士联邦法院认为，按照瑞士的判例，瑞士女子如同无国籍人结婚，所生的子女，如果出生时不取得瑞士国籍而成为无国籍人，那么在出生时即取得瑞士国籍。为了确定约克林在出生时是否应取得瑞士国籍，所要解决的法律问题是：约克林出生时，其父亲是不是无国籍人？而这个问题的关键是：瑞士法院是否承认苏俄 1921 年 10 月 28 日关于剥夺国籍的法令的效力。如果承认，约克林的父亲已被剥夺俄国国籍而成为无国籍人，那么，约克林乃取得瑞士国籍。瑞士联邦法院在判决中，承认苏联 1921 年关于剥夺国籍的法令。判决蓬勿尔市政府败诉。这是国内法院承认外国剥夺其本国国民国籍的法令的效力的例子。

许多国家的国籍法还有关于恢复国籍的规定。国籍的恢复，又叫国籍的回复，是指丧失了一国国籍的人重新取得该国国籍。《中华人民共和国国籍法》第 13 条规定："曾有过中国国籍的外国人，具有正当理由，可以申请恢复中国国籍；被批准恢复中国国籍，不得再保留外国国籍。"就是说，恢复中国国籍以不保留外国国籍为条件，并且须经过申请和批准。

三、国籍的抵触

国籍的抵触是指一个人在同一时间内具有两个以上国籍，或者不具有任何国籍的法律状态。如果一个人同时具有两个国籍，他就是双重国籍人；如果一个人同时具有三个或更多国籍，他就是多重国籍人；如果一个人不具有任何国籍，他就是无国籍人。一个人具有两个或两个以上国籍的情况，称为国籍的积极抵触，而一个人不具有任何国籍的情况，称为国籍的消极抵触。国籍抵触的发生，主要是由于每个国家都有权按照自己的利益规定谁是它的国民，谁不是它的国民，而各国的国籍立法又有差异所致。

（一）双重国籍的产生和解决

双重国籍现象主要是由于各国国籍法对国籍的取得和丧失的规定不同产生的。具体来说，产生双重国籍的原因，主要有以下几种：

1. 由于出生。由于各国对因出生而赋予国籍所采取的原则不同就产生双重国籍。例如，采取血统原则国家的公民在采取出生地原则的国家境内所生子女，一出生就具有双重国籍，这是世界上产生双重国籍问题最主要的原因。如果父母国籍不同，父母各自国家采取血统原则，他们在采取出生地原则的国家所生子女，一出生就具有三重国籍。

2. 由于婚姻。由于各国对女子与外国人结婚是否影响其国籍的问题采取不同的立法原则，妇女就可能由于婚姻取得双重国籍。例如，甲国女子与乙国男子结婚，按乙国国籍法规定，外国女子与本国男子结婚自动取得其夫的国籍。而按甲国国籍法规定本国女子与外国男子结婚不因婚姻而自动丧失本国国籍。这样，甲国女子就因婚姻而具有双重国籍。

3. 由于收养。由于收养产生双重国籍，也是由于各国对收养外国人是否影响该外国人的国籍问题采取不同的立法原则的结果。例如，某国的公民收养一个外国人为养子女。按收养人的国家的国籍法规定，外国人为本国人收养，即取得本国国籍。但按被收养人的国家的国籍法规定，收养不影响国籍，结果这个被收养人就具有双重国籍。

4. 由于入籍。由于各国对入籍的规定不同，也产生双重国籍。例如，一个人在外国申请入籍，其本国法律规定，本国人退籍必须经过批准，而该外国的法律规定，接受入籍不以退出本国国籍为条件。这个人在未退出本国国籍的情况下获准入籍，就具有双重国籍。

此外，由于认领，也可能产生双重国籍。

双重国籍是一种不正常的国籍现象。而且还会造成严重的后果。对双重国籍人来说，双重国籍使个人陷入困难境地。因为双重国籍人与两个国籍国都有固定的法律联系，他可以享受两个国籍国赋予的权利，但他应同时效忠于两个国籍国，同时承担两个国籍国法律规定的义务。例如，他应在两个国籍国履行服兵役的义务，这就使双重国籍人承担双重服兵役义务。在战时问题就更严重。如果双重国籍人的两个国籍国是战时敌国，他无论在哪一方服役参战，都将被对方视为叛逆。例如，1951 年美国上诉法院判决一个兼有美国和日本国籍的人犯了叛国罪，因为他在日本战俘营虐待美国俘虏①。从国家之间的关系

---

① 周鲠生：《国际法》（上册），商务印书馆 1976 年版，第 260 页。

来看，双重国籍问题往往引起国家间的纠纷。历史上发生过多起这类国际纠纷。一个有名的例子是，1812年英国和美国间由于英国强迫已在美国入籍的英国人服兵役而发生的纠纷。英国当时仍坚持其所谓"永远效忠"原则，强迫从美国船上捉去已经在美国归化的英国人当兵，从而造成两国纠纷，这场纠纷成为英、美两国当年发生战争的原因之一①。1915年，美国和法国也发生过这种争执，当时法国通知已在美国归化且还住在美国的法国人回国服兵役。美国国务院为此向法国政府提出抗议，而法国政府的答复是：法国公民在外国归化只有经过批准才能解除法国国籍②。对第三国来说，双重国籍给第三国对外国人的管理带来不便。例如，在刑事或民事案件中，当事人为双重国籍人，但是要处理这一案例必须首先确定当事人的国籍。在这种情形下，双重国籍就会给第三国处理这种案件带来困难。由此可见，双重国籍问题无论对个人，还是对国籍国和第三国，都会产生严重的后果，因此必须认真加以解决，防止、减少和消除双重国籍现象。从目前国际实践来看，一般是通过国内立法、双边条约和国际公约的办法加以解决。

国内立法。这是防止和减少双重国籍产生的有效方法。各国在制定国籍法时，应避免制定可能产生双重国籍的条款。例如，针对入籍可能产生双重国籍的情况，各国可以制定一些"条件条款"或"自动丧失"条款，规定加入本国国籍的外国人以退出其外国国籍为条件，加入外国国籍的本国人即自动丧失本国国籍等。

双边条约。就是有关国家在平等的基础上，通过协商，签订双边条约，以解决两国间存在的双重国籍问题。采取这种方式只涉及两个有关国家，与第三国无关，比较容易达成双方都能接受的协议，使问题得到合理的解决。例如，我国和印度尼西亚就是采取这种方式，在1955年签订《关于双重国籍的条约》时，合理地解决了中国和印尼两国的双重国籍问题。

国际公约。为了解决双重国籍问题，国际上签订了一些国际公约。例如，1930年的《关于国籍法冲突的若干问题的公约》和《关于双重国籍情况下的兵役义务的议定书》，该公约于1937年生效，但批准和加入的国家不多，所以不具有一般的约束力。联合国成立以后，国际上也签订了一些有关国籍问题的公约，如1957年的《已婚妇女国籍公约》，1961年签订的《维也纳外交关系公约》及同时签订的《关于取得国籍之任择议定书》等。这些公约就防止和

---

① 周鲠生：《国际法》（上册），商务印书馆1976年版，第259页。
② 周鲠生：《国际法》（上册），商务印书馆1976年版，第259页。

减少双重国籍问题作了若干规定。例如，规定任何人应仅有一个国籍；应努力消灭一切无国籍和双重国籍的现象；妇女国籍独立；使馆人员不应专因接受国法律之适用而取得该国国籍等。这些规定也有效地防止和减少了双重国籍问题的产生。

（二）无国籍的产生和解决

无国籍产生的原因。无国籍也是由于各国国籍法的不同规定而产生的。主要有以下原因：

1. 由于出生。一对无国籍的夫妇在采取纯血统主义的国家所生的子女，或者一对采取出生地主义国家的夫妇，在采取纯血统主义国家所生的子女，就是无国籍人。

2. 由于婚姻。一个采取婚姻影响国籍原则的国家的女子与一个采取婚姻不影响国籍原则的国家的男子结婚，就会产生无国籍人。例如，甲国法律规定，本国女子与外国男子结婚，即丧失本国国籍。而乙国法律规定，与本国男子结婚的外国女子不因婚姻而自动取得本国国籍。如果甲国女子与乙国男子结婚，该女子就因婚姻而成为无国籍人。

3. 由于收养。一个采取收养影响国籍原则的国家的被收养人为一个采取收养不影响国籍原则的国家的收养人所收养，就产生无国籍人。例如，被收养人国家的法律规定，本国人被外国人所收养即丧失本国国籍，而收养人国家的法律规定，外国人为本国人收养，不因收养而自动取得本国国籍。这样，被收养人就会成为无国籍人。

4. 由于剥夺。某些国家的国籍法和有关法律规定有剥夺国籍的条款。如果一个人由于某种原因被剥夺了国籍，在未取得新国籍之前，他就是一个无国籍人。

无国籍人处于一种不利的地位。无国籍人不具有任何国家的国籍，当他的利益遭到侵害时，他不能请求任何国家给予外交保护，而任何国家也不会给予外交保护。现在多数国家对无国籍人通常给予一般外国人待遇，但是无国籍人是不能享受根据互惠原则给予某些特定国家的公民的优惠待遇的。无国籍问题也是国际社会和各国应予解决的问题。

解决无国籍问题，通常采取国内立法和签订国际公约两种方法。通过国内立法来减少和消除无国籍现象，是解决无国籍问题的基本方法。各国制定国籍法，应避免作出可能产生无国籍问题的规定，并从积极方面规定无国籍人可取得本国国籍。现在许多国家的法律规定，无国籍人可以通过法定手续入籍；无国籍人在本国所生的子女即取得本国国籍；本国女子与外国人结婚，只有在取得或能够取得外国国籍的条件下才丧失本国国籍，等等。

为了解决无国籍问题，国际上订立了一些国际公约。这些国际公约有1930年的《关于某种无国籍情况的议定书》、1954年的《关于无国籍人地位的公约》、1961年的《减少无国籍状态公约》。1961年公约第1条规定："缔约国对其领土出生，非取得该国国籍即无国籍者，应给予该国国籍。"第5条规定："缔约国的法律规定个人身份的变更，如结婚、婚姻关系的消灭、取得婚生地位、认领或收养足以使其丧失国籍者，其国籍的丧失应以具有或取得另一国籍为条件。"这些规定有助于避免无国籍状态的发生。

四、中华人民共和国国籍法

1980年9月10日，第五届全国人民代表大会第三次会议通过并于同日公布施行的《中华人民共和国国籍法》（以下简称《国籍法》）是中华人民共和国成立以来颁布的第一部国籍法。它是总结了我国三十年来处理国籍问题的经验，并在参考了世界主要国家的国籍立法和有关国籍问题的国际公约的基础上制定出来的。这是一部符合我国国情和民族传统的社会主义的国籍法。

《中华人民共和国国籍法》的基本原则是：

1. 各族人民平等地具有中国国籍原则

《国籍法》第2条规定："中华人民共和国是统一的多民族的国家。各民族的人都具有中国国籍。"这项原则包含着两方面的意义：其一，是说我国境内各民族的人都具有中国国籍。我国是一个多民族的国家，各族人民在取得国籍上一律平等，不因民族大小、先进落后而有所不同；在享受公民权利和承担义务上也一律平等，不因民族的不同而不同。其二，是说我国各族人民所具有的国籍，是统一的中华人民共和国的国籍。我国是一个单一制国家，因此，国内各民族的国籍，都是统一的中国国籍。这一原则，既反对了歧视少数民族的大汉族主义，也反对了分裂主义以及其他破坏民族关系的活动。

2. 不承认中国公民具有双重国籍原则

这项原则又称"一人一籍"原则。《国籍法》第3条规定："不承认中国公民具有双重国籍。"根据这一原则，我国国籍法规定：（1）定居外国的中国公民，自愿加入或取得外国国籍，即自动丧失中国国籍。（第9条）（2）父母双方或一方定居在外国的中国公民，本人出生在外国，具有中国国籍，但本人出生时即具有外国国籍的，不具有中国国籍。（第5条）（3）中国公民申请退出中国国籍获得批准的，即丧失中国国籍。（第11条）（4）外国人申请加入中国国籍获得批准的，即取得中国国籍，但不得再保留外国国籍。（第8条）

（5）曾经有过中国国籍的外国人被批准恢复中国国籍的，不得再保留外国国籍（第13条）。前3条规定，是为了避免中国公民在取得外国国籍的同时，又具有中国国籍。后2条规定，是为了避免外国人在取得中国国籍的同时，又具有外国国籍。所有这5条规定，都体现了不承认中国公民具有双重国籍原则。

3. 在原始国籍的赋予方面采取血统主义和出生地主义相结合的原则

这项原则具体体现为《国籍法》第4、5、6条。第4条规定"父母双方或一方为中国公民，本人出生在中国，具有中国国籍。"第5条规定："父母双方或一方为中国公民，本人出生在外国，具有中国国籍；但父母双方或一方为中国公民并定居在外国，本人出生时即具有外国国籍的，不具有中国国籍。"这两条规定采取的是血统主义。第6条规定："父母无国籍或国籍不明，定居在中国，本人出生在中国，具有中国国籍。"这条规定采取的是出生地主义，这3条规定体现了国籍法在赋予原始国籍上，采取血统主义和出生地主义相结合原则。

我国采取血统主义和出生地主义相结合原则，是以血统主义为主，以出生地主义为辅的。这表现在我国绝大多数人是依血统主义取得中国国籍的，只有极少数无国籍人或国籍不明的人的子女，由于不能取得任何国家的国籍，为了避免产生无国籍的问题，才依出生地主义赋予中国国籍。而且，依血统主义取得中国国籍，除本人出生时即具有外国国籍因而不具有中国国籍外，一般不受限制，而依出生地主义取得中国国籍，则要受若干条件的限制。

4. 男女国籍平等原则

是指男女国籍具有同等的法律效力，不因性别不同而有所差异。此项原则是我国宪法规定的男女平等原则在国籍问题上的体现，主要表现在以下两个方面：（1）在赋予原始国籍上，否定歧视妇女的父系血统主义，采取体现男女平等的双系血统主义。《国籍法》第3、4条规定，父母双方或任何一方为中国公民，不论出生在国内和国外，具有中国国籍。（2）在对待婚姻是否影响国籍的问题上，否定妻随夫籍的做法，采取妇女国籍独立原则。根据《国籍法》的规定：与中国人结婚的外国女子，不因婚姻关系而自动取得中国国籍；丈夫取得中国国籍，不使妻子当然取得中国国籍；与外国人结婚的中国女子，不因婚姻关系而自动丧失中国国籍；丈夫退出中国国籍，不影响妻子的国籍。

5. 国籍的加入、退出和恢复采取自愿申请和审批相结合的原则

《国籍法》第14条规定："中国国籍的取得、丧失和恢复，除第9条规定的以外，必须办理申请手续。未满18周岁的人，可由其父母或其他法定代理

人代为办理申请。"第 16 条规定："加入、退出和恢复中国国籍的申请，由中华人民共和国公安部审批。经批准的，由公安部发给证书。"《国籍法》还规定了申请加入、退出和恢复中国国籍的条件。

以上五项原则，是我国《国籍法》的基本原则，集中体现了新中国第一部国籍法的特色。

第二节　外国人的待遇

一、外国人的法律地位

外国人是指在一国境内，不具有居留国国籍而具有其他国籍的人。为了便于管理并与本国人相区别，无国籍的人也往往归入外国人的范畴。

双重国籍人，如果他所具有的两个国籍都不是居留国的国籍，属于外国人；如果他具有的国籍中有一个是居留国的国籍，居留国一般不把他作为外国人看待。

外国人包括两类：一类根据国际法享有外交和领事特权与豁免的外国人；另一类为普通外国人，包括外国专家、外国留学生、外商、外侨和在该国旅游的外国人等。由于享有外交和领事特权与豁免的外国人，如外交人员和领事官员，他们具有特殊的法律地位，不在普通外国人之列。

从广义上说，外国人除指自然人外，还包括外国法人，如外国的公司、企业等。

根据国家主权原则，国家享有对本国境内一切人（包括外国人）和事物以及对境外的本国人实行管辖的权利，即属地优越权和属人优越权。因此，外国人处于所在国的属地优越权之下，同时又处于国籍国的属人优越权之下，受所在国和国籍国的双重管辖。两种管辖有时也会发生冲突，在发生冲突的情况下，双方应通过友好协商，妥善解决。

根据国际法，规定外国人的法律地位是一国主权范围内的事项，这是基于属地优越权而产生的权利，别国无权干涉。每个国家都可以根据本国的具体情况，规定外国人入境、出境和居留的管理办法，以及在居留期间的权利义务。但是，居留国规定外国人的法律地位时，必须顾及以下两点：（1）关于外国人法律地位的国内法不能与本国承担的国际义务相抵触，不得违反国际法；（2）须顾及外国人国籍国的属人管辖权。例如，外国人被召回其本国服兵役，居留国不得阻止。

外国人处于居留国的属地管辖之下，他必须遵守居留国的法律和法令，包括居留国制定的有关外国人入境、出境和居留的管理办法。在居留期间，外国人可依法享受给予的待遇，履行法律规定的义务。由于外国人同时处于国籍国的属人管辖之下，他仍然负有效忠本国的义务。当他在居留国的合法权益受到侵害而无法得到救济时，可以获得本国的外交保护。

二、外交保护

外交保护是一国采取外交行动，保护本国公民在外国的合法权益，使其免受所在国不法行为的侵害。国家的此项权利被称为外交保护权。

外交保护的给予须具备两个基本条件：一是"损害求偿的本国性"，即外交保护所针对的应该是其本国人的损害求偿，因为外交保护的基础是一国的属人管辖。在实践中，求偿者须在损害发生直至外交保护提起时持续地保有保护国的国籍，保护国才能给予外交保护，这被称为国籍持续原则。二是"用尽当地救济"，即在受到损害后，求偿者应首先利用居留国的国内救济方法，只有当地救济被穷竭之后，才能诉诸外交保护。一般认为，法律救济的穷竭是用尽当地救济的标志，但是这一条件可以由有关国家通过条约加以排除。例如，1923年《关于建立美国-墨西哥一般求偿委员会的条约》第5条就规定："委员会不能以法律救济必须被用尽这一一般国际法规则，来排除或拒绝求偿要求。"在这种情况下，保护国可不必等到当地法律救济的穷竭，即可直接进行外交保护。

三、外国人的入境、居留和出境

根据国际法，国家有权在遵守国际法和不违背国际义务的条件下，对外国人的入境、出境、居留的管理作出规定。一国是否允许外国人入境、在什么条件下允许外国人入境、对于居留的外国人给以何种待遇，以及对离境的外国人应办理何种手续，均属于一国的内政问题，别国无权干涉。根据国际实践，外国人入境、出境、居留的一般规则是：

1. 入境

根据主权原则，国家有权准许或拒绝外国人入境。国家没有允许外国人入境的义务，外国人也没有要求允许入境的权利。通常，各国都在互惠基础上允许外国人为合法目的入境，但一般都要求持有护照和经过签证。也有些国家，他们之间在互惠的基础上，通过协议，互免签证。

国家为了自己的安全和公共利益，有权拒绝某些外国人入境，如精神病患者、某种传染病患者、刑事罪犯等。国家有权限制某些外国人入境，但是，不应有任何歧视。例如，不应只限制某一特定国家的人入境，也不应只限制某种肤色的人入境。1882 年，美国制定了第一个种族歧视的移民法，规定以 10 年为期禁止一切华工入境。这一法令，起初只适用于华工，后来扩展到所有华人、日本人以及菲律宾人。1904 年，美国国会又通过法律，规定无限期地禁止华工入境。这些歧视性法律，是违反国际法的，受到国内外舆论的谴责。1943 年以后，美国才逐渐废除了那些歧视性的法律①。

2. 居留

一国有权规定外国人居留的条件和待遇。外国人可根据居留国的法律法令和有关国际条约或协定的规定，在该国作短期、长期或永久居留。但是，是否允许外国人居留，这是接受国自行决定的事。任何外国人没有要求接受国必须准予居留的权利，任何国家也不能主张它的国民有在他国领土内居住的权利。外国人未经请求并获得许可是不能在一国领土内长期居留的。例如，1954 年德意志联邦共和国明斯特上诉行政法院审理的"意大利行商上诉案"。上诉人是一意大利行商，他在德国的居留许可证期限已满，于是向德国有关部门申请新的居留许可证，但未获批准。在该案中，上诉人极力主张国际法赋予外国人在一国居留的权利。但上诉行政法院判称，外国人的居留权只能基于特别的国际协定，而德国和意大利之间无这类协定，因此，上诉人没有权利要求德国发给他居留许可证。

外国人在居留期间的权利和义务由居留国的法律规定。按照国际实践，外国人的民事权利（包括人身权、财产权、著作权、发明权、劳动权、受教育权、婚姻家庭权和继承权）和诉讼权等，一般都受到居留国的承认和保护。至于本国人享受的政治权利，外国人一般是不能享受的。外国人在居留期间，必须遵守居留国的法律法令、交纳捐税、接受居留国的属地管辖，但外国人一般没有服兵役的义务。外国人在居留国能否享受社会救济，一般根据有无互惠条约而定。如互惠条约规定双方外侨可互惠享受社会救济，即可享受。

3. 出境

外国人出境，只要符合居留国有关出境的规定，并已办好一切必要手续，就应允许他出境。各国法律一般都规定，外国人出境，必须没有未了结的司法案件或债务，交清他应交纳的捐税，办理了出境手续。如果外国人的民事纠纷或刑事案件尚未了结，或者债务尚未清偿，或者未付清捐税，即可拒绝其出

---

①　王铁崖主编：《国际法》，法律出版社 1981 年版，第 252 页。

境。对于合法出境的外国人，应允许按照居留国法律的规定，带走其合法财产。

根据国际法，一国不得禁止外国人合法离境，但在特定情况下，可以限令外国人离境，或将他驱逐出境。不过国家不应滥用这种权利。

四、外国人待遇的一般原则

国家给予外国人何种待遇，国际法上并无统一规定，而是由国家自行决定，或通过国家签订双边条约作出规定。在国际实践中，各国对外国人的待遇采取了各种不同的原则，常见的有国民待遇、最惠国待遇、差别待遇和互惠待遇。

1. 国民待遇

国民待遇是指国家在一定范围内给予外国人与本国公民相同的待遇，即在同样条件下，外国人所享受的权利和承担的义务与本国人相同。根据这个标准，第一，国家给予外国人的待遇不低于给予本国人的待遇；第二，外国人不得要求任何高于本国人的待遇。

根据国际实践，国家给予外国人国民待遇，一般限于民事权利和诉讼权利方面，至于政治权利，外国人一般不能享有。例如，外国人在居留国不享有选举权和被选举权，一般不得担任公职，同时也不承担服兵役的义务。此外，一些国家还规定某些职业只限于本国人担任，禁止外国人拥有土地等。

国民待遇通常是国家之间在互惠原则的基础上互相给予，体现了国家之间的平等关系。

2. 最惠国待遇

最惠国待遇是指一国（施惠国）给予另一国（受惠国）的国民或法人的待遇，不低于现时或将来给予任何第三国国民或法人在该国享受的待遇。

通常，最惠国待遇是国家在互惠基础上，通过条约中的最惠国条款互相给予的。在近代，西方列强在强加给旧中国和其他一些东方国家的不平等条约中，规定了单方面的最惠国待遇，使最惠国待遇成为它们在旧中国和其他东方国家享受的一种特权。这是违反国际法上国家平等原则的。

最惠国待遇，通常适用于经济和贸易等方面，一般是通过签订双边或多边条约，明确在哪些方面给予缔约国的公民和法人以最惠国待遇。最惠国待遇一般不适用于以下情形：

（1）给予邻国的利益、特惠、特权和豁免（如边民往来不按一般入境、出境办理手续）；

（2）关税同盟范围内的优惠；

（3）因参加自由贸易区和优惠贸易区而取得的优惠；

（4）经济共同体范围内的优惠。

3. 互惠待遇

互惠待遇是指国家之间根据平等互惠原则，互相给予对方公民同等的待遇。如相互税收优惠、互免入境签证、免收签证费等。

4. 差别待遇

差别待遇是指国家给予外国人不同于本国公民的待遇，或对不同国籍的外国人给予不同的待遇。它包括两种情况：一是指国家给予外国公民或法人的民事权利，在某些方面少于本国公民或法人。例如，规定某种企业只能由本国人经营，某种职业只能由本国人担任，某种财产只能由本国人拥有等。二是指对不同国籍的外国公民和法人给予不同的待遇。例如，由于民族、历史、地理等方面的原因，某些国家或国家集团的关系密切一些，因而相互给予对方的国民或法人在某些方面比较优惠的待遇，而这些优惠待遇是不给予第三国的国民或法人的。但是，采取差别待遇不能有任何歧视。如果采取的差别待遇是歧视性的，则是违反国际法的。

在外国人待遇的问题上，一些西方国家和国际法学者曾提出"国际标准"的主张。它要求一国对外国人的待遇，不能低于"文明世界的国际标准"或"最低标准"，否则就要负国际责任。但是，这种国际标准或最低标准，通常是西方国家的标准，而不是现代国际法的一般标准。这种主张，并没有得到多数国家的接受。而且，由于这种标准可能成为外国人向所在国谋求特权的借口，因而为多数国家所反对。

五、外国人在中国的法律地位

鸦片战争之后，西方列强通过一系列不平等条约为其国民攫取了大量的在华特权。中华人民共和国成立后，中国政府通过全面废除不平等条约，终止了外国人的在华特权地位。

（一）外国人法律地位的相关立法

为了在平等互利、相互尊重主权的基础上合理处理外国人待遇问题，我国通过一系列相关立法，对外国人在中国的法律地位作出了规定。

1982 年修订的《中华人民共和国宪法》第 18 条规定："允许外国企业和其他经济组织或者个人依照中华人民共和国法律的规定在中国投资，同中国的企业和其他经济组织进行各种形式的经济合作……"第 32 条规定："保护在中国境内的外国人的合法权利和利益，在中国境内的外国人必须遵守中华人民共和国的法律。"

依据上述宪法原则，外国人在中国可以依法享有各种实体权益。例如，可以投资经营，获取合法的财产权益；可以获得专利权、商标权和著作权；在劳工待遇方面享有平等权利。外国人在中国的婚姻家庭权利和受教育权利等方面，也受到法律的保护。为了保障各种实体权益的实现，《中华人民共和国民事诉讼法》第5条规定，在诉讼程序上给外国人以国民待遇，并采取互惠对等的原则。

（二）外国人出入境的管理

我国为了加强对外国人的管理，1964年，国务院曾公布过《外国人入境出境过境居留旅行管理条例》。1985年11月22日，第六届全国人民代表大会常务委员会通过了《中华人民共和国外国人入境出境管理法》。1986年12月3日颁布了《中华人民共和国外国人入境出境管理法实施细则》。这是我国有关外国人入境、出境、过境、居留、旅行的现行法律。该法规定了外国人入境、过境、居留、出境、旅行等的原则和规则。

1. 原则

（1）外国人入境、过境和在中国境内居留，必须经中国政府主管机关许可。（2）外国人入境、出境、过境，必须从对外国人开放或者指定的口岸通行，接受检查和监督。（3）中国政府保护在中国境内的外国人的合法权利和利益。（4）外国人在中国境内，必须遵守中国法律，不得危害中国国家安全、损害社会公共利益、破坏社会公共秩序。

2. 入境

外国人入境应提出申请、办理签证。同中国政府订有签证协议的国家的人员入境，按协议执行。外国对中国公民入境、过境有专门规定的，中国政府可根据情况采取相应措施。外国人申请签证，应提供有效护照和有关证件。被认为入境后可能危害中国国家安全、社会秩序的外国人不准入境。

3. 居留

外国人在中国居留，必须持有中国政府主管机关签发的身份证件或居留证件，并在规定的时间内到当地公安机关缴验证件。对不遵守中国法律的外国人，中国政府主管机关可以缩短其在中国停留的期限或取消其在中国居留的资格。外国人在中国变更居留地点，必须办理迁移手续。

4. 旅行

外国人持有效的签证或者居留证件，可以前往中国政府规定的对外国人开放的地区旅行。外国人前往不对外国人开放的地区旅行，必须向当地公安机关申请旅行证件。

5. 出境

外国人出境，凭本人有效护照或其他有效证件。有下列情形之一的外国人，不准出境：（1）刑事案件的被告人和公安机关或者人民检察院或者人民法院认定的犯罪嫌疑人；（2）人民法院通知有未了结民事案件不能离境的；（3）有其他违反中国法律的行为尚未处理，经有关主管机关认定需要追究的。

有下列情形之一的外国人，边防检查机关有权阻止其出境，并依法处理：（1）持无效出境证件的；（2）持用他人出境证件的；（3）持用伪造或涂改的出境证件的。

6. 管理机关

中国政府在国外受理外国人入境、过境申请的机关，是中国的外交代表机关、领事机关和外交部授权的其他驻外机关。中国政府在国内受理外国人入境、过境、居留、旅行申请的机关，是公安部、公安部授权的地方公安机关和外交部、外交部授权的地方外事部门。受理机关有权拒发签证、证件，对已经发出的签证、证件，有权吊销或者宣布作废。

第三节　引渡和庇护

一、引渡

（一）引渡的概念

引渡（Extradition）是指一国应某外国的请求，把在其境内被该外国指控为犯罪或判刑的外国人，移交给该外国审理或处罚的一种国际司法协助行为。

引渡通常是根据引渡条约进行的。在国际法上，国家没有引渡罪犯的义务，除非它根据条约承担了这种义务。在没有条约的约束下，国家是否向他国引渡罪犯，完全是它根据主权自由决定的事。但是，如果一国与它国签订了引渡条约，缔约双方就应根据条约的规定承担引渡义务。引渡条约，有双边条约，也有多边条约。前者如 1924 年的《美国和罗马尼亚间引渡条约》、1953 年的《匈牙利和保加利亚间司法协助条约》；后者如 1933 年的《美洲国家间引渡公约》、1957 年的《欧洲引渡罪犯公约》等。除了根据条约义务引渡罪犯外，还有些国家通过国内立法对引渡罪犯问题作出规定。最早的是 1833 年的比利时引渡法和 1870 年的英国引渡法。这些条约和国内法，一般都就引渡罪犯的条件和程序等事项作了规定。因此罪犯的引渡已经成为现代国际法上一项公认的制度。

（二）政治犯不引渡原则

政治犯不引渡原则，是法国革命之后，通过欧洲一些国家的国内立法和各国间的引渡条约的规定逐渐形成的。1793 年《法国宪法》规定：法国给予为争取自由而从本国逃亡到法国的外国人以庇护。这是关于庇护政治犯的立法的开端，也为政治犯不引渡原则的形成奠定了基础。1833 年，比利时制定了第一个禁止引渡政治犯的法令。后来，在欧洲国家间订立的引渡条约中，大都有政治犯不引渡的条款。这样，政治犯不引渡就逐渐为欧洲国家所普遍接受，现在已成为各国公认的原则。但是，这项原则实施起来是有困难的，因为：

1. 关于政治犯的含义和范围缺乏明确性，各国的解释不尽一致。而且有的政治活动者兼犯有普通罪行，即所谓相对的或混合的政治犯。

2. 对于某种犯罪行为是否是政治犯的决定权，属于被请求引渡的国家。他们可能根据自己的政策和利益来处理，甚至可能对政治犯的含义加以曲解，对真正的政治犯加以迫害，而对应予引渡的刑事犯予以包庇。

（三）引渡规则

从国家间签订的引渡条约、各国的引渡法以及各国进行引渡的实践来看，在引渡罪犯的问题上，已形成以下一些公认的国际习惯法规则。

1. 请求引渡的主体，即有权请求引渡的国家，有以下三类：

（1）罪犯本人所属国。根据国家的属人优越权，国家对于本国人在外国犯罪行为具有管辖权，因此，罪犯的所属国有权要求引渡。

（2）犯罪行为发生地国。根据国家的属地优越权，不管是否本国人，只要犯罪行为发生在该国，该国就有权请求引渡。

（3）受害国。根据国家属地优越权的延伸原则，国家享有保护性管辖权。因此，尽管犯罪行为发生地不在本国，甚至罪犯也不属于本国人，但如果犯罪行为的后果及于该国，该国就可以行使管辖权，因而有权请求引渡。

以上三类国家对罪犯都有权提出引渡要求。但是，如果发生这三类国家同时都对同一罪犯提出引渡要求时，在原则上，被请求国有权决定把罪犯引渡给何国。有些国际公约对这个问题作了具体规定，例如，1933 年《美洲国家间引渡条约》第 7 条规定：如果有几个国家为同一罪行请求引渡时，犯罪发生地国有优先权；如果这个人犯有几项罪行而被请求引渡时，则按被请求国法律，罪行最重的犯罪地国有优先权；如果各罪行被请求国认为同样严重时，优先权依请求先后而定。

2. 引渡的对象。即被某国指控为犯罪或判刑的人。他可以是请求引渡的国家的国民，也可以是被请求引渡的国家的国民，还可以是第三国的国民。但是，根据许多国际条约的规定，引渡罪犯原则上只限于外国人，本国国民一般不予引渡。这叫做本国国民不引渡原则。只有英、美等少数国家不拒绝引渡本国国民。

3. 可引渡的犯罪。可引渡的犯罪，必须是请求引渡国和被请求引渡国双方法律都认定为犯罪的行为，这就是所谓"相同原则"。此外，各国还可以在他们签订的引渡条约中规定可引渡的犯罪。引渡条约通常采取以下两种方式加以规定：一是概括式规定判刑至少为若干年的犯罪为可引渡的犯罪。例如，1953 年《匈牙利和保加利亚间司法协助条约》第 56 条规定："按照缔约双方法律规定的犯罪行为，判刑至少十年或更重的监禁，为可引渡的犯罪。"二是列举式。规定可以引渡的具体罪名，例如，1924 年《美国与罗马尼亚间引渡条约》第 1 条列举了谋杀罪、重婚罪、放火罪等 24 项罪名，作为应予引渡的犯罪。根据国家实践，政治犯、军事犯一般是不引渡的。

4. 引渡的程序。引渡的程序通常在引渡条约或有关引渡的国内立法中加以规定，引渡罪犯的请求与回复，一般通过外交途径办理。例如，1933 年《美洲国家间引渡公约》第 5 条规定，引渡请求书由各自外交代表制作，如无外交代表，则由领事代表转达，或者由各国政府直接通知。请求引渡罪犯的国家，还须附送关于罪犯个人犯罪的证明材料。如果请求被接受，在被请求国通知决定移交罪犯的时间和地点之后一定期限内，请求国必须派员前往接收。一旦罪犯移交完结，引渡程序即告结束。

5. 引渡的效果。请求引渡国可根据其法律对罪犯进行审判。但是，对该罪犯，请求国只能就其请求引渡时所指定的罪名加以审判和处罚。如果请求国对被引渡的人就另外的罪名审判和处罚，被请求引渡国有抗议的权利①。

被引渡的罪犯是否可以由原来的请求国转交给第三国，国际实践并不一致。有些条约规定，未经被请求国同意，请求国不得将被引渡人转交（再引渡）给第三国。

二、庇护

（一）庇护的概念和规则

庇护（Asylum）是指国家对于因政治原因而遭受追诉或受迫害而来避难

---

① 周鲠生：《国际法》（上册），商务印书馆 1976 年版，第 305 页。

的外国人，准其入境和居留，给以保护，并拒绝将他引渡给另一国。这种庇护，也叫领土庇护。庇护是国家的主权行为，是国家从它的属地优越权引申出来的一项权利。根据属地优越权，国家有权对在其境内的除享有外交特权和豁免的人以外的任何人，行使管辖和保护。因此，对于请求政治避难的外国人，是否给予庇护，由国家自行决定。从这个意义上说，在本国境内给予某种受迫害的外国人以庇护，属于一国主权范围内的事。各国通常在宪法或其他法律中规定给予政治庇护的条款。中华人民共和国宪法（1982 年）第 32 条规定："中华人民共和国对于因为政治原因要求避难的外国人，可以给予受庇护的权利。"从国际法上说，庇护权是指国家给予个人以庇护的权利，个人只有在所在国国内法赋予这种权利的情况下，才享有这种权利。

迄今为止，国际上尚无一项关于庇护的普遍性国际公约，拉美国家自 1889 年以来订立了若干有关庇护的国际公约，如 1928 年的《美洲国家间关于庇护的公约》和 1933 年的《美洲国家间关于政治庇护权的公约》，但这些公约是区域性的，仅反映美洲国家在庇护制度方面的实践。因此，关于庇护的规则，目前主要是习惯规则。关于庇护的规则主要有：

庇护的对象。主要是政治犯，即指那些不具有庇护国国籍并因从事政治活动而被某一外国追诉或迫害的人。因此，也叫政治避难。但是，现代各国法律对庇护对象范围的规定有了新的发展。庇护对象除政治犯外，还包括从事科学和创作活动而受迫害的人。例如，1952 年《罗马尼亚宪法》第 89 条规定："凡因维护劳动群众利益，或因进行科学活动、参加民族解放斗争或保卫和平运动，因而被通缉的外国公民，罗马尼亚人民共和国予以居留权。"

根据联合国大会 1967 年 12 月 14 日通过的《领土庇护宣言》第 1 条第 2 款的规定，凡犯有"危害和平罪、战争罪或危害人类罪之人"，不在庇护之列。从第二次世界大战后引渡和惩处战争罪犯的实践看，各国对犯有上述国际罪行的人是不予庇护的。被国际公约和习惯国际法确认犯有国际罪行的其他罪犯，如海盗、贩毒、贩奴等罪犯，以及一般公认的普通刑事罪犯，也都不属于庇护对象。

受庇护者的法律地位。受庇护的外国人，通常被称为政治避难者，同一般外国侨民一样，处于所在国领土管辖权之下，遵守庇护国的一切法律法令，在所在国保护之下，可以在该国居留，不被引渡，也不被驱逐。根据《领土庇护宣言》第 4 条的规定，给予庇护之国家不得准许享受庇护之人从事违反联合国宗旨与原则之活动。

（二）关于域外庇护的问题

与领土庇护不同，域外庇护（extra-territorial asylum）是指一国在本国境外的特殊场所，如驻外使领馆、军舰或商船内庇护外国人。由于这类庇护最常发生于驻外使领馆，因此它又被称外交庇护。域外庇护的理论基础，是使领馆的"治外法权说"和军舰的"浮动领土说"，但这种法律上的拟制并不为现代国际法所承认。国际法院在1950年"庇护权案"①中指出，哥伦比亚驻秘鲁大使馆给托雷（秘鲁反对派政治领袖）庇护权是不正当的事情。之后，哥伦比亚又向国际法院提出进行新的诉讼请求书，请求法院判定它是否有义务把托雷移交给秘鲁当局。法院在1951年的判决中指出，哥伦比亚虽然没有义务把托雷移交给秘鲁当局，但庇护应立即停止。在拉美国家间，外交庇护虽已为它们普遍承认，并且签订有1928年庇护公约和1933年庇护权公约，但公约只适用于拉丁美洲，即使在拉丁美洲，这种庇护也只是在"紧急情况"下作为一种例外来加以适用的。而且，当时一些国家在签署这些公约时，还曾对域外庇护条款提出了保留。例如，美国在签署1928年庇护公约时就曾正式声明，不承认所谓域外庇护是国际法的一部分，并对有关域外庇护条款提出了保留。

第四节　难　民

一、难民的概念

广义上的难民是指因政治迫害、战争或自然灾害而被迫离开其本国或其经常居住国而前往别国避难的人，包括政治难民、战争难民和经济难民。狭义上的难民，仅指政治难民。

难民问题进入国际社会和国际法领域，是20世纪20年代的事情。第一次世界大战之后的难民问题引起了国际社会的普遍关注。1921年，国际联盟设立了难民事务高级专员，负责保护和救援一战结束后滞留在各国的难民，挪威人南森担任该高级专员。为了争取各国支持难民事务高级专员的工作并承认他所颁发的旅行证件"南森护照"，国际上出现一些关于颁发难民证件的专门协定，在这些协定中出现了难民定义。1951年联合国订立的《关于难民地位的公约》首次以普遍性国际公约的形式对难民的定义和范围作出了明确规定。

---

① 周鲠生：《国际法》（上册），商务印书馆1976年版，第309页；陈致中编：《国际法案例选》，法律出版社1986年版，第272~275页。

根据公约第 1 条的规定，难民包括两类人：一是根据国际联盟主持订立的有关协议、公约和议定书或联合国国际难民组织约章被视为难民的人；二是于1951 年 1 月 1 日以前发生的事情并因正当理由畏惧由于种族、宗教、国籍、属于某一社会团体或具有某种政治见解的原因遭受迫害而留在其本国之外，并且由于此项畏惧而不能或不愿受该国保护的人，或者不具有国籍并由于上述事情留在他以前经常居住的国家以外而现在不能或由于上述畏惧不愿返回该国的人。公约不适用于当时从联合国难民高级专员以外的联合国机关或机构获得保护或援助的人；被其居住地国家主管当局认为具有附着于该国国籍的权利和义务的人；有重大理由足以认为犯有破坏和平罪、战争罪或违反人道罪，或在以难民身份进入避难国以前曾在避难国以外犯过严重非政治罪行，或曾有违反联合国宗旨和原则的行为并经认为有罪的人。1967 年订于纽约的《难民地位议定书》完全取消了 1951 年公约中的时间限制，原则取消了该公约中的地域限制。

二、难民身份的确定

确定一个人的难民身份是该人取得有关国际公约规定的难民法律地位并享有难民待遇的前提。因此，确定难民的身份具有重要意义。关于确定难民身份的标准和程序，国际法并未作任何统一而明确的规定，原则上应由有关个人的所在国或负责难民保护和援救的国际机构依据难民国际公约的有关规定作出决定。

1. 难民身份的条件。根据前述 1951 年公约和 1967 年议定书的规定，某人欲成为公约和议定书定义下的难民（即国际政治难民），必须具备以下两方面的条件：（1）客观条件，即该人留在其本国或经常居住地国之外，且不能或不愿受其本国保护或返回其经常居住地国。这是难民与其他一般外国人和无国籍人的重要区别之一。当一个人仍然留在其本国之内时，他是不应获得难民身份的。（2）主观条件，是该人畏惧迫害，即该人有正当理由畏惧因种族、宗教、国籍、属于某一社会团体或具有某种政治见解等原因而受到迫害。这里只要求"有正当理由畏惧受到迫害"，并不要求对某人的迫害已经发生。这里所称的迫害是指由于"种族、宗教、国籍、属于某一社会团体或具有某种政治见解"五种原因造成的迫害。因经济原因而移居国外，因自然灾害的原因逃离本国，因战争灾难波及而离乡背井的人，均不符合 1951 年公约规定的难民条件。这是政治难民与战争难民和经济难民的根本区别所在。这两个条件，体现了客观因素与主观因素的统一。依 1951 年公约上述同一条款的规定，难民也包括依国际联盟主持订立的有关协议、公约和议定书或国际难民组织约章而被视为难民的人。但某一具有难民身份的个人，如果因其被视为难民所依据的情况不复存在而不能继续拒绝受其本国的保护或可以回到其以前居住的国家，则该人即不得再受公约的保护。

2. 确定难民身份的程序。关于确定难民身份的程序，联合国难民署制定有《根据 1951 年难民地位公约和 1967 年议定书确定难民地位的程序和标准手册》，该手册可作为难民署自身工作的依据，但对上述公约和议定书的当事国并无拘束力。实践中，一些国家通过国内立法对有关程序问题作出规定。

三、难民的法律地位

根据前述 1951 年公约和 1967 年议定书的规定，难民的法律地位主要体现为以下两个方面。

（一）难民的入境、居留和出境

1951 年公约和 1967 年议定书的缔约国并不负有主动接受难民入境并准其在本国居留的积极义务，但在拒绝难民入境、居留以及将之驱逐出境等方面则受到了以下限制：

1. 对于未经许可而进入或逗留于缔约国领土但毫不迟延地自动向有关当局说明了正当理由的难民，该国不得因该难民非法入境或逗留的事实本身而对之加以惩罚；该国如决定不予接纳，应给此类难民以获得另一国入境许可所需要的合理期间及一切必要的便利；在此类难民于该国取得正常地位或获得另一国入境许可之前，该国不得对之加以不必要的限制①。

2. 对于合法在缔约国境内的难民，该国除非基于国家安全或公共秩序的理由且根据法定程序作出的判决，不得将之驱逐出境；对于决定予以驱逐的难民，该国应给他们一个合理的期间，以便其取得合法进入另一国家的许可②。

3. 除非有正当理由认为难民足以危害其所在的缔约国的安全，或难民已被确定的判决认为犯过特别严重罪行从而构成对该国社会的危险，该国不得以任何方式将难民驱逐或送回（"不得推回"）至其生命或自由因为他的种族、宗教、国籍、参加某一社会团体或具有某种政治见解而受威胁的领土边界③。

---

① 见 1951 年《关于难民地位的公约》第 31 条。
② 见 1951 年《关于难民地位的公约》第 32 条。
③ 见 1951 年《关于难民地位的公约》第 33 条。

（二）难民的待遇

一个人经申请获准取得难民地位后，难民本人及其家庭成员便可以根据1951 年公约和 1967 年议定书，在缔约国境内负有遵守所在国的法律、规章以及该国为维持公共秩序所采取的措施的一般义务，同时享受所在国赋予的权利和待遇。难民待遇中最主要的一项，就是缔约国不得以任何方式将难民驱逐或送回（推回）至其生命或自由因为他的种族、宗教、国籍、参加某一社会团体或具有某种政治见解而受威胁的领土边界，此即"不推回原则"。因为难民一旦被强行送回其遭受迫害的国家，对他的保护与援助就无从谈起。

根据 1951 年公约的规定，缔约国境内的任何难民在宗教自由、缺销产品的定额供应、初等教育、行政协助的费用、任何捐税或费用的财政征收等方面；缔约国境内合法居留的难民在公共救济和救助以及劳动立法和社会安全等方面；缔约国境内经常居住的难民在艺术权利和工业财产的保护以及出席法院等方面应与该国国民享有相同的待遇，在非政治性和非营业性的结社权利和以工资受偿的雇佣方面享有在同样情况下一个外国国民所享有的待遇。在动产、不动产和初等教育以外的教育等方面；合法处于缔约国境内的难民在从事自营职业和行动自由等方面；缔约国境内合法居留的难民在从事自由职业和房屋问题等方面应享有不低于一般外国人在同样情况下所享有的待遇。

除此之外，1951 年公约还就缔约国境内的难民的个人身份、资产转移、入籍和同化、身份证件以及缔约国境内合法居留的难民的旅行证件等问题分别作了规定。

四、中华人民共和国关于难民问题的基本立场与实践

中华人民共和国自 1971 年恢复其在联合国的合法席位以后，便开始积极参加联合国大会关于联合国近东巴勒斯坦难民救济和工程处（简称"近东救济工程处"）工作议题的审议，并从 1981 年正式开始向该工程处认捐。1979年，中国恢复了在难民署执委会中的活动，并多次出席有关难民问题的国际会议。1982 年 9 月 24 日，中国分别加入了 1951 年《关于难民地位的公约》（同年 12 月 23 日公约对中国生效）和 1967 年《难民地位议定书》（加入当日议定书对中国生效）。1982 年宪法和 1985 年《外国人入境出境管理法》中有关庇护的规定无疑可以作为其保护政治难民的法律依据。

对于难民问题的解决，中华人民共和国认为，只有公正合理地解决地区冲突，消除"热点"，才能从根本上解决由于种族主义、殖民主义、外国侵略和占领而引起的大规模难民问题。中国政府还主张，包括难民输出国在内的整个

国际社会应加强国际合作，努力消除产生难民问题的政治根源，共同分摊保护和援救难民的负担，同时共同努力解决因自然灾害而产生的难民问题。中国在此立场上与国际社会合作，为难民问题的解决作出努力。

思　考　题

1. 什么是国籍？国籍的意义何在？
2. 国籍的取得和丧失有哪些方式？
3. 双重国籍和无国籍问题是怎样产生的？如何消除和防止双重国籍和无国籍问题？
4. 中华人民共和国国籍法的基本原则有哪些？
5. 试述外国人的法律地位。
6. 试述国家行使外交保护的条件。
7. 什么是引渡和庇护？怎样认识政治犯不引渡原则？
8. 试述确定难民身份的条件以及难民的待遇。

第十二章　国际人权法

第一节　国际法上人权的概念与特征

一、国际法上人权问题的由来

人权问题，本来是国内管辖的问题。但是，由于在第一次世界大战期间和战后出现了一系列严重侵犯和剥夺基本人权的情形，人权问题从此引起了世界各国的严重关注。战后的国际条约，特别是和约中开始出现保护特定人群的基本人权的专门条款，比如对奥地利、保加利亚和匈牙利等国的战后和约中，就有了保护少数民族权利和基本自由的专门条款。另外，国际联盟还主持制定了几项有关人权的国际公约，如 1926 年的《禁奴公约》和 1930 年的《禁止强迫劳动公约》，从而开创了国际组织主持制定专门性国际公约保护人权的先河，尽管这些公约还只涉及人权问题的个别方面。

第二次世界大战期间，德、意、日法西斯大规模践踏基本人权，残酷剥夺人的生命权和生存权的暴行激起了国际社会用国际法保护基本人权与自由的强烈愿望。于是，《联合国宪章》在序言中"重申基本人权，人格尊严与价值，以及男女与大小各国平等权利之信念"，并在第 1 条将"促成国际合作，以解决国际间属于经济、社会、文化及人类福利性质之国际问题，且不分种族、性别、语言或宗教，增进并激励对于全体人类之人权及基本自由之尊重"列为联合国的宗旨之一。从此，国际人权问题开始广泛进入国际法领域。1948 年联合国大会通过的《世界人权宣言》和 1966 年通过的《经济、社会、文化权利国际公约》与《公民与政治权利国际公约》，则标志着国际人权法体系框架的初步形成。随后的各类专门性国际人权公约和区域性人权公约又进一步丰富和发展了国际人权法的内容。

二、国际法上人权的概念与特征

国际法上的人权，是指受国际法保护的人或人的集合体所享有或应享有的基本权利。国际法上的人权与国内人权比较起来具有以下几个方面的特征：

（一）国际人权的主体具有广泛性和特殊性

国际人权的主体除了国际法的一般主体，如国家、国际组织和民族之外，还包括受国际人权公约所专门保护的特殊群体或个人，比如妇女、儿童、无国籍人、难民、受拘禁或监禁者、移徙工人、残疾人、战时受难者、战俘、伤病员等，或由个人组成的具有某方面的共同利益的集合体，如家庭、工会组织、宗教团体、少数民族、种族等等。

（二）国际人权的主要内容是国际人权条约所保护的客体

国际人权条约是国际人权法的主要渊源，也是国际人权法的主要内容。从国际实践来看，以反对帝国主义、新老殖民主义、种族主义、恐怖主义和奴隶制为核心内容的国际人权基本法律原则已经由各类普遍性或专门性国际人权公约所确立。侵略行为、种族灭绝、种族隔离、种族歧视、奴隶贩卖、酷刑虐待、空中劫持、恐怖暗杀、扣押人质等严重行为，已被各种国际公约谴责为违反国际法的犯罪行为和不法行为，因为它们剥夺了人的最基本的生命权、平等权和人格尊严。对严重国际犯罪的禁止和惩治已成为普遍性的国际义务。保护最基本人权与自由的基本法律原则已被国际社会成员"作为整体"接受为国际强行法规范，任何国际社会成员都不得违反①。除了国际人权条约之外，国际习惯法也是国际人权法的渊源，比如《世界人权宣言》的不少重要原则，就被愈来愈多的学者视为国际习惯法的一部分。

（三）国际人权保护的最佳方式是国际合作

《联合国宪章》只是把"促进"（promote）对人权和基本自由的尊重的职责交给了联合国，没有任何国际条约把"维护"（protect）人权的使命授予任何强权大国。因此，在人权的国际保护中，各主权国家自身仍然是实现与维护人权的首要力量。人权的国际保护，主要靠主权国家之间的彼此合作来完成。在人权领域搞国际对抗，甚至借口人权干涉主权国家的内政，都会有损于国际人权合作的健康发展，最终还会以强权妨碍联合国"促进对人权及基本自由之尊重"的宗旨的实现。

---

① 参见万鄂湘：《国际强行法与国际公共政策》，武汉大学出版社1991年版，第25~43页。

第二节　普遍性国际人权公约

一、《联合国宪章》中有关人权保护的规定

1942 年 1 月 1 日在华盛顿签署的《联合国家宣言》称："深信完全战胜它们的敌国对于保卫生命、自由、独立和宗教自由并对保全其本国和其他各国的人权和正义非常重要。"1945 年 6 月 26 日订立的《联合国宪章》，在其序言中"重申基本人权、人格尊严与价值，以及男女与大小各国平等权利之信念"，并在第 1 条中把"发展国际间以尊重人民平等权利及自决原则为根据之友好关系"和"促进并激励对于全体人类之人权及基本自由之尊重"列为联合国的宗旨。为了实现这两项宗旨，宪章在第 13 条把"促进经济、社会、文化、教育及卫生各部门之国际合作，且不分种族、性别、语言或宗教，促成全体人类之人权及基本自由之实现"列为联合国大会的主要职责之一。在第 55 条又规定，联合国应促进"全体人类之人权及基本自由之普遍尊重与遵守，不分种族、性别、语言、或宗教"。在第 62 条把"促进全体人类之人权及基本自由之尊重及维护"列为经济及社会理事会的职权之一，并在第 68 条规定："经济及社会理事会应设立经济与社会部门及以提倡人权为目的之各种委员会，并得设立于行使职务所必需之其他委员会。"联合国人权委员会（Commission on Human Rights）便以此为根据在 1946 年得以建立①。此外，在第 76

①　人权委员会成立的头 20 年，主要工作是起草国际人权文书，制定国际人权标准。1967 年，经社理事会通过第 1235（XLII）号决议，授权人权委员会审议、研究、报告任何国家内严重侵犯人权的问题，并由此逐渐发展出人权委员会的特别程序（Special Procedures），即所谓"国别任务"（country mandates）和"专题任务"（thematic mandates），分别对特定国家或地区的人权状况，或者世界范围发生的重大侵犯人权现象，进行审查、监督、咨询和公开报告。而根据经社理事会 1970 年通过的 1503（XLVIII）号决议，人权委员会还设立了"1503 程序"（1503 Procedure），可以不依据条约而审议发生在任何国家内的有关"一贯严重侵犯人权和基本自由情事"的来文指控。在呼吁联合国改革的背景下，根据第 60 届联合国大会通过的第 60/251 号决议，人权委员会于 2006 年为"人权理事会"（Human Rights Council）所取代，前者的上述职能和程序基本上为后者接管。而针对原人权委员会审议特定国家人权状况所引发的争议和批评，人权理事会新设立了一个具有"同侪审议职能"（peer review function）的"普遍定期审议"（Universal Periodic Review）机制。在该机制下，人权理事会应"根据客观和可靠的信息，以确保普遍、平等地对待并尊重所有国家的方式，定期普遍审议每个国家履行人权义务和承诺的情况"（联大第 60/251 （转下页）

条，宪章还把"不分种族、性别、语言或宗教，提倡全人类之人权及基本自由之尊重"列为国际托管制度的目的之一。宪章中这些有关"促进"对基本人权的尊重的条款是全人类对两次世界大战"惨不堪言"的经历的总结和反思，也是渴望世界和平与安宁的人们发出的共同心愿。

早期的联合国宪章草案（1941—1942 年）曾包括一个人权法案和一个人权宣言，并有专款规定所有参加联合国的国家都必须像参加《国际法院规约》那样，在签署宪章的同时参加人权法案。但是由于时间关系和执行方面的问题没能如愿①。另一方面，战祸的惨痛经历还告诉人们：战争不只是对人权和基本自由的剥夺，更重要的是对国家主权的践踏和对民族独立、自决权的扼杀。因此，战后各国，特别是弱小、贫困国家更注重对国家主权的维护，而只是把"促进"人权而不是"维护"人权的职责赋予了联合国。

二、《世界人权宣言》

（一）概说

联合国人权委员会成立后的首要工作是起草所谓"国际权利宪章"（International Bill of Rights）。起初，对于权利宪章的形式有不同的意见。人权委员会最后决定编写两个文件：一个采用宣言的形式，阐述人权的一般原则和标准；另一个则采用公约的形式，规定特定的权利。人权委员会于 1947 年第 2 届会议将它正在编写的一系列文件命名为"国际人权宪章"（International Bill of Human Rights），并相应设立了三个工作组：一个编写宣言，一个编写公约，一个编写执行规定。经过 2 年的努力，人权委员会起草的《世界人权宣言》

（接上页）号决议）。据此，联合国所有 192 个成员国的人权状况每 4 年就要接受一次审议，到 2011 年时，所有国家的人权状况要全部审议完毕（而按规定，理事会成员者则在任期内必须接受普遍定期审议机制的审议）。另外，人权理事会是联合国大会的附属机关，这在地位上要高于先前属于经社会理事会附属机构的人权委员会，而且其成员由联合国大会以无记名投票方式直接选举产生的 47 个联合国会员国组成，每届任期为 3 年，连任不得超过两个任期，而原人权委员会则由经社理事会选举产生，成员任期虽同为 3 年，但可多次连选连任。

① 参见詹姆斯·W·尼克尔：《人权的意义——世界人权宣言的哲学思考》，加州大学出版社 1987 年英文版，第 2 页。

于 1948 年 12 月 10 日在联合国大会获得通过①。这就是众所周知的《世界人权宣言》②。此后每年的 12 月 10 日就是"世界人权日"。

(二) 宣言的主要内容

《世界人权宣言》包括序言和 30 条条文。序言指出："鉴于各联合国家的人民已在联合国宪章中重申他们对基本人权、人格尊严和价值以及男女平等权利的信念，并决心促成较大自由中的社会进步和生活水平的改善……（联合国）大会发布这一《世界人权宣言》，作为所有人民和所有国家努力实现的共同标准"。这一方面认定宣言的性质是确立"努力实现的共同标准"，而不是创设有约束力的国际义务，另一方面宣告宣言与宪章的关系是用宣言解释宪章中的"人权与基本自由"这一概念的具体内涵。

宣言第 1 条宣告："人人生而自由，在尊严和权利上一律平等。他们赋有理性和良心，并应以兄弟关系的精神相对待。"这无疑是阐述人权的理念。这些表达法，受到了 18 世纪资产阶级启蒙思想家的直接影响，但在最后一刻删去了第一阶段草案中代表自然法学派的"上帝"和"自然"之类的语词，因此，此条是各大法学派妥协的产物。

第 2 条规定："人人有资格享有本宣言所载的一切权利和自由，不分种族、肤色、性别、语言、宗教、政治或其他见解、国籍或社会出身、财产、出生或其他身分等任何区别。"该条类似各国际人权文书中的"防止歧视条款"，总括性地指导全文书的实施。宪章第 1 条第 3 款与之类似，但后者比前者防止歧视的范围要广泛得多。宪章只限于防止在种族、性别、语言和宗教四个方面的歧视，宣言则把防止歧视的范围扩展到肤色、政见、主张、国籍、门第、财产、出生和身份八个方面。

从第 3 条至第 27 条是具体的权利和自由宣言，可以分为 5 个类别。第一类包括第 3~5 条，属于基本权利：生命权、人身自由、安全权；禁止奴役、奴隶制和奴隶贩卖；禁止酷刑和不人道的待遇或处罚。第二类包括第 6~11 条，属于司法权利：法律人格（主体）权；享受法律平等保护的权利；享受

① 《世界人权宣言》经联合国大会第 217（Ⅲ）号决议以 48 票赞成，0 票反对，8 票弃权通过。投弃权票的国家有：白俄罗斯、捷克斯洛伐克、（前）苏联、乌克兰、波兰、南斯拉夫、沙特阿拉伯和南非。

② 一般将《世界人权宣言》与 1966 年联合国大会通过的《公民权利和政治权利国际公约》（及其两个议定书）与《经济、社会和文化权利国际公约》一起，统称为"国际人权宪章"。

司法救济的权利；不受无理逮捕、拘禁和放逐的权利；刑事被告享受独立无私法庭公开听审的权利和刑事被告受"无罪推定"、"罪刑法定"原则保护的权利。第三类包括第 12~17 条，属于人身权利：个人私生活、家庭、住所或通信不受无理侵犯的权利；自由迁徙和择居的权利；寻求庇护的权利；国籍权；结婚和建立家庭的权利和财产权。第四类包括第 18~21 条，属于公民和政治权利：思想、良心与宗教自由；信息和表达自由；和平集会结社自由；自由选举和参加本国公职的权利。第五类包括第 22~27 条，属于经济、社会和文化权利：工作权，包括同工同酬的权利；组织和参加工会的权利；休息权，包括带薪休假权；享受衣、食、住、医等社会服务的权利，包括对残疾人、老人、母亲、儿童的特别保护；受教育权；参加社会文化生活、哲学艺术，共享科学进步及其利益的权利。

第 28~30 条是关于实现上述各项权利和自由的各种条件性规定。第 28 条的内容是："人人有权要求一种社会的和国际的秩序，在这种秩序中，本宣言所载的权利和自由能获得充分实现。"这是要求各国采取主动措施创立实现上述权利和自由的国内社会条件和国际社会秩序。第 29 条则是要求个人在享受上述权利和自由的同时还应受到以下三个方面的限制：（1）人人对社会负有义务；（2）人人在行使他的权利和自由时，只受法律所确定的限制，但法律限制的唯一目的在于保证对旁人的权利和自由给予应有的承认和尊重，并在一个民主的社会中适应道德、公共秩序和普遍福利的正当需要；（3）个人权利与自由的行使不得违反《联合国宪章》及原则。为了防止宣言所载之条款相互之间或与其他国际人权文书产生解释性冲突而受减损，第 30 条专门规定："本宣言的任何条文，不得解释为默许任何国家、集团或个人有权进行任何旨在破坏本宣言所载的任何权利和自由的活动或行为。"

（三）评述

《世界人权宣言》的历史性进步意义是各国公认的。中国外交部长在联合国第 43 届大会上指出："《世界人权宣言》是第一个系统地提出尊重和保护基本人权具体内容的国际文书。尽管它存在着历史局限性，但它对战后的国际人权活动的发展产生了深远的影响，起了积极作用。"[1] 这是我国政府对该宣言的基本评价。

具体说来，《世界人权宣言》的积极作用表现在以下几个方面：

---

[1]　参见张晓玲：《〈世界人权宣言〉与中国的人权观》，载中国人权研究会编：《〈世界人权宣言〉与中国人权》，四川人民出版社 1998 年版，第 113 页。

其一，宣言是宪章中"人权与基本自由"概念的具体阐述。由于它是第一个由联合国大会决议全体通过的国际人权文书，其具体内容可以看做是对宪章有关条款的权威解释，从而使得宪章确立的"促进并激励对于全体人类之人权及基本自由之尊重"的宗旨更加明确。

其二，前苏联东欧社会主义国家及第三世界拉美国家据理力争，使西方国家难于实现把它们的国内法及其意识形态国际化的主张，使基本人权和自由的内容得到较为全面的阐述，从而防止了把人权与基本自由的内容仅限于政治和公民权利范围内的片面性。

其三，宣言是多种意识形态妥协的产物，马克思主义的基本人权观还是得到了部分体现。第22条的措辞"每个人，作为社会的一员，有权享受社会保障，并有权享受他的个人尊严和人格的自由发展所必需的经济、社会和文化方面各种权利的实现"，大致表明了"人是社会的人"，"经济、社会、文化权利是实现个人权利自由的前提"等社会主义人权观。此外，第29条规定的实现个人权利自由的三个限制性条件也大致表明了权利与义务统一的思想。

其四，尽管宣言本身不是具有法律约束力的国际人权条约，但至今还没有任何国家公开诋毁其进步性指导意义。有的学者还推崇其为"国际习惯法的一部分"[1]，联合国国际法院在伊朗人质案中甚至把宣言的内容与宪章的原则相提并论，作为该案的判决依据之一[2]。因此，可以说它为有约束力的普遍性或区域性国际人权条约的产生提供了思想和理论上的准备。

当然，宣言的历史局限性也是显而易见的。首先，它通篇是个人权利宣言，而集体权利，特别是民族和国家的权利只字不提，这表明了其不全面性。其二，自然法的影响很深，尽管"天赋人权"的字句没有出现在条文中，但第1条的有关措辞或多或少地隐含了"天赋"精神。其三，条文中有些用语含义不明，容易引起解释性歧义。比如第29条第2款中的"法律所定之限制"，是指国际法，还是国内法？若是指国内法，应为哪一类法律？此外，"民主社会中道德"和"公共秩序"的一般标准是什么，都不明确，很容易使这一限制性条款的义务性质淡化。最后，由于当时参加联合国的第三世界国家

---

[1]　参见保罗·施哈特：《人类法权——国际人权法典概论》，牛津大学出版社1986年英文版，第64页。

[2]　参见保罗·施哈特：《人类法权——国际人权法典概论》，牛津大学出版社1986年英文版，第65页。

的数量有限，许多还是殖民地和受托管地，它们的特殊要求和主张没有得到体现。当时已经独立的第三世界国家，也没有完全意识到自己地位的特殊性，没能结成牢固的团体并提出有影响力的主张，因而宣言中真正维护这些国家和人民权利的条款不多，有关社会、经济和文化权利的条款也不具体。这也是宣言内容不全面的原因之一。

诚然，我们不能用今天的标准苛求 60 多年前的历史文献的全面性，毕竟历史上任何一份重要文献在开始问世时都不可能是尽善尽美的。联合国成立后三年之内就能拿出如此系统的国际文书来协调各国在人权方面的基本认识，尽管它存在着历史局限性，但仍然不失为国际人权活动史册中光辉的一页。

三、国际人权两公约

（一）概说

人们通常所称之"国际人权两公约"是指 1966 年的《经济、社会和文化权利国际公约》以及《公民权利和政治权利国际公约》。

1948 年 12 月 10 日联合国大会 217A（Ⅲ）号决议不仅通过了《世界人权宣言》，而且还决定开始着手把宣言的内容制定成对缔约国有法律约束力的国际公约，并在宣言的基础上增加执行程序和措施条款，以确保公约拟确认的权利与自由得以切实实施。此后，经过长达 18 年的反复讨论、研究、起草，两个公约终于在 1966 年经联合国大会 2200A（XXI）号决议通过。这 18 年，正值战后"冷战"时期，也是国际社会充满斗争与合作的一段极其复杂的历程。国际人权委员会初期的公约起草工作，仍只限于西方传统的公民与政治权利。至 1950 年，联合国大会决定公约的内容必须包括经济、社会和文化权利①。1952 年，联合国大会又决定把公约的内容分成两部分，作为两个独立的公约来制定，"一个包括公民与政治权利，另一个包括经济、社会、文化权利。为使大会能同时通过两个公约，并在同期开放签字，两个公约应尽可能地包括相同的条款，以便强调观点的统一和确保对人权的尊重与遵守"。因此，大会还决定两个公约都必须包括"民族自决权"②。

经联合国大会第三委员会修改过的两个公约草案和新拟定的《公民权利

---

① 联合国大会决议第 421（Ⅴ）号，1950 年 12 月 4 日。
② 联合国大会决议第 543（Ⅳ）号和 543（Ⅵ）号。

和政治权利国际公约任择议定书》，于 1966 年 12 月 16 日经联合国大会通过①。两公约在交存了 35 份批准书和加入书后，于 1976 年正式生效。截至 2011 年 1 月，批准或加入《经济、社会和文化权利国际公约》的已有 160 个国家，我国于 1997 年 10 月 27 日签署该公约，并于 2001 年 3 月 27 日批准；批准或加入《公民权利和政治权利国际公约》的已有 167 个国家，我国已于 1998 年 10 月 5 日签署该公约，尚待批准。

（二）《公民权利和政治权利国际公约》的主要内容

《公民权利和政治权利国际公约》除序言外，分六部分共 53 条。第一至三部分，即第 1~27 条为实质性权利条款。第四部分，即第 28~45 条是关于设置人权事务委员会（Human Rights Committee）的具体规定。第五至六部分，即第 46~53 条是条约的杂项条款，主要涉及条约的解释、签署、批准、适用范围、修改、生效、作准文字等问题。

从第一至三部分的具体内容来看，第 1 条单独构成第一部分，足见其特殊重要性。该条的具体内容包括：“一、所有人民都有自决权。他们凭这种权利自由决定他们的政治地位，并自由谋求他们的经济、社会和文化的发展。二、所有人民得为他们自己的目的自由处置他们的天然财富和资源，而不损害根据基于互利原则的国际经济合作和国际法而产生的任何义务。在任何情况下不得剥夺一个人民自己的生存手段。”这是集体性的权利第一次得到一般国际人权公约的确认，无疑是广大第三世界国家多年努力的结果。民族自决权的内涵包含甚广，不仅包括政治地位自决权，而且包括经济、社会、文化的自由发展权，甚至还有“自由处置天然财富及资源”的权利。

第二部分的第 2~5 条是一般总括性条款，其主要作用是界定公约义务性质并指导下部分中确认的权利的具体实施。第 2 条第 2 款的规定实质上是第三委员会主持讨论的结局，即宣告当事国所承担的条约义务不是“渐进性”的，而是“即刻性”的，因为该款要求缔约国“采取必要的步骤，以采纳为实施本公约所承认的权利所需的立法或其他措施”。第 2 条第 1 款是类似《世界人权宣言》第 2 条第 1 款的“防止歧视条款”，但其防止歧视的义务范围仅限于缔约国“领土内和受其管辖的一切个人”，即在国际人权保护问题上采取“属

---

① 与两公约同时通过的还有《公民权利和政治权利国际公约任择议定书》。该议定书规定了由人权事务委员会负责处理任何个人声称公约所规定的任何权利遭受侵害的来文程序。1989 年 12 月联合国大会又通过了《公民权利和政治权利国际公约旨在废除死刑的第二任择议定书》，该议定书于 1991 年生效。

地管辖权原则"而排除"属人管辖权原则"。由于该款中没有提及性别歧视因素，因而在第 3 条又补充规定了"男女权利一律平等"原则。第 4 条规定了缔约国可以克减公约义务的条件和范围，其中第 1 款规定"在社会紧急状态威胁到国家的生命并经正式宣布时，本公约缔约国得采取措施克减其在本公约下所承担的义务"，但减免义务的范围不得涉及第 6，7，8（1）、（2），11，15，16 和 18 条等规定的生命权，禁止酷刑，禁止奴隶制和奴役，禁止债务监禁，罪刑法定、法律不溯及既往原则，法律人格权和思想、良心及宗教自由。第 5 条的内容类似《世界人权宣言》第 30 条，旨在防止冲突性解释破坏公约所确认的权利。

　　第三部分，第 6 条至第 27 条是具体权利条款。各条分别确认的权利和自由有：第 6 条规定了"固有的生命权"，其中包括死刑只适用于犯罪情节最大的罪行，死刑犯请求特赦或减刑的权利，不满 18 周岁者及孕妇不得判处死刑或不执行死刑。值得注意的是，生命权是全公约仅有的两项定性为"固有的权利"之一①。目前，有关生命权的争议集中在死刑的废止、安乐死的使用、人工堕胎、死刑犯的大赦或特赦等问题上。第 7 条禁止酷刑和不人道的待遇或惩罚。第 8 条禁止奴隶制、奴隶贩卖、奴役和强迫劳动，但依法判处苦役者不受此限，依法判处拘禁、服军役或遇紧急危难或灾害祸患时征召服役不属强制劳役。第 9 条确认人身自由和人身安全权，其中包括禁止任意逮捕和拘禁，非依法定理由及程序，不得剥夺任何人身自由。受非法逮捕、拘禁者有权要求给予损害赔偿。第 10 条规定了对刑事被告和犯人的人道主义待遇，被告应与已判有罪者分别羁押，少年被告应与成年被告分别羁押，并应尽速给予判决；少年犯人应与成年犯人分别拘禁。第 11 条禁止债务监禁。第 12 条规定迁徙和选择住所自由，其中包括出入本国自由。第 13 条禁止非法驱逐外国人。第 14 条规定法庭面前人人平等，其中包括公开审讯和无罪推定原则和刑事被告的最低限度保障；一事不再理原则；关涉少年案的特别程序；司法复审；误审赔偿等。刑事被告的最低限度保障共有七项具体规定：（1）迅速告知指控性质和原因；（2）有充分时间准备答辩并与自己选择的律师联络；（3）受审时间不被无故拖延；（4）到庭受审自我辩护或得到律师帮助；（5）对不利证人的讯问权和有利证人平等出席或受讯权；（6）不懂庭上用语者免费获译员帮助权；（7）不得强行逼供和自证其罪。第 15 条规定了罪刑法定原则和法律不溯及既往原则。第 16 条确认人人有法律人格权。第 17 条规定个人私生活、家庭、住

---

　　①　另一项是第 10 条第 1 款规定的"固有的人格尊严"权。

宅、通信不受无理侵扰的权利。第 18 条确认思想、良心及宗教自由。第 19 条规定发表意见（言论）和接受信息自由。第 20 条规定禁止鼓吹战争的宣传和鼓吹民族、种族或宗教仇恨的主张。第 21 条确认和平集会权。第 22 条规定结社自由。第 23 条规定儿童的权利，包括不受歧视、姓名和国籍权。第 25 条规定选举权和被选举权，包括平等参与公共事务和参加本国公务。第 26 条确认受法律平等保护的权利。第 27 条规定少数民族、种族和宗教团体共同享有自己的文化、信奉和实行自己的宗教或使用自己的语言的权利。

与《世界人权宣言》的内容相比较，该公约增加了刑事被告和犯人的人道主义待遇（第 10 条），禁止债务监禁（第 11 条），禁止鼓吹战争和民族、种族、宗教仇恨宣传（第 20 条），儿童的权利（第 24 条）和少数民族、种族、宗教团体的权利（第 27 条）。但《世界人权宣言》第 17 条宣布的财产权，由于对其概念发生重大分歧，没有列入两个公约。

公约第四部分是关于设立"人权事务委员会"（下称"委员会"）和为实现公约确认的权利所采取的措施的执行性、程序性规定。与《世界人权宣言》相比，公约的这一部分显得特别重要，因为该部分的规定进一步表明了缔约国是否愿意接受国际控制和监督的意愿。与《经济、社会和文化权利国际公约》相比，该公约有关设立"人权事务委员会"的规定的作用不一样。设立新的委员会，而不是靠原有的"人权委员会"，也不是像《经济、社会和文化权利国际公约》那样把有关公约的监督执行交给联合国的主要机关之一——经济及社会理事会去处理，这有利于公约的全面执行①。

委员会由 18 人组成。委员必须是缔约国的国民，品格高尚，并在人权问题方面声誉卓著，最好具备法律经验，以个人身份参加委员会的工作（第 28 条）。委员的选举以无记名方式进行，各缔约国可以提出两个本国国民为候选人（第 29 条）。候选人以出席及投票缔约国代表的绝对过半数票当选为委员（第 30 条）。委员名额分配遵行"地域公匀"和代表世界不同文化和各主要法系的原则（第 31 条）②。委员任期 4 年，可连选连任，每 2 年改选 9 人（第 32 条）。各缔约国在公约对其生效后的一年内应向秘书长提交有关执行本公约

---

① 直到 1985 年 5 月 28 日，经社理事会始通过第 1985/17 号决议，决定设立"经济、社会和文化权利委员会"（Committee on Economic, Social and Cultural Rights），履行根据《经济、社会和文化权利国际公约》第四部分授予经社理事会的监督职能。

② 目前各区域委员名额的分配情况是：西欧 5 名，东欧 1 名，亚洲 2 名，非洲 6 名，北美洲 1 名，拉丁美洲 3 名。

各项规定的情况报告，再由秘书长转呈委员会审议（第 40 条）。委员会审议缔约国报告的最终结果是公开发表"结论性意见"（concluding observations），内容主要是就如何采取进一步步骤落实条约中所规定的权利向提出报告的国家提供忠告和建议。因此，缔约国报告制度只是委员会与缔约国之间的一种建设性对话（constructive dialogue），并非司法性质的裁判，委员会也非司法机关，只是协助缔约国尽可能全面、有效地执行公约。这就是在人权条约的国际监督机制中最常见的缔约国"报告制度"（reporting system）。此外，委员会还可以接受和审议一缔约国指称另一缔约国不履行公约义务的"来文"，但需待双方当事国均已声明委员会有此权利（第 41 条）。如果按第 41 条的办法不能满意解决争端，委员会可以在经有关缔约国同意后，设立和解委员会，斡旋解决问题（第 42 条）。这就是人权条约国际监督机制中比较常见的"国家间来文程序"（inter-state communications procedure）①。

值得特别注意的是，第 47 条专门规定："本公约的任何部分不得解释为有损所有人民充分地和自由地享受和利用它们的天然财富与资源的固有的权利。"该条与第 1 条前后呼应，并把各民族自由享受及利用自然资源的权利定性为"固有的权利"，进一步巩固了民族自决权的地位。

另外，与公约同时通过的《公民权利和政治权利国际公约任择议定书》补充了公约的监督机制，规定由人权事务委员会接受和审查个人声称因公约所规定的任何权利遭受侵害而为受害人的来文②。这就是人权条约国际监督机制中同样比较常见的所谓"个人来文程序"（individual communications procedure）③。根据该程序，个人可以以"来文"（communication）的形式向人权事务委员会申诉，公约某一当事国违反公约的规定使他的权利受到侵害。委员会如果接受个人的来文，可以要求有关国家对来文申诉的有关问题作出解释和澄清，该国应在 6 个月内就此作出答复。委员会对申诉进行不公开审议，最后会发表"意见"（views），指出被申诉的国家是否违反了公约的规定从而侵害了申诉人的权利，并提出相应的建议。该意见一般会公开，但是对缔约国没有法律拘束力，不能强制执行。所以这种个人申诉程序只是带有某些"准司法"

---

① "国家间来文程序"又称"国家间指控（inter-state complaints）程序"。虽然包括《公民权利和政治权利国际公约》在内的一些联合国人权条约设立了这种程序，但到目前为止，在实践中都从来没有启动过。

② 该议定书于 1976 年 3 月 23 日生效，目前有 113 个缔约国。

③ 这种个人来文程序有时也称为"个人申诉"（individual complaints）程序。

（quasi-judicial）性质的监督，其最终效果的实现还依赖缔约国的自愿合作。此外，这一程序是任择性的，也就是说，必须是只对批准或加入该议定书的缔约国适用。而且能够被受理的来文还有必须符合一定的要求，如个人必须用尽当地救济、不能匿名、不能滥用提交来文的权利，等等①。

（三）《经济、社会和文化权利国际公约》的主要内容

《经济、社会和文化权利国际公约》除序言文外分五部分，共31条。由于1950年的该公约草案是与《公民权利和政治权利国际公约》合在一起拟定的，因此该公约的第一部分，即第1条与《公民权利和政治权利国际公约》的同一条款完全一样。第二部分中的有些条款，两个公约也基本一致，比如第2、3、5条。但该公约第2条第1款在界定公约义务性质时与《公民权利和政治权利国际公约》的第2条第2款有重大差异。后者的规定可以推论为把缔约国承担的义务定为"即刻性"的，而前者只要求缔约国"采取步骤，以便用一切适当方法，尤其包括用立法方法，逐渐达到本公约中所承认的权利的充分实现"。这就是说，本公约缔约国承担的义务是"渐进性"的。此外，第2条第3款确认了发展中国家有权自行决定非本国国民享受本公约确认的经济权利的程度。两个公约的第4条的内容也不大一样，《公民权利和政治权利国际公约》的第4条是克减义务条款，而《经济、社会和文化权利国际公约》的第4条却类似《世界人权宣言》第29条第2款的规定，确认缔约国国内法可以对公约所确认的权利加以"法律所确定的限制"，但同时规定这类"限制同这些权利的性质不相违背而且只是为了促进民主社会中的总的福利的目的"。

公约所确认的具体权利列在第三部分，第6~15条，共有9项权利：工作权（第6条）；享受公正和良好的工作条件的权利，包括男女同工同酬权，带薪定期休假权（第7条）；组织工会和罢工的权利（第8条）；享受社会保障包括社会保险的权利（第9条）；母亲和儿童的权利，包括对产前和产后和工作期间的母亲的特别保护，保护儿童免受歧视、免受经济及社会剥削，禁止低龄童工和禁止雇用儿童及少年从事危险和有害健康的工作（第10条）；获得相当的生活水准，包括足够的食物、衣着和住房，并能不断改进生活条件以及免于饥饿的基本权利（第11条）；体质和心理健康权，包括享受医疗、医

---

① 截至2010年10月，人权事务委员会已经登记了1 996份涉及82个缔约国的个人来文。在1 996份来文中，委员会根据《公民权利和政治权利国际公约任择议定书》提出意见后结案的有749份，其中有603份被裁定违反《公民权利和政治权利国际公约》；此外，有562份来文被委员会宣布不予受理。

药服务的权利（第 12 条）；受教育权（第 13、14 条）；参加文化生活、享受科学进步的利益的权利和科学研究、创作的基本自由（第 15 条）。

与《世界人权宣言》中有关经济、社会、文化权利的条款相比，该公约虽然没有增加什么新的权利，但有些权利的内涵增加了，宣言中的原则性要求具体化法律条文化了。与《公民权利和政治权利国际公约》相比，二者有关实质性条款的措辞大不相同。《公民权利和政治权利国际公约》多以"人人有"，"任何人不得"等词语开头，起草人意欲暗示该公约只是对主体固有权利的再确认。而《经济、社会和文化权利国际公约》多以"本公约缔约国确认"，"本公约缔约国承担保证"等词句开头，起草人意欲强调缔约国对公约所确认的权利的保障义务，要求缔约国政府主动"采取必要步骤，制定必要之法律或其他措施"。

公约第四部分主要规定了保障公约所载之权利的实施的国际监督措施。第16 条要求各缔约国就遵行本公约所承认的权利方面所采取的措施和所取得的进展，向联合国秘书处提出报告，再由秘书长将其副本送交经济及社会理事会审议。这就是说，公约本来没有设立新的专门机构审议缔约国的报告，而是由联合国经济及社会理事会兼办。至 1985 年，经社理事会始通过决议，设立"经济、社会和文化权利委员会"，履行根据公约第四部分授予经社理事会的监督职能。第 17 条要求缔约国在公约生效后 1 年内按咨商办法分期提出报告。报告得指出影响履行本公约义务的程度的因素和困难。。第 18 条要求联合国专门机关向经济及社会理事会报告其有关工作的进展。报告应包括有关决定和建议的细节。第 19 条要求经济及社会理事会将各国提交的报告转交人权委员会研究并提出一般建议。第 20 条规定缔约国和各专门机构也可以向经济及社会理事会就上述一般建议和报告提出意见。第 21 条规定经济及社会理事会可以随时向大会提出报告书和一般性的建议以及有关进展的材料的摘要。第 22 条规定经济与社会理事会得提请其他联合国机构和它们的辅助机构以及有关专门机构对各种报告所引起的任何事项予以注意。剩余条款与《公民权利和政治权利国际公约》第五、六部分的内容基本上一样。

与《公民权利和政治权利国际公约》相比，《经济、社会和文化权利国际公约》在监督机制方面只是比较详细地规定了缔约国报告制度，而没有设立国家间和个人来文程序。2008 年 12 月 10 日，联合国大会通过了《经济、社会和文化权利国际公约任择议定书》，以加强公约的监督机制。该议定书不仅规定了国家间和个人来文程序，还设立了"调查程序"（inquiry procedure）①。根据议定书第 11 条，如果经济、社会和文化权利收到可靠资料，表明一缔约国严重或系统地侵犯公约所规定的权利，委员会应请该缔约国合作审查这些资料，并为此提出对有关资料的意见。在考虑了有关缔约国可能已提出的任何意见以及委员会所获得的任何其他可靠资料后，委员会可指派一名或多名委员进行调查，并紧急向委员会提出报告。如有正当理由并征得缔约国同意，此项调查可包括前往该缔约国领土进行访问。此种调查应以机密方式进行，并在该程序的各个阶段均应争取缔约国的合作。在审查这项调查的结果之后，委员会应将这些结果连同任何评论和建议一并转达有关缔约国。有关缔约国应在收到委员会转达的调查结果、评论和建议后的 6 个月之内，向委员会提出意见。此种调查程序完成后，委员会在与有关缔约国协商后，可决定将程序结果的概要说明载入其年度报告。不过，此种调查程序也并非强制性的，只是对声明承认委员会这项权限的议定书缔约国才适用。②

（四）综合评述

两个国际人权公约的重要意义体现在以下几个方面：

（1）如果说《世界人权宣言》是对《联合国宪章》中"人权与基本自由"这一概念的权威解释和具体化，那么，两个国际人权公约则是对《世界人权宣言》内容的进一步完善和法律化。也就是说，两公约把宣言中各国表达出来的有关人权问题的协调意志转变成了协定国际人权法，使之对缔约国产生了法律约束力。这标志着人权保护在国际上从无法状态进入了有组织、有法的时代。

（2）两公约第 1 条都宣告："所有人民都有自决权"和"自由处置他们的天然财富和资源"的权利，并分别在第 25 条和第 47 条把这一权利确认为"固有的权利"。这意味着集体性质的人权已被广大国际社会成员认可，并成为基本人权的一个重要成分。另一方面，上述条款也为确立民族自决权原则在国际法基本原则中的地位奠定了基础。1970 年《国际法原则宣言》的有关条款就是在这一基础上确立其重要地位的。

---

① 这种作为人权条约监督机制的调查程序最早是 1984 年《禁止酷刑和其他残忍、不人道或有辱人格的待遇或处罚公约》设立的。

② 该议定书于 2009 年 9 月起开放签署，要在第 10 份批准书或加入书交存联合国秘书长之日起 3 个月后生效。截至 2011 年 1 月，该议定书有 35 个国家签署，但只有 3 个国家批准，目前尚未生效。

（3）两公约所确认的权利合二为一，构成了国际人权法体系的初步框架，特别是经济、社会、文化权利被国际社会确认为国际人权不可缺少的一部分，有利于各国根据本国国情参照执行或作为努力的方向，也有利于国际人权合作的健康发展。

（4）在公约中，发展中国家的若干利益受到专门保护，它们自行决定外国人享受经济权利的程度的权利得到确认，并用"民族自决权"和"自由处置天然财富和资源"的权利成功地替代了"财产权"成为国际人权的内容，以防止新殖民主义用它们"神圣的财产权"对抗发展中国家的自然资源永久主权。同时，社会主义国家主张的人权保护的国内标准原则和权利与义务统一原则也在公约的前文及各类条文中得到了一定体现，有助于主权国家在不受外来干涉的情况下有效地发挥维护人权的作用。

（5）两公约各所确立的人权保护的国际监督程序，如人权事务委员会和经济、社会和文化权利委员会的报告制度、国家间和个人来文程序、调查程序及和解程序等，基本上符合和平解决国际争端的原则，有利于国际合作维护基本人权。这不仅在一定程度上有助于防止强权大国以人权为借口粗暴干涉别国内政的现象，同时也可以防止缔约国违反国际公约义务时逃避国际监督。

两公约显然也存在不足之处，比如其前文一些提法表明自然法学派思想仍然主宰了公约的理论基础，同时，也容易使人误认为公约所载的权利都是天赋的、不受限制的，从而混淆了基本人权与其他性质的权利的界限。再如，《公民权利和政治权利国际公约》的实质性权利条款均以"人人有"或者"任何人都不得"等词句开头，似在表明公约的作用只是确认固有和天赋的权利，从而颇为片面地渲染了个人权利的普遍性和绝对性，不利于全面认识人权问题在国际关系和国际法上的真实意义。

第三节　专门性国际人权公约

一、废除奴隶制和禁止强迫劳动国际公约

早在 1926 年，国际联盟就主持制定了《国际禁奴公约》，并把奴隶制定义为"对一人行使附属于所有权的任何或一切权力的地位或状况"（第 1 条）。可是，由于该定义过于抽象，未能具体列举和包括农奴制、债务质役等类似奴隶制习俗和奴隶贩卖行为，各种变相的奴隶制在世界各地依然存在。联合国成立以后，又分别于 1953 年和 1956 年制定了《关于修订 1926 年国际禁奴公约

的议定书》和《废止奴隶制、奴隶贩卖及类似奴隶制之制度与习俗补充公约》。根据 1956 年《补充公约》的规定，禁奴的范围不仅包括债务质役、农奴制，而且包括包办和买卖婚姻、转让妻子、将未满 18 岁的少年儿童交给他人以供利用或剥削其劳动力等习俗。目前该公约已有 123 个当事国。

强迫劳动可以看做是奴隶制的一种特别表现形式。1930 年国际劳工组织曾制定一个《强迫劳动公约》，禁止一切形式的强迫劳动，但根据"义务兵役法强制劳务"、作为"正常公民义务一部分"的劳务、依法院判定有罪而被迫从事的劳务以及在紧急情况下的强征劳务，不属禁止之列。1957 年，国际劳工组织又通过了《废止强迫劳动公约》，规定各缔约国不得利用任何形式的强迫劳动作为政治压迫和政治教育的工具；不得作为经济发展目的的动员和使用劳工的方法；不得作为执行劳动纪律的工具；不得作为对参加罢工的惩罚；不得作为实行种族、社会、民族或宗教歧视的工具。

二、保护种族权利的国际公约

对种族权利剥夺的最残酷方式莫过于种族灭绝。1948 年联合国大会通过的《防止及惩治灭绝种族罪公约》首先确认灭绝种族是"国际法上的一种罪行"，并将灭绝种族定义为："蓄意全部或局部消灭某一民族、人种、种族或宗教团体。"可以认定为构成种族灭绝罪的行为有：（1）杀害该团体成员；（2）致使该团体成员在身体上或精神上遭受严重的伤害；（3）故意使该团体处于某种生活状态下，以毁灭其全部或局部之生命；（4）强制施行办法意图防止该团体内之生育；（5）强迫转移该团体之儿童至另一团体。目前该公约已有当事国 141 个，我国于 1983 年成为其当事国之一。

种族歧视和种族隔离是危害种族平等权利的常见表现形式。1965 年，联合国大会通过了《消除一切形式种族歧视国际公约》，并将种族歧视定义为："基于种族、肤色、世系或民族或人种的任何区别、排斥、限制或优惠，其目的或效果为取消或损害政治、经济、社会、文化或公共生活任何其他方面人权及基本自由在平等地位上的承认、享受或行使。"该公约还规定，各缔约国有义务采取一切适当办法禁止和终止任何人、任何团体或任何组织所施行的种族歧视。另外，公约设立了"消除种族歧视委员会"（Committee on the Elimination of Racial Discrimination），通过报告制度、国家间和个人来文程序监督缔约国对公约的执行。目前该公约已有当事国 174 个，我国于 1981 年成为其当事国之一。

1973 年，联合国大会通过了《禁止并惩治种族隔离罪国际公约》，首次宣布"种族隔离是危害人类的罪行"。该公约列举的种族隔离行为包括：杀害、任意逮捕或非法监禁一个种族集团的成员，对一个种族集团的成员强加有意灭绝该集团的生活条件，建立法律和社会条件，阻止一个种族集团的发展和参与其本国的政治、社会、经济和文化生活等。该公约目前已有当事国 107 个。我国于 1983 年成为其当事国之一。

此外，国际劳工组织在 1958 年制定了《关于就业和职业歧视的公约》，联合国教科文组织大会通过了《取缔教育歧视公约》，联合国大会还在 1985 年通过了《反对体育领域种族隔离国际公约》。

三、保护妇女权利的国际公约

1951 年，国际劳工组织大会通过了《关于男女工人同工同酬的公约》，该公约要求每一个成员以适当方法促进并"保证男女工人同工同酬的原则对一切工人适用"。1952 年，联合国大会通过了《妇女政治权利公约》。公约规定：1. 妇女有权参加一切选举，其条件与男子平等，不得有任何歧视。2. 妇女有资格当选任职于依国家法律设立而由公开选举产生的一切机关，其条件应与男子平等。3. 妇女有权担任依国家法律而设置之公职及执行国家法律所规定之一切公务，其条件应与男子平等，不得有任何歧视。该公约目前有 122 个当事国。

1979 年，联合国大会通过了《消除对妇女一切形式歧视公约》。根据该公约第 1 条的规定，"对妇女的歧视"是指"基于性别而作的任何区别、排斥或限制，其影响或其目的均足以妨碍或否认妇女不论已婚未婚在男女平等的基础上认识、享有或行使在政治、经济、社会、文化、公民或任何其他方面的人权和基本自由"。在政治权利方面，与《妇女政治权利公约》相比较，增加了"参加有关本国公众和政治事务的非政府组织和协会"的平等权利和"有机会在国际上代表本国政府参加各国际组织的工作"的权利。在经济、社会、文化、家庭、婚姻、法律人格方面，该公约也确立了妇女广泛的平等权利。公约还设立了"消除对妇女歧视委员会"（Committee on the Elimination of Discrimination Against Women），但其监督机制仅限于缔约国报告制度。为弥补公约监督执行机制的不足，1999 年 10 月联合国大会又通过了《消除对妇女一切形式歧视公约任择议定书》①，规定了个人来文程序和调查程序。《消除对妇女一切形式歧视公约》目前已有当事国 186 个，我国于 1980 年成为其当事国之一。

① 该议定书已于 2000 年 12 月生效，目前有 100 个当事国。

此外，联合国在 1957 年制定的《已婚妇女国籍公约》还规定，无论妇女与外国人结婚或离婚，或丈夫改变国籍，都不应自动影响该妇女的国籍，即确认了保护妇女平等权利的"妻子国籍独立原则"。

四、保护儿童权利的国际公约

1989 年，联合国大会通过了《儿童权利公约》。公约规定了关于儿童权利的 4 项"普遍原则"：不歧视；儿童的最高利益；确保儿童的生命权、生存与发展；尊重儿童的意见。该公约所确认的儿童的权利有：固有生命权；姓名和国籍权；与家人团聚的权利；对影响到本人的一切事项自由发表意见的权利；自由发表言论和接收、传递各种信息和思想的权利；信仰和宗教自由的权利；结社自由及和平集会的权利；隐私权；名誉权；家庭、住宅、通信不受任意或非法干涉的权利；不受任何形式的身心摧残、伤害或凌辱、忽视或照顾不周、虐待或剥削以及性侵犯的权利；脱离家庭环境的儿童、申请难民身份的儿童、残疾儿童受特别保护权利；健康、医疗、康复权；受益于社会保障、保险权；享受足以促进其生理、心理、精神、道德和社会发展的生活水平的权利；受教育权；少数民族和土著居民儿童的权利；休息权和自由参加文化生活及艺术活动的权利；免受经济剥削、色情剥削、性侵害、诱拐、买卖、贩运、酷刑虐待的权利；武装冲突中儿童的权利；未满 18 岁少年犯和嫌疑人的权利等等。公约还设立了"儿童权利委员会"（Committee on the Rights of the Child），但其监督机制仅限于缔约国报告制度。1992 年，我国正式批准了该公约。目前有 193 个国家已成为其当事国。

此外，2000 年 5 月联合国大会还通过了《儿童权利公约关于买卖儿童、儿童卖淫和儿童色情制品问题的任择议定书》以及《儿童权利公约关于儿童卷入武装冲突问题的任择议定书》，① 就打击贩卖儿童和强迫儿童卖淫、保护战争冲突中的儿童权利等问题作了具体规定。

除了《儿童权利公约》之外，其他联合国体系内的国际组织也通过了一些涉及儿童权利的公约，如国际劳工组织 1973 年通过的《最低就业年龄公约》（第 138 号）、1999 年通过的《最恶劣形式童工劳动公约》（第 182 号）等。

---

① 两项议定书已分别于 2002 年 1 月和 2 月生效，目前分别有 142 和 139 个当事国。我国分别于 2002 年和 2008 年批准这两项议定书。

五、保护难民和无国籍人权利的国际公约

难民问题从 20 世纪 20 年代以来，就一直是国际法关注的对象。仅在 20 世纪 20 年代和 30 年代就有 8 个有关难民地位的议定书和公约。1946 年曾签署过一项有关难民的协定。1951 年缔结了一个全面的《关于难民地位的公约》，1967 年又增订了一个《难民地位议定书》。

《关于难民地位的公约》将难民定义为"有正当理由畏惧由于种族、宗教、国籍、属于某一社会团体或具有某种政治见解的原因留在其本国之外，并且由于此项畏惧不愿返回本国的人"。根据该公约的规定，难民以个人身份取得的权利，特别是关于婚姻的权利，应受尊重；难民的艺术权利和工业产权应享受"国民待遇"；难民在宗教自由、出席法院、受初等教育以及某些社会福利等方面，也应享受"国民待遇"；难民在财产的租赁和取得及其他契约方面应享有尽可能的优惠待遇；难民享有择居和行动自由、结社权利；政治、宗教难民不得送回或推回。但是，上述权利和待遇的享有限于因"1951 年 1 月以前发生的事情"而产生的难民。1967 年的《难民地位议定书》才解除了这一限制。目前上述公约和议定书已分别有 144 和 145 个当事国，我国已经于 1982 年加入。

无国籍人的地位从 20 世纪 30 年代开始成为国际法关注的问题。1930 年分别签署了两个议定书：《关于某种无国籍情况的议定书》和《关于无国籍的特别议定书》。1954 年和 1961 年分别通过了《关于无国籍人地位的公约》和《关于减少无国籍状况的公约》。上述公约和议定书中规定的无国籍人地位与难民的地位基本一样，只是与非法入境的难民和政治、宗教难民的地位有些不同。

六、禁止酷刑公约

1984 年，联合国大会通过了《禁止酷刑和其他残忍、不人道或有辱人格的待遇或处罚公约》（简称《禁止酷刑公约》）。根据该公约第 1 条的规定，酷刑是指为了向某人或第三者取得情报或供状，为了他或第三者所作或涉嫌的行为对他加以处罚，或为了恐吓或威胁他或第三者，或为了基于任何一种歧视的任何理由，蓄意使某人在肉体或精神上遭受剧烈疼痛或痛苦的任何行为，而这种疼痛或痛苦是由公职人员或以官方身份行使职权的其他人所造成或在其唆使、同意或默许下造成的。公约要求，每一个缔约国应采取有效的立法、行政、司法或其他措施，防止在其管辖的任何领土内出现实施酷刑的行为，无论是战争状态、战争威胁、国内政局动荡或任何其他紧急状态，以及上级官员或

政府当局之命令都不得援引为施行酷刑的理由。（第 2 条）；如有充分理由相信任何人在另一国家将有遭受酷刑的危险，任何缔约国不得将该人驱逐、推回或引渡至该国（第 3 条）；每一缔约国应保证，凡一切酷刑行为均应定为触犯刑法罪（第 4 条）；每一缔约国应确保在任何诉讼程序中不得援引任何确属酷刑逼供作出的陈述为证据（第 15 条）。

在对酷刑罪的管辖权方面，《禁止酷刑公约》采取了与反劫机和其他打击恐怖活动公约类似的普遍管辖权原则，在第 5 条中规定罪行发生地国、被指控的罪犯国籍国、受害人的国籍国、被指控的罪犯所在国都对酷刑罪有管辖权，并确定了"或引渡或起诉原则"（第 7 条）。

公约还规定设立"禁止酷刑委员会"（Committee Against Torture），其监督机制包括报告制度、国家间和个人来文程序以及调查程序。为进一步加强公约的监督机制，2002 年联合国大会通过《禁止酷刑和其他残忍、不人道或有辱人格的待遇或处罚公约任择议定书》①，它建立了一个独特的"由国际机构和国家机构对拘留地点进行定期查访（regular visits）的制度，以防范酷刑和其他残忍、不人道或有辱人格的待遇或处罚"（第 1 条）。议定书还设立了"禁止酷刑委员会防范酷刑和其他残忍、不人道或有辱人格待遇或处罚小组委员会"（Sub-Committee on Prevention of Torture and Other Cruel, Inhuman or Degrading Treatment or Punishment of the Committee Against Torture），以进行上述查访并为缔约国和国家机构在国家一级履行类似职责提供支持。

《禁止酷刑公约》于 1987 年 6 月 26 日生效，现有当事国 147 个，我国于 1988 年正式批准该公约。

七、保护移徙工人及其家庭成员权利的国际公约

所谓移徙工人（migrant workers），就是由于各种原因而到国外工作的工人。作为一个跨国弱势群体，移徙工人及其家庭成员的权益常常得不到保障，特别是他们受到歧视和剥削的现象比较严重，为此，1990 年 12 月 18 日联合国大会通过了《保护所有移徙工人及其家庭成员权利国际公约》。

公约分九个部分共 93 条。第一部分规定了公约的适用范围和有关定义，其中将"移徙工人"被界定为"在其非国民的国家将要、正在或已经从事有报酬的活动的人"（第 2 条第 1 款）。第二部分是有关保护移徙工人及其家庭成员在权利方面不受歧视。该部分只有 1 个条文即第 7 条，规定：缔约国承担

---

① 该议定书已于 2006 年 6 月生效，目前有 57 个当事国。

尊重并确保所有在其境内或受其管辖的移徙工人及其家庭成员，享有公约所规定的权利，不分性别、种族、肤色、语言、宗教或信念、政治见解或其他意见、民族、族裔或社会根源、国籍、年龄、经济地位、财产、婚姻状况、出身或其他身份地位等任何区别。而且，这里所列举的被禁止的歧视理由要多于《经济、社会和文化权利国际公约》和《公民权利和政治权利国际公约》等其他人权条约的类似规定，这都反映出公约对保障移徙工人不受歧视权利的重视。第三部分涉及"所有移徙工人及其家庭成员的人权"，包括各项公民权利和政治权利，经济、社会和文化权利，以及涉及移徙工人的特殊权利，其中还特别保护《世界人权宣言》中列明但《公民权利和政治权利公约》没有规定的财产权。第四部分规定了"有证件或身份正常的移徙工人及其家庭成员"除享有公约第三部分所列的各项权利之外，还享有的某些额外的权利。这些权利包括：被原籍国和就业国详细告知入境和有关逗留及可能从事的有报酬活动的条件；在就业国境内自由迁徙和自由选择住所的权利；成立社团和工会的权利；参与原籍国的公共事务包括参加投票和选举活动的权利；等等。此外，他们在各项经济和社会服务方面，在从事有报酬的活动方面，在选择有报酬的活动方面，以及在受到保护免遭解雇和享受失业津贴方面，享有与就业国国民同等的机会和待遇。另外，公约在移徙工人收益被征税、收益或储蓄往原籍国汇兑、居留许可、家庭团聚、在就业国内自由选择其有报酬活动等方面也规定了一些对这类移徙工人及其家庭成员优惠的待遇。第五部分则是"适用于特殊类别的移徙工人及其家庭成员的规定"①。第六部分则是为了"增进工人及其家庭成员国际移徙的合理、公平、人道和合法条件"，对缔约国规定了一系列协商与合作的特别义务。

公约在第七部分规定设立"保护所有移徙工人及其家庭成员权利委员会"（Committee on the Protection of the Rights of All Migrant Workers and Members of Their Families），即"移徙工人委员会"（Committee on Migrant Workers）以监督公约的执行，其主要机制包括缔约国报告制度、国家间和个人来文程序②。

公约于 2003 年 7 月 1 日生效，目前有 44 个当事国。

八、保护残疾人权利的国际公约

全球有 6 亿 5 千万身体或精神受到损害的残疾人，其中 80% 生活在发展中

---

①　这些特殊类别的移徙工人包括边境工人、季节性工人、行旅工人和项目工人、特定聘用工人、自营职业工人等。

②　不过，公约规定国家间和个人来文程序的第 76 条和第 77 条目前尚未生效。

国家。相对于其他人而言，残疾人受到歧视的现象非常普遍，在就业、教育、家庭生活等方面也是易受侵害群体。在 20 世纪 70 年代，联合国就开始努力在国际上激发起对残疾人权利和平等机会的共识：1971 年，联合国大会通过了《智力迟钝者权利宣言》；1975 年，又通过了《残疾人权利宣言》。1992 年 12 月 16 日，联合国大会决定将每年的 12 月 3 日定为"国际残疾人日"。经过国际社会的长期努力，2006 年 12 月 13 日，联合国大会通过了第一个全面性地专门保护和促进残疾人权利的国际条约——《残疾人权利公约》以及《残疾人权利公约任择议定书》。

公约总共 50 条。第 1~9 条是关于一般性问题的条款，其中第 1 条阐明了公约的宗旨是"促进、保护和确保所有残疾人充分和平等地享有一切人权和基本自由，并促进对残疾人固有尊严的尊重"，并且将"残疾人"界定为"包括肢体、精神、智力或感官有长期损伤的人，这些损伤与各种障碍相互作用，可能阻碍残疾人在与他人平等的基础上充分和切实地参与社会"。第 2 条将"基于残疾的歧视"界定为"基于残疾而作出的任何区别、排斥或限制，其目的或效果是在政治、经济、社会、文化、公民或任何其他领域，损害或取消在与其他人平等的基础上，对一切人权和基本自由的认可、享有或行使。基于残疾的歧视包括一切形式的歧视，包括拒绝提供合理便利"。第 3 条宣布了公约的 8 项原则，即：1. 尊重固有尊严和个人自主，包括自由作出自己的选择，以及个人的自立；2. 不歧视；3. 充分和切实地参与和融入社会；4. 尊重差异，接受残疾人是人的多样性的一部分和人类的一份子；5. 机会均等；6. 无障碍；7. 男女平等；8. 尊重残疾儿童逐渐发展的能力并尊重残疾儿童保持其身份特性的权利。第 4-9 条则规定了缔约国的义务，除了一般义务，如"承诺确保并促进充分实现所有残疾人的一切人权和基本自由，使其不受任何基于残疾的歧视"，还包括："平等和不歧视"；"提高认识"；"无障碍"。另外，公约特别规定了缔约国确保残疾妇女和残疾儿童的权利的义务。

公约第 10~30 条是有关残疾人权利的实质条款，既涉及公民权利和政治权利，也涉及经济、社会和文化权利，大部分规定与现有的其他联合国人权条约相同或类似。

公约第 31~40 条则涉及公约的执行和监督，其中规定设立"残疾人权利委员会"（Committee on the Rights of Persons with Disabilities）以缔约国报告制度来监督公约的执行，而与公约同时通过的《残疾人权利公约任择议定书》则规定了个人来文程序和调查程序。

公约第 41~50 条是有关签署、生效等程序性问题的"最后条款"，其中独特之处是，为了方便有视力等障碍的残疾人能够了解公约，第 49 条规定"应当以无障碍模式提供本公约文本"。

公约和议定书于 2008 年 5 月 3 日同时生效，目前前者有 97 个当事国，后者有 60 个当事国。我国于 2008 年批准了公约。

九、保护所有人免遭强迫失踪的国际公约

长期以来，强迫失踪（enforced disappearance）是一个全球性的严重侵犯人权的问题。一些国家尤其是军政府执政国家将强迫失踪作为对付政治反对派的手段，内部动乱、武装冲突和内战则造成另一类型的大量强迫失踪现象，而妇女、儿童和残疾人也往往成为强迫失踪的受害者。强迫失踪不仅对失踪者本人及其亲属、朋友造成极大的痛苦，而且严重侵犯了受害者的诸多公民权利和政治权利以及经济、社会和文化权利。1992 年，联合国大会通过了《保护所有人不遭受强迫失踪宣言》。2006 年 12 月 30 日，联合国大会通过了《保护所有人免遭强迫失踪国际公约》。

公约分三个部分共 45 条。第一部分为实质性条款。其中第 1 条将免遭强迫失踪规定为不可克减的人权；第 2 条则将"强迫失踪"定义为"由国家代理人，或得到国家授权、支持或默许的个人或组织，实施逮捕、羁押、绑架，或以任何其他形式剥夺自由的行为，并拒绝承认剥夺自由之实情，隐瞒失踪者的命运或下落，致使失踪者不能得到法律的保护"。第一部分的第 3~25 条具体规定了缔约国的义务，如调查强迫失踪行为并将责任者绳之以法；采取必要措施，确保在本国的刑法中将强迫失踪行为列为犯罪；大规模或有组织的强迫失踪行为，构成相关国际法所界定的危害人类罪，应招致相关国际法所规定的后果。第 6~16 条又进一步列明了缔约国在惩治强迫失踪罪、追究强迫失踪犯罪人的刑事责任方面的各项义务。其中第 9 条规定缔约国对强迫失踪罪案有普遍性管辖权，有管辖权的国家包括：罪行发生地国；罪犯国籍国；失踪人国籍国。此外，公约规定了缔约国有关强迫失踪罪的"或引渡、移交或起诉"的义务，即"缔约国在其管辖的领土上发现据称犯有强迫失踪罪的人，如果不按其国际义务将该人引渡或移交给另一国家，或移交该缔约国承认其司法权的某一国际刑事法庭，则该国应将案件提交本国的主管机关起诉。主管机关应按该缔约国的法律规定，以审理任何性质严重的普通犯罪案件相同的方式作出判决。"（第 11 条）公约并对引渡问题作了具体规定，如不应将强迫失踪罪视为政治犯罪、与政治犯罪有联系的普通犯罪，或带有政治动机的犯罪而拒绝引渡

要求等。为防止强迫失踪，公约第 17~18 条还规定了禁止秘密监禁的措施。公约第 24 条列明了对强迫失踪受害人的救济手段，其中规定缔约国还应"采取一切适当措施，查寻、找到和解救失踪者，若失踪者已经死亡，应找到、适当处理并归还其遗体"，并应在其法律制度范围内，确保"强迫失踪的受害人有权取得补救和及时、公正和充分的赔偿"，而获得补救的权利涵盖物质和精神损害以及视情况而定的其他形式的补救，如复原；康复；平反，包括恢复尊严和名誉；保证不再重演。公约第 25 条涉及非法劫持儿童问题。

公约第二部分规定设立"强迫失踪问题委员会"（Committee on Enforced Disappearances）以监督公约的执行①。在这方面，公约不仅规定了缔约国报告制度、国家间和个人来文程序、调查程序，还设立了两项特别机制：（1）请求紧急查找失踪者。失踪者的亲属及律师等可作为紧急事项，向委员会提出查找失踪者的请求。如果委员会认为该请求可接受，则应请有关缔约国在限定的时间内提供所查找人员境况的资料。根据这些资料，考虑到情况的紧迫性，委员会可向缔约国提出建议，如找到有关个人并加以保护，并在限定的时间内向委员会报告采取措施的情况。委员会应将它的建议和收到的国家提供的情况，通报提出紧急行动要求的人。（第 30 条）（2）将强迫失踪问题紧急提交联合国大会。如果委员会得知，有充分迹象显示，某缔约国管辖下的领土正在发生大规模或有组织的强迫失踪问题，则可向有关缔约国索取一切有关资料，并通过联合国秘书长，将问题紧急提请联合国大会注意。（第 34 条）

公约第三部分则是有关签署、生效等杂项条款。

公约于 2010 年 12 月 23 日生效，是最新的一个联合国人权条约，目前有 22 个当事国②。

---

① 不过，根据公约第 27 条，在公约生效后至少 4 年但最多 6 年，应举行缔约国会议，评估委员会的工作，并依照第 44 条第 2 款确定的公约修正程序，在不排除任何可能性的前提下，决定是否将公约的监督职能转交给另一机构。

② 通常将以上 9 个设立了监督执行的机构即所谓"人权条约机构"（human rights treaty bodies）的联合国人权条约称为"核心人权条约"（core human rights treaties），它们是：1965 年《消除一切形式种族歧视国际公约》；1966 年《公民权利和政治权利国际公约》；1966 年《经济、社会和文化权利国际公约》；1979 年《消除对妇女一切形式歧视公约》；1984 年《禁止酷刑和其他残忍、不人道或有辱人格的待遇或处罚公约》；1989 年《儿童权利公约》；1990 年《保护所有移徙工人及其家庭成员权利国际公约》；2006 年《残疾人权利公约》；2006 年《保护所有人免遭强迫失踪国际公约》。

十、国际人道主义公约（参见第十八章战争法第五节）

思　考　题

1. 试论国际法上人权的概念与特征。
2. 评《世界人权宣言》。
3. 简述国际人权两公约的主要内容，并加以评论。
4. 分析说明几项专门性国际人权公约的主要内容，并加以评论。

第十三章　国际组织法

第一节　国际组织的性质和法律人格

一、国际组织的概念和类型①

（一）国际组织的概念

现代国际组织，名目繁多，在数量上要以万位数字来计算。国际组织的活动已涉及人类生活的各个方面，特别是其中数百个较重要的政府间组织，对当代国际关系及国际法产生了深刻影响。国际组织已是今日国际生活的重要组成部分。有关调整国际组织各种事项及活动的一切有约束力的原则、规则和制度，已形成为现代国际法的一个极重要的分支——"国际组织法"。

中外学者给国际组织下过各式各样的定义。作者认为：概括言之，"凡两个以上国家或其政府、人民、民间团体基于特定目的，以一定协议形式而建立的各种机构，均可称为国际组织"。

上述定义表明，国际组织可有广义、狭义之分。广义上的国际组织，既包括若干国家或其政府所设立的国际机构（如国际民用航空组织、欧洲共同体等），也包括若干国家的民间团体及个人组成的机构（如国际红十字组织和国际奥林匹克委员会等）。狭义上的国际组织则仅指若干国家或其政府通过签署国际协议而设立的机构。国际法所着重研究的是这种严格意义上的国际组织，即若干国家或若干政府间的常设机构。

上述定义还表明：

第一，国际组织是一种跨越国界的多国机构。任何组织，无论冠以何种名称，如果其组织和活动未超出一国的国界，它就不是国际组织。

---

① 参见梁西著：《国际组织法（总论）》，武汉大学出版社 2002 年 9 月修订第 5 版，第 3~8 页，第 25~27 页。

第二，它是由不同国家或其政府，或不同国家的自然人或法人组成的机构。因此，国际组织的组成分子既可能是国际法主体的国家，也可能是国内法主体的自然人和法人。

第三，它具有较完整的结构体系。起码拥有一个常设机关和经常性的工作地点。这种地点通常称为国际组织的总部。这一要素是国际组织区别于国际会议的一个重要标志。

第四，它根据其组成分子之间的协议而设立。这种协议说明国际组织是基于其组成分子的意志而建立的，是其组成分子集体契约行为的结果。

第五，它具有特定的目的或使命。这些目的由组织章程予以明确规定，通过组织机关根据其职权和活动程序予以实践。

第六，它在国际社会中具有一定的稳定性和持续性。除非某一国际组织的宗旨已经最后实现，或情势变迁，抑或被新的组织所代替，否则，它就会通过其机关进行经常性的组织活动。

作为国际法所着重研究的政府间组织，在国际法上具有以下基本特点：

1. 政府间组织的主要参加者是国家或其政府。国家既是国际法的基本主体，也是国际组织的基本成员。有些国际组织允许非独立国家的集合体作为其成员或准成员，例如联合国允许前苏联的两个加盟共和国作为其创始成员，世界贸易组织允许一国境内的单独关税区和欧洲联盟享有完全的成员资格。但是，上述现象只表明国际组织在成员资格方面的某些新动向，并未改变政府间组织主要是由国家或其政府组成的这个本质特征。

2. 政府间组织的权利是由成员国授予的。国际组织不是凌驾于国家之上的实体，无论国际组织的职权多么广泛，不能违反国家主权原则而干涉本质上属于任何国家国内管辖的任何事项。但是，这并不等于国家完全不受国际组织的宗旨与原则及其活动的约束。事实上，国际组织是成员国间关系的调节者。它通过行使组织章程规定的职权，维护成员国的主权及各种权益，促使成员国履行其国际义务。在主权国家林立的国际社会中，不可能存在真正的超国家组织，但是若干国家可能在某些领域建立一种高度一体化的组织，授予此等组织以具有超国家因素的职权。不过，这并不损抑国家主权的主要属性，而正是国家主权在国际范围内作用的结果。

3. 成员国主权平等是国际组织最基本的原则。国家是主权的，彼此之间是平等的。在国际组织中，各成员国不问其版图大小和人口多寡，也不问其政治、经济及社会制度如何，其法律地位应一律平等。从这个意义上讲，政府间组织是平等者之间的组织。

4. 国家间的协议（章程）是政府间组织赖以建立和存在的法律基础。国际组织的宗旨与原则、机关与职权、活动程序以及成员国的权利与义务，均应以这种协议为法律根据。这种协议实质上是国家间的一种多边条约。虽然某些重要国际组织章程的原则及规则，可能已构成一般国际法的组成部分，具有普遍的指导意义，但就协议的整体效力而言，一般只及于其成员国，非经非成员国同意不能为其创设权利和义务。

（二）国际组织的类型

国际组织，从 1804 年成立的莱茵河管理委员会前后算起，虽然只有两百余年的历史，但在 20 世纪的发展却十分迅速，现在已形成一个以联合国为协调中心的巨大的国际组织网。为了更好地了解国际组织的特点，更全面认识它们在现代国际关系和国际法中的地位和作用，有必要对各种国际组织进行科学的分类。以下介绍几种主要的分类方法。

1. 民间组织与政府间组织

如前所述，这是根据国际组织成员的性质作出的分类，即凡是由国家或其政府组成的国际常设机构，均为政府间组织；凡是由不同国家的自然人或法人组成的跨越国界的非官方联合体，均为国际民间组织。

这种分类方法的优点在于指出了国际组织有广义和狭义的区别，并明确国际法所着重研究的是各种政府间组织。需要指出的是，即使是纯政府间组织，其成员并不一定完全由国家或其政府构成。除前面提及的联合国和世界贸易组织等之外，现代国际商品协定组织也接纳非主权的一体化组织作为其成员。

2. 全球性组织与区域性组织

这是根据国际组织成员的地域特点作出的分类。全球性（亦称世界性）组织是旨在向国际社会的所有国家开放，不问其地理位置及其他因素如何，用组织的法律形式聚合在一起，并寻求解决涉及整个国际社会各种有关问题的机构。区域性组织是那些由某一地区的国家组成，其目的为促进该地区国家间合作的机构。

这种分类方法揭示了现代国际组织全球普遍化和区域集团化的并行发展趋势。不过，国际组织的全球性和区域性是相对而言的，即使是拥有最多成员国的组织也并未将世界上的所有国家都包括在内，即使是区域性组织，有的也接纳本区域之外的国家为其成员国。

3. 开放性组织与封闭性组织

这是根据国际组织对成员资格规定的条件作出的分类。如果一个国际组织对一切国家开放，即为开放性组织。如果一个国际组织只对特定类型的国家开放，即为封闭性组织。一般说来，全球性国际组织属于开放性的，而区域性组织则多为封闭性的。有些封闭性组织，并不以地区为标准，而是以若干国家间相同或类似的政治与经济利益为纽带，如过去的华沙条约组织和经互会，现存的北大西洋公约组织、经合组织以及各种原料生产和输出国组织等。必须明确的是，无论是开放性的还是封闭性的，均有成员资格条件的规定。

4. 一般性组织与专门性组织

这是按国际组织宗旨及其性质和职能范围作出的一种基本分类。一般性组织，是以某一领域活动为中心并涉及其他广泛领域的组织，如联合国是以国际和平与安全活动为主且具有广泛经济及社会文化等职能的一般政治性组织，欧洲联盟是以经济活动为主并涉及政治、社会等其他领域活动的一般经济性组织。专门性组织则只具有较专门的职能，是以某种专业技术活动为主的组织，如世界气象组织等。值得注意的是，有些专门性组织是一种完全单独分立的组织，有些则与某种一般性组织依特别协定而具有法律及工作关系，如联合国的各个专门机构。

5. 国家间组织与超国家组织

这是根据国际组织的权力（权利）及其与成员国关系的性质作出的分类。这种方法与欧洲联盟的成立和发展有着密切联系。依照这种方法，一个国际组织如果其权力机关由独立于成员国的人员组成，接替了成员国机关的权力，而且其决定不仅约束成员国政府，还直接及于成员国的自然人和法人，它就是一个超国家组织。与之相对照，如果一个国际组织的权力机关由成员国政府的代表构成，其职权只是协调成员国间的关系，而且其决定只约束成员国，并不对成员国的个人创设权利和义务，即为国家间组织。

这种分类的意义在于：现代国际社会的组织化程度呈现不平衡的态势，一定地区内的若干国家基于共同或类似政治社会制度，有可能建立甚为紧密的组织体制，赋予这种组织以更多、更大的权力，并同意受此等权力的法律约束。但是，在主权国家林立的国际社会中，不可能有真正完全超国家的组织。即使像欧洲联盟这样的组织，尽管它拥有许多近似于国家机关的权力，具有若干超国家的因素，并逐步从经济货币联盟走向政治联盟，但这些权力从根本上讲还是来源于各成员国间达成的协议。

此外，随着国际经济的不断发展，国家间在经济上的联系和相互依存关系也越来越突出，各种国际经济组织应运而生，成为国家间经济交往与合作的一种重要法律形式。在国际组织体系中，国际经济组织已发展成为一种特殊类型，各种国际经济组织所建立的法律制度是现代国际经济秩序的重要组成部分。关于国际经济组织的法律特征，将结合本书第十二章的有关部分作专门分析，这里不拟阐述。

二、国际组织的法律地位和发展趋势

（一）国际组织的法律人格

国际组织是为特定的宗旨而设立的。为实现其宗旨，国际组织特别是那些重要的政府间组织，一方面需要维持其组织内部的正常工作机制，另一方面还需要开展对外交往与合作。这就决定了有些国际组织无论在国际法上，还是在国内法上，都必须具有一定的法律地位和能力，而这种地位和能力的前提条件是必须在国际法和国内法上具备一定的法律人格。

国际组织的法律人格，就是它成为法律关系主体享受权利和承担义务的一种资格。这种资格，是由建立国际组织的章程来规定的。

国际组织作为国际法的主体，在实现其宗旨和执行其职务中具有法定的行为能力，即能够以自己行为依法行使权利和履行义务的能力。这种能力使国际组织有可能以自己的名义，不仅在国际范围内而且在其成员国领域内开展各种有效的活动。

国际组织在国际法上的法律人格和行为能力，一般可能表现在如下几个方面：（1）缔结双边或多边协定；（2）召集与参加国际会议；（3）派遣与接受外交使团（节）；（4）调解国际争端；（5）承担国际责任与请求国际赔偿；（6）参加另一个国际组织的活动甚至加入另一个国际组织；（7）作出国际承认与作为国际承认的对象；（8）构成国际继承的主体与客体；（9）其他行为能力，如登记与保存条约，临时托管一定的领土，拥有标志本组织的旗帜、徽章，等等。

综上所列，可见国际组织有可能具有广泛的享受国际权利和承担国际义务的能力。但是，国际组织的此等能力不能与主权国家同日而语。国际组织在国际法律关系中并不像国家那样当然具有法律人格，一个国际组织有无法律人格，一般说是成员国通过制定该组织的章程而规定的。它只是一种派生的法律人格者。

关于国际组织的法律人格及其行为能力的范围问题，国际法上并无一般性的规则可循。在实践中，这一问题不仅主要由各个组织的章程予以具体规定，而且也可见于其他有关的条约或协定之中①。《联合国特权及豁免公约》就是这种例子。

该公约各条款规定：联合国具有法律人格，有订立契约、购置财产和进行诉讼的能力，其会所享有相应的特权与豁免；各国向联合国各机构及会议派遣的代表，享有相似于外交使节的特权与豁免；联合国官员，按其等级享有不同的特权与豁免。这些条款，是对联合国宪章第104条和第105条关于联合国在会员国的领土内具有"法律行为能力"并享受"特权与豁免"这一规定的一种重要补充。同时，有很多国家也通过国内立法承认联合国的法律人格。例如我国的《外交特权与豁免条例》即充分体现了这一点。可见包括联合国在内的一些重要国际组织，不仅在国际法上，而且在国内法上，都具有一定的法律地位②。

需要指出的是，一些重要国际组织的法律人格，既可以是由其章程予以明确规定，也可以来自其章程的隐含。换言之，即使某一个重要国际组织的章程没有直接具体作出明示规定，该组织的法律人格，仍然可以从其章程的有关条款中，从其宗旨及"职能"规定中，推定为隐含其中。

关于国际组织法律地位的一些具体问题，将在以下有关章节中作进一步阐明。

（二）国际组织与现代国际法

国际组织是现代国际生活中促成各国合作的一种法律形式。因此，国际组织的发展，就是国际法本身的一种发展，就是作为现代国际法一个重要分支的国际组织法的发展。各种国际组织，它们所管辖的事项，遍及全球，上至外空，下达海底，现已成为一个包罗万象的非常庞大的体系。作者认为：这个组织体系的蓬勃发展，是现今国际社会两个端点的平衡与折中。一端是各独立国家在主权的"皇冠"下，无法将其权力融合为一体；另一端是国内管辖事项日益越出国界，需要国际协作。因此，这个组织体系的存在，是现代国家"既独立又相互依存"的一种结构性的国际新现象。③

---

①　详见梁西著：《国际组织法（总论）》，武汉大学出版社2002年9月修订第5版，第8~10页有关"职能性原则"一节的论述。该节提出了一种新的以"重要国际职能"为核心的折中性学说。

②　参见博威特：《国际机构法》，1963年英文版，第273~277页。

③　详见梁西著、杨泽伟修订：《梁著国际组织法》，武汉大学出版社2011年5月版，第19章第1节，第347~350页。

如前所述，国际社会，以享有独立主权的国家为组成分子，与国内社会相比，是一个高度分权的社会。以这种社会结构为基础的国际法律秩序，不可能有一个独立统一的中央立法机关或司法机关。国际法规范只能通过各国的自由协作才能产生。

与国内法形成对照，在传统国际法中，有所谓对国际侵权行为的"自动裁决"、诉诸战争的"自助原则"、重视既存事实的"实效原则"等。这些特点，集中说明国际法与国内法不同，带有很大的松散性和任意性。但是，随着国际社会的日益组织化，世界增加了凝聚力，而在欧洲联盟这类新型的区域性组织中，还出现了某些"超国家"的明显因素。这不仅对国际社会结构、国际政治及经济产生深刻影响，也对国际法的现状产生巨大的促进作用。

1. 国际组织的基本文件与现代国际法

政府间国际组织的建立，是以国家间的正式条约为其组织章程的。条约主要规定有关组织的法律地位、宗旨原则和权力结构。如前所述：随着国际组织的大量出现，这种条约和有关法规已形成现代国际法的一个分支体系——国际组织法。

那些建立全球性国际组织的条约，往往规定有国际社会需共同遵守的一般性规则。加入这种组织的国家愈多，接受这种规则的国家就愈普遍，从而使某些重要规则有可能产生一般国际法的效力。

联合国宪章第 2 条，在规定"本组织及其成员国"应遵行的各项原则时，特别规定：联合国在维持国际和平与安全的必要范围内，应保证"非联合国会员国"遵行上述原则。因此，宪章虽然形式上是基于一般国际法而制定的一个国际组织的组织章程，只对成员国有拘束力，但就其实质来说，却是一项对全球一切国家产生普遍影响的最大公约。在这个意义上，它是现代国际法最重要的渊源。宪章所载各项宗旨和原则及其相关规定，是世界各国公认的国际法基本原则。其中一些带根本性的条款（如主权平等、和平解决国际争端、禁止使用武力、不干涉内政、民族自决等），被认为具有"国际社会全体接受并公认为不许损抑"的强行法的性质。

这里，还需提及的是：各类国际组织章程，尤其是行政性国际组织的章程，有关行政事务的各种规定及实践，促进了国际行政法的形成与发展。这一发展，使传统国际法所强调的国家间相互"不作为"的义务，正在进一步向积极"作为"的方向扩大。

2. 联合国大会的决议与现代国际法

世界重要的政府间国际组织，多设有一个所有成员国代表均参加的全体大会为其最高权力机关。其中以联合国大会的职权最广，它可讨论审议宪章范围内的任何问题及事项，并可就此以决议的形式向各成员国及安理会提出建议。因此有人把它比做"世界议会"。实际上，联合国大会只是一个国际组织的代表机构，并不享有像国内议会那样的立法权。尽管如此，联合国大会在其长期职能活动中，曾在国际和平与安全、国际经济、国际社会合作等方面，作出了数以千计的决议。关于这些决议的法律效力问题，争论甚多，但它们对现代国际法的影响却是公认的。

联合国大会，几乎是由全世界国家的代表组成的。它的呼吁，反映各国政府的意愿，是世界舆论的积累和集中表达，有很大的政治影响力，特别是直接有关法律问题的那些决议，必然影响产生国际习惯的传统方式。它们代表一种普遍的信念，可以作为国际习惯形成的有力证据。它们在不同程度上具有某种阐明、确认或宣示国际法原则及规则的作用。而且事实上，联大决议，有些已由各国进一步缔结为国际公约（如外层空间条约等）。从这个角度来看，大会决议起了促进公约签订的作用，国际公约是大会决议的一种发展。

3. 国际组织的裁判活动与现代国际法

在国际社会不可能有一个最高立法机关与统一立法程序的条件下，经由国际判例来解释、澄清有关法律规则以适应国际需要的途径，对国际法的发展具有一定意义。国际判例虽然不能成为独立的国际法渊源，但可用来作为确定有疑义的法律规范的证明方法。

国际法院及其前身国际常设法院，虽然有若干先天的局限性及后天的缺陷，但它是现今国际社会能对诉讼和咨询案件做出法律认定的主要司法机关。国际法院的管辖，虽然从根本上讲，是自愿的，同国内司法机关的强制管辖不可同日而语。但是，它在适用法律方法解决各当事国提交的国际争端中，对国际法的实现具有积极作用。

虽然，国际法院成立六十多年来，至 2011 年 4 月 14 日，共受理案件 150 件，其中诉讼案件仅 124 件，咨询案件仅 26 件，但是，案件所涉范围甚广，包括领土主权、边界、海洋、管辖权、外交关系、外国人法律地位、国家继承、条约、国家责任、核武器的使用与威胁、国际组织的法律地位等各种法律问题。这些案件往往与政治问题交织在一起，国际法院从法律的角度参与裁判，有助于减轻法律矛盾，避免冲突升级，促进国际法律秩序的发展。在国际法院受理的案件中，有些影响很大。关于这些案件的判决和咨询意见，各国评论虽然不尽一致，但它们对于划定领海及其他海域的原则、专属经济区的发展、国际组织的法律地位、国籍、外交保护、条约保留、国际公务员制度、禁止使用武力及不干涉内政的原则等重大国际法问题，具有重要的理论和现实意义。

4. 国际组织的编纂工作与现代国际法

国际组织的编纂工作，对促进国际法的发展，具有重要作用。其具体内容，已在第二章第二节述及，兹不赘述。

（三）现代国际组织的发展趋势

国际组织的形成，经历了一个历史时期，它是国际关系发展到一定阶段的产物。国家出现以后，随着社会生产、文化技术，特别是交通运输方面的进步，国家之间逐渐出现了民间交往。随着国家间关系的密切，又逐渐出现了官方的国际会议。到 17 世纪中叶，国际关系有了更大的发展，国家间的多边会议增多。至 19 世纪，各国间有了关于调整交通、电信等方面关系的国际协定存在。在实施这些多边国际协定过程中，逐渐产生了若干为特定目的而建立起来的一种比较稳定的组织形式，如国际电信联盟（1865 年）、邮政总联盟（1874 年）、国际度量衡联盟（1875 年）、国际铁路运输联盟（1890 年）等。这类组织，主要以专门的、行政的、技术性的国际协作为其职能，通常称为"国际行政联盟"。国际行政联盟，一般只设秘书处一个机关，虽然权力很小，不能进行独立活动，但它是现代国际组织形成与发展过程中的一个重要阶段。

进入 20 世纪以后，特别是经历两次世界大战之后。国际组织的发展明显加快。这一时期，不仅出现了一般政治性国际组织，而且许多专门性的国际行政组织也日臻完善。在相隔 1/4 个世纪的时间中，地球上建立了两个著名的国际组织。第一次世界大战后建立了国际联盟。尽管它存在多方面的缺陷，但它是人类历史上第一个具有广泛职权的世界性国际组织。在第二次世界大战中，又建立了联合国。它是迄今地球上会员国最多、职权范围最广、对国际关系影响最深远的一个国际组织。

综观现代国际组织的发展，作者认为，可以概括出如下几个特点：①

第一，国际组织的数量在爆炸性地增长。两次世界大战之后，尤其是 20 世纪 50 年代以来，新独立国家如雨后春笋般出现。它们不仅被接纳为既存国际组织的成员，使国际组织成员的数量不断扩大，而且还组建了很多自己的国际组织。随着科学技术的发达，各种国际性的科技及行政机构日益增多。目前世界上影响较大的国际组织数以千计，其中政府间的重要组织已在 500 个以

① 参见梁西著：《国际组织法（总论）》，武汉大学出版社 2002 年修订第 5 版，第 22~24 页。

上。从国际组织急剧增加的角度上看，20 世纪不愧是"国际组织的世纪"。

第二，国际组织的种类在不断丰富。现代国际社会是各种国际组织并存的社会。在这个社会中，有一般性组织，也有专门性组织；有全球性组织，也有区域性组织；有发达国家和发展中国家都参加的国际组织，也有各类型国家间的集团性组织；有多边协定的组织，也有双边协定的机构；有纯政府间的组织，也出现了具有超国家因素的一体化组织。20 世纪是各种国际组织平行发展的世纪。

第三，国际组织的职权范围在逐步扩大。现代国际组织不仅是国际政治关系的参与者和调节者，其职能已经扩及经济、社会、文化、教育、卫生以及其他各个部门。人类生活的各个方面同国际组织或多或少地联系起来了。国际组织的活动已经包罗万象。

第四，国际组织间的协调在日益加强。虽然 19 世纪已出现了各种国际行政联盟，但各种机构孤立运作，彼此间并无系统的协调关系。至 20 世纪初，出现了一个非政府性的国际协会联盟，从事协调与联系各种国际组织。后来，《国际联盟盟约》又作了相应规定，以加强这方面的调整工作。虽然国联在这方面的成效不大，但这是首次由政府间组织从事协调工作的尝试，具有一定意义。联合国特别重视此项工作，并由经社理事会根据宪章规定，专门负责各种协调事项。同时，各种国际组织之间也建立了层次不同的联系。国际组织间的协调关系，以联合国为核心，在不断发展，这将有助于进一步加强 21 世纪国际组织的作用和国际社会的凝聚力。

第二节　联合国的基本结构和活动程序

一、旧金山会议与《联合国宪章》

（一）联合国的建立

国际组织尤其是重要的政治性组织的产生，往往同战争有着密切的联系。战争一方面给人类带来毁灭性的灾难，另一方面也激发了人们反对侵略战争，要求世界和平的思潮，希望能找到一种保障国际和平与安全的组织形式。20 世纪的两次世界大战，其性质虽不相同，但对建立战后国际组织产生了类似影响。

在第二次世界大战废墟上建立起来的联合国，其筹建工作大致经过了如下几个阶段：

1. 战争中期的设想

随着欧洲和亚洲这两个战争策源地的正式形成，进入 20 世纪 40 年代以后，第二次世界大战迅速向纵深发展。1941 年 6 月，英国、加拿大、澳大利亚、新西兰、比利时、捷克斯洛伐克、希腊、卢森堡、荷兰、挪威、波兰、南斯拉夫、南非以及法国的代表，在伦敦签署一项宣言，强调"持久和平的惟一真正基础是，各国自由人民志愿在一个已经摆脱侵略威胁、人人享有经济和社会安全的世界中进行合作"。同年 8 月，英、美两国首脑共同宣布《大西洋宪章》，提出建立"广泛而永久的普遍安全制度"的愿望。1942 年 1 月 1 日，正在对轴心国作战的中、苏、美、英等 26 个国家代表，在华盛顿签署共同反对法西斯的《联合国家宣言》。这里第一次正式采用了"联合国家"（United Nations）的名称①，但这还不是指一个定型的国际组织，只是对德、意、日法西斯作战的各个国家的总称。1943 年 10 月，中、苏、英、美四国代表在莫斯科会议上发表《普遍安全宣言》（又称《莫斯科宣言》），声明有必要在尽速可行的日期，根据一切爱好和平国家主权平等的原则，建立一个普遍性的国际组织，所有国家无论大小，均得加入为会员国，以维持国际和平与安全。《莫斯科宣言》为联合国确定了据以建立的方针和基础，被视为联合国建立的第一个步骤。同年 12 月，英、美、苏签署的《德黑兰宣言》，重申了建立这样一个组织的决心。

2. 从敦巴顿橡树园会议到雅尔塔会议

实际着手创建联合国的具体步骤，是从 1944 年秋季在华盛顿郊区的橡树园召开的中、英、美、苏四国会议开始的。经过会议两个阶段的谈判，草拟了这个战后国际组织章程的草案，即《关于建立普遍性国际组织的建议案》。建议案为这个组织提出的名称是"联合国"。建议案规定了联合国的宗旨与原则、会员国资格、主要机关及其职权，关于维护国际和平与安全以及社会合作的各种安排。建议案还特别规定，主要机关之一的安理会负有维持国际和平与安全的主要责任，应由中、法、苏、英、美 5 个常任理事国和 6 个非常任理事国组成。橡树园会议为联合国的建立做了基本准备工作，橡树园建议案已规划出联合国的蓝图。

但是，橡树园会议还遗留了一些问题未能完全解决，其中最重要的是安理会的表决程序问题。这些问题一直到 1945 年 2 月在克里米亚的雅尔塔举行的

---

① 参见梁西著、杨泽伟修订：《梁著国际组织法》，武汉大学出版社 2011 年第 6 版，第 60~62 页。

英美苏三国首脑会议时才达成协议。会议通过了一个所谓"雅尔塔方案",即"五大国一致"原则,这实际上就是各常任理事国均享有"否决权"。会议还确定,1945 年 4 月 25 日将在旧金山召开联合国家会议,正式制定联合国宪章。同年 3 月 5 日,由中、苏、美、英作为发起国向已加入《联合国家宣言》的国家正式发出了参加联合国家会议的邀请。

3. 旧金山制宪会议

旧金山会议如期举行。它的正式名称是"联合国家关于国际组织的会议"。旧金山会议是国际关系史上的一次盛大的国际会议,其参加者共有 50 个国家。在整整两个月中,代表们研究与讨论了橡树园建议案,"雅尔塔方案"和各国政府所提出的修正案,最后完成了宪章的起草工作。代表们于 6 月 25 日在旧金山歌剧院召开全体会议,无保留地一致通过了《联合国宪章》;次日,举行了正式签字仪式。《联合国宪章》于 1945 年 10 月 24 日正式生效,联合国正式宣告成立,总部设在纽约。1946 年 1 月 10 日,联合国大会在伦敦举行第一届会议,于是一个新的普遍性国际组织,正式开始活动。

(二)《联合国宪章》

《联合国宪章》由一个序文和 19 章组成,全文 111 条。《国际法院规约》为宪章的组成部分。宪章的主要内容包括:联合国的宗旨与原则(第一章),联合国的会员国(第二章),联合国主要机关的组织、职权、活动程序与主要工作(第三章至第十五章),以及有关联合国组织的地位与宪章的修正(第十六至第十九章)等条款。

《联合国宪章》是联合国组织的根本法。虽然它在性质上,同《国际联盟盟约》一样,都是一种多边条约,但与盟约相比,有若干不同的特点:

首先,在形式上,《国际联盟盟约》被同时载入结束第一次世界大战的五个和约,作为各和约的首章,构成《凡尔赛和约》的一部分;而《联合国宪章》则是一个单独的组织文件,自成体系。

其次,《国际联盟盟约》只包括一个序文和 26 个条文;《联合国宪章》有一百多个条文。《联合国宪章》比《国际联盟盟约》的规定更加系统,更加完善。

尤其重要的是,宪章所确立的原则和制度,虽然不少是借鉴国联的经验,但在许多方面已有很大发展。在机关设立方面,国联除秘书处和一个自主性的常设国际法院之外,仅有大会和行政院两个主体机关;而联合国除秘书处之外;尚有五大机关。在职权方面,国联的大会与行政院之间,没有明确的区分;而联合国各主要机关的职权则具有明显的分权性质,重叠较少。在表决制度方面，全体一致同意是国联大会和行政院的重要原则；而联合国除安理会对非程序性问题采取五大国一致表决方法外，所有机关均以多数或特定多数为表决原则。在宗旨与活动方面，盟约对维护国际和平与安全以外的其他事项未作详细规定；而宪章一方面确立维护国际和平与安全为首要宗旨，另一方面也强调经济、社会、技术、人道等事项的国际合作。在采取强制措施的权限方面，盟约强调的是行政院的建议和成员国自愿承担的义务；而宪章则更注重安理会对联合国会员国有约束力的决定。在限制战争权方面，盟约并未当然禁止战争，只对会员国发动战争的权利作了某些限制；而宪章禁止战争的范围则要广泛得多。

二、联合国的宗旨与原则

联合国的宗旨载于《联合国宪章》第 1 条，分为四项：

1. 维持国际和平与安全。"维持国际和平与安全"是联合国的首要目的。为了达到这一根本目的，宪章规定了两个步骤：一是采取有效集体措施，以防止和消除对和平的威胁，制止侵略行为或其他破坏和平的行为；二是用和平的方法与依正义及国际法的原则，调整或解决可能导致破坏和平的国际争端或情势。各种"预防"和"制止"措施以及"解决"方法，分别在宪章的第七章与第六章等之中作了进一步的具体规定。

2. 发展各国间的友好关系。宪章规定："发展国际间以尊重人民平等权利及自决原则为根据之友好关系，并采取其他适当办法，以增强普遍和平。"各国人民平等及民族自决原则，是发展各国友好关系的基础。没有这个基础，就谈不上维持国际和平与安全。各国人民均有权自愿选择自己的政治、经济和社会制度，有权获得民族独立。只有如此，各国间的友好关系才能得到发展，全世界的和平才能得到确实保证。

3. 促进国际合作。宪章规定，促成国际合作，以解决国际间属于经济、社会、文化或人道主义性质的问题，并且不分种族、性别、语言或宗教，促进和鼓励对于一切人的人权和基本自由的尊重。宪章序言也宣告了这一宗旨的精神。要维持国际和平与安全，除上述措施外，还必须在平等基础上广泛地促进经济、社会、文化等的合作，尊重全人类的人权和基本自由，不进行任何歧视，以消除引起战争的经济及其他因素。为实现这一宗旨，《宪章》在第九章至第十三章进一步作了具体规定。

4. 协调各国行动。宪章规定，以联合国作为"协调各国行动之中心，以达成上述共同目的。"这里强调联合国应当成为一个协调一切国家的行动并使之进行协作的重要场所。其主要活动方式是通过彼此协商，取得协调，以实现上述各项规定。

为了实现联合国的宗旨，宪章第2条规定了联合国本身及其会员国应遵循的七项原则。其中一些原则已构成现代国际法的基本原则，已经在第二章述及，不再重复。

三、联合国的会员国

《联合国宪章》以第二章专门规定联合国会员资格的取得与丧失。

（一）会员资格的取得

根据取得会员资格程序上的不同，联合国的会员可以分为创始会员国和纳入会员国两类。凡参加旧金山会议或以前曾签署《联合国家宣言》的国家，签署了宪章并依法予以批准的，均属于创始会员国。联合国的创始会员国共有51个。凡根据宪章规定的条件和程序被接纳的会员，均为纳入会员国。

宪章第4条规定，凡爱好和平的国家，接受宪章所载之义务，经联合国组织认为确能并愿意履行这些义务的，都可以成为联合国的会员国。在联合国实践中，接纳新会员国的程序一般如下：首先，有关国家按规定向联合国秘书长提出申请；然后由秘书长将申请书交安理会"接纳新会员国委员会"进行审查并提交审查报告；继而由安理会审查并推荐；最后，由联合国大会审议并作出决议。

（二）会员资格的丧失

《联合国宪章》规定，在一定条件下，会员国有可能丧失其已有的会员资格。资格的丧失在下列情况下发生：会员国被开除、会员国权利被中止等。

根据宪章的有关规定，屡次违反宪章原则的会员国，大会可依安理会的建议，以2/3的多数将其开除出联合国。开除是一种最严厉的组织制裁。《国际联盟盟约》也有类似的规定，并曾在实践中予以执行，但在联合国的历程中，迄今尚未适用过这一条款。

会员国所享有的各种权利，在特殊情况下，有可能被中止。宪章第5条规定，经安理会对其采取防止或强制行动的会员国，大会可根据安理会建议，以2/3的多数，中止其会员国权利和特权的行使。对此种权利和特权的恢复，得由安理会单独决定，无须经过大会决议。此外，宪章第19条还规定了另一种中止会员国的情况，即拖欠联合国经费摊款的会员国，其数目如已达到其前两年应缴纳的总数，即应丧失其在大会的投票权。不过，如果大会认定欠缴的原因是由于该会员国无法控制的情况（如自然灾害、严重的政治动荡、经济危机等），则可准许投票。当缴纳足以恢复其投票权的欠款后，投票权即应恢复。

《联合国宪章》关于会员国自动退出的问题，与《国际联盟盟约》不同，没有作明文规定。尽管如此，联合国各会员国作为主权国家，无疑保有自动退出组织的权利。实践中也曾发生过类似会员国自动退出的事例。①

（三）联合国会员国发展的特点与趋势

联合国接纳新会员国，不只是一个法律问题，在第二次世界大战后东西方对立的复杂关系中，曾一度高度政治化。由于受政治因素的制约，联合国曾多次发生接纳新会员国的僵局。另外，随着会员国中小国成分的增加，联合国出现了所谓"微型国家"问题，在会费分摊、表决效果和权力分配上，曾引起不少矛盾。

尽管联合国在接纳会员国过程中，曾出现波折，但同国联相比，联合国会员国一直比较稳定，具有普遍性，数量也在持续增长。进入 20 世纪 90 年代后，联合国的会员国大幅度增加，这在很大程度上是由于东欧的变化和苏联的解体。联合国从 1990 年初到 1994 年 12 月 15 日的 4 年多时间里，迅速增加了 26 个会员国②。截至 2011 年 7 月 14 日吸收南苏丹共和国（2011 年 7 月 9 日正式宣告独立）加入联合国后，其会员国总数已达到 193 个③。长期以来，随着会员国的增加，联合国的成员结构和力量对比不断发生变化。联合国成立时，亚洲与非洲许多国家尚处在殖民主义的枷锁下，创始会员国中欧美国家居多数。现在亚非拉国家，发展中国家，占了联合国会员国总数的 2/3 以上。这种结构变化，使这个组织乃至整个世界格局，正朝着多极化发展。这一演变使联合国特别是大会的权力重心发生了转移，并在一定程度上改变了大国可任意摆布联合国事务的局面，有利于国际和平与安全。

四、联合国的主要机关及其职权

（一）大会

1. 大会的组成。根据宪章第四章的规定，大会由联合国全体会员国组成。

---

① 根据宪章的立法精神，联合国会员国作为主权国家，显然还保有自动退出组织的权利。在此种情况下，自然也会发生失去会员资格的事实。但这是一个学者间有分歧的问题。详见梁西著、杨泽伟修订：《梁著国际组织法》，武汉大学出版社 2011 年第 6 版，第 88 页。

② http：//www. un. org/zh/members/growth. shtml（2011 年 4 月 14 日）。

③ 联合国 193 个会员国的名单及其加入组织的时间，参见联合国网站。

大会在每年 9 月的第三个星期二举行常会，一般在 12 月 25 日前闭幕，如果议程尚未讨论完毕，则在第二年春天继续开会。各会员国派代表团前往参加常会。大会还可根据安理会或过半数会员国的请求，召开特别会议或紧急特别会议。

根据宪章规定，大会自行制定议事规则。每届会议应选举主席 1 人，副主席 20 余人，按地区小组分配，由会员国轮流选任。安理会 5 个常任理事国的代表不担任主席，但可当选为副主席。

大会举行常会时，除全体会议外，还设有 7 个主要委员会，分别进行讨论和准备工作。此外，大会为行使其职能，还设有若干特别委员会，其中既有常设的，也有临时的。大会通过这些辅助机构，使其工作得以继续不断地进行。

2. 大会的职权。大会具有广泛的职权。它可以讨论宪章范围内的任何问题或事项；除安理会正在处理者外，并可向会员国或安理会提出关于此等问题或事项的建议。宪章对大会的职权就下列几个方面特别作了规定：

（1）国际方面的职权：①大会可审议为维持国际和平与安全而进行合作的一般原则，并提出这方面的建议；②讨论会员国、安理会或一定条件下的非会员国提出的涉及国际和平与安全的任何问题，除安理会正在处理者外，并可提出建议；③提请安理会注意足以危及国际和平与安全的情势；④除安理会正在处理者外，可就和平解决任何它认为足以妨碍国际公共福利或友好关系的情势，建议应采取的调整措施；⑤发动研究并提出建议，以促进政治方面的国际合作，提倡国际法的进一步发展与编纂；⑥促进经济、社会、文化、教育和卫生方面的国际合作，帮助实现全人类的人权和基本自由；⑦在那些属于非战略性的地区行使联合国的托管职能，核准、更改或修正托管协定。

（2）组织监督方面的职权：①接受并审议安理会和其他机构的报告；②选举安理会的非常任理事国、经社理事会的所有理事国、托管理事会的那些须经选举的理事国，同安理会平行并彼此独立投票选举国际法院的法官；③根据安理会的推荐委派联合国秘书长；④根据安理会的推荐通过决议接纳新会员国；⑤根据安理会的建议中止会员国的权利或开除会员国。

（3）内部行政方面的职权：①审议和批准联合国的预算；②分配会员国的经费负担；③审查各专门机构的行政预算。

在联合国 6 个主要机关中，大会和安理会占有中心的地位。不过，大会虽然在政治、经济、社会、文化、教育、卫生等领域享有极为广泛的职权，但这些职权多属于建议性质，其中政治方面的讨论和建议权还受到安理会职能的制约。联合国活动的效率，在很大程度上不仅取决于会员国的真诚合作，而且还取决于大会和安理会的协调一致的努力。

3. 大会的表决程序。大会实行一国一票制，各会员国不论大小，在大会享有一个投票权。对于所谓"重要问题"的决议，须由会员国以 2/3 的多数来决定。对于"其他问题"，只要求会员国以简单多数作出决定。大会关于所有问题的表决，其"多数"均以"出席并投票"的会员国计算，因此不包括"缺席"和"不参加投票"者在内，投弃权票的会员国应被认为没有参加投票。大会的表决方式有：举手表决（无记录表决）、唱名表决（记录表决）和不记名投票，以及不经表决而以敲槌通过等多种。

（二）安全理事会

1. 安全理事会的组成。安理会，最初由中、法、苏①、英、美 5 个常任理事国和其他 6 个非常任理事国组成。1963 年修改宪章，将非常任理事国名额扩至 10 个。在安理会中，每个理事国应有代表 1 人。非常任理事国由联合国大会选举，任期两年，交替改选，每年改选 5 个，改选时不得连选连任。大会在选举非常任理事国时，首先应特别考虑到联合国各会员国对维持国际和平与安全以及联合国其他宗旨的贡献，也需顾及到地理上的公匀分配。

安理会各理事国应有常驻联合国总部的代表。安理会主席的职位，由安理会各理事国按照其国名英文字首的排列次序轮流担任，任期 1 个月。安理会的常会应由主席在他认为必要时随时召集各常驻代表举行，但两次常会的相隔时间不得超过 14 天。同时，如经有关方面请求，安理会主席也应召开会议。安理会还有一种定期会议，这是一种较高级的会议，一般由政府首脑或外长参加。安理会还设有一个军事参谋团和两个常设委员会及其他辅助机构。

2. 安全理事会的职权。安理会是维持国际和平与安全的主要机关，由 5 个常任理事国组成权力核心。同大会职权主要是属于审议性的相比，安理会职权则主要是属于执行性的。它是联合国组织体系中惟一有权根据宪章规定采取执行行动来维持国际和平与安全的机关，其有关决议对会员国具有约束力。

（1）和平解决争端方面的职权：①可以促请各争端当事国用和平方法解决争端；②可调查任何争端或情势，以断定其继续存在是否足以危及国际和平

---

① 在 1991 年 12 月 21 日苏联 11 个加盟共和国首脑签署《阿拉木图宣言》正式宣告苏联"停止存在"以后，前苏联在联合国安理会的常任理事国席位，由俄罗斯共和国接替（继承）。安理会是联合国机构中掌管重大职权的核心机关，其"结构"、"职权"与"活动程序"之详情，这里不拟详述，可参阅梁西著《国际组织法（总论）》（武汉大学出版社 2002 年版）的各有关章节。

与安全；③对于上述性质的争端或情势，可在任何阶段建议适当的调整方法；④任何会员国、在一定条件下的非会员国、大会或秘书长，均得就可能危及国际和平与安全的争端提请安理会注意。

（2）维持和平与制止侵略方面的职权：①应断定任何对和平的威胁、破坏和平的行为或侵略行为是否存在；②可促请有关当事国遵行安理会认为必要或适当的临时措施，以防止情势恶化；③可建议或决定采取不牵涉到使用武力的措施（包括经济制裁、停止交通电信和断绝外交关系等），并促请会员国执行此等措施；④如认为上述措施不够用，可采取必要的武力行动（包括会员国的空、海、陆军示威，封锁或其他军事举动），以维持和恢复国际和平与安全，为此安理会可组织并使用联合国部队。

（3）其他方面的职权：①负责拟定军备管制方案；②在战略性地区行使联合国的托管职能；③建议或决定应采取的措施以执行国际法院的判决；④同大会平行彼此独立投票选举国际法院法官；⑤向大会推荐新会员国和联合国秘书长；⑥向大会建议中止会员国的权利和开除会员国。

3. 安全理事会的表决程序。安理会每个理事国享有一个投票权。根据宪章规定，安理会的表决程序是：（1）关于程序事项以外的一切事项的决定，应以9个理事国的可决票决定之，其中应包括全体常任理事国的同意票在内。这就意味着，常任理事国享有否决权。但是对于和平解决争端方面的决定，任何常任理事国或非常任理事国为争端当事国时，均不得投票。（2）关于程序事项的决定，则以任何9个理事国的可决票决定之。此外，根据各大国多次磋商得出的解释：关于某一事项是否属于程序性这一先决问题的决定，也必须以9个理事国的可决票决定之，其中应包括全体常任理事国的同意票在内。这意味着五大国在安理会享有所谓"双重否决权"①。

安理会的投票一般分为赞成、反对、弃权三种，但现在也有自愿不参加投票的做法。根据联合国在实践中形成的惯例，"弃权"并不对实质问题所做的决定产生否决效果。如果一常任理事国不支持某项决定，但又无意阻止该决定的通过，则可弃权。这种做法对安理会极其尖锐的表决程序有一种缓冲的作用。不参加投票似乎与缺席一样，然而安理会无所谓缺席，因为它必须在全体理事国到齐后才能开会。

在安理会的表决程序中，常任理事国的否决权（即"大国一致"原则）占有极其重要的地位。虽然安理会实行的是"一国一票"制，但由于各常任

---

① 参见贝内特：《国际组织——原则与问题》，1984年英文第3版，第44~45页。

理事国可行使否决权，所以每个非常任理事国与每个常任理事国的表决效果并不相等。"否决权"实质上是一种少数抵制或阻止多数的权力。因此，安理会的表决程序是一种"受限制的多数表决制"。在这种制度下，只要一个常任理事国对某一决定投反对票，即使安理会其他所有 14 个理事国都投赞成票，该项决定也不能通过。但是，另一方面，某项得到 5 个常任理事国一致同意的决定，如果有 7 个非常任理事国反对或弃权，因而不能获得 9 票的多数时，该项决定同样也不能通过。这种情况，可称之为非常任理事国的"集体否决权"。

尽管安理会"大国一致"的表决原则在实践中一直颇有争议，但比国联行政院"全体一致"的原则有了很大的发展。从理论上讲，安理会的表决程序可称为一种"复轨表决制"。对程序事项来说，它只要求多数，而不要求一致；对实质事项来说，它不仅要求理事国的多数，而且要求常任理事国的一致。这种多数既不是简单的过半数，这种一致也不是理事国清一色的同意。它是国际组织中突出大国的一种特殊的表决制度。其核心是赋予大国以特权，即"否决权"。

从国际实践来分析，否决权的行使，深受国际政治的影响。例如 1990 年8 月伊拉克侵占科威特后，安理会曾接连就海湾危机通过了十几项决议，五个常任理事国没有一个对这些决议投过否决票。这在安理会的表决史上是空前的，无疑反映了国际形势的某些特点。

（三）经济及社会理事会

经社理事会最初由 18 个理事国组成。1963 年修改宪章将理事国名额扩大到 27 国。1971 年又扩大到 54 国。理事国由联合国大会选举，任期 3 年。交替改选，每年改选 1/3。理事国名额基本上按地区分配，不过安理会的 5 个常任理事国，都能被选为经社理事会的理事国，这已形成惯例。

经社理事会是联合国大会权力下负责协调经济及社会工作的机关。按宪章规定，经社理事会的职权包括：（1）作成或发动关于国际间经济、社会、文化、教育、卫生等事项的研究与报告，并得向联合国大会、各会员国和有关专门机构提出此种建议。（2）为促进尊重和遵守一切人的人权和基本自由起见，得提出建议。（3）得就其职权范围内的事项拟定公约草案提交大会。（4）得召开国际会议，讨论其职权范围内的事项。（5）同由各国政府间协定所成立的各种专门机构订立协定，使其同联合国建立关系；并通过各种磋商和协议来协调各专门机构的活动。（6）同各有关的非政府（间）组织磋商各种有关事项等。

经社理事会每年举行两届会议，其经常工作由所属各区域委员会、职司委员会以及其他辅助机构来进行。

经社理事会每一理事国享有一个投票权。理事会的决议，以出席并投票的理事国的过半数赞成票获得通过。

（四）托管理事会

托管理事会是联合国负责监督托管领土行政管理的机关。它同经社理事会相似，也是在联合国大会的权力下进行活动的。

宪章没有给托管理事会规定固定的理事国名额，只规定托管理事会由下列会员国组成：（1）管理托管领土的联合国会员国；（2）未管理托管领土的安理会常任理事国；（3）由联合国大会选举必要数额的其他非管理国的会员国（任期3年），以使该理事会的理事国在管理国与非管理国的名额上保持平衡。

联合国设立托管制度的基本目的之一，是增进托管领土居民"趋向自治或独立之逐步发展"。适用托管制度的领土有以下三类：（1）前国联委任统治下的领土；（2）因第二次世界大战而从战败国割离的领土；（3）负管理责任的国家（即殖民国家）自愿置于托管制度下的领土。

宪章把托管领土分为战略地区与非战略地区两种。托管理事会行使联合国关于战略地区以外的各托管领土的职能：（1）负责就托管领土居民的政治、经济、社会和教育进展拟定调查表，管理当局应依该表提出年度报告；（2）审议管理当局的报告；（3）收受并咨商管理当局审查请愿书；（4）按同管理当局商定的时间对托管领土进行视察；（5）依托管协定而采取其他的行动。

自联合国成立以来，置于国际托管制度下的领土共有11个。由于托管领土人民坚持反对殖民统治、争取民族解放，这些托管领土到20世纪80年代已全部实现了独立或自治。根据这一实际情况，托管理事会在联合国的地位，将是宪章修改工作中一个亟待解决的问题。

（五）国际法院

国际法院是联合国的主要司法机关，其组织结构、管辖范围和程序规则等，将在"国际争端法"一章中论述。

（六）秘书处

联合国秘书处是联合国的第六个主要机关，它的任务是为联合国其他机关服务，并执行这些机关制定的计划和政策。秘书处由秘书长1人，副秘书长、助理秘书长若干人以及联合国组织所需要的其他行政人员组成。

秘书处的所有职员，均由秘书长依照大会所定的规章委派。宪章规定，职员的雇佣首先应考虑到工作效率、才干和品德，同时还应注意在尽可能广泛的地理基础上录用职员。除勤杂文书人员之外，职员的补充应按比例分配给各会员国。秘书长的高级政治官员，一般由各国政府根据惯例分配办法向秘书长推荐后正式由秘书长委派。

为了保证秘书处的独立性和工作效率，宪章规定，秘书长和秘书处职员仅对联合国负责，必须以"国际官员"的地位为联合国整体执行职务。每个工作人员均不得寻求或接受任何政府或联合国以外的任何其他机构的指示，以保证秘书处的纯国际性质。

联合国秘书长是联合国的行政首脑，由大会根据安理会的推荐来委派。秘书长的任期为 5 年，连任任期也为 5 年。根据宪章的有关规定来解释，大会有权拒绝安理会所推荐的候选人，但是大会无权任命安理会所未推荐的人选为秘书长。在安理会的推荐中，常任理事国享有否决权。因此，秘书长的选举不仅是一个法律程序问题，而且带有强烈的政治色彩，向来为各会员国和世界所注意。联合国过去的七任秘书长有三任是欧洲人，亚洲人和拉美人各占一任，非洲人占两任。现任秘书长是潘基文，亚洲韩国人。

秘书长及其工作人员的职责十分广泛，涉及联合国工作的各个方面。按其性质可划分为以下六类：（1）行政和执行性的职能；（2）技术性的职能；（3）财政性的职能；（4）组织和管理秘书处的职能；（5）政治性的职能；（6）代表性的职能。

五、中国与联合国①

中国是联合国的创始会员国，是安理会的五个常任理事国之一。中国同联合国的关系走过了一段不平凡的路程：时而崎岖，时而平坦。

早在 1943 年，中国参加莫斯科四国会议签署了《普遍安全宣言》，主张尽速建立一个国际组织。1944 年秋季，中国又出席了橡树园四国会议，参与《关于建立普遍性国际组织的建议案》的会谈与起草工作，并对建议案提出了多项重要补充意见。② 这些意见后来作为四邀请国共同建议的修正案，提交旧金山会议审议，并被会议接受载入了《联合国宪章》。作为旧金山制宪会议的四发起国之一，中国派遣由 10 人组成的代表团出席了这次世界外交史上著名的会议，并在宪章上签字。中国为联合国的创建作出了重要贡献。

---

① 参见梁西：《联合国与中国》，载《武汉大学学报》1989 年第 4 期。
② 参见梁西著、杨泽伟修订：《梁著国际组织法》，武汉大学出版社 2011 年第 6 版，第 6 章第 2 节。

战后不久，出现了东西方"冷战"的局面。在联合国内外，形成了美苏间的严重对抗。按公认的国际法原则，1949 年中国人民革命胜利后的新政府，是代表中国的惟一合法政府，应享有联合国的一切合法权益。可是直到 20 世纪 70 年代初，中国在联合国的合法席位，竟遭到长期剥夺。

　　1950 年 6 月，安理会在作为常任理事国的苏联代表缺席的情况下，两次非法通过决议，建议会员国提供武力入侵朝鲜。美国挟持联合国，于 1950 年的第 5 届大会至 1954 年的第 9 届大会，相继对中国作出诽谤性的决议。此后，又几次以非法决议，干涉中国内政。中国政府曾多次发表声明，对这些违反宪章的行动提出抗议。

　　在整个 20 世纪 50 年代至 60 年代的历届联大会议上，中国在联合国的代表权问题，一再以所谓"时机不成熟，暂不讨论"和"中国代表权是必须由联大以 2/3 多数才能决定的'重大问题'"为借口，而被搁置。但是，从国际法来分析，中国作为会员国的代表权问题与新会员国的接纳是截然不同的。新会员国的接纳是有关会籍的取得问题，而代表权则是在具备会籍条件下由一个现存合法政府来代表的问题。显然，恢复中国的合法代表权，在联合国只是有关确认代表全权证书的程序性事项，而并非属于宪章有关条款所规定的需 2/3 多数才能决定的问题。同时，根据宪章的有关规定，享有联合国会员资格的是主权国家。国家与其政府不能等同，一国政府的更替，纯属国内管辖事项。国家在国际法上的权利不应因其政府的更替而受到任何限制。

　　随着国际局势的不断发展，联合国会员国结构的不断变化，上述违背宪章的做法，遭到了国际社会愈来愈大的抵制。到 1971 年，第 26 届联大会议终于以压倒多数通过了关于"恢复中华人民共和国在联合国组织中的一切权利"并"逐出蒋方代表"的第 2758 号决议。由于联合国纠正了过去的失误，从而使这个组织更具普遍性，大大有助于实现宪章的宗旨和原则。①

　　中国合法代表权在联合国的恢复，使联合国更具普遍性，使国际关系向多极发展的趋势更加明显，使发展中国家在安理会所占有的这个常任理事国的席位，发挥着日益重要的作用。从此，在联合国内外，中国为维护世界和平与安全，为促进国际经济及社会的发展，始终不渝地维护着宪章的宗旨和原则；坚持与各国平等友好合作，反对一切形式的侵略与强权政治；争取建立新的国际

---

　　① 参见梁西著：《国际组织法（总论）》，武汉大学出版社 2002 年修订第 5 版，第 88~90 页。

经济秩序及法律秩序，反对各种歧视性的政策。在联合国和国际事务中，中国的影响日益扩大。

随着对外开放政策的执行，中国与联合国的合作更为加强，积极参加了包括安理会和大会在内的各主要机关及各辅助机构的工作。在协调解决各种地区性争端、建立和平部队、裁减军备等诸方面作出了重要贡献。特别是从 20 世纪 70 年代末以来，中国在联合国内外积极开展国际经济方面的合作，扩大了同联合国一系列专门机构的联系，正式参与了这些机构的专业活动。中国于 2001 年 12 月 11 日加入世界贸易组织。中国还积极参与了联合国在社会、人道、文化等方面的广泛外交活动，是以前的人权委员会和现在的人权理事会、难民事务高级官员方案执行委员会、麻醉品委员会、预防与控制犯罪委员会以及国际红十字等等重要机构的成员。

中国同联合国及其他国际组织间关系的发展，增强了中国的国际地位，有助于改革开放和国内的现代化建设。

第三节　专门性国际组织的体系和制度

一、概说

如前所述，国际组织，按其职权范围来分，除一般综合性国际组织外，还有专门性国际组织。在现代国际社会中，各种专门性国际组织的逐步增加，已成为国际组织发展的一个重要趋势。

专门性国际组织的产生，先于一般综合性国际组织。早在 1804 年，法国与日耳曼帝国曾以条约为基础创立了莱茵河委员会，用以管理莱茵河的航行、税收等有关事项。1815 年的维也纳会议将莱茵河委员会这一双边机构扩大由沿岸各国共同组成。委员会定期开会，在一般情况下，各成员国均有一个投票权。但是在若干事项上，则因各成员国所占河流的长度不同，实行比例投票制。这种国际河流的管理组织是专门性国际组织的雏形。

到了 19 世纪后半期，科学技术和邮政、电信事业已经有了相当程度的发展，以国际电报联盟和邮政总联盟为开端的国际行政联盟，应运而生，成为 19 世纪以后各种专门性国际组织的先驱。从此，有关工农业、交通运输、度量衡、关税、麻醉品、文教卫生、科学技术等方面的协作组织逐步发展起来。

专门性国际组织是现代国际组织体系中的一个重要类型。专门性国际组织本身又可以分出不同的种类。

如果按其成员的性质来分，专门性国际组织有民间的和政府间的两大类。如果按其地域范围来分，有的是全球性组织，有的是地区性组织。若从这些组织的专业领域来考察，则又可以分为通信运输组织、文化科教卫生组织、金融贸易组织、工农业方面的组织等。

值得注意的是，现代专门性国际组织，多与一般综合性国际组织建立了工作关系，有的则是根据一般综合性国际组织的决定而创设的。它们以某一综合性国际组织为中心，形成若干个国际组织的分支体系，如美洲国家组织体系、欧洲联盟、前经互会体系、世界银行体系、国际商品协定组织体系，等。

二、联合国专门机构

在现代专门性国际组织之中，联合国专门机构占有突出的地位。

与国联相比，联合国更强调经济、社会、文化、教育、卫生等问题。在组织上，单独设立了经社理事会主管这方面协调工作。按宪章精神，联合国的专门机构是指：根据特别协定而同联合国建立关系的或根据联合国决定而创设的那种对某一特定业务领域负有国际责任的政府间专门性国际组织。它们具有下列特征：

1. 它们是政府间组织。构成联合国专门机构的组织必须是"政府间"性质的，而不是民间的或政府之上的组织。

2. 它们是具有独立国际法律人格的组织。联合国专门机构均有各自独立的组织章程、机关体系、运作体制和成员国，它们不是联合国的附属机构。

3. 它们是某一特定领域的全球性专门组织。不包括各种区域性的专门组织。

4. 它们是同联合国具有特殊法律关系的专门组织。虽然现代国际组织与联合国均有某种形式的关系，但联合国专门机构与联合国之间的关系具有某种特殊性。它们是根据同联合国的经社理事会签订的特别协定而与联合国建立工作关系的或者是根据联合国的决定而创设的。此种协定与决定，使各专门机构正式被纳入联合国体系。

联合国现有的专门机构是：国际电信联盟、国际劳工组织、世界卫生组织、世界气象组织、世界知识产权组织、国际货币基金组织、世界银行集团（国际复兴开发银行、国际投资争端解决中心、国际开发协会、国际金融公司、多边投资保证机构）、万国邮政联盟、联合国粮食及农业组织、联合国教科文组织、国际民用航空组织、国际海事组织、国际农业发展基金、国际原子能机构、联合国工业发展组织、世界旅游组织等。我国现为各组织的成员国。

此外，世界贸易组织，是在原来的关税及贸易总协定的基础上于 1995 年成立的一个专门性国际组织，也是一个进行多边贸易谈判的场所，其地位与其他专门机构相似。

三、专门性国际组织的基本体制①

（一）基本文件

虽然政府间专门性组织的基本文件是各式各样的，具体名称也不尽一致，但它们都是一种国际协定。这些协定是各专门性组织据以存在的法律基础，是规定此等组织的宗旨原则、成员资格、职权与活动程序等基本问题的章程。

专门性国际组织的基本文件，除少数是由老章程加以修订而成的以外，绝大多数是在第二次世界大战以后制定的。同其他国际组织的章程一样，这些基本文件需经全体或特定数量的参加者批准或接受后才能生效。不过，同政治性较强的一般性国际组织相比，专门性国际组织章程的修订程序则较为灵活。这是因为：政治性国际组织章程所涉及的问题极其敏锐，其修订案不易得到所有成员国的同意，而专门机构章程所涉及的通常是政治以外的专业性问题居多，其修订案较为容易得到成员国的支持，其通过程序也较为简便。

（二）成员资格

专门性国际组织关于成员资格的规定，通常比一般政治性组织的条件简单一些。因此，有些国家在特殊情况下虽然不可能加入联合国或其他政治性组织，但却有可能成为专门性组织的成员国。一般说来，政府间专门性组织的成员主要是主权国家。但是也有不少此等组织允许在有关专业领域内享有某种管理权的非主权的实体，如非自治领土、关税领土、一体化经济组织等，作为其成员或准成员。例如世界气象组织、万国邮政联盟、世界卫生组织、世界贸易组织等就是如此。

（三）组织结构

尽管每一个专门性国际组织的机关在数量和名称上并不完全一致，但大多数是由三个主要机关组成的，即审议与决策机关、执行与管理机关和常设秘书机关。这可以说是专门性国际组织的"三级结构"体制。

审议与决策机关，是最高权力机关，一般称为"大会"，由全体成员国组

---

① 参见梁西著、杨泽伟修订：《梁著国际组织法》，武汉大学出版社 2011 年第 6 版，第 289~295 页。

成。大会的职能主要在于制定方针政策、审查预算、选举执行机关成员、制定及修正有关约章、提出建议与决定各有关事项、实行内部监督等方面。但是国际劳工组织的大会则有其独特之处。各成员国参加国际劳工大会的代表团，按规定是由政府代表 2 人、工人和雇主代表各 1 人混合组成的。而工人代表与雇主代表的委派需取得有关工会与企业联盟的同意。另外，有些专门性组织的最高权力机关称为"理事会"，如世界银行等。

执行与管理机关，一般称为执行局或理事会，也有称为委员会或执行董事会的。执行机关多由大会选举少数成员国的代表组成，但也有由成员国按定额委派的。执行机关的职责，在于执行大会的决议，提出建议、计划和工作方案并付诸实施。

各专门机构均设有一个以秘书长或总干事为首的常设机关，一般称为国际秘书处。国际电报联盟的国际事务局，是国际组织史上最先出现的国际秘书处；而国际劳工组织的国际劳工局则是国际秘书处中完善得较早的一个。此后新建立的国际组织，其秘书处多脱胎于此。秘书处的工作人员是国际公务员，从各成员国中挑选，不代表成员国的意志，不接受任何外来影响，独立地为本组织工作。秘书处主要负担各常设机关的协调任务并处理各种日常工作，是现代专门性国际组织的核心。

（四）表决方式

投票权分配上的"一国一票"和表决效力上的"一致通过"，是国际会议的传统原则。但到了 19 世纪，有些国际行政组织已开始在某些问题上采用多数或特定多数的表决方式。这是国际议事程序上的一种重要演变。

现代专门性国际组织，一般实行的是"一国一票"的多数表决制，而一致通过则只是一种例外了。在这一制度中，根据所审议和决定事项的不同，有的采用特定多数制，有的则只需简单的过半数。另外，在某些专门机构中，还采用一种"一国多票"的"加权表决制"。这种制度主要体现在有关经济、金融等领域的专门性组织之中。其内容和特点，将在第十六章"国际经济组织"一节中作进一步阐述。

第四节　区域性国际组织的体系和制度

一、区域性国际组织的建立和发展

区域性国际组织是与全球性国际组织相对应而言的。在国际组织的历史中，区域性组织的形成比全球性组织要早一些。虽然在古代的文明地区已出现了诸侯国间或城邦国间的联盟，但国际法意义上的区域性组织的出现则是较晚的事情。两次世界大战之后，区域性组织迅速增长。现代各种区域性国际组织与全球性国际组织平行发展，已成为一种重要的趋势。

现代区域性国际组织已遍及世界的各个地区。

美洲现存的国际组织中，渊源最早、规模最大的是美洲国家组织，它是一个一般政治性区域组织。此外，还有若干颇具影响的组织，如拉美自由贸易协会（现为拉美一体化协会）、安第斯集团、加勒比共同体、亚马逊合作条约组织等。

第二次世界大战后，在亚洲及太平洋地区成立了众多的区域性国际组织。在现存组织中，东南亚国家联盟、上海合作组织①、阿拉伯国家联盟和海湾合作委员会等具有颇大影响，均系一般政治性组织。此外，还有阿拉伯石油输出国组织、亚洲开发银行、南太平洋委员会等。

非洲的区域性国际组织，均成立较晚。其中最大的是非洲联盟（2002 年 7 月 9 日前称非洲统一组织），另外，还有蒙罗维亚集团、卡萨布集团等，它们都是一般政治性组织。此外，西非经济共同体、中非关税与经济联盟、南非关税同盟、西非国家经济共同体等，都是重要的区域经济合作组织。

第二次世界大战之后，欧洲的区域性国际组织有了长足的发展。其中较重要的有北欧理事会、欧洲委员会、欧洲联盟（原欧洲共同体）、前经济互助委员会、欧洲自由贸易联盟、比荷卢经济联盟、前华沙条约组织、北大西洋公约组织等。

二、区域性国际组织的基本特征

关于区域性国际组织的概念，理论上并无共识。基于一般国际实践，从广义上说，可以将其定义如下：区域性国际组织主要是指一个区域内若干国家或其政府、人民、民间团体基于特定目的，以一定协议而建立的各种常设机构。现仅就政府间的区域性组织有别于其他类型国际组织的一般特征归纳如下：

第一，与全球性国际组织相比，区域性组织有地区上的局部性。区域性组织的成员国通常只限于特定地区内的国家。它们疆域相邻，彼此毗连，接触频

---

① "上海合作组织"，是近 10 年来发展较快的一个欧亚大陆的重要组织（SCO），详情可阅梁西著、杨泽伟修订：《梁著国际组织法》，武汉大学出版社 2011 年第 6 版，第 253 页。

繁，比较容易建立一定组织形式的合作关系。不过，区域性组织不一定包括该区域的所有国家。有的区域性组织也可能接纳本地区外的有关国家参与该组织的活动。

第二，虽然区域性组织的成员国有多有少，但它们往往在民族、历史、语言、文化或精神上具有某种联系，培育了某种共同意识，有的甚至实行类似的政治、经济与社会文化制度。因此，同其他类型的国际组织相比，区域性组织具有更加稳定的政治、经济及社会基础。

第三，区域性组织的宗旨及活动，主要是维护本区域内的和平与安全，促进本区域经济、社会、文化等关系的发展，保障本区域的共同利益，因此，它具有较明显的集团性。区域性组织是整个国际组织体系的组成部分，它的存在及其活动，对本地区甚至全世界的和平与发展产生重要影响。

三、区域性国际组织与全球性国际组织的法律关系

现代区域性组织与全球性组织的平行发展，必然产生两者之间的关系问题。

国际联盟的缔造者，因着眼要建立一个强有力的国际联盟，惟恐明文承认区域性组织的作用会削弱国联的地位。所以，虽然在盟约中提到了"区域协商"，但并没有关于区域性组织的明确条款。

联合国成立之际，国际组织的发展进入了一个新的阶段。《联合国宪章》的制定者，鉴于区域性组织在国际事务中的实际地位与影响，专门以第八章各条款确认了区域性组织的法律地位。此外，宪章第51条的规定也与此密切相关。这些条款构成了区域性组织与联合国发生关系的法律基础。

通过上述规定，宪章已把区域性组织纳入到联合国维持国际和平与安全的全球体制。宪章特别强调两点：一是区域性组织的基本职能，是以区域行动来维持国际和平与安全；二是区域性组织的存在不得违反联合国的宗旨与原则。在联合国之后成立的各区域性组织，多将这一基本条款的精神载入其组织法之内，作为其活动的准则。

综上可见，虽然区域性组织的存在与活动都是自主的，但在维持国际和平与安全方面，它同联合国的关系却处于一种补充和辅助的地位。这种体制上的结合，既使区域性组织在和平解决争端与实施强制性行动等方面发挥应有的作用，而又不会损害联合国的主导地位。

国际实践还表明，除一般政治领域中的区域性组织与联合国组织之间建立了法律关系外，专门领域中的区域性组织与全球性组织之间也有各式各样的法

律关系，并多在其组织章程中作了不同程度的规定。

思 考 题

1. 何谓国际组织及国际组织法？国际组织可分为哪些类型？与国际民间组织相比，政府间国际组织有哪些基本的特征？

2. 概述国际组织的法律人格，说明国际组织的权利能力和行为能力在国际关系中的具体表现。

3. 国际组织对国际社会，特别是对现代国际法的巨大影响表现在哪些方面？现代国际组织的发展趋势如何？

4. 联合国是怎样建立的？试就联合国宪章与国际联盟盟约作一比较。说明宪章的重大意义，并逐条阐述联合国的宗旨和原则。

5. 怎样才能取得联合国会员的资格？在什么情况下会丧失联合国会员的资格？联合国会员国的发展呈现何种特点及趋势？

6. 联合国有哪几个主要机关？联合国大会是如何组成的？它的主要职权是什么？

7. 安全理事会是如何组成的？它的主要职权是什么？阐明安理会的表决程序，这种程序有何特点？试评安理会常任理事国的否决权。

8. 说明经社理事会、托管理事会及国际法院的组成和职权。

9. 秘书处是如何组成的？它的职能是什么？联合国秘书长是怎样产生的？说明联合国秘书长和秘书处办事人员的"国际官员"地位。

10. 试评述中国与联合国的关系。你对联合国有何建议与感想？

11. 概述专门性国际组织的形成与发展。专门性国际组织，在基本文件、成员资格、组织结构和表决方式等方面有些什么特点？

12. 何谓联合国专门机构？联合国有哪些专门机构？其作用如何？

13. 何谓区域性国际组织？概述区域性国际组织的形成与发展。区域性国际组织有什么特征？它们与联合国有何法律关系？

第十四章 外交和领事关系法

第一节 概 说

一、外交关系和领事关系的概念

外交关系属于国家对外关系的范畴，国家对外关系包括政治、经济、文化、外交等方面的关系，外交关系仅是国家对外关系的一个特殊方面。国际法意义上的外交关系，主要是指国家为实现其对外政策，由外交机关通过访问、谈判、缔结条约、设立常驻代表机构、参加国际会议和国际组织等方式，在国际交往中形成的一种关系①。此外，正在争取独立的民族和政府间国际组织在一定的条件下依上述方式在外交活动中形成的关系也属外交关系的范畴。

外交关系有多种形式，主要有正式的外交关系、半外交关系、非正式外交关系和国民外交关系。正式的外交关系，也称为正常的外交关系，以双方互派常驻使节为主要特征；半外交关系，也称为不完全的外交关系，以双方互派的外交使节停留在代办的级别上为其主要特点；非正式外交关系，是指两个尚未正式建交的国家直接进行外交谈判，并互设某种联络机构；国民外交，也称为民间外交，其主要表现是两国的个人或民间团体相互进行友好访问的接触，就国际问题和两国关系的问题达成协议，或就其某些具体事务签订民间协定，发展国家间的交往关系。

领事关系是指一国根据与他国达成的协议，相互在对方一定地区设立领事馆和执行领事职务所形成的国家间的关系。

领事关系与外交关系既有联系又有区别。二者间的联系主要表现为：首先，两国同意建立外交关系，也就意味着同意建立领事关系。在两国间尚未建立外交关系的情况下，建立领事关系也时常构成建立外交关系的初步。但是两

---

① 参见周鲠生：《国际法》下册，商务印书馆 1981 年版，第 506 页。

国间断绝外交关系并不当然断绝领事关系。其次，在行政系统上，领事官一般与外交官同属于外交人员组织系统，由外交部门领导。此外，外交使节也可以同时执行领事职务；当两国之间无外交关系的场合，领事也有兼办外交事务的。二者的区别主要是：使馆全面代表派遣国，与接受国政府进行外交往来，而领馆通常只就护侨、商业和航务等领事职务范围内的事务与所在国的地方当局交涉；使馆所保护的利益是全面性的，活动范围是接受国全境，而领馆保护的利益则是地方性的，活动范围一般限于有关的领事区域；领事特权与豁免略低于外交特权与豁免。

二、外交和领事关系法的定义

外交和领事关系法，主要是指调整国家之间外交及领事关系的原则、规则和制度的总称。这个部门的国际法由外交关系法和领事关系法构成，其主要内容是：外交使（团）节和领事的派遣与接受程序；外交使（团）节和领事的等级与职务；外交使（团）节和领事以及有关人员的特权与豁免；外交使（团）节和领事与接受国或接受国际组织之间的关系等。

三、外交和领事关系法发展简史

外交和领事关系法，是国际法最古老的部门之一。它是在国家之间交往的基础上逐渐形成的。据史料记载，在古代的东方和西方，均有派遣和接受使节的实践。但是古代的外交和领事关系法尚处在萌芽状态。派遣和接受的使节是临时性的，而且大多是与战争相关的军使和商业相连的领事。

进入16世纪后，出现了主权国家并存的国际社会。1648年的《威斯特伐利亚和约》是近代外交法得以发展的标志。以后，国家之间不仅正式派遣和接受常驻使节，而且还创立了特别使团制度。

法国大革命后，外交法又有了新的发展。1815年的维也纳会议，正式规定了外交使节的三个等级（大使、公使和代办）。这种等级制度一直沿用至今。

19世纪中叶，欧美列强相继在远东和非洲等地设立代表机构和领事馆。这在客观上扩大了外交法适用的空间，但也是列强实行扩张的前沿哨所。

自20世纪以来，现代外交关系和领事关系发展迅速，这一部门的法律制度进入了一个新时代，具有如下特点：

1. 主权国家的急剧增加，扩大了外交使团的数量。一方面原有国家除了保持彼此间的常驻使团和临时使团外，还需与新独立国家建立外交关系，设立外交使团；另一方面新兴国家之间也同样要建立外交关系，设立驻外代表机构。因此，国家越多，外交关系网就越宽，随之而来的必然是各种外交使团的繁殖①。

2. 国家间关系的不断发展，使外交使团的职务日益繁重和复杂。在 20 世纪以前，外交使团的活动集中于国家间的政治关系。现在除了政治外交日益复杂外，发达国家之间、发展中国家之间以及发达国家与发展中国家之间的经济关系占据重要地位。许多外交活动涉及的是国家间贸易、发展援助、债务、信贷、投资、技术转让、知识产权等方面的问题。

3. 国际组织的迅猛发展丰富了现代外交使团的种类。现代多边外交主要是在各种国际组织及其召集的各种国际会议中进行。一方面，国家为了参加这些外交活动，需要派遣新型的使团，如派往国际组织的常驻使团，派往国际组织机关和国际会议的临时特别使团、代表团以及观察团，等等。另一方面，国际组织为实现其宗旨，履行其职责，也需要向国家和其他国际组织派遣常驻或临时的使团。因此，现代国际组织不仅为国家的使团制度的发展创造了条件，而且它们通过自己的使团实践丰富了外交使团的种类。

4. 现代外交法正从过去极为分散的状态，朝着较为集中的方向发展。外交法的渊源，过去主要是国际习惯，只有个别的专门条约。在联合国的作用下，这种状况有了较大的变革。如今，外交法已是编纂得最好的国际法部门之一。现已生效或通过的关于外交和领事关系的条约主要有：1961 年《维也纳外交关系公约》，1963 年《维也纳领事关系公约》，1969 年《特别使团公约》，1973 年《关于防止和惩处侵害应受国际保护人员包括外交代表的罪行的公约》，1975 年《维也纳关于国家在其对国际组织关系上的代表权公约》等。

第二节　外交关系法

一、外交机关体系

一国借以与另一国或其他国际法主体保持与发展外交关系的各种机关，称为国家的外交机关。国家的外交机关可以大致分为国内的外交机关和驻国外的外交机关两大类。

---

① 参见 L·德宾斯基：《现代外交法》，1988 年英文版，第 14 页。

（一）国内的外交机关

国内的外交机关有：国家元首、政府、外交部门。虽然这些机关根据本国宪法和法律规定，各有自己的职权范围，但是在国际法上都是代表本国与外国或与其他国际法主体建立和保持外交关系，进行外交活动的。

1. 国家元首。国家元首是一国在国内外代表国家的国家最高机关。国家元首可以是个人，也可以是集体。以个人作为国家元首的，例如共和国的总统、主席，君主国的国王、皇帝等。以集体作为国家元首的，通常采用法定的机关名称，如前苏联的最高苏维埃主席团和瑞士的联邦委员会等。还有的国家元首同时也是政府首脑，如美国的总统。一个国家实行何种类型的元首制，由该国宪法规定，国际法没有规定任何规则。根据我国 1982 年宪法的规定，国家主席是中华人民共和国的国家元首，同国家最高权力机关结合起来行使有关的对外关系职权。

无论国家元首采用何种名称，也不论其职权的大小，在对外关系上，国家元首所作的一切法律行为，都被视为其所代表的国家的行为。国家元首的这种职权称为"全权代表权"。一般说来，国家元首在这方面的职权主要有：派遣和接受外交使节、批准和废除条约、宣布战争状态和媾和。

根据国际法，一国元首在他国享有全部的外交特权与豁免。

2. 政府。政府是一国的最高行政机关，也是国家对外关系的领导机关。政府的名称不一，有的称为内阁，有的叫部长会议，我国规定为国务院。政府首脑也依次分别称为内阁首相、部长会议主席和国务院总理。

政府及其首脑在对外关系方面的职权，由本国宪法和其他法律予以规定。政府在这方面的重要职权有：领导外交工作，同外国政府或国际组织的代表谈判、签订条约，签发某些本国外交代表的全权证书，任免一定等级的外交人员等。政府首脑可以直接进行外交谈判，参加国际会议，签订条约，同外国政府首脑发表共同宣言和公报等。

按照国际法，政府首脑在国外时，享有完全的外交特权和豁免。

3. 外交部门。自《威斯特伐利亚和约》签订以来，实际上每个国家的政府中均设有专门主管外交事务的部门，统称为外交部，但有些国家采用不同的名称，如美国称国务院、日本称外务省。

外交部的对外关系职权，主要是领导和监督驻外代表机关及其活动；与驻外代表机关保持经常性的联络；与外国或国际组织的使团保持联系和进行谈判；保护本国及其公民在国外的合法权益。

外交部长具体领导外交部贯彻国家的对外政策和处理日常事务，如同国外代表团谈判、签订条约、参加国际会议等。外交部长在外交活动中无需出示或提交全权证书，享有完全的外交特权和豁免。

需要指出的是，随着国家间的经济交往与合作的发展，许多国家的政府还专门设立了主管对外经济关系的部门，如对外经济部、对外经济和贸易部、对外经济与发展援助部等。这种部门在其部长的领导下，主要是执行国家对外经济、贸易和援助政策；处理日常涉外经济事务；同外国的商务代表机构或国际经济组织的代表进行谈判、签订条约；领导和监督本国的驻外商务代表机构；参加国际经济性的会议或国际经济组织的活动等。

（二）驻国外的外交机关

一国派出驻国外的外交机关，亦称外交代表机关，可以分为两大类：一类是常设的机关，另一类是临时性的机关。

在传统国际法上，常设代表机关仅指一国派驻外国的使馆。在现代国际法中，常设代表机关还包括国家向国际组织派遣的常驻使团。此外，一些重要的政府间组织不但消极地接受国家派遣的常驻使团，而且积极地向其他成员国甚至向非成员国派遣常驻代表团，例如，欧洲共同体一方面接受了100多个国家的常驻使团，另一方面向这些国家和国际组织总部密集的城市派遣了自己的常驻使团。国际组织接受和派遣的常驻使团是现代外交法的一种新现象。

临时的外交代表机关，通称特别使（团）节，主要是指一国派遣到他国或国际组织执行特定的临时外交任务的外交使团。此外，现代国际组织也有派遣特别使团的实践，如联合国经常派遣特使执行维持国际和平与安全等临时任务。

二、使馆及外交代表

（一）外交关系和使馆的建立

从国际法的角度来看，国家之间建立外交关系和互设使馆，必须经过双方的协议。这是一项公认的国际习惯法原则。《维也纳外交关系公约》第2条重申了这一原则。至于具体的协议采用何种方式，则由有关国家决定。过去多采用条约的形式，现在为简便起见，多采取换文、照会、联合公报等形式。

从一的外交政策来看，同何种国家、按照什么条件、采取什么方式建立外交关系和互设使馆，各国根据主权原则，可以自行决定。我国根据自己的国情，一贯坚持以承认中华人民共和国政府为中国惟一合法政府为条件，同外国谈判建立外交关系和互设使馆。

（二）使馆的职务

作为全面代表本国的使馆，其职务十分广泛。在习惯国际法的基础上，《维也纳外交关系公约》第 3 条将使馆的主要职务规定为下列五项：

（1）代表，即"在接受国中代表派遣国"。这是使馆的最重要和最基本的职务。

（2）保护，即在国际法许可的限度内，在接受国中保护派遣国及其国民的利益。

（3）谈判，即与接受国政府办理交涉。

（4）调查和报告，即以一切合法手段调查接受国的状况和发展情形，并向派遣国报告。

（5）促进，即促进派遣国与接受国间的友好关系和发展两国间经济、文化和科学关系。

上述五项是使馆的主要职务。但是使馆还可以在不违反国际法的前提下，执行其他职务，如执行领事职务，经接受国同意可以受托保护未在接受国派有代表的第三国及其国民的利益。

（三）使馆人员的类别

过去使馆人员统称为使节和使节的随从人员。现在，使馆越来越庞大，人员越来越多，分工越来越具体，一般将使馆人员分为外交人员、行政和技术人员、服务人员以及其他人员。

外交人员，亦称为外交代表，是具有外交职衔的人员，包括馆长、参赞、武官、秘书（一、二、三等）和各种专员。

行政和技术人员，是承办使馆行政和技术事务的职员，如译员、会计、打字员、无线电技术人员等。

服务人员，亦称为事务人员，指为使馆仆役的人员，如司机、传达员、厨师、信使、维修工、清洁工等。

此外，使馆人员还可以雇用私人服务员，如保姆。但是私人服务员不属于派遣国的工作人员。

（四）使馆馆长的等级

自 1815 年《维也纳议定书》签订以来，使馆馆长一般分为三级，即大使（含教廷大使）、公使（含教廷公使）和代办。1961 年《维也纳外交关系公约》基本上沿用了这种等级制。公约第 14 条规定，使馆馆长分为三级：（1）向国家元首派遣的大使或教廷大使及其他同等级位的使馆馆长；（2）向国家元首派遣的使节、公使及教廷公使；（3）向外交部长派遣的代办。我国在加入这一公约时，声明对关于教廷使节的规定加以保留。

以上述三级馆长为首脑的驻外代表机关，相应地称为大使馆、公使馆和代办处。当使馆馆长缺位或不能执行职务时，应由临时代办暂代使馆馆长。临时代办与上述代办不同。代办是一级馆长，临时代办则是暂时代理行使馆长职务的外交人员。

必须指出的是，虽然馆长有不同的等级，但是除关于位次和礼仪事项外，各使馆馆长不应因其等级不同而在接受国有任何差别待遇。对此，《维也纳外交关系公约》第 14（2）条有明文规定。

在实践中，有关国家之间互换什么等级的使馆馆长，通常由双方商定。一般说来，国家间在主权平等的原则下，互派同一等级的使馆馆长，而且通常是大使一级的。不过，当两国间关系存在一定问题时，也可能只交换代办。一旦这种问题得到解决，两国间关系恢复正常，经彼此间达成协议，也可将代办升为大使。

（五）使节权及使馆人员的派遣与接受

使节权是一国派遣和接受外交使节的权利。其中派遣外交使节的权利被称为"积极的使节权"，接受外交使节的权利被称为"消极的使节权"。值得注意的是，除了条约的规定外，国家或其他国际法主体派遣和接受外交使节是不是一种严格法律意义上的权利，一直是一个有争议的问题。无论如何，一个国家派遣外交使节的权利不等于当然要求另一国家接受该使节的权利，因为国家没有义务接受另一国的使节。同样，一个国家也没有义务必须派遣外交使节。

根据国家主权原则，国家有权自主决定其使馆人员，尤其是馆长的人选。而且外交人员的人选通常是具有派遣国国籍的。但是由于使馆人员，特别是使馆馆长，对派遣国与接受国之间的关系有较为重要的影响，使馆人员，首先是馆长的人选，应是接受国能够接受的。因此，为了让派遣国可以行使任命使节的权力，同时，又使接受国的权益得到保障，外交关系法有必要对使馆人员的派遣和接受规定一定的程序。

1961 年《维也纳外交关系公约》规定了如下程序："一、派遣国对于拟派驻接受国之使馆馆长人选必须查明其确已获得接受国之同意。二、接受国无须向派遣国说明不予同意之理由。"上述规定表明：派遣国所任命的使馆馆长必须事先征求接受国的意见；接受国有权拒绝特定的人选，而且无需说明拒绝同意的理由。

关于陆、海、空武官的人选，接受国可以要求派遣国事先征求其意见。其他使馆人员，原则上由派遣国自主派遣。但是，接受国对于使馆任何人员，不论是在他到达接受国之前还是就任以后，均可以随时宣告他为不受欢迎或不能接受的人，并且可以不加解释。

使馆馆长到达接受国后，应立即拜会接受国外交部长，商定递交派遣国书或委任书的事宜。派遣国书是派遣国国家元首致接受国国家元首用以证明大使或公使身份的正式文件。派遣国书由派遣国元首签署，外交部长副署，由大使或公使向接受国元首递交。委任书则由派遣国外交部长签署，由代办向接受国外交部递交。

使馆馆长通常在呈递国书后或国书正式副本递交后开始执行职务。

（六）使馆人员职务的终止

使馆人员的职务可通过派遣国或接受国的决定而终止。终止的原因较为复杂。根据《维也纳外交关系公约》有关规定和国际实践，使馆人员职务的终止主要有以下情形：（1）职务终了。使馆人员任期届满，不再延长任期。（2）派遣国召回。虽然使馆人员的任期未满，但派遣国或根据该人员的特殊情况（如辞职、重病等）或根据工作需要（如调职）等原因将其召回。（3）接受国要求召回。由于使馆人员从事与使馆职务不符的活动，接受国宣布使馆人员为不受欢迎或不能接受。（4）派遣国与接受国外交关系断绝。不管断交出自何种原因，其直接后果之一就是各自关闭使馆，撤回使馆人员。（5）派遣国或接受国发生革命而成立新的政府。

三、外交团

外交团是驻在一国首都的各外国使馆馆长、馆员和其他外交人员的总称。外交团的成员包括各国使馆的馆长、馆员及其家属。外交团团长由到任最早、等级最高的使馆馆长担任，通常以呈递国书的日期，或虽尚未呈递国书但已向驻在国外交部递交国书副本的日期来决定。

外交团不具有任何法律职能，而只是在外交礼仪方面发挥作用。例如，当驻在国举行庆典或吊唁的场合，外交团团长代表全体外国使节人员致词等。

四、国家派驻国际组织的常驻使团

国家在国际组织的总部或密集地设立常驻使团始于国际联盟成立之后。自联合国成立以来，随着各种国际组织的迅猛发展，国家派遣的这种新型使团日益增多。为了明确国家派驻国际组织的常驻使团的法律地位及特权与豁免，除国际组织的章程予以规定外，还制定了一系列的公约或协定，如 1946 年《联合国特权及豁免公约》，1947 年《联合国各专门机构特权及豁免公约》、《联合国与美利坚合众国关于联合国会所的协定》等。在这些专约的基础上，联合国于 1975 年通过了《维也纳关于国家在其对国际组织关系上的代表权公约》。

国家派驻国际组织的常驻使团可以大致分为成员国的常驻使团和非成员国的常驻使团两类。

（一）成员国的常驻使团

成员国派驻国际组织的常驻使团，亦称常驻代表团，通常采取两种派遣方式：一是独立派遣，成员国的使团独立于其在有关组织的东道国的使馆，如联合国会员国派驻联合国的常驻代表团；二是结合派遣，成员国派往国际组织的使团与其在该组织的东道国的使馆合二为一，如大多数会员国派驻联合国教科文组织的常驻代表团。

根据 1975 年《维也纳关于国家在其对国际组织关系上的代表权公约》第 6 条的规定，成员国常驻代表团的职务主要有：（1）确保派遣国在组织中的代表权；（2）保持派遣国同国际组织之间的联络；（3）同组织和在组织内进行谈判；（4）查明组织的各项活动，并向派遣国政府报告；（5）确保派遣国参与组织的各项活动；（6）保护派遣国在同组织关系上的利益；（7）同组织和在组织内进行合作，促进组织宗旨和原则的实现。

（二）非成员国的常驻使团

非成员国派驻国际组织的常驻使团，一般称为常驻观察员代表团，简称常驻观察员（团）。根据《维也纳关于国家在其对国际组织关系上的代表权公约》第 7 条的规定，常驻观察团的职务主要包括：（1）确保派遣国的代表权，保障该国在同组织关系上的权益，保持派遣国同组织的联络；（2）查明组织的各项活动，向派遣国政府提出报告；（3）促进同组织的合作和同组织的谈判。此外，观察员有权在国际组织主要机关的常会上发言和参加其他有关的活动。

欧州联盟是一个一体化程度很高的组织，各成员国派驻欧洲联盟的常驻代表组成常设代表委员会，负责欧盟理事会的立法与决策的具体工作，而非成员国在欧盟设立的是外交法意义上的常驻使团。

五、国际组织的常驻使团

国际组织还可以向国家派驻一定形式的常驻使团。

一般说来，国际组织的使团主要是向其成员国派遣，而且是执行专门性职务的。早在 1949 年，联合国就向海地派遣了"秘书长技术援助代表"。自

1966 年联合国开发计划署成立以来，该机构已在 100 多个国家设有常驻代表处。它在北京的代表处是 1979 年 9 月设立的。

1975 年《联合国开发计划署与政府基本规范协定》正式规定了常驻代表的职务。协定规定："联合国开发计划署得维持常驻使团，由常驻代表领导，在接受国代表联合国开发计划署，在所有计划事项上为联合国开发计划署与有关政府间的主要联络渠道。"

欧洲联盟的情况较为特殊。它在其成员国只设立新闻与信息处，它所派遣的常驻使团主要是向非成员国派驻常驻代表团或向其他国际组织派遣常驻观察团。在派遣与接受程序、职务和外交特权及豁免等方面，欧洲联盟在非成员国首都设立的常驻代表团与国家间的使馆十分接近。

六、特别使团

（一）特别使团的概念

特别使团是指国家或其他国际法主体，经另一国或另一个其他国际法主体同意，派往该国或该另一个国际法主体执行特定任务的临时性使团。

国家派遣特别使团的实践要比使馆早得多。但是近代使馆制度逐步健全之后，除了礼仪方面的需要外，特别使团并不经常地被使用。在第二次世界大战期间，为了避开敌国的情报网，国家又频繁地派遣临时使节执行特殊的秘密外交任务。战争结束后，由于国际关系的广度和深度大大增加，交通日益方便，各种形式的特别使团应运而生，特别使团重新恢复了其重要作用。在现代外交关系中，不仅国家、正在争取独立的民族经常地派遣特别使团，而且国际组织也时常采取这种形式开展有关活动。

1969 年 12 月，联合国大会通过了《特别使团公约》，公约对特别使团的派遣、组成、特权与豁免等作了规定。

（二）特别使团的种类

按照不同的标准，特别使团可作不同的分类。从特别使团所执行的职务来看，可分为政治使团、礼仪使团、经济使团、技术使团、文化使团，等等。依照特别使团派遣的性质，可分为国家的特别使团、正在争取独立民族的特别使团和国际组织的特别使团。按照特别使团的接受者的情形，可分派往国家的特别使团、派往正在争取独立民族的特别使团、派往国际组织的特别使团和出席国际会议的特别使团。此外，从特别使团的成员组成着眼，还可分为单一的特别使团和联合的特别使团。前者由一个国家或一个国际组织的代表组成；后者由两个或两个以上国家的代表，或由国家和国际组织的代表联合构成。

（三）特别使团的派遣与职务

1969 年《联合国特别使团公约》第 3 条规定："特别使团的职能应由派遣国和接受国双方同意而予以规定。"这一规定表明：

第一，特别使团的派遣应通过外交或其他渠道事先取得接受国的同意；

第二，特别使团的派遣或接受无需有外交关系的存在；

第三，特别使团的职务由派遣国和接受国协议为之。

与外交关系公约不同，特别使团公约并未具体列举特别使团的职务，只是规定了一个前提。这种原则式的规定，是由特别使团的特点所决定的。特别使团是根据双边关系和多边关系的特殊需要而临时派遣的，其职务只能通过有关当事方商定，国际法不可能作出一劳永逸的具体规定。另外，特别使团的职务还具体受制于特定的目的。有的特别使团纯属礼仪性的，其职务只是代表派遣方参加接受方的重要庆典。有的是为了出席双边或多边国际会议，其职务是代表派遣方参加会议的各项议事日程。有的是为了缔结一项条约，其职务是代表派遣方与对方谈判，达成有关协议。有的是为了处理某种突发事件，其职务是调查和解决有关争端。

七、外交特权与豁免

（一）外交特权与豁免的概念和根据

外交特权与豁免，是指按照国际习惯法或有关协议，在国家间互惠的基础上，主要是为使一国的外交代表机关及其人员在驻在国能够有效地执行职务，而由驻在国给予的特别权利和优惠待遇。

外交特权与豁免，是在各国互派使节，特别是互派常驻使节的实践的基础上产生和发展起来的国际法原则和规则。过去，外交特权与豁免的规则，多属国际习惯法，或由各国国内法予以规定。现在，以 1961 年《维也纳外交关系公约》为核心，包括 1946 年《联合国特权及豁免公约》、1947 年《联合国各专门机构特权及豁免公约》、1969 年《联合国特别使团公约》、1975 年《维也纳关于国家在其对国际组织关系上的代表权公约》等条约在内，是各种外交代表机关、外交人员和其他有关人员特权与豁免的主要法律依据。

关于外交特权与豁免的理论依据，一直颇有争议，主要有下列三种学说：

1. 治外法权说。这一学说认为，使馆虽然处在接受国领土上，但在法律上应被视为本国领土，因此不受接受国管辖。这种理论既不是以事实为根据，也不符合各国在外交特权与豁免方面的做法。这一学说在历史上曾比较流行，现已被摒弃。

2. 代表性说。持这一学说者认为，外交使馆和使节之所以享有特权与豁免，是因为他们是国家的代表，而国家彼此间是平等的，相互之间没有管辖权。虽然这一学说有一定的事实根据，但并不能确切说明为何对外交人员的非公务行为也给予豁免等问题。

3. 职务需要说。它把外交特权与豁免归因于执行职务的需要。根据这一学说，使馆和外交人员只有在接受国享有特权与豁免，才能在不受当地的干扰和压力的条件下，自由地代表本国顺利地执行其各项职务。

《维也纳外交关系公约》和其他有关条约基本上采用职务需要说，同时也考虑到外交人员的代表性。应该认为，外交特权与豁免，除了礼节性的尊荣外，一方面是因为外交使节是国家的代表，另一方面又是因为如果他们不享有这种特权与豁免，就不能适当地行使其职务。

（二）使馆的特权和豁免

根据《维也纳外交关系公约》的规定，使馆的主要特权和豁免包括：

1. 使馆馆舍不得侵犯。具体说来，接受国的执法人员，包括军警、司法人员、税收人员等，未经使馆馆长许可，不得进入使馆馆舍。使馆馆舍及设备，以及馆舍内其他财产与使馆交通工具免受搜查、征用、扣押或强制执行。而且，接受国还应采取一切适当步骤保护使馆馆舍免受侵入或损害，并防止一切扰乱使馆安宁或有损使馆尊严的事情。

2. 使馆档案及文件不得侵犯。使馆档案及文件无论何时，亦不论位于何处，均不得侵犯。

3. 通讯自由。接受国应允许和保护使馆为一切公务目的的自由通讯。使馆有权采用一切适当的通讯方法，包括外交信使和密码电报。外交信使享有人身不可侵犯权。外交邮袋不得开拆或扣留。

4. 行动及旅行自由。除接受国为国家安全设定禁止或限制进入区域另定法律规章外，接受国应确保所有使馆人员在其境内行动及旅行的自由。

5. 免纳捐税、关税。使馆公务用品入境免纳关税。使馆馆舍免纳各种捐税，但对使馆并无法定权利而受益的特定服务应支付的费用则不在免除之列，如清除垃圾费、消防费等。

6. 使用国旗和国徽。使馆及其馆长有权在使馆馆舍、使馆馆长的寓邸和交通工具上使用派遣国国旗或国徽。

（三）外交代表的特权与豁免

外交代表包括使馆馆长和其他有外交官级位的人员。其特权与豁免有：

1. 人身不可侵犯。外交代表不受任何方式的逮捕或拘禁。接受国对外交代表应给予应有的尊重，应采取一切适当步骤以防止其人身、自由或尊严受到任何侵犯。但是当外交代表进行间谍活动、闯入禁区时，接受国可以采取临时性制止措施。遇有外交代表行凶、挑衅时，接受国可以进行正当防卫。

2. 私人寓所和财产不可侵犯。如同使馆馆舍一样，外交代表的私人寓所享有不可侵犯权，需要保护。外交代表文书、信件及财产，不可侵犯。

3. 刑事、民事和行政管辖的豁免。关于刑事管辖豁免：外交人员如触犯接受国的刑律，接受国司法机关不对外交代表提起诉讼，不得审判。对于外交代表的法律责任，一般通过外交途径解决。不过，外交代表的管辖豁免权可以由派遣国明示放弃。关于民事管辖豁免：外交人员对接受国的民事管辖一般也享受豁免。但外交代表如果主动提起诉讼，就不得对与主诉直接相关的反诉主张管辖豁免权。外交人员在接受国境内私有不动产之物权诉讼，不能主张豁免；外交人员以私人身份为遗嘱执行人、遗产管理人、继承人或受遗赠人之继承事件的诉讼，以及外交人员于接受国内在公务范围以外所从事之专业或商务活动之诉讼，也不能享受豁免。外交代表在民事或行政诉讼程序上管辖豁免权的放弃，不得视为对判决执行的豁免也默示放弃，即使他败诉，仍享有对判决执行的豁免权。

4. 免除捐税。外交代表免纳一切对人或对物课征的税款。但是以下税款不在免纳之内：通常计入商品或劳务中的间接税、在接受国的私有不动产课征的捐税、遗产取得税或继承税以及在接受国内获得的私人所得如商业投资课征的捐税等。

5. 免纳关税、行李免受查验。外交代表的私人用品应准予进口并免纳关税。不过，各国有关法律对这种进口物品的数量、品种、出售、转让等方面有一定的限制，并对禁止进出口的物品有所规定。如有理由推定外交代表和私人行李中装有不在免税之列或属禁止进出口的物品，接受国可在外交代表或其授权代理人在场的情况下检查。

6. 其他特权和豁免。外交代表还享有免于适用接受国施行的社会保险办法，免除一切个人劳务和各种公共服务的义务。

（四）其他人员的特权与豁免

根据《维也纳外交关系公约》，除外交代表外，还有下列人员在不同程度上享有特权和豁免：

1. 外交人员的家属。与外交人员构成同一户口的家属，如果不是接受国国民，应享有各项外交特权与豁免。一般认为，与外交人员构成同户口的家属通常是指外交人员的配偶和未成年子女。根据 1986 年《中华人民共和国外交特权与豁免条例》第 20 条的规定，在我国，与外交代表共同生活的配偶及未成年子女，如果不是中国公民，享有各项特权与豁免。

2. 行政和技术人员及其家属。行政和技术人员和与其构成同一户口的家属，如果不是接受国国民，而且不在该国永久居住者，也享有特权与豁免。但是，执行职务范围以外的行为，不能享有民事管辖和行政管辖的豁免；就任后的自用物品不能免纳关税；行李不免除海关的查验。

3. 服务人员。使馆招聘的服务人员，如果不是接受国国民而且不在该国永久居住，在其执行公务的行为方面享有豁免，其受雇所得酬金免纳捐税，并免于适用接受国的社会保险方法。

4. 私人仆役。使馆人员的私人仆役，如果不是接受国国民，而且不在该国永久居住，其受雇所得报酬免纳捐税。在其他方面，只能在接受国许可的范围内享有特权与豁免。

（五）使馆人员及其他人员在第三国的地位

根据《维也纳外交关系公约》第 40 条的规定，外交人员前往就任或返任或返回本国，途经第三国国境或在该国境内，而该国曾发给所需之护照签证时，第三国应给予不得侵犯权，并确保此等过境或返回所必需的其他豁免。享有外交特权与豁免的家属与外交代表同行时，或单独旅行前往会聚或返回本国时，也享有同样的不可侵犯权和其他豁免。对于行政和技术人员或服务人员及其家属，遇有上述类似情形，第三国不得阻碍其过境。

（六）享有外交特权与豁免人员的义务

享有外交特权与豁免的人员对接受国负有一定义务，主要有：

1. 在不妨碍外交特权与豁免的条件下，应尊重接受国的法律规章；

2. 不得干涉接受国的内政，如不得介入政党和派别斗争，不得组织反对派；

3. 不滥用外交特权和豁免权，特别是不得把使馆馆舍作与国际法不相符的利用；

4. 不在接受国为私人利益从事专业或商业活动等。

第三节　领事关系法

一、领事制度的沿革

领事制度的形成和发展与国家间商业交往的发展密切相关。与常设外交使团制度相比，领事制度的形成要早得多。在古希腊就有了领事的萌芽。但是领事制度作为一项制度来说，则产生于中世纪后期。在 16 世纪以前，领事常从本国侨商中选出，其职能是代表本国侨商同地方当局打交道和解决商务纠纷。这种通过本国侨商自选的领事称为"商人领事"、"选任领事"或"仲裁领事"。从 16 世纪开始，领事不再从当地侨商中挑选，逐步转为由政府委派，称为"委任领事"。18 世纪中叶以后，随着资本主义的发展，领事制度开始从欧洲推行到西亚和东亚一些国家。

鸦片战争后，帝国主义国家通过一系列不平等条约，与中国建立以"领事裁判权"为核心的领事关系。所谓领事裁判权，即一国领事根据不平等条约享有的按照其本国法律对其本国侨民行使司法管辖的片面特权。领事裁判权制度严重侵犯了中国主权。直到 1949 年新中国成立之后，西方国家在中国的领事裁判权才被彻底取消。

近代的领事制度是建立在国际习惯法、国家间双边通商和领事协定以及某些国内法的基础上的。1928 年，美洲国家曾缔结过一个区域性的多边领事公约。直到 1963 年，才在联合国主持下签订了全球性的《维也纳领事关系公约》。我国于 1979 年正式加入这一公约。

二、领事机关及其建立

（一）领事机关体系

一国依据协议派遣到他国一定地区执行护侨、通商、航务等领事职务的机构，称为领事机关。

在各国实践中，领事机关分为使馆内的领事部和专设的领事馆两类。前者是派遣国在其派往接受国的使馆内设立的领事机关，后者是派遣国在接受国的特定地点设立的领事机关。绝大多数国家都在外国设立专门的领事馆办理领事事务。在派遣国无专设领事馆的情况下，使馆领事部负责在接受国全境内的领事事务。如果派遣国在接受国设有领事馆，使馆领事部则只负责未包括在各领事辖区内的那些地区的领事事务。

根据《维也纳领事关系公约》规定，领馆可以分为总领事馆、领事馆、副领事馆和领事代理处四级。但是在实践中，并非每个国家都实行四级领馆制。中国实行的是总领事馆、领事馆和副领事馆三级制。无论是哪一级领事馆，均有一个执行领事职务的区域，称为领事辖区。一般说来，领事辖区与驻在国的行政区域相一致。

（二）领事关系和领事馆的建立

《维也纳领事关系公约》第2条规定："国与国间领事关系之建立，以协议为之"。公约还规定，领事馆经接受国同意始得在该国境内设立。具体说来，设置哪一级的领事馆、设置的地点及其辖区由派遣国与接受国协商决定。上述规定体现了国家主权和平等原则。

三、领事人员

（一）领事的类别与等级

领事是一国依据协定派遣到他国一定地区执行领事职务的政府代表。领事可分为职业领事和名誉领事。职业领事是国家任命的专职领事官员，一般为本国公民，由本国政府支付薪金，享受全部领事特权与豁免。名誉领事是从接受国当地人中挑选的兼职领事官员，也称"选任领事"。名誉领事可以是、但不一定是派遣国的国民，不属国家工作人员的编制，一般也不领取派遣国的薪金，而是从办理领事业务所收取的费用中提取报酬。名誉领事不享受全部领事特权与豁免。根据《维也纳领事关系公约》的规定，是否委派或接受名誉领事，各国自行决定。我国既不委任也不接受名誉领事。

根据《维也纳领事关系公约》第9条的规定，领事馆馆长分为四级：总领事、领事、副领事和领事代理人。在实践中，各国并不一定必须派遣或接受所有这四级馆长。一般说来，总领事是最高级的领事人员，他领导总领事馆的工作，管辖几个领事辖区或一个大而重要的领事辖区。领事除广义地作为领事人员的总称外，是仅次于总领事的第二级领事人员，他可以担任领馆馆长，管辖一个领事辖区，也可以在总领事馆中辅助总领事工作。副领事和领事代理人分别是第三级和第四级领事人员，有时也可充任馆长。

除上述具有领事身份的领事官员外，领事馆还有行政、技术人员及其他服务人员。

（二）领事的派遣与接受

领事由派遣国委派。委派领事的机关及手续，依派遣国国内法规定。有的国家规定由国家元首任命，有的国家规定由政府任命。中国按照国务院组织法，总领事由国务院任命，其他各级领事由外交部任命。

国际法并不要求任命领事馆馆长须事先征求接受国同意，但不妨碍当事国国家间达成这种协议。但是，领馆馆长必须经接受国以发给"领事证书"的形式给予准允，才能执行职务。对其他领事官员是否发给"领事证书"，由接受国决定，拒绝发给"领事证书"无须说明理由。

《维也纳领事关系公约》第 23 条还规定，接受国得随时通知派遣国，宣告某一领事官员为不受欢迎人员或其他领馆馆员为不能接受。在这种情形下，派遣国应视情形召回有关人员或终止其在领馆中的职务。如果派遣国拒绝召回有关人员或终止其职务，接受国得视情形撤销领事证书或不复承认他为领馆馆员。接受国采取上述措施无须向派遣国说明理由。

四、领事职务及其终止

（一）领事职务

《维也纳领事关系公约》第 5 条列举了领事职务，主要包括：

1. 保护。在接受国内保护派遣国及其国民（个人与法人）的利益；

2. 促进。增进派遣国与接受国间的商业、经济、文化及科学关系的发展，并促进两国间的友好关系；

3. 了解和报告。以合法手段调查接受国国内商业、经济、文化及科学等方面的发展情况，向派遣国政府报告，并向有关人士提供资料；

4. 办理护照和签证。向派遣国国民签发护照及旅行证件，并为拟赴派遣国旅行人士办理签证或其他文件；

5. 帮助和协助派遣国国民（个人与法人）；

6. 公证和行政事务。执行公证、民事登记和办理其他行政性事务，但以接受国法律规章未加禁止为限；

7. 监督、检查等。对具有派遣国国籍的船舶、航空器及其航行人员进行监督和检查，并予以协助等。

（二）领事职务的终止

领事职务可以由于多种原因而终止，终止的情形主要有：

1. 派遣国通知接受国有关领事的职务业已终止；

2. 领事证书被撤销；

3. 被宣告为不受欢迎的人或不能接受；

4. 领事关系断绝或领馆关闭。

五、领事特权与豁免

领事特权与豁免，是指为了领事馆及其人员在接受国能够有效地执行领事职务而由接受国给予的特别权利和优惠待遇的总称。如同外交特权与豁免一样，领事特权与豁免的目的"在于确保领馆能代表本国有效执行职务"。不过，领馆及其人员享有的特权与豁免，比使馆及其人员享有的特权与豁免要少一些。

（一）领事馆的特权与豁免

根据《维也纳领事关系公约》的规定，领事馆的特权与豁免主要包括：

1. 领馆馆舍在一定限度内不可侵犯。接受国官员非经馆长或其指定人员或派遣国使馆馆长同意，不得进入领馆馆舍专供领馆工作之用的部分。接受国还负有特殊责任，采取一切适当步骤保护领馆馆舍不受侵入或损害，并防止任何扰乱领馆安宁或有损领馆尊严的事件。此外，领馆馆舍、设备、财产与交通工具，应免受征用。

但是，领馆馆舍的不可侵犯，与使馆馆舍的不可侵犯相比，存在着如下区别：（1）不可侵犯的是馆舍公用部分，馆舍的其余部分不在其内；（2）领馆如遇火灾或其他灾害须迅速采取保护行动时，接受国可推定馆长已表示同意，从而进入领馆；（3）接受国如确有必要，仍可征用馆舍及其设备、财产及交通工具，但以给予迅速、充分及有效的赔偿为条件。

2. 领馆档案及文件不可侵犯。领馆档案及文件无论何时，也不论位于何处，均不得侵犯。

3. 通讯自由。接受国应准允领馆与派遣国政府、与派遣国无论何处的使馆和其他领馆之间的自由通讯，包括外交或领馆信差、外交或领馆邮袋和密码电信等在内。领馆的来往公文不受侵犯。此外，领馆的邮袋不得予以开拆或扣留。但如果接受国主管当局有重大理由认为邮袋装有公文文件及用品之外的物品时，可以请派遣国授权代表一人在场的情况下将邮袋开拆。如果派遣国当局拒绝这项请求，邮袋应予退回到原发送地点。

4. 与派遣国国民通讯及联络。领事官员得自由与派遣国国民通讯及会见。领事官员有权按照接受国法律规章探访受监禁、羁押或拘禁的派遣国国民，与他交谈和通讯，以及为他安排法律代表。

5. 行动自由。除接受国根据其国内法规定为国家安全设定的禁止或限制进入区域外，接受国应确保所有领馆人员在其境内行动和旅行的自由。

6. 免纳捐税、关税。领馆馆舍和领馆馆长寓所，其所有权人或承租人是派遣国或代表派遣国的人员的，免纳国家、区域或地方性的一切捐税，但对提供的特定服务的收费不在其内。领馆在接受国境内征收的领馆办事规费与手续费及其收据，免纳一切捐税。领馆公务用品准允入境，并免除一切关税。

7. 使用国旗、国徽。领馆所在的建筑物及其正门上，以及领馆馆长寓所和在执行公务时所使用的交通工具上，可以悬挂派遣国国旗和展示国徽。

（二）领事官员及其他人员的特权与豁免

按照《维也纳领事关系公约》的规定，领事官员及其他领馆人员享有的特权与豁免有：

1. 人身自由受一定的保护。接受国对于领事官员应表示适当尊重，并应采取一切适当步骤以防止其人身自由或尊严受任何侵犯。但是，当领事官员犯有严重罪行时，依当地司法机关裁判，接受国可予以逮捕或拘禁或对其人身自由加以限制。如果对领事官员提起刑事诉讼，该官员须到管辖机关出庭，但应予以适当照顾。这一规定与外交人员的人身不可侵犯的规定相比，略有不同。

2. 一定限度的管辖豁免。领事官员和领事雇员对其为执行职务的行为，不受接受国司法或行政机关的管辖。但下列民事诉讼不在其内：（1）因领事官员或领事雇员并未明示或默示以派遣国代表身份而订立契约所发生的诉讼；（2）第三者因车辆、船舶或航空器在接受国内所造成的意外事故而要求损害赔偿的诉讼。

3. 一定限度的作证义务的免除。领事人员就其执行职务所涉及的事项，无担任作证或提供有关来往公文及文件的义务。领馆人员还有权拒绝以鉴定人身份就派遣国的法律提出证言。除上述情况外，领馆人员不得拒绝作证。派遣国也可以对于某一领馆人员放弃上述任何一项特权和豁免。

4. 免纳捐税、关税和免受查验。领事官员及其雇员以及与其构成同户的家属免纳一切对人或对物课征的国家、区域或地方性捐税，但间接税、遗产税等不在此列。领馆服务人员由于其服务而得的薪金，免纳捐税。

免纳关税的物品有：领事官员或其同户家属的私人用品，包括初到任时定居所用的物品在内。消费用品不得超过有关人员本人直接需要的数量。领馆雇员初到任时运入的物品，免纳关税。

领事官员和其同户家属所携带的私人行李，免受查验。但在某种特殊情况下，接受国依一定程序，可以查验。

5. 其他特权和豁免。免除接受国法律、规章对外侨登记和居留证所规定的一切义务；免除有关工作证的义务；免予适用社会保险办法；免除个人劳动及各种公共服务等义务。

上述特权与豁免不应适用于下列人员：在接受国国内从事私人有偿职业的领馆雇员或服务人员；这些人员的家属或私人服务人员；领馆人员家属本人在接受国内从事私人有偿职业者。

（三）领馆及其人员对接受国的义务

领馆、领馆官员和其他享有一定领事特权与豁免的人员，对接受国也应承担一定的义务。根据《维也纳领事关系公约》第 55 条的规定，领馆馆舍不得以任何与执行领事职务不相符合的方式加以使用。在不妨碍领事特权与豁免的情形下，凡享有领事特权与豁免的人员，均应有尊重接受国法律、规章的义务；不干涉接受国内政。职业领事官员不应在接受国内为私人利益从事任何专业或商业活动等。

思 考 题

1. 阐明现代外交法的概念与发展趋势。
2. 外交关系与领事关系的联系和区别是什么？
3. 使馆有哪些职务？
4. 使馆与领事馆有什么区别？
5. 说明领馆的职务。
6. 外交特权与豁免的主要内容有哪些？
7. 特别使团有何基本特征？
8. 领事特权与豁免的主要内容是什么？

第十五章 条 约 法

第一节 概 说

一、条约的概念

1969 年 5 月 23 日《维也纳条约法公约》第 2 条规定："称'条约'者，谓国家所缔结而以国际法为准之国际书面协定，不论其载于一项单独文书或两项以上相互有关之文书内，亦不论其特定名称为何。"显然，该公约所称的条约，仅指国家之间缔结的条约，而未包括国家与其他国际法主体之间以及其他国际法主体彼此之间缔结的条约。1986 年 3 月 21 日《关于国家和国际组织间或国际组织相互间条约法的维也纳公约》第 2 条规定："条约指（1）一个或更多国家和一个或更多国际组织间或（2）国际组织相互间以书面缔结并受国际法支配的国际协议，不论其载于一项单独的文书或两项或更多有关文件内，也不论其特定的名称为何。"根据以上两项条约的规定，条约是国际法主体之间以国际法为准则而缔结的确立其相互权利和义务的书面协议。条约有以下基本特征：

1. 条约是具有缔约能力的国际法主体间签订的协议

就是说，缔结条约的各方必须是具有缔约能力的国际法主体，这些主体除国家外，还有国际组织和民族解放组织。不具有国际法上缔约能力的个人或实体，不能成为条约关系的主体。因此，个人（包括自然人和法人）间、国家与个人间订立的协议，无论这些个人在国际上的地位何等显赫，也无论这些协议的内容多么重要，均不是条约，只能是契约。1952 年国际法院对"英伊石油公司案"所作的判决说明了这一问题：1933 年伊朗与在英国注册的英伊石油公司签订一个租让合同，允许后者在伊朗开采和加工石油。1951 年伊朗将石油工业国有化并取消了该公司的租让权。为此，英国政府出面向伊朗交涉，并代表英伊石油公司向国际法院提起诉讼。伊朗提出，国际法院对此案无管辖权。英国认为，1933 年伊朗与英伊石油公司订立的租让契约是经国际联盟调解后订立的，它是一个国际条约，因此这一争端是国际条约上的争端，法院有管辖权。国际法院以 9 票对 5 票作出判决，驳回了英国的主张，肯定法院对本案无管辖权。国际法院认为，国家与公司之间的协定，只是契约，国际联盟的调解并不使该契约具有条约性质。

2. 条约应以国际法为准

即条约必须符合国际法，符合国际法的条约，才是合法有效的条约，否则条约就不具有法律约束力。1969 年和 1986 年两个条约法公约第 2 条都明确规定条约应以国际法为准。是否以国际法为准，是区分合法条约与非法条约、平等条约与不平等条约、有效条约与无效条约的标志。以国际法为准，是指以国际法基本原则、1969 年和 1986 年两个条约法公约所确立的条约法的原则和规则以及其他普遍国际法的原则和规则为准。

3. 条约的基本内容是缔约国（包括其他缔约者）间在某一或某些问题上的权利和义务

任何国际条约都是缔约者为了确立他们之间权利义务关系，以解决他们存在的某个或某些问题而缔结的。一般来说，无论条约的性质和名称为何，也无论条约是双边的或是所谓造法性的多边条约，总是为了确立缔约者之间的权利和义务关系。国家间双边条约中的同盟互助条约、和平友好条约、边界条约、贸易协定等，其内容主要规定缔约双方的权利义务关系。造法性的多边条约，往往规定缔约各方在国际关系上的原则和规则，这些原则和规则也就为缔约各方创设了相应的权利义务关系。

4. 条约通常是书面形式的协议

条约关系到缔约各方的权利义务以及在国际关系中必须遵守的原则和规则，是非常严肃的，通常都采取书面形式。1969 年和 1986 年两个条约法公约都规定，条约是以国际法为准的国际书面协定。国际实践中曾有所谓"口头协议"，如常设国际法院在 1933 年挪威诉丹麦的"东格陵兰地位"案中所提及的挪威外长代表政府向丹麦外交代表所作的口头声明，经常被引用为口头协定的例子。但是，口头协定在国际上是少见的。

二、条约的种类和名称

关于条约种类，国际上没有一个公认的统一分类法。实践中各国可依不同的标准作不同的分类。通常依如下标准划分：（1）按缔约国的方面分类，条约可分为双边条约和多边条约。两方签订的条约称为双边条约，这可能是两国间签订的条约，也可能是多个国家但分为两个当事方之间签订的。多方签订的条约称为多边条约，这类条约多为造法性公约和创立国际组织的约章。（2）按条约的法律性质分类，可分为造法性条约和契约性条约。前者是指缔约国为创立新的行为规则或确认、改变现有行为规则而签订的条约，它通常是多边的、开放性的条约，如前述的条约法公约。后者是指缔约国之间就一般关系或特定事项上的相互权利和义务而签订的条约。但是在实践中，这两类条约是很难严格区分的。（3）按条约的内容分类，条约可分为政治、经济、文化、科技、法律、边界等类别。我国外交部编印的《中华人民共和国条约集》就是按条约的内容来分类的。

此外，条约还可依其他标准划分：例如，依条约的政治性质划分，条约可分为平等条约和不平等条约；依缔约国的地理范围划分，条约可分为区域性的条约和全球性的条约；按条约的有效期划分，条约可分为无期限条约和有期限条约，等等。

关于条约的名称，国际法上也无一个公认的标准。在国际实践中，有各种各样的条约名称。不同名称的条约，只表明其内容、缔约方式、手续、生效程序等方面的差异，但它的法律性质和法律效力是一样的。此外，还必须指出，"条约"一词，兼有广狭两种含义，广义的条约是指以各种名称出现的国际协议的总称；狭义的条约是指国际协议中以条约为名称的那种协议。这里是从广义的意义上阐述条约的名称的。条约的名称主要有以下几种：

1. 公约。它通常是多个国家就某一重大问题举行国际会议而缔结的多边条约。内容多系造法性的，规定一些国家行为准则和国际制度。例如《联合国海洋法公约》等。

2. 条约。适用于重大政治、经济、法律等问题的协议，而且有效期较长。如边界条约、领事条约、通商航海条约等。

3. 协定。多是解决某一方面具体问题的国际协议。如贸易协定、邮电协定、航空协定等。

4. 议定书。多是补充性的法律文件，内容一般比协定还要具体，如两国缔结贸易协定后签署的支付议定书。但有的议定书则是一个独立的文件，其本身就是一个条约。如1925年《关于禁用毒气或类似毒品及细菌方法作战议定书》、1928年《和平解决国际争端的总议定书》等。

5. 宪章、盟约、规约。通常用于建立国际组织的国际协议，属于多边条约的性质。如《联合国宪章》、《国际联盟盟约》、《国际法院规约》等。

6. 换文。当事国双方交换外交照会，就有关事项达成的协议。如1955年

6 月 3 日中国和印度尼西亚关于双重国籍问题的条约的实施办法的换文。换文的程序简易，一般来说不需批准，是国际上常用的缔约方式之一。在联合国秘书处登记的条约中，换文占的比重较大。

7. 宣言。两国或数国会谈后或就某一重大问题召开国际会议发表的含有具体权利和义务的声明。如 1943 年中美英三国签署的《开罗宣言》，对有关国家具有法律约束力。有的宣言本身就是一个条约，规定国家的行为规则。如 1856 年的《巴黎宣言》、1909 年的《伦敦宣言》，它们都是关于海战规则的国际协议。宣言中若不包含具体权利义务，则不属于严格意义上的条约。

除上述名称外，国际实践中还有联合公报、联合声明、最后决议书（又称藏事文件）、总决议书、附加条款、临时协定等。

三、条约法的编纂

条约法是关于缔结条约的原则、规则和制度的总称。长期以来，关于缔结条约的规则和制度，主要是依据国际习惯法和各国国内法的实践。第二次世界大战以前，除了 1928 年第六次美洲国家会议制定的《哈瓦那条约法公约》外，条约法的编纂没有什么进展。系统的条约法编纂工作始于第二次世界大战以后，1949 年联合国国际法委员会将条约法的编纂列为优先考虑的项目之一。经过了近二十年的工作，国际法委员会提出了条约法公约草案。联合国于 1968 年和 1969 年在维也纳召开了两次条约法会议，对国际法委员会起草的条约法公约草案进行了审议，1969 年 5 月 23 日在维也纳外交会议上通过了《维也纳条约法公约》。

《维也纳条约法公约》共八编 85 条，还有一个附件。主要内容包括：条约之缔结及生效；条约之遵守、适用及解释；条约的修正与修改；条约的失效、终止及停止施行；条约之保管机关、通知、更正及登记等。该公约一方面把习惯条约法加以系统化、条文化，使之陈述更为明确；另一方面总结了以往条约实践，适当地发展了条约法，使之更能适应现代国际社会的需要。因此，该公约尽管有其缺点和不足，但仍不失为良好的条约法典。公约于 1980 年 1 月 27 日生效。我国于 1997 年 5 月 9 日加入，1997 年 10 月 3 日对中国生效。截至 2008 年 12 月 15 日，已有 108 个国家批准或加入了该公约。

除了 1969 年《维也纳条约法公约》外，有关条约方面的国际公约还有 1986 年 3 月 21 日通过的《关于国家和国际组织间或国际组织相互间条约法的维也纳公约》。该公约专门调整国家与国际组织、国际组织相互间的条约关系，它的缔结填补了 1969 年公约的法律空白，是条约法的新发展，对条约法律制度的进一步完善具有重要意义。

第二节 条约的缔结与生效

一、缔约能力

缔约能力，是指独立缔结国际条约的能力。只有具有这种能力，才有资格成为条约关系的主体，与其他具有缔约能力的国际法主体缔结条约，承担条约义务，享受条约权利。根据 1969 年和 1986 年的两个《维也纳条约法公约》和国际实践，国家、国际组织、民族解放组织都具有缔约能力。

（一）国家的缔约能力

1969 年《维也纳条约法公约》第 6 条规定："每一国家皆有缔约之能力。"此项缔约能力，是国家根据主权原则而享有的完全的缔约能力。由于主权是国家固有的，因此，国家缔约能力也是国家固有的。在一国内部，缔约权必须由国家统一行使，一国的地方政权机关，无权代表国家与外国缔结条约，除非有中央政权机关的特别授权。但一个国家由哪个机关代表国家行使缔约权，由国内法规定，通常在宪法中加以规定。一般来说，由国家元首或国家最高行政机关代表国家缔结条约。我国宪法第 61 条规定："全国人大常委会决定同外国缔结条约和重要协定的批准与废除。"第 81 条规定："国家主席根据全国人大常委会决定批准与废除同外国缔结的条约和重要协定。"第 89 条规定：国务院"管理对外事务，同外国缔结条约和协定"。我国《缔结条约程序法》也作了相同的规定。有的国家规定缔约权由国家元首行使，但有一定限制：如法国宪法规定，总统行使缔约权，但和约及其他有关通商、国际组织、财政和若干其他事项的条约，以及改变法国法律及法国领土割让的条约，只能通过法律予以批准或核准，只有在批准或核准后才发生效力。美国宪法规定，美国总统有权缔结条约，但要经参议院 2/3 议员的同意条约才能生效，但自动生效的行政协定，不必经国会批准。有的国家规定，缔约权由内阁行使，但要经国会的承认，如日本。

（二）国际组织的缔约能力

国际组织的缔约能力已得到国际社会的普遍承认。由于国际组织不像国家那样拥有主权，因此国际组织虽然有权参加缔结条约，但这种缔约能力受该组织约章的限制。1986 年《关于国家与国际组织间或国际组织相互间条约法的维也纳公约》第 6 条规定："国际组织的缔结条约的能力依照该组织的规则。"

《联合国宪章》的有关条文（如第 43、57、63、77、79、105 条）规定了联合国的缔约规则。在国际实践中，国际组织已参加缔结了为数众多的国际条约，这些条约有：（1）国际组织与有关国家间就该组织总部设在该国以及与此有关的法律问题的协议；（2）联合国与各专门机构间的协定；（3）联合国与有关国家关于托管领土的协定；（4）国际组织与有关国家间的经济合作协定；（5）国际组织相互间进行合作的协定。

除国家和国际组织外，争取独立的民族解放组织在一定范围内具有国际法主体资格，也具有一定的缔约能力。例如，阿尔及利亚独立前的临时政府、巴勒斯坦解放组织等都曾经参加缔结了许多国际协议。

二、缔约程序

条约是按一定程序缔结的。按照 1969 年《维也纳条约法公约》的规定和国际实践，缔结条约程序包括：谈判、签署、批准和交换批准书。

（一）谈判和议定约文

谈判是缔约各方为了就条约的内容达成一致而进行的交涉过程。谈判是缔结条约的开始。重要的条约，可以由国家元首亲自进行谈判，但在通常情况下，都是由国家元首派遣政府首脑、外交部长或驻外使节代表进行谈判。谈判代表一般需持有被授权进行谈判的"全权证书"。"全权证书"是指一国主管当局所颁发，指派一人或数人代表该国谈判、议定或认证条约约文，表示该国同意承受条约拘束，或完成有关条约之任何其他行为之文件。根据《维也纳条约法公约》的规定，国家元首、政府首脑、外交部长由于其所任职务被认为代表其国家，谈判时毋须提出"全权证书"。使馆馆长为了议定派遣国与接受国之间的条约约文的谈判，也毋须提出"全权证书"。国家向一个国际会议或国际组织或其机关派遣的代表，为了议定该会议、组织或机关中的条约约文的谈判，也毋须提出"全权证书"。但国际实践表明，即使上述人员进行谈判，有时也持有全权证书。如果一个条约是由一个未经授权的人员所缔结，除非该国事后确认，不发生法律效力。

谈判的主要任务之一是议定条约约文。约文的起草，双边条约通常有两种方式：一是由一方提出条约草案，对方提出意见；二是由双方共同起草。多边条约通常是以召开国际会议的形式，由各方代表共同起草，或由国际组织起草，或由专门委员会起草。国际会议议定的约文"应以出席及参加表决国家

2/3 多数表决为之"，其他方式"应以所有参加草拟约文国家之同意为之"①。在某些情况下，国际会议的章程也可以规定议定约文的另一种方式，如联合国第三次海洋法会议就采取"协商一致"原则议定海洋法公约约文。

条约起草完毕后，即进入条约约文认证阶段，由谈判各方确认约文是正确的和作准的，也就是对条约的形式和内容加以确认。条约约文认证，"依约文所载或经参加草拟约文国家协议的程序"来确定，如无此项程序，可采取草签、暂签或签署的方式确定。草签是表明全权代表对条约约文已认证的签字。草签时，全权代表将其姓名的第一个字母（中国人只将其姓）签在约文下面。暂签是待示签字，仅有认证约文效力。如果当事方事后确认，暂签也就具有签署的效力。条约约文认证，有时也可以签署的方式确认。条约约文认证后，谈判暂告结束，经各当事国政府同意后，可正式签署。

（二）签署

缔约国可以用签署的方式表示其同意承受条约之拘束，但并非所有签署都具有同意承受条约拘束的效果。有时签署仅表示对约文的认证，或者只表示缔结该条约的初步意向，还需经过批准才能接受条约的约束。只有条约规定或谈判各方议定签署具有表示同意承受条约拘束的效果，条约才可以因缔约国的签署而产生拘束力。条约法公约第 12 条规定，签署构成一国同意受条约约束的，有以下三种情况：（1）条约规定签署有此效果；（2）另经谈判国协议确定签署有此效果；（3）该国使签署有此效果的意思可以见于其代表的全权证书或已于谈判时有此表示。关于条约的文本，如果是双边条约，一般是一式两份，多边条约则只是拟定一份或几份。

签署条约时应体现国家主权平等的原则。按照国际惯例，双边条约的签署采用轮换制。依轮换制规定，左为首位，右为次位（阿拉伯国家的签约习惯与此相反），每个国家都有权在其本国保存的约本首位签字，然后交换，对方在同一约本的次位签字。多边条约则无法采用轮换的方法，签字国常按各缔约国同意的文字的各国国名的首字母顺序排列，依次签字。

（三）批准

批准是缔约国的权力机关对其全权代表所签署的条约的认可，表示同意承受条约所载之义务的行为。在国际实践中，并非所有的条约一经签署就具有法律效力，一些重大的条约需要得到批准才对缔约国有约束力，如果拒绝批准，条约也就无效或者对拒绝批准国无效。根据 1969 年《维也纳条约法公约》第

---

① 见《维也纳条约法公约》第 9 条。

14 条第 1 款规定，遇有下列情形之一，一国承受条约约束的同意，用批准来表示：（1）条约有这样的规定；（2）另经确定，谈判国协议需要批准；（3）该国代表已对条约作出须经批准的签署；（4）该国对条约作出须经批准的签署的意思可以见于其代表所奉的全权证书，或已于谈判时有这样的表示。

一国对其全权代表已签署的条约，可以批准，也可以不批准。国家对于已签署的条约没有批准的义务，也无需向有关国家陈述拒绝批准的理由。

一国对已签署的条约，通常是给予批准的，但是在外交实践中，也有拒绝批准，或是迟迟不作批准的实例。如 1919 年美国总统签署了《凡尔赛和约》，但由于参议院的反对，未能批准。1879 年，中国清朝大臣崇厚与俄国签署了《中俄伊犁条约》，清政府就曾拒绝批准。拒绝批准的法律效果是条约对该国不发生效力。

批准条约的机关由各国国内法规定。各国法律规定不同，有的规定由国家元首批准，有的规定由立法机关批准，还有的把条约分为重要的条约和一般性条约，前者通常由国家元首在立法机关通过后批准，后者由行政机关核准。根据条约法公约的规定，条约除批准外，一国还可采用接受、赞同等方式表示同意受条约约束。"接受"或"赞同"被认为是批准的同义词，如果条约没有规定要求必须批准，那么使用接受一词可以避免国内法规定的批准手续。《维也纳条约法公约》第 14 条第 2 款规定：一国承受条约拘束之同意以接受或赞同方式表示者，其条件与适用于批准者相同。可见采用"接受"或"赞同"的目的在于使各国如遇批准方法确有困难时，可以简化其承担国际义务的手续。

"正式确认"是国际组织缔约时所使用的使条约生效的方式，与国家的批准方式相对应。

（四）交换批准书

有些双边条约除需批准外，还必须互换批准书。所谓交换批准书，是缔约双方互相交换各自国家权力机关批准条约的证明文件，从而使该条约产生法律效力的行为。批准书一般是由国家元首或其他权力机关签署，外交部长副署。批准书内容包括条约的名称、签字日期、声明条约已经批准、保证条约将予遵守等。国际法上并未规定交换批准书的日期，一般在条约中明文规定。如《中英联合声明》第 8 条规定批准书应于 1985 年 6 月 30 日前在北京互换。

双边条约，通常由缔约双方互换批准书，如条约在一方的首都签署，则批准书应在另一方的首都交换。至于多边条约，因签字国众多，无法互换批准书，依照惯例是将批准书交存某一个签署国政府或交存条约中指定的某一个国际组织。

1990 年 12 月 28 日我国七届人大常委会通过了《中华人民共和国缔结条约程序法》。其主要内容有：

1. 规定本法适用于中华人民共和国同外国缔结的双边和多边条约、协定和其他具有条约、协定性质的文件。

2. 缔约权。中华人民共和国国务院即中央人民政府，同外国缔结条约和协定。全国人大常委会决定同外国缔结的条约和重要协定的批准和废除。中华人民共和国主席根据人大常委会的决定批准和废除同外国缔结的条约和重要协定。外交部在国务院领导下管理同外国缔结条约和协定的具体事务。

3. 规定谈判和签署条约、协定的决定程序。

4. 规定谈判和签署条约、协定的代表的委派程序。

5. 规定由全国人大常委会决定批准、由中华人民共和国主席批准的条约、重要协定的范围。

6. 规定需经批准的条约和重要协定以外的协定和其他具有条约性质的文件，由国务院核准。

7. 规定条约生效时间。于缔约双方完成各自法律程序并以外交照会方式互相通知后生效。

8. 规定条约的加入和接受。加入多边条约和协定，分别由全国人大常委会或国务院决定，接受多边条约和协定，由国务院决定。此外，还对条约的文字、保存、公布、汇编、登记等作了规定。

三、条约的加入

条约的加入是在开放性的多边条约签署之后，未在条约上签署的国家表示同意受条约约束的一种法律行为。一般说来，双边条约和非开放性的多边条约很少有第三国加入的问题。加入主要适用于开放性的多边条约，特别是造法性的国际公约。如《维也纳外交关系公约》、《联合国海洋法公约》等。

一国在何种情况下可以以加入这种方式参加某项国际条约而成为该条约的缔约国呢？根据《维也纳条约法公约》第 15 条的规定，以加入表示同意承受条约的拘束有以下三种情况：

1. 条约规定一国可以用加入来表示这种同意；

2. 另经谈判国协议确定，某些国家可以用加入表示同意；

3. 全体当事国嗣后协议，某些国家可以用加入表示这种同意。在第 3 种情况下，全体当事国一致同意成为加入的必要条件。例如 1949 年《北大西洋公约》第 10 条规定：欧洲任何其他国家……经缔约各国之一致同意，得邀请其加入本公约。希腊、土耳其、西班牙等都是按照这个程序加入的。

过去国际法学界认为只能加入一个已生效的条约，对尚未生效条约是不能加入的。然而，现代的条约理论与实践都已肯定，加入与生效是两个不同性质的问题，加入并不以条约的生效为前提条件，即条约尚未生效，非签字国也可以加入，甚至加入本身还可被计算在条约生效必备的数字之内。1969 年《维也纳条约法公约》第 84 条规定：本公约应于第 35 件批准书或加入书存放之日后第 30 日起发生效力。在这种情况下，很显然加入就相当于批准，两者的法律效力是相同的，加入国与批准国无任何差异。

加入程序，一般由加入国以书面通知条约保存国（或有关国际组织），由保存国转告其他缔约国。至于条约对加入国生效的时间，取决于条约本身的规定。

四、条约的保留

条约的保留，是指"一国于签署、批准、接受、赞同或加入条约时所作之片面声明，不论措辞或名称为何，其目的在于摒除或更改条约中若干规定对该国适用时之法律效果"。一国提出保留的目的有二：一是为了排除条约中的若干条款对该国适用效力；二是为了修改条约中的若干规定。也就是说，一国提出保留的目的是为了免除该国的某项义务或变更该国某项义务。保留不同于国家对于条约的适用方法提出的政治声明，后者只表明该国对条约条款所持的解释，并不排除或更改条约的某些条款对其适用时的法律效果，因此不构成保留。

保留发生于多边条约，双边条约一般不存在保留问题。因为双边条约的任何一方提出保留，则表明双方对某条款未能达成协议，在这种情形下，保留相当于对某一条款提出新建议，双方可以重开谈判，以达成协议。多边条约则不同，由于这类条约涉及国家多，各国利益往往又相互矛盾，要使所有缔约国或加入国对条约全部条款完全同意，有时不易做到，所以发生保留问题。对多边条约的保留，在 1951 年国际法院对《关于防止和惩治灭绝种族罪公约》的保留问题作出咨询意见以前，国际法学说和国际实践对保留都采取"条约完整原则"，要求一个缔约国的保留，必须得到全体缔约国的同意，才能成立，因此这项规则又称为"全体一致原则"。

20 世纪以来出现了另一种观点：为了使公约得到更多国家接受，使公约具有更大的广泛性，对保留采取的一致同意原则已不适宜了，而且这一原则给予一个国家或少数国家阻止另一个国家参加公约的权利也是不恰当的。1951

年，国际法院就《关于防止和惩治灭绝种族罪公约》的保留问题发表的咨询意见反映了上述观点。1948 年缔结的《关于防止和惩治灭绝种族罪公约》没有保留条款，但若干国家对该公约提出了一些保留，例如原苏联同意批准这一公约，但却不愿接受附在公约上的国际法院强制管辖条款并提出保留。一些国家反对这一保留，认为此种保留会损害公约的基础。联合国大会决定提请国际法院就此提供咨询意见。1951 年 5 月 28 日国际法院发表咨询意见认为：一个公约没有保留条款，这并不等于说保留是被禁止的；如果一国提出的保留不为全体缔约国所反对，就可以被认为是缔约的一方，只要保留符合该条约的目的与宗旨；如果一国认为保留不符合条约的目的与宗旨，其可认为保留国不是缔约的一方；如果一国认为该保留与条约的目的与宗旨一致，接受保留，其可认为保留国是缔约的一方。但是，每一当事国在判断保留是否与条约的目的宗旨相符的问题上有很大随意性，因此，1951 年国际法委员会向联合国大会提议，将来的公约中应包括关于保留的条款。这一提议得到大会的同意。这些意见对以后的条约法公约关于保留的规定产生了积极的影响。《维也纳条约法公约》第 19~23 条规定了保留的规则：

1. 保留的提出

《维也纳条约法公约》第 19 条规定，任何国家均有权在签署、批准、接受、赞同或加入条约时提出保留，但以下三种情况除外：（1）该项保留为条约所禁止。如 1956 年《废止奴隶制、奴隶贩卖及类似奴隶制之制度与习俗补充公约》第 9 条规定："对本公约不得作任何保留。" 1982 年《联合国海洋法公法》也作了类似规定。（2）条约仅准许特定的保留，而有关保留不在其内。如 1958 年《大陆架公约》第 12 条规定："任何国家均得对第 1 条至第 3 条以外的其他条文作出保留。" 1957 年《已婚妇女国籍公约》第 8 条作了同样的规定。（3）该项保留不符合条约的目的与宗旨。如 1966 年《消除一切形式种族歧视国际公约》第 20 条第 2 款规定："凡与本公约之目的及宗旨抵触之保留不得容许。"

2. 保留的接受与反对

《维也纳条约法公约》第 20 条规定：（1）明文准许保留的条约，无须其他缔约国事后予以接受，除非条约有相反规定。（2）如果从谈判国的有限数目以及条约的目的和宗旨看，在全体当事国间适用条约的所有条款为每一当事国承受条约拘束的必要条件时，则保留须经全体当事国接受。（3）如果一个条约是一个国际组织的组织约章，除另有规定外，保留须经该组织主管部门接受。（4）凡不属以上所说情况的，除条约本身另有规定外，如果保留经另一缔约国接受，就该另一缔约国而言，保留国即成为该条约的当事国，但须以该条约已对这些国家生效为条件；如果保留经另一缔约国反对时，条约在反对国与保留国之间并不因此而不产生效力，但反对国明确表示相反意思者不在此限；一国表示同意承受条约约束而附有保留的行为，只要至少有另一缔约国已经接受该项保留，就发生效力。

《维也纳条约法公约》第 20 条还规定了默示接受保留方式：除条约另有规定外，如果一国在接到保留国的通知后 12 个月的期间届满之日，或至其表示同意承受条约拘束之日为止，这两个日期中，以较后一个日期为准，未对保留提出反对，该保留即被视为业经该国接受。

3. 保留及反对保留的法律效果

根据《维也纳条约法公约》第 21 条规定，凡是依公约有关规定对另一当事国成立的保留，在保留国与该当事国之间，依保留的范围修改保留所涉及的条约规定，在其他当事国相互之间，则不修改条约的规定；如果反对保留的国家并未反对条约在该国与保留国之间生效，则在该两国之间仅不适用所保留的规定。

4. 撤回保留及撤回对保留的反对

《维也纳条约法公约》第 22 条规定：除条约另有规定，保留得随时撤回，无须经业已接受保留的国家同意；对保留提出的反对亦得随时撤回；撤回保留及撤回对保留的反对都应通知有关当事国，撤回自接受保留国或提出保留收到通知时起开始发生效力。

5. 关于保留的程序

《维也纳条约法公约》第 23 条规定：保留、明示接受保留及反对保留，都必须以书面形式提出并送至缔约国及有权成为条约当事国的其他国家，撤回保留或撤回对保留提出的反对，也必须以书面形式作出；如果保留是在签署待批准的条约时提出的，保留国应在批准条约时确认此项保留，遇有这种情况，该项保留应视为在其确认之日提出。明示接受保留或反对保留系在确认保留前提出者，其本身无须经过确认。

《维也纳条约法公约》关于多边条约保留的规定，实际上是采纳国际法院 1951 年对《关于防止和惩治灭绝种族罪公约》保留问题咨询意见中所陈述的关于该公约的保留规则，并把这些规则扩大适用于一切未就保留作出明文规定的多边公约。这些规定，完全改变了传统国际法的保留制度。这种新的保留规则，"一方面固然倾向于使多边公约的参加国增多，而另一方面也倾向于使多边公约实际上分裂为不完全相同的一系列双边条约，从而妨碍统一的国际法制度的建立"①。因此，如何完善保留制度，还是一个需要进一步研究的课题。

五、条约的登记与公布

为了反对秘密条约，早在国际联盟时期即已推行条约的登记和公布制度。

联合国成立后，继承了国际联盟关于条约的登记和公布制度。《联合国宪章》第 102 条规定："一、本宪章发生效力后，联合国任何会员国所缔结之一切条约及国际协定应尽速在秘书处登记，并由秘书处公布之。二、当事国对于未经依本条第一项规定登记之条约或国际协定，不得向联合国任何机关援引之。"可见，联合国会员国有义务将条约在联合国秘书处登记。与国际联盟把登记作为条约生效条件的做法不同，联合国不是把登记作为条约生效的必备条件，未登记的条约，并不影响其法律效力，仅是不能在联合国机构内援引。另外，联合国会员国及非会员国均可以将宪章生效以前所缔结而未编入国际联盟《条约集》的条约和协定送秘书处归档、备案和公布。《维也纳条约法公约》第 80 条规定："条约应于生效后送请联合国秘书处登记或存案及记录，并公布之。"

凡已在联合国秘书处登记、归档、备案的条约、协定文本，均由秘书处用原文文字在联合国《条约集》中公布，另附英、法文译本。

六、条约的生效和暂时适用

条约的生效是指一个条约正式发生法律效力，从而开始对各当事国产生法律拘束力。条约的生效与条约开始对某一国家生效不同。后者是指一个条约生效后，一个国家以批准加入接受的方式表示同意承受条约的拘束，按条约规定的条件，对该国发生效力。如有的公约规定，自批准书或加入书交存后第××天起对该国发生效力。国际法没有对条约生效的方式和日期作出统一的规定。《维也纳条约法公约》第 24 条规定："条约生效之方式及日期，依条约之规定或依谈判国之协议。"在条约实践中，双边条约和多边条约的生效方式有所不同。分别简述如下：

（一）双边条约生效的方式

1. 自签字之日起生效。这种方式多用于经济、贸易或技术合作协定。

2. 自批准之日起生效。即条约签字后还要批准才能生效。如果缔约双方于同日批准，条约于该批准日生效；如果双方先后批准，则自缔约一方最后通

---

① 李浩培：《条约法概论》，法律出版社 1987 年版，第 201 页。

知的日期生效。

3. 自互换批准书之日或之后若干天起生效。这种方式通常适用于意义重大的条约、政治性条约或永久性边界条约。

（二）多边条约生效的方式

1. 自全体缔约国批准或各缔约国明确表示承受拘束之日起生效。这种方式适用于封闭式条约，如《北大西洋公约》即是如此。1959年签订的《南极条约》第13条第1款规定，该条约须经各签字国批准始能生效。

2. 自一定数目的国家交存批准书或加入书之日或之后某日起生效。有的多边条约只要求有两国批准或加入即可生效，如《仲裁总议定书》和《国际劳工公约》采取如此规定，即一旦有两个国家送交接受书，该约立即在此两国间生效。但在大多数情况下，多边条约要求有最低数量国家批准或加入。因为对多边条约而言，承受条约拘束国家的数目必须达到足以使该条约产生效力，条约当事国太少了则条约起不了作用。例如《维也纳条约法公约》第84条第1款规定："本公约应于第35件批准书或加入书存放之日后第30日起发生效力。"《海洋法公约》第308条第1款规定："本公约应自第60份批准书、加入书交存之后12个月生效。"

3. 自一定数目的国家，其中包括某些特定的国家提交批准书后生效。某些创建国际金融机构的条约即是如此，因为某些国家承担该组织资金的主要部分时，就必须在这些国家肯定地参加以后，条约方能生效。如1945年《国际货币基金协定》第20条规定，协定经持有基金分配总额65%的各国政府，分别签字，并以各该国政府的名义按协定规定交存文件后即发生效力。《联合国宪章》除了要求有过半数签字国的批准外，还要求安全理事会五个常任理事国的批准始能生效。《联合国宪章》第110条第3款规定，一俟美国政府通知，已有中国、法国、苏联、英国、美国以及其他签字国过半数将批准书交存时，本宪章即发生效力。

条约的暂时适用，主要是对需要批准的条约而言。对于需要批准的条约，从签署到批准和交换批准书，一般相隔一段时间，在这段时间里，条约未生效。但缔约国为了将条约的全部或部分在条约正式生效以前适用，于是采取暂时适用措施。条约的暂时适用是指条约在生效前的适用。《维也纳条约法公约》第25条第1项规定："条约或条约之一部分于条约生效前在下列情形下暂时适用：（1）条约本身如此规定；或（2）谈判国以其他方式协议如此办理。"例如，1947年，23国议定的《关税与贸易总协定》，该协定从未生效。但由其中8国议定了一个"暂时适用议定书"，规定缔约国自1948年1月1日起暂时适用该总协定的第一编和第三编，并在不与现有立法冲突的最大限度内暂时适用第二编。1994 年 7 月 28 日通过的《关于执行〈联合国海洋法公约〉第十一部分的协定》第 7 条，对协定的临时适用作了规定。

第三节 条约的遵守、适用及解释

一、条约必须遵守

"条约必须遵守"是一项古老的原则，它最早可溯源到古代罗马法"约定必守"的概念，以后逐渐扩展到国际法领域，成为国际法的一条原则，一直沿用至今。

国际法上的条约必须遵守原则，是指条约缔结后，各方必须按照条约的规定，行使自己的权利，履行自己的义务，不得违反。这项原则对于条约的执行，维持和发展正常的国际关系，维护国际和平与安全有积极意义。在一个没有最高权力机关可以强制执行条约的国际社会里，如果不实行条约必须遵守原则，则缔结的条约可以恣意破坏，正常的国际关系就不可能维持和发展，国际法也无法存在下去。正因为如此，国际法的理论和实践无不确认条约必须遵守原则并强调其重要意义，因而该原则有时也被称为条约神圣原则。理论上，从近代国际法奠基人格劳秀斯到现代大多数国际法学家，无不强调国家遵守条约的义务，一致承认条约必须遵守。实践上，条约必须遵守原则亦为许多国际司法判例和仲裁裁决所确认。1910 年海牙常设仲裁法庭对"北大西洋沿岸渔业仲裁案"的裁决声明，每个国家都应诚实地履行条约义务。在常设国际法院的判例中，一贯强调国家应诚实遵守并执行其所承担的义务[1]。条约必须遵守原则，还曾被各种重要国际文件所确认。针对帝俄片面废除 1856 年《巴黎公约》有关黑海中立化条款而发表的 1871 年《伦敦议定书》，肯定了条约必须遵守原则，它声明，国际法的一个首要原则是任何一国不得解除自己的条约义务或修改其条款，除非通过合法方法得到缔约各国的同意。《国际联盟盟约》序言和《联合国宪章》序言及第 2 条第 2 款都确认尊重条约义务的原则[2]。

但是条约必须遵守不是绝对的。因为自古至今，有各种不同性质的条约，有平等的和合法的，也有不平等的和非法的，如果不加区别，笼统强令遵守，

---

① 参见周鲠生：《国际法》（下册），商务印书馆 1976 年版，第 649 页。
② 参见周鲠生：《国际法》（下册），商务印书馆 1976 年版，第 648 页。

就会把一些不平等的和非法的条约强加在弱小国家的身上。19 世纪一些强权国家以武力和武力威胁把一些奴役性的不平等条约强加在一些弱小国家的头上，然后利用条约必须遵守原则，迫使这些国家履行奴役性和不平等条约的义务，这是对条约必须遵守原则的歪曲。强权国家强加给弱小国家的奴役性的不平等条约是非法的，对这类条约，不但不应遵守，而且必须反对和废除。反对和废除奴役性的不平等条约，并不构成对条约必须遵守原则的违反。而且，即使是合法的、有效的条约，由于签订条约时的情势发生了根本变化，当事国也可以此为由修改或终止条约。

条约必须遵守原则，在长期的国际实践中其含义得到进一步完善。第一次世界大战后，侵略战争被宣布为非法，利用侵略强迫订立的奴役性的不平等条约是非法的，因而是无效的。第二次世界大战后，《联合国宪章》明确规定："各会员国在其国际关系上不得使用威胁或武力，或以与联合国宗旨不符之任何其他方法，侵害任何会员国或国家之领土完整或政治独立。""各会员国应一秉善意，履行其依本宪章所担负之义务。"① 违反《联合国宪章》，以威胁或武力，或以与联合国宗旨不符之任何其他方法，侵害他国的领土完整或政治独立的行为是非法的，采取这种行为而获得的不平等条约自然是非法的，因而是无效的。1969 年《维也纳条约法公约》对条约必须遵守的规定更加完善了，公约第 26 条规定："凡有效之条约对其各当事国有拘束力，必须由各该国善意履行。"这就是说，条约必须遵守，是指有效的条约必须遵守。至于非法和无效的条约，不在条约必须遵守的范围之内。这是对传统国际法条约必须遵守原则的发展。

二、条约的适用

条约的适用是条约的实施。它指缔约国按法定程序把条约具体应用于现实生活，使条约条款得以实现的活动。条约的适用涉及适用的时间范围、空间范围以及在国内执行等问题。

（一）条约适用的时间范围

条约适用的时间范围，是指条约适用从何时开始至何时为止。一般来说，条约是自生效之日起开始适用，其有效期限一般都在条约中有明文规定。时间长短，因条约种类不同而不同。短的只有 1 年，长的可达 10 年甚至 30 年。有的限期条约还可以在条约期满以前或以后经协议继续延长。立法性的国际公约

---

① 见《联合国宪章》第 2 条第 4 款、第 2 款。

和国际组织约章一般不规定有效期限，其适用的时间是没有限制的。根据《维也纳条约法公约》第 28 条的规定，条约没有溯及力，就是说，条约对当事国在条约生效之日以前发生的任何行为或事实或已不存在之任何情势，条约的规定不对该当事国发生拘束力。《维也纳条约法公约》也明确规定了条约法公约本身没有溯及力。公约第 4 条规定：本公约仅对各国于本公约对各该国生效后所缔结之条约适用之。但是，由于公约许多规则是对习惯国际法的编纂，因而公约生效前的条约仍受习惯国际法的约束。

（二）条约适用的空间范围

条约适用的空间范围，是指条约适用的领土范围。按照《维也纳条约法公约》第 29 条规定："除条约表示不同意思，或另经确定外，条约对每一当事国之拘束力及于其全部领土。"就是说，条约一旦生效，其效力及于全部领土，不论是单一国还是联邦国家。"全部领土"，包括一国的领陆、领水和领空。但是，条约适用于全部领土的规则不是绝对的，条约当事国可以在条约中明文规定或另经当事国协议，条约的全部或一部分仅适用于当事国的某一特定区域，或排除适用于某一特定区域。如 1985 年中国政府与丹麦王国政府签订的《中华人民共和国政府和丹麦王国政府关于鼓励和相互保护投资协定》规定，该协定不适用于丹属法罗群岛和格陵兰。往往当一个国家的政治活动涉及该国领土某些部分时，它不愿条约所加的义务影响到这种政治活动，这就可能限制条约适用的领土范围。1949 年在缔结《北大西洋公约》时就发生过这样的问题，当时阿尔及利亚和印度支那还是法国的殖民地，最初法国受援的范围包括阿尔及利亚，而印度支那则始终不在《北大西洋公约》援助的范围以内。如遇这种情况，条约本身一般都包含限制领土适用范围的条款。

我国与外国订立的条约，一般都适用于我国的全部领土。但是，根据 1984 年《中英联合声明》和 1990 年《中华人民共和国香港特别行政区基本法》的规定，中华人民共和国缔结的国际协定，中央政府可根据香港特别行政区的情况和需要，在征询香港特别行政区政府意见后，决定是否适用于香港特别行政区。因此，中国缔结的条约，可以适用于香港特别行政区，也可以不适用于香港特别行政区。澳门的情况也是一样。

（三）条约的冲突

现代国际社会各方面相互联系密切，调整他们之间关系的条约的缔结，越来越频繁，数目日益增多，几个条约就同一事项的规定相互矛盾的情况时有发生。这种几个条约就同一事项的规定相互矛盾的情况称之为条约的冲突。条约的冲突给条约的执行带来很大的困难，必须妥善解决。条约的冲突大致有以下两种情况：

1. 当事国完全相同的先后两个或几个条约的冲突

根据《维也纳条约法公约》第 30 条的规定，以不违反联合国宪章第 103 条为限，就同一事项先后所订条约当事国之权利与义务依如下规则确定：

（1）遇条约订明须不违反先订或后订条约或不得视为与先订或后订条约不合时，该先订或后订条约之规定应居优先（第 30 条第 2 款）。

（2）遇先订条约的全体当事国亦为后订条约当事国，但不依第 59 条终止或停止施行先订条约时，先订条约仅于其规定与后订条约规定相合之范围内适用之（第 30 条第 3 款）。如果先订条约和后订条约的规定不合，可依条约法公约第 59 条规定适用。该条规定：任何条约于其全体当事国就同一事项缔结后订条约，且有下列情形之一时，应视为业已终止：（甲）自后订条约可见或另经确定当事国之意思为此一事项应以该条约为准；（乙）后订条约与前订条约之规定不合之程度使两者不可能同时适用。

2. 当事国部分相同，部分不同的先后两个或几个条约的冲突

根据《维也纳条约法公约》第 30 条第 4 款的规定，遇后订条约的当事国不包括先订条约的全体当事国时，依以下规则适用：

（1）在同为两条约当事国间，先订条约仅于其规定与后订条约规定相合之范围内适用（第 30 条第 4 款（甲））。

（2）在为两条约的当事国与仅为其中一条约当事国间彼此权利义务，依两国均为当事国之条约办理。

以上各项规则，以不违背《联合国宪章》第 103 条为限。宪章第 103 条规定："联合国会员国在本宪章下之义务与其依任何其他国际协定所负之义务有冲突时，其在本宪章下义务应居优先。"因此联合国会员国相互间在《联合国宪章》生效以前或以后所缔结的条约如果与宪章的规定相抵触，宪章规定下的义务居优先地位。

（四）条约的执行

条约缔结和生效以后，各缔约国都要采取必要和有效的立法措施，保证条约在国内的执行，否则，条约必须遵守就会成为一句空话。

关于保证条约执行方式的规定，属于国内法范围，各国法律制度各不相同。国家可以每次特别采取立法措施；也可以一次永久地规定出一般原则，使得一切生效条约可以当然执行；也可以依习惯法默示地承认条约在国内法上的拘束力。

1958 年法国宪法第 55 条规定："依法批准或者认可的条约或者协定，自

公布后即具有高于各种法律的权威，但就每一个协定或者条约而言以对方予以适用为限。"这就是说，如果缔约各方都适用该条约，则通过公布把条约引入国内法，法国各级法院即直接适用该条约。

美国宪法第 6 条第 2 款规定：宪法、联邦法律及联邦缔结的条约为国家的最高法律。即使与任何州的宪法或法律有抵触，各州法官均应遵守。可见条约被置于与联邦法律相等的地位，即把条约纳入为国内法的一部分，除特别情况需要借助于国内立法给予完全的效力外，条约的规定可直接在法院自动执行。不过只限于"自动执行"的条约。所谓"自动执行的"和"非自动执行的"条约区别在于：前者是指那些本身规定已经十分清楚明确，以致法院可以直接适用的条约；后者是指那些只规定一般性义务，只有政府部门承担政策性的义务，而法院无从直接适用的条约。对于非自动执行的条约必须通过一项补充性立法才能确保条约的适用。

在英国，一个条约的执行在任何情况下都需要有议会的参与。条约的执行是非自动的，需要有国内立法行为，即先把国际条约转化为国内法。在这种情况下，要求任何一级法院适用条约都必须确认，议会已有一项法律使条约的执行有可能。如果条约涉及国内法所规定的问题时，政府为慎重起见，往往在英王批准条约前，预先立法。

瑞士宪法第 85 条规定，条约不需经过立法行为，而只要在联邦政府的法令公报上颁布之后，即具有联邦法律的效力，约束本国人民和法院。

为保证条约的切实执行，有的条约本身还用专门条款规定缔约国应采取必要的立法措施来保证条约宗旨的实现。

三、条约的解释

条约必须善意履行，然而为了正确履行条约，必须明了条约约文的正确含义。在执行条约的实践中，当事国往往由于对条约约文的含义理解不同而产生分歧和纠纷，致使条约无法执行。所以就发生条约的解释问题。条约的解释是指对条约的整体、个别条款或词句的意义、内容和适用条件所作的说明。简言之，是指对一个条约的具体规定的正确意义剖析明白①。其目的在于明确条约中含义不清而产生分歧的地方，以利于当事国对条约的履行。

条约的解释有两方面的问题，一是谁有权解释；二是按照什么规则进行解释。

---

① 李浩培：《条约法概论》，法律出版社 1987 年版，第 405 页。

（一）谁有权解释

1. 条约当事国有权解释。条约的当事国是条约的缔结者，只有当事国各方最了解缔结条约的意图以及条约的各项条款的真正含义，因此当事各方有权解释。如果条约是双边的，则缔约双方有权解释；如果条约是多边的，则缔约各方都有权解释。这种解释，称为"权威解释"或"有权解释"①。这种解释方式是当事各方取得协议的"解释性声明"或"解释性议定书"，或由当事各方在另一条约上作出解释，即所谓"解释条款"。根据国家主权平等原则，缔约各方对条约的解释权是平等的，任何一方而非各方的解释，都不构成"权威解释"或"有权解释"，更无权把自己单方的解释强加于另一方。

2. 国际组织的解释权。国际组织对本组织的创设条约、公约或宪章有权解释。因为国际组织是根据这些组织约章创立和活动的，又是具体执行这些组织约章的机构，因此，最了解这些组织约章的真实含义，故国际组织对这些条约、公约或章程有权解释。这种解释也是"权威解释"或"有权解释"。此外，国际组织机关在行使职权时要引用的条约，该机关也有权解释。例如欧洲法律合作委员会的主要职责之一，就是统一解释欧洲的各种条约。

3. 仲裁法庭和国际法院的解释权。仲裁法庭和国际法院并不当然具有条约的解释权。只有当国际条约或国际公约中包含条约解释和争端解决条款，规定当事国可以把解释条约时产生的争端诉诸法院或仲裁解决时，仲裁法庭或国际法院才获得解释条约的权力。例如 1973 年《关于防止和惩处侵害应受国际保护人员包括外交代表的罪行的公约》第 13 条规定：两个以上缔约国间在本公约的解释或适用上所发生的任何争端，如未经以谈判方式解决，经缔约国一方要求，应交付仲裁。如果自要求仲裁之日起 6 个月内当事各方不能就仲裁庭的组成达成协议，任何一方得依照《国际法院规约》提出请求，将争端提交国际法院处理。仲裁法庭和国际法院根据此项条款而取得对该条约的解释权。《联合国海洋法公约》第 15 部分也有同样的规定。条约解释争端当事国之间达成协议，自愿将争端提交仲裁或国际法院解决，仲裁法庭和国际法院根据该项协议而取得条约的解释权。根据《国际法院规约》第 36 条的规定，"条约之解释"是当事国自愿接受法院强制管辖的法律争端之一，当接受这种"任意强制管辖"的当事国间对其条约的解释不能达成一致协议并诉诸法院时，法院才有权解释条约。仲裁法庭和国际法院根据自己具有的条约解释权而对条约的解释，也是"权威解释"或"有权解释"。

① 李浩培：《条约法概论》，法律出版社 1987 年版，第 420 页。

（二）解释条约的规则

关于条约解释的规则，国际法学家提出了不少意见，主张不一，但他们提出的规则，不具有法律拘束力，只能作参考之用。《维也纳条约法公约》规定了条约的解释规则，主要内容如下：

1. 条约应依条约之用语按其上下文并参照条约的目的及宗旨所具有的通常意义，善意地加以解释。也就是说，在对条约作出解释时，应该正确地探求条约中所使用的措辞的意义，同时还应全面考虑条约的目的与宗旨，不能孤立地看待约文，只抓只言片语，望文生义。只有按照它们的通常意义并考虑条约之目的和宗旨作出的解释，才是全面的、善意的解释。

2. 解释时，应对整个条约及其附件作全面研究，并考虑与缔结条约有关的所有文件。这些文件应包括：全体当事国因缔结该项条约所订的有关协定，以及一个以上当事国因缔结条约所订并经其他当事国接受为条约有关文件的任何文书。应一并考虑的文件还包括：当事国后来所订有关条约之解释或其规定之适用的协定，以及后来在条约适用方面确定各当事国对条约解释之协定的任何惯例等。总之，解释不但要考虑条约的上下文，还要考虑缔结条约的所有有关文件，了解缔结条约的动机、历史背景，以便对条约作出正确的解释。

3. 如果按照上述方法所作的结论仍意义不同，可使用解释的补充资料，如缔约的谈判记录，条约的历次草案，讨论条约的会议记录等。如果适用一般原则得出的解释仍然意义不明或难解，或显然不合理或荒谬时，就需要借助这些补充资料。对补充资料的适用问题，各国有不同的看法，如法国主张利用补充资料，而英国则不然。国际司法实践对利用补充资料常持保留态度，但近年来利用补充资料似乎比以前更受重视。1963 年 12 月 22 日，"美法两国航运协定案"的仲裁就利用了补充资料，裁决书宣称：协定谈判的历史文件"理所当然地被判例和学理视为解释条约的合法辅助文书"。

4. 以两种或两种以上文字写成的条约，除规定遇有解释分歧时，应以某种文字的约文为准外，每种文字的约文同一作准。作准文字以外的其他文字作成的条约译本，解释时只供参考。如对作准文本中的用语有分歧时，条约用语推定在各作准约文内意义相同。

5. 在两种以上文字同一作准的条约中，解释分歧按上述方法仍不能消除时，应采用顾及条约的目的及宗旨之最能调和各约文的意义。各种文字的约文被推定具有相同意义，但是由于翻译、各国文化和语言等的差异，往往会引起解释上的差异，如果运用一般原则不能消除差别时，就应该考虑条约的目的与宗旨，以调和各种文本，求出条约的真正含义。

四、条约与第三国

条约是缔约国之间的协议，原则上只对缔约国有拘束力，对第三国是没有拘束力的。这被称之为"条约相对效力原则"①，可溯源至罗马法中的"约定对第三者既无损，也无益"的原则。由于得到普遍确认，并在许多国内合同法和国际条约法中得到广泛采用，它至今仍然是一项公认的重要国际法原则。《维也纳条约法公约》确认了这一原则。该公约第 34 条规定："条约非经第三国同意，不为该国创设义务或权利。"所谓第三国，是指"非条约当事国之国家"，包括对条约未签署的国家，对需要批准或核准的条约未予批准或核准的国家，还包括原来条约当事国但后来退出该条约的国家。多边条约缔约国中提出保留的国家，就其保留的条款而言，也属第三国。条约对这些国家是没有拘束力的。之所以如此，是因为国家主权是平等的，任何国家在未经第三国同意的情况下，都无权以一个双边条约或多边条约将权利和义务强加于该国。

条约不为第三国创设权利和义务，是以未经第三国同意为条件的，但是如果改变了这个条件，缔约国是否可以为第三国创设权利和义务呢？《维也纳条约法公约》第 35、36、37、38 条作了规定，以下对这些规定作一分析。

（一）条约为第三国创设义务的问题

《维也纳条约法公约》第 35 条规定："如条约当事国有意以条约之一项规定作为确立一项义务之方法，且该项义务一经第三国以书面明示接受，则该第三国即因此项规定而负有义务。"按该条规定，一项条约要对第三国创设并发生义务，必须具备两个条件：（1）条约当事国必须有给第三国施加义务的意思表示；（2）第三国以书面形式明示接受此项义务。

对第三国规定义务的条约，必须经第三国书面明示接受，才对它发生义务。这是与条约法公约第 34 条规定完全一致的一个补充规定，也是国家主权平等的当然结果。这一规定已为国际司法实践所确认。1932 年 6 月 7 日常设国际法院在"上萨瓦自由区和节克斯区案"的判决中，就条约对第三国的义务问题指出：在任何情况下，除了在瑞士同意的范围内，该条规定对瑞士无拘束力，因为它不是《凡尔赛和约》的缔约国。而且瑞士在 1919 年关于对《凡尔赛和约》第 435 条的照会中，已明白地拒绝了这种义务，这种义务对它也不发生效力②。

---

① 李浩培：《条约法概论》，法律出版社 1987 年版，第 475 页。
② 参见李浩培：《条约法概论》，法律出版社 1987 年版，第 481~484 页。

应该指出，对于一个合法缔结的条约，如果该条约既不损害第三国的权利，也不给第三国课以义务，根据国际法，第三国应予以尊重和不妨碍其实施。例如有关边界或领土变更等问题的条约，如果该条约是合法的，第三国应予以尊重，也不应妨碍其实施。但是，这种义务并不是发生于边界或领土变更条约，因为该条约并无具体规定加给第三国义务的条款，而是发生于一般国际法规则。

此外，为了制裁而在多边公约中对侵略国课以义务，属于追究国家责任的性质，与一般情况下给第三国创设义务在性质上完全不同，因此不需要侵略国的同意。所以《维也纳条约法公约》第 75 条规定："本公约之规定不妨碍因依照《联合国宪章》对侵略国之侵略行为而采取措施而可能引起之该国任何条约义务。"

（二）条约为第三国创设权利的问题

《维也纳条约法公约》第 36 条规定："如条约当事国有意以条约之一项规定对一第三国或其所属一组国家或所有国家给予一项权利，而该第三国对此表示同意，则该第三国即因此项规定而享有该项权利。"根据此条规定可见，一项条约要为第三国创设一项权利，也必须具备两个条件：（1）条约当事国必须有给第三国创设权利的意思表示；（2）第三国表示接受此项权利。不过这种表示与接受义务的表示不同，后者要求以书面形式明示接受，而前者只要求表示同意，并不要求以书面形式明示接受。第 36 条还规定，对给予第三国的权利，如果该第三国无相反之表示，应推定其表示同意。关于为第三国创设权利的例子，多见于国际海峡或通洋运河的条约。如《凡尔赛和约》第 380 条关于基尔运河自由通航条款，规定该运河对一切国家开放。1888 年关于苏伊士运河的《君士坦丁堡公约》，明文规定该运河向一切国家开放。1903 年《关于巴拿马运河的巴美条约》规定："巴拿马共和国宣告该运河中立，以使该运河……在平时和战时都应按完全平等的条件对船舶的和平通过开放。"以上这些条约都规定了为第三国创设权利的条款，只要第三国同意或推定其同意，就使第三国享受到自由通航的权利。

（三）对第三国的义务或权利的取消或变更

一个条约为第三国创设的义务和权利已经成立后，原条约当事国是否可予取消或变更呢？《维也纳条约法公约》根据第 35、36 条为第三国规定权利和义务的不同，分别对第三国的义务和权利作出两项不同规定，成为公约第 37 条。

1. 关于对第三国规定的义务的取消或变更。第 37 条第 1 项规定："依照

第 35 条使第三国担负义务时，该项义务必须经条约各当事国与该第三国之同意，方得取消或变更，但经确定其另有协议者不在此限。"这就是说，如原条约当事国和第三国无另外协定，要取消或变更该第三国已负担的义务，必须经条约当事国和第三国双方同意。

2. 关于对第三国规定权利的取消或变更。第 37 条第 2 项规定："依照第 36 条使第三国享有权利时，倘经确定原意为非经该第三国同意不得取消或变更该项权利，当事国不得取消或变更之。"与对义务的取消或变更不同，对权利的取消或变更无须原条约当事国的同意，但必须得到第三国的同意，否则不得取消或变更。这样规定的目的，是为了使第三国的权利得到保障。

（四）条约的规定成为国际习惯法

一个条约所订的一个规则，可能由于很多第三国认为它是必须遵守的规则，而且经长期反复实行，从而成为国际习惯规则。例如，《有关陆战规则的海牙公约》中的某些规则。在这种情形下，如果这些规则对第三国产生了某些权利义务，这些权利义务是产生于该条约还是产生于国际习惯法呢？李浩培教授认为"并不是条约对第三国产生了权利和义务，而是习惯国际法附着于条约而产生"①。国际法委员会曾在 1966 年报告中叙述了国际习惯法附着于条约而产生的过程和实例："某些国家之间所缔结的一个多边条约可能规定一个规则或者建立一个领土的、河流的或海洋的制度，而这个制度以后由于习惯被一些国家所一般接受并成为对其他国家有拘束力的制度，例如，有关陆战规则的海牙公约、规定瑞士中立化的一些协定以及关于国际河道和海道的各个公约。"国际法院在 1969 年"北海大陆架案"的判决中也指出："某些在起源上是条约性或契约性的规则，却在此后成为国际法的组成部分……从而拘束从未成为该公约当事国的那些国家。"②《维也纳条约法公约》第 38 条规定："第 34 条至第 37 条之规定不妨碍条约所载规则成为对第三国有拘束力之公认国际法习惯规则。"

第四节　条约的修正与修改

一、条约的修正

一个条约缔结以后，往往由于国际局势和其他各种情况的变化，有必要进

---

① 见李浩培：《条约法概论》，法律出版社 1987 年版，第 489 页。
② 见李浩培：《条约法概论》，法律出版社 1987 年版，第 489 页。

行修订。早在第一次世界大战后，《国际联盟盟约》第 12 条就规定："大会随时请联盟会员国重新考虑已经不适用之条约以及长此以往将危及世界和平之国际局势。"1945 年以来，许多多边公约都制定有关于修订条约的条款。但是，修订条约往往是一个复杂而困难的问题。因为多边条约的当事国的情况比较复杂，其中有些国家因从条约中受惠而力图保持该条约，而另一些国家却力图减轻它们根据条约而承担的义务主张修改条约的规定。例如，第一次世界大战后所缔结的和约及其他条约，都表现出战胜国想以繁重的义务来限制战败国，而战败国则力图抗拒强加给它们的义务，或主张对它们的义务作限制性解释。当德国所处政治形势足以拒绝履行战败国的义务时，便强烈要求修改 1919 年的《凡尔赛和约》。德国的要求遭到其他列强的反对，特别是法国的反对。从 1933 年起，德国政府采取单方面行动，宣布解除加给它的军事方面的限制，在莱茵河左岸重新设防。1969 年《维也纳条约法公约》总结了以往关于条约修订的实践，力求在变动和稳定这两种需要的基础上，制订出条约修订的规则。

条约的修订，是指条约当事国在缔结条约后于该条约有效期间内改变其规定的行为。《维也纳条约法公约》把条约的修订区分为修正和修改。前者指原条约全体当事国对条约的修订；后者指原条约的部分当事国对条约的修订。如果修改的条约的条文经由其他当事国全体接受，那么修改也就成了修正。

关于条约的修正，《维也纳条约法公约》第 39 条规定了一般原则："条约得以当事国之协议修正之。"第 40 条规定了具体规则：

1. 修正多边公约的任何提议，必须通知全体当事国，各缔约国均应有权参加对修正条约提议采取行为的决定，以及参加条约修正的谈判和缔结。

2. 凡有权成为条约当事国之国家亦应有权成为修正后条约的当事国。

3. 未参加修正协定的原条约当事国不受修正协定的约束。

4. 修正条约之协定生效后成为条约当事国之国家，若无相反表示，应视为修正后的条约的当事国，并就其对不受修正条约协定拘束的条约当事国的关系而言，应视为未修正条约的当事国。

多边条约一般都含有修正条款，具体规定条约修正的程序、生效的必要条件以及效力。目前的趋势是，通过新的约文要有投票国的多数，生效需全体成员国的多数批准，但一般还要求包括某些特定国家的批准在内。例如，《联合国宪章》第 108 条规定："本宪章之修正案经大会会员国 2/3 表决并由联合国会员国之 2/3，包括安全理事会全体常任理事国各依其宪法程序批准后，对于联合国所有会员国发生效力。"关于修正的条约的效力，最好能拘束尽可能多的条约当事国，通常一个国家也总是愿意加入被各当事国认为最能适应新情势的条约约文。所以现在一些多边条约规定，经大多数当事国批准的修正案将对全体当事国生效。例如，《国际原子能机构规约》第 18 条规定，经全体大会通过的规约修正案如经 2/3 会员国批准或接受即对该机构的全体会员国生效。但是有时某些多边条约规定，凡在一定期限内不批准修正案的国家，则据此事实立即停止参加条约。有的多边条约则规定，当事国不批准修正案有权退出该条约，但并非由于不批准这一行为而当然立即退出。

提出条约修正的时间没有统一规定，在实践上一般是按照条约约文具体规定行事。在国际实践中大致有以下三种情况：（1）条约生效后一定时期才能提出。例如，1958 年关于海洋法的日内瓦四公约规定，要在公约生效 5 年才能提出条约修正的请求。（2）缔约国可随时提出修正。（3）条约规定期间届满后定期修改。如《联合国海洋法公约》第 312 条规定："自本公约生效之日起 10 年期间届满后，修正请求通知送达所有缔约国后 12 个月内有半数当事国赞成修正要求，联合国秘书长应召开会议修正条约。"

二、条约的修改

关于一个多边条约的几个当事国彼此间修改条约，《维也纳条约法公约》第 41 条规定，必须是条约内有这种修改的规定，或者该项修改不为条约所禁止，而且不影响其他当事国的权利和义务；同时该项修改也不涉及有效实现整个条约的目的和宗旨。如果若干国家彼此间按上述原则对条约进行了修改，应将修改的内容通知其他当事国。从该条款可见，虽然允许缔结彼此间的修改协定，但对这些协定设下若干限制：一是实质上的限制，即不得影响其他当事国从条约上享有的权利，也不得影响条约的目的和宗旨；二是程序上的限制，即必须将缔结协定的意思和准备修改某项规定，通知其他当事国，且通知最好能使其他当事国确信该彼此间协定不至超越条约所规定的范围，不致和条约互不相容。

至于双边条约，也可以由当事国达成协议，进行修改，这种协议适用关于条约缔结和生效的全部规则。

第五节 条约的失效、终止及停止施行

一、条约的失效

在正常状态下，各国都会自然地推定，其所缔结的条约有效且继续发生效力。除非存在某些能够导致条约丧失效力的必要理由，否则不能轻易地否定一项条约的效力。但是，长期以来，国际法学界对条约失效的原因一直意见不一。直到 1969 年，《维也纳条约法公约》才对条约失效的情况作了规定：

1. 无缔约能力

如果一条约为无缔约能力或越权的人所为且无事后追认，则可能导致该条约丧失效力。但是这种违反国内法关于缔约的权限，必须是明显的，且涉及具有根本重要性的国内法规则，否则一国不能援引违反国内法的缔约权限为条约失效的理由。所谓明显违反，是指违反情事倘由对此事依通常惯例并秉善意处理之任何国家客观视之为显然可见者（第 46 条）。

如果代表表示一国同意承受某一条约拘束之权力附有特定限制，必须在其表示同意前已将此项限制通知其他谈判国，否则不得援引该代表未遵守限制之事实以撤销其所表示同意。

2. 错误

如果条约内存在着错误，且此项错误关涉一国缔约时假定为存在并构成其同意的必要根据的事实或情势时，该国可以援引条约的错误撤销其承受条约约束的同意。但是错误是由该国本身所造成或当时情况有足以使该国知悉错误的可能，则不能援引错误作为撤销其对条约同意的理由；如果错误仅与条约约文用字有关，则不影响条约的效力，可以按《维也纳条约法公约》第 79 条规定，对约文作适当更正。

在实践中，因条约中的错误而造成条约失效的情况是极为少见的，通常仅存在于边界条约中，如以某一标的物作为划界对象，而事实上这一标的物并不存在（第 48 条）。

3. 诈欺

诈欺本身在国际法上并无统一的定义。但是诈欺的结果阻碍了缔约国表达承受条约拘束的真正同意。因此，国际法上确认：倘一国因另一谈判国之诈欺行为而缔结条约，该国得援引诈欺为由撤销其承受条约约束之同意（第 49 条）。

4. 贿赂

如果一谈判国直接或间接贿赂对方代表，使之同意承受条约之约束，则该国可以援引贿赂为理由撤销其承受条约拘束之同意（第 50 条）。

5. 强迫、威胁或使用武力

根据《维也纳条约法公约》第 51、52 条规定，一国同意承受条约拘束之表示系以行为或威胁对其代表所施之强迫而取得者，应无法律效果。条约系违反联合国宪章所含国际法原则以威胁或使用武力而获缔结者无效。因此，无论是对谈判代表采取强迫手段，还是对谈判国采取威胁或使用武力而缔结的条约，都是违反国际法和违反缔约国的自由同意的，都将导致条约丧失效力。

6. 与强行法抵触

条约与一般国际法强制规律抵触者无效。一般国际法强制规律，是指国家之国际社会作为整体接受并公认为不许损抑且仅有以后具有同等性质之一般国际法规律始得更改之规律。条约与国际法强制规律抵触的情况有两种：一是条约在缔结时与现行强制规律抵触；二是现有条约与新产生的强制规律抵触。无论哪种情况，凡与强制规律抵触的条约均告失效。

二、条约的终止

现在的大多数条约通常都包含关于有效期和终止的条款，当条款所规定的情形出现时，缔约国可以据之解除条约的效力。而在没有这种条款时，有关缔约国则需援引《维也纳条约法公约》所规定的事由，方可终止条约的效力。根据条约的实践，条约的终止大致有如下几种原因：

1. 条约期满

条约通常明文规定有效期限，期限一到，且无延长之行为，则条约自动终止。如 1949 年《中苏友好同盟互助条约》规定有效期为 30 年，如果条约到期时有一方提出要求，可以延长。1979 年到期，双方都没有提出延长的要求，因此该条约 30 年的期限一到，即告终止。

2. 条约执行完毕

有的条约虽然没有规定期限，但是由于这些条约目的在于执行一定的义务或事项，一旦条约所规定的义务或事项全部执行完毕，条约的任务即告完成，条约随即终止。例如，关于国际赔偿或债务的协定、关于两国建交和互派使节的协议以及两国贸易的年度协定。这些协定执行完毕，其效力即告终止。应该指出的是，有的条约执行完毕并不使条约当然终止，因为对于含有造法性条款的条约来说，虽然条约所规定的事项已履行完毕，但其将作为公认的国际法原则被遵守。

3. 条约解除条件的成立

有的条约明文规定条约解除条件，一旦该项条件成立，条约自动终止。例如，1957 年《已婚妇女国籍公约》第 9 条第 2 款规定："本公约在缔约国减至不足 6 国之退约生效之日起失效。"又如，1948 年《关于防止及惩治灭种罪公约》第 15 条规定："如因退约的结果，致本公约之缔约国数目不满 16 国时，本公约应于最后之退约通知生效之日起失效。"

4. 退约

有些多边公约明确规定缔约国有退约的权利。退约国应向条约保管国发出通知，并转告全体条约当事国。待保管机关接到通知一段时间后，条约便对退约国失效。例如，1971 年《关于制止危害民用航空安全的非法行为公约》第16 条规定："一、任何缔约国可以书面通知保存国政府退出本公约。二、退出应于保存国政府接到通知之日起 6 个月后生效。"但是，一国的退约并不影响整个条约的效力，退出仅使条约对退出国失效，除非退出使缔约国减少至不足该条约的生效数目。

如果条约未就退约作出任何规定，则原则上退约是被禁止的。按照《维也纳条约法公约》第 56 条第 1 项规定："条约若无退约规定，不得退约，除非经当事国许可或条约的性质，认为含有退出之权利。"

5. 条约被代替

参见条约的冲突。

6. 条约执行的不可能

条约缔结后，可能因执行条约必不可少的对象永久消失或被毁，致使条约无法执行。双边条约也可能因当事国一方的消亡或条约规定的全部事项已消失而无法执行。例如，岛屿沉没、河流干涸等。但是，如果条约无法执行是违反条约引起的，或违反其他任何国际法义务所引起的，则当事国不得援引为终止条约的理由。

7. 全体当事国同意终止

《维也纳条约法公约》第 54 条第 2 款规定："任何时候，经全体当事国同其他各缔约国咨商后表示同意，予以终止。"也就是说，条约不论是双边的或多边的，也无论是否有期限，一旦全体当事国同意废除，条约即告终止。

8. 单方面终止条约

原则上，条约不能单方面废止，否则，势必造成对条约的破坏，打乱了通常使条约得以成立的权利和义务的平衡，国际关系无疑会遭到破坏。但是在下列情况下，国际法允许终止条约。

（1）缔约一方违背条约义务。国际法的理论与实践都肯定，如有缔约一方违反条约义务，则他方有权宣布废除条约。《维也纳条约法公约》第 60 条重申："如果缔约一方废弃条约或行使了与条约目的宗旨不符合的重大违约行为时，双边条约当事国的他方有权援引违约为理由终止该条约，多边公约的其他当事国有权一致协议，在该国与违约国之间或在全体当事国之间终止条约。"

（2）情势变迁。情势变迁是一个古老的原则，它是指缔结条约时存在一个假设，即以缔约国缔约时所能预见到的情况不变为条约有效的前提，一旦情势发生变化，缔约国便有权终止条约。在实践中，情势变迁原则常被引用。例如，1926 年中国废除 1865 年与比利时签订的含有领事裁判权条款的条约，就曾以当时中国的政治、经济情况发生变化为理由。

如果事实上情势发生了变化，造成履行条约的不可能，有关当事国对条约的终止或修改是合乎情理的。但是，由于情势变迁原则没有一个客观的衡量标准，往往是缔约国凭主观意志决定，这就易于引起对该原则的滥用。例如第一次世界大战后签订的《凡尔赛和约》，禁止德国采用普遍兵役制，而德国在 1935 年以情势变迁为借口，单方面不履行条约，宣布实行普遍兵役制。

关于在缔约国对某一情势是否发生变化有争议的情况下，缔约一方能否单方面终止条约问题，存在两种不同意见：一种意见是，只要一方认为情势变迁，它就可单方面地、自动地终止条约对自己的效力，不论对方的意见如何；另一种意见是，如果对情势是否变迁有争议，不能单方面使条约失效，应通过协商，取得一致意见，若协商不成功，应提交国际法院决定。《维也纳条约法公约》对情势变迁原则只是有条件地承认。公约第 62 条第 1 款规定："条约缔结时存在之情况发生基本改变而非当事国所预料者，不得援引为终止或退出条约之理由，除非（甲）缔约时存在的情况构成当事国同意承受条约拘束之必要根据；及（乙）该项改变之影响将根本变动依条约尚待履行义务之范围。"也就是说，只有在（甲）（乙）这两个条件下才能援引情势变迁原则，作为终止或退出条约的理由。该条第 2 款规定了适用情势变迁原则的两个例外：一是不得援引这一原则作为终止或退出边界条约的理由；二是仅因当事国自己违反条约义务而引起情势变迁者，不得援引这一原则退出或终止条约。

三、条约的停止施行

条约的停止施行不同于条约的终止。条约的终止是指整个条约对当事国永久地失去效力。而停止施行是指一个或数个当事国于一定期间内暂停施行条约的一部或全部，但条约本身并未终止，必要时，可依一定程序恢复条约的施行。根据《维也纳条约法公约》的规定，当事国可援引一方违约、依条约规定或当事国同意、情势变迁等理由，对条约停止施行。

思 考 题

1. 什么是条约? 条约有哪些基本特征?

2. 试述条约的种类和名称。

3. 试述条约的缔结程序,并说明《中华人民共和国缔结条约程序法》的内容。

4. 一国承受条约拘束之同意可采取哪些方式表示?

5. 什么是条约的保留? 条约保留的规则有哪些? 试评述现行的保留制度。

6. 试述条约对第三国的效力问题。

7. 试述条约必须遵守原则。

8. 试述条约的适用问题。

9. 试述条约的冲突及解决冲突的规则。

10. 条约解释有哪些规则?

11. 试述条约修正和修改的规则。

12. 什么是条约的终止? 条约终止的原因有哪些? 条约的终止与条约的停止施行有何区别?

13. 试述条约的失效。

第十六章　国际经济法

第一节　概　　说

一、国际经济法的概念和范围

国际经济法是调整国际经济关系的法律原则、规则、规章和制度的总称。它是在第二次世界大战后随着国际经济关系的发展而逐渐发展起来的现代国际法的一个新分支。关于国际经济法的概念和范围，概括起来，大致有广义和狭义两种主张。

很多持广义说的学者认为，国际经济法是泛指调整国际经济交往与合作的法律，其范围包括一切关于超越国界的经济关系和经济组织的法律规则和制度。根据这一定义，国际经济法的主体除国家、国际组织外，还包括个人、法人及其他团体；国际经济法所调整的法律关系并不限于政府间或国家与国际组织相互间的关系，而且还包括国家、国际组织、个人、法人、企业团体相互间的关系；国际经济法所包含的法律规范，既包含国内法规范，也包含国际法规范，其中既有公法内容，也有私法内容。总之，广义说试图打破法律各部门之间的传统界限，注重法律各部门之间的相互作用和相互渗透，强调从各种有关法规的综合角度，研究国际经济关系中的法律问题。

不少持狭义说的学者认为，国际经济法是国际法的一个新分支或是国际法的一个特殊部门。其调整的范围是国际经济交往与合作中涉及公法的那一部分法律关系，而不包括此等交往与合作中所涉及的国内法问题和私法问题，因为在国际经济法学形成以前已有相应的国内法和私法部门。按照这一严格的定义，国际经济法的主体与国际公法的主要主体是一致的，即主要是国家和政府间国际组织，不包括个人、法人及其他团体；国际经济法所调整的法律关系主要是国家之间、国家与国际组织之间和国际组织相互之间的经济交往与合作关系；国际经济法的法律规范是国际法规范，而不包括一国具有涉外因素的国内法规范。前述广义论，有其合理核心，但本章以下所阐述的主要是公法范围的部分国际经济法律制度。

二、国际经济法的形成和发展

国际经济法是基于国际经济关系发展的需要而产生并发展起来的。最初，国际经济法是一些关于国际商业交易的简单规则，这些规则在中世纪末期就已存在于欧洲主要的商业城市。随着资本主义世界市场的形成，各国垄断资本开始从控制国内市场，发展到超越国境而形成国际垄断同盟。虽然这种国际卡特尔和国际托拉斯仍属于民间协定的性质，但实质上是国家政权同垄断资本相结合，国家开始对国际经济进行干预的一种表现。从 19 世纪 50 年代起，国家之间还缔结了通商航海条约，最惠国待遇条款得到越来越多的承认和适用，欧洲的一些国家还形成了以条约为基础的关税同盟。

第一次世界大战之后，国家对经济进一步的干预，在外汇管制、外贸统制和关税壁垒等方面制定了大量的法律。这种各行其是的立法，必然导致国家间的冲突和矛盾。在资本主义高度发展的情况下，这种矛盾已经不能由各个国家单独地圆满解决，必须谋求国际的调整。于是，各国在传统的通商航海条约的基础上，缔结了各种专门的经济贸易协定。国际联盟作为人类历史上第一个一般政治性的国际组织，在其盟约中明文作出了促进国际经济合作的规定。

第二次世界大战后，国家之间在经济上的相互依赖关系愈来愈明显。国际政治上的和平与安全，国际经济上的复兴与发展，二者紧密地联系在一起。建立战后的国际政治秩序和经济秩序，势在必行。为吸取国际联盟的教训，联合国一方面力求建立更为有效的国际集体安全制度，另一方面也注重发展各国间的经济合作。《联合国宪章》将"促成全球人民经济及社会之进展"作为其最高纲领之一。为实现这一宗旨，联合国宪章单独规定一个经社理事会作为联合国主要机关之一，主管这方面的工作。联合国还在实践中建立了各种区域经济委员会和专门的经济机构。作为战后国际经济秩序的三大支柱，《国际货币基金组织协定》、《国际复兴开发银行协定》和《关税及贸易总协定》相继问世。

进入 20 世纪 60 年代后，国际政治力量和经济关系发生了深刻的变化。随着殖民体系的土崩瓦解，一大批国家纷纷独立，成为国际政治和经济上的一股新生力量。它们利用各种国际舞台，要求改变不合理的旧国际经济秩序，建立新国际经济秩序。在发展中国家的努力下，联合国大会于 1962 年通过了《自然资源的永久主权》的决议，于 1964 年成立了联合国贸易与发展会议，于 1974 年通过了《建立新的国际经济秩序宣言》及《行动纲领》和《各国经济权利和义务宪章》。这些重要文件和步骤标志着新的国际经济法律秩序已初步形成。几乎与此同时，国际货币基金组织、世界银行集团和关贸总协定，为处理国际经济关系中新出现的"南北问题"，着手对各自的章程进行修订，对各自的体制进行改革，如增加发展中国家的特别提款权，增强对发展中国家的发展援助和实行普遍优惠制，等等。此外，一定地区内的若干国家为促进本地区的经济发展，纷纷建立各种区域性的国际经济组织，建立适应本地区经济发展的法律秩序。

进入 20 世纪 80 年代后，国际经济关系进一步向纵深发展。新技术革命一方面给国际社会生产力带来新飞跃，另一方面也给国际社会带来了法律上的新问题，如跨国环境保护、技术转让、服务业贸易，等等。此外，由于历史的原因和客观条件的限制，最不发达国家所面临的经济问题十分严重，它们与发达国家之间的差距不断扩大。联合国自 20 世纪 60 年代提出最不发达国家的概念之后，相继提出援助这些国家的特别措施。1981 年 9 月，联合国在巴黎举行了"最不发达国家会议"，会议最后通过了一项《20 世纪 80 年代支援最不发达国家的新的实质性行动纲领》。

进入 20 世纪 90 年代后，出现了一系列新的国际问题。前苏联的解体，东欧局势的巨变，一方面使东西对立有所缓和，另一方面东欧国家的经济濒临崩溃，欧洲出现了第二次世界大战之后的最大难民潮。发达国家不同程度地存在经济不景气。发展中国家的债务以及与发达国家间的贸易不平衡愈来愈严重。亚洲爆发的金融危机迅速波及全球，给国际金融秩序和贸易秩序带来巨大冲击。电子信息技术和生物技术的飞速发展正在使国际贸易的方式和内容发生变革。跨国兼并、贸易自由化与环境保护、贸易与竞争政策等越来越成为国际社会关注的热点问题。

进入 21 世纪，经济全球化面临的挑战日益突出。在经济全球化不断深化的进程中，以"多哈发展议程"为主题的多边贸易谈判，陷入僵局，广大发展中国家期盼多边体制更为公平、民主、透明和更加符合它们的利益。自2008 年以来爆发的全球金融危机直接导致了 20 国集团的形成，其加强全球金融监管、稳定国际金融秩序和促进世界经济复苏的使命，任重道远。鉴于多边贸易体制步履维艰，各国纷纷致力于区域经济合作，以建立自由贸易区为核心的各种区域贸易协定方兴未艾，日益增多。区域一体化的迅猛发展趋势，一方面对于促进特定区域内的贸易自由化和投资便利具有积极的意义，另一方面对于多边贸易体制不可避免地带来负面影响。当代国际经济法所面临的任务将更加艰巨，建立公平合理的国际经济新秩序将是其永恒的主题。

三、国际经济新秩序的指导原则

旧的国际经济秩序以及为其服务的国际经济法，虽然曾对第二次世界大战后发达国家的经济和贸易的增长起到一定的作用，但由于其以垄断为基础的弱肉强食的本质，它是一种不平等、不合理的国际法律秩序，阻碍着广大发展中国家的经济发展。根据联合国大会通过的有关决议，新的国际经济秩序除遵循国际法的基本原则外，还应以经济主权、平等互利和国际经济合作与发展等作为其指导原则。

（一）经济主权原则

国家主权原则是久经确认的一项国际法基本原则。过去这一原则强调的是国家在政治上的独立权。第二次世界大战后，国家主权原则不断地得到充实和发展。从 20 世纪 60 年代起，联合国大会先后通过的《关于自然资源永久主权的决议》、《各国经济权利与义务宪章》及《建立新的国际经济秩序宣言》和《行动纲领》等文件，确认每一个国家对自己的全部财富、自然资源和一切经济活动，拥有充分的永久主权，包括拥有权、使用权和处置权在内，并得自由地行使此项主权①。这一原则对于发展中国家具有特别重要的意义。过去许多发展中国家虽然获得了政治独立，但在经济上仍从属于发达国家。政治独立和经济独立是密不可分的，政治独立是经济独立的前提，经济独立是政治独立的基础。国家主权包括国家的政治独立和经济主权，国家的经济主权是国家主权在国际经济关系中的具体表现和内容。

（二）平等互利原则

《各国经济权利与义务宪章》在序言和第一章中多次强调平等互利是各国间经济关系和国际合作的基本原则。宪章第 10 条专门规定，所有国家在法律上一律平等，并作为国际社会的平等成员，有权充分和有效地参加——包括通过有关国际组织并按照其现有的和今后制定的规则参加——为解决世界经济、金融和货币问题作出国际决定的过程，并公平分享由此而产生的利益。1975年联大通过的《关于发展和国际经济合作的决议》表达了联合国及其会员国"消除折磨广大人类的不公正和不平等，并加速各发展中国家发展"的决心。平等与互利是密切联系的两个方面，国家之间的关系只有建立在平等的基础上，才能做到互利；只有在实践中做到互利，才体现出真正的平等。发展中国家大多数是从殖民统治下取得独立的国家，由于帝国主义、殖民主义的剥削与

---

① 见《各国经济权利和义务宪章》，第 2 条第 1 款。

掠夺，在经济发展水平上大大落后于发达国家。它们与发达国家之间进行"平等的"自由竞争，显然会造成不公平的后果。因此，按照这一原则，在国际经济交往与合作中，应消除一切形式的歧视待遇，改善发展中国家贸易条件，实行发达国家对发展中国家在贸易、投资、技术转让和资金援助等方面的优惠待遇，保障发展中国家在各种国际经济组织和国际经济会议中享有平等的参与权和决策权。

（三）国际经济合作以谋发展原则

"加强国际经济合作，以谋发展"，是《各国经济权利与义务宪章》中提出的一个新概念和国际经济关系的一个基本指导原则。宪章在序言中首先指出，"在所有国家，不论其经济及社会制度如何，一律在公平、主权平等、互相依存、共同利益和彼此合作的基础上，促进建立新的国际经济秩序"，"进行经济、贸易、科学和技术领域的合作"，"在严格尊重每个国家主权平等的前提下，并通过整个国际社会的合作，促进集体经济安全以谋求发展，特别是发展中国家的发展"。为此，所有国家应加强和不断改善国际组织执行各项措施的效能以及使这些组织适应国际经济合作方面不断变化的需要而进行合作；应促进国际间的科学和技术合作与技术转让；应在研究方面进行合作。发达国家的繁荣与发展中国家的发展是紧密相联的，发展中国家的经济发展了，包括发达国家在内的全球经济才能发展。在国际经济合作中，发达国家应充分顾及到发展中国家的利益，努力增加流向发展中国家的官方资金净额包括经济和技术援助，促成对发展中国家公平合理的贸易条件，加强和发展它们的科学和技术基层结构，从而促进全球的经济发展与社会进步。

第二节 国际经济法律制度综述

一、国际贸易法律制度

国际贸易法主要是指调整不同国家之间商品交易关系及附属于这种交易关系的其他关系，如国际货物运输、保险、支付与结算、调解与仲裁等关系的法律规范的总称。

国际贸易关系是随着跨越国界的经济交往的发展而逐渐形成的。但是，在20世纪以前，除某些习惯规则外，国际贸易关系主要是由国家的民法或商法来调整。人类社会进入现代以来，尤其是第二次世界大战之后，国家间直接调整贸易关系的各种条约日趋增多，特别是一些多边贸易条约规定了全球贸易流动的基本原则，具有普遍适用的意义，其中最重要的有：《关税及贸易总协定》及乌拉圭回合最后文件所包括的一系列多边协定；纺织品贸易协定；各种初级产品协定（亦称"国际商品协定"）；等等。

（一）关贸总协定及乌拉圭回合多边协定

1946 年 2 月，联合国经社理事会通过了关于世界贸易和就业会议的建议，并成立了筹备委员会。1947 年 4 月 10 日，23 个国家的代表参加了在日内瓦举行的筹委会第二届会议。会议期间签订了 123 项双边关税减让协议。这些协议与拟订中的《国际贸易组织宪章》中有关贸易政策的条文合并，构成一项单独的协定，即《关税及贸易总协定》。1947 年 10 月，18 个国家签署了《临时适用议定书》。因《国际贸易组织宪章》未能生效，关贸总协定从 1948 年起一直临时适用至 1994 年底。从 1995 年起，1947 年关贸总协定经乌拉圭回合正式融入 1994 年关贸总协定，构成新的世界贸易组织法律体系的重要组成部分。中国原来是创始缔约国之一，后因种种原因被中止了在关贸总协定中的席位。1986 年 7 月，中国正式向关贸总协定递交了恢复缔约国地位的申请，"恢复谈判"（即发展到后来的"加入世界贸易组织的谈判"）历经 14 年之久，于 2001 年 12 月 11 日被接纳为世贸组织的正式成员。

世界贸易组织的宗旨是，"提高生活水平、保证充分就业、保证实际收入和有效需求的大幅稳定增长以及扩大货物和服务的生产和贸易为目的，同时应依照可持续发展的目标，考虑对世界资源的最佳利用，寻求既保护和维护环境，又以与它们各自在不同经济发展水平的需要和关注相一致的方式，加强为此采取的措施"；"保证发展中国家、特别是其中的最不发达国家，在国际贸易增长中获得与其经济发展需要相当的份额"；"期望通过达成互惠互利安排，实质性削减关税和其他贸易壁垒，消除国际贸易关系中的歧视待遇"；"建立一个完整的、更可行的和持久的多边贸易体制"。[1]

为实现上述宗旨，世贸组织及其各成员应遵循以下几项基本原则：

1. 最惠国待遇原则[2]。总协定规定，各缔约国在相互间的贸易中必须无条件地实行最惠国待遇，即一国给予任何一国的优惠待遇，均应无条件、无差

---

①　参见《建立世界贸易组织协定》，序言。

②　有的学者认为，最惠国待遇原则和下述国民待遇原则实际上是非歧视原则下的两个方面。因此，作为关贸总协定及世界贸易组织的基本原则应该是非歧视原则，而不是最惠国待遇和国民待遇。参见曾令良著：《世界贸易组织法》，武汉大学出版社 1996 年版，第 38 页。

别地适用于全体缔约国。

具体说来，这一原则一般适用于下述范围：

（1）有关进口、出口、过境商品的关税和其他捐税；（2）有关商品进口、出口、过境、存仓和换船方面的海关规则、手续和费用；（3）进出口许可证的颁发和其他限制措施；（4）船舶驶入、驶出和停泊时的各种税收、费用和手续；（5）关于移民、投资、商标、专利以及铁路运输方面的待遇。

虽然关贸总协定的最惠国待遇原则是无条件的，但是其适用也有一些例外。经总协定及其有关文件的确认，下述例外被认为是合法的。首先，在总协定签订之前，缔约国已跟某些贸易伙伴作出的优惠安排，如一些特惠安排、关税同盟、自由贸易区以及毗邻国家之间对边境贸易所给予的优惠安排等，可不适用最惠国待遇原则。其次，缔约国为了国家安全和保护公共卫生和动植物等，也可不适用最惠国待遇的规定。

2. 国民待遇原则。根据这一原则，在缔约国之间的贸易中，进口产品越过边境和海关以后，进口国应对该产品实行与国内产品同样的待遇，禁止一国政府利用本国有关产品销售、运输等方面的法律来歧视进口商品，从而保证进口商品和国内同类商品在同等条件下竞争。

3. 关税保护原则。这一原则有两层含义。首先，它肯定缔约国采用关税管制进出口和保护国内产业的地位与作用，而不提倡各种非关税的保护措施。其次，在上述前提下，通过举行关税减让谈判，逐步降低关税。根据最惠国待遇原则，两个或若干个缔约国之间在谈判中相互作出的减让扩及到全体缔约国。而且，一旦这种减让达成协议即具有拘束力，任何一个缔约国均无权单方面废除或改变。如果某一缔约国要如此作为，则必须与有关缔约国进行谈判和协商，并给予适当的补偿。不过，总协定第19条也规定了这一原则的"免责条款"。当某种产品大量进口而严重损害或威胁国内同类产品的生产与销售时，进口缔约国可以全部或部分地暂停实施其所承担的关税减让义务。

4. 取消数量限制原则。为实现国际贸易自由化，总协定第11条规定："任何缔约国除征收税捐或其他费用外，不得设立或维持配额、进出口许可证或其他措施以限制或禁止其他缔约国领土的产品的输入，或向其他缔约国领土输出或销售出口产品。"但是，在下述情况下，缔约国则可以采取数量限制措施：（1）为了保护农业、渔业产品市场而实施的限制；（2）为了保护本国的国际收支平衡而实施的限制；（3）为促进不发达国家经济发展而实施的限制。

5. 禁止倾销和出口补贴原则。根据总协定第6条的规定，如果出口国以低于正常价值将产品输往进口国，并给后者同类工业造成严重损害时，这种行为构成倾销。受到损害的进口国有权征收反倾销税。同样地，如果出口国政府给出口产品给予补贴，并给进口国同类产品的工业造成严重损害时，受损的进口国可以征收反补贴税。

6. 磋商调解原则。为保证缔约国在总协定中的权利不受侵害，解决缔约国之间在解释或履行总协定及其子协定中的分歧与争端，总协定在磋商调解原则下，规定了一套争端解决的程序。当此类争端发生时，有关缔约国应直接协商解决。如果不能解决，可向总协定理事会提出书面申诉，后者根据需要，设立专家组负责审查，并根据专家组的结论和建议作出裁决。

7. 给予发展中缔约国优惠待遇原则。根据总协定第 36～38 条的规定："发达的缔约国对它们在贸易谈判中对发展中的缔约国的贸易所承诺的减少或撤销关税和其他壁垒的义务，不能希望得到互惠。"因此，在关贸总协定的框架中，发展中国家可根据非互惠原则，争取更多的产品出口到发达国家的市场。

关贸总协定除每年召开缔约国大会外，主要活动就是组织和主持关税减让和消除非关税壁垒的多边谈判。这种谈判通称为"回合"。总协定先后进行过8 个回合的多边贸易谈判。第一回合于 1947 年 4 月至 10 月在日内瓦举行。第二回合于 1949 年 4 月至 10 月在法国安纳西举行。第三回合于 1950 年 9 月至 1951 年 4 月在英国杜奎举行。第四回合于 1956 年 1 月至 5 月在日内瓦举行。第五回合于 1960 年 9 月至 1962 年 3 月在日内瓦举行，亦称"狄龙回合"。第六回合于 1964 年 5 月至 1967 年 7 月在日内瓦举行，又称"肯尼迪回合"。第七回合于 1973 年 9 月至 1974 年 4 月分别在东京和日内瓦举行，称为"东京回合"或"尼克松回合"。1986 年 9 月 15 日至 1994 年 4 月 15 日，总协定第八轮多边谈判分别在乌拉圭和日内瓦举行，即"乌拉圭回合"。新一轮回合的议题要比前几次广泛复杂得多，涉及总协定现有范围以外的服务业贸易以及与贸易有关的投资和知识产权等问题。

"乌拉圭回合"是多边贸易制度发展史上的一个里程碑。该回合通过的《最后文件》包括各种协定 28 个，另有内容详细的各国关税减让表和服务贸易承诺表以及一系列宣言或决议。乌拉圭回合对国际贸易法律制度的突出贡献可概括为：第一，它进一步强化和完善了货物贸易制度；第二，它扩大了关贸总协定调整的产品范围和部门领域；第三，建立了一种新的贸易政策审查机制；第四，健全和强化了争端解决机制；第五，实现了建立常设的世界贸易组织的夙愿。

世贸组织自 1995 年成立以来，在实施"乌拉圭回合"各项协定、促进具体服务业协定和信息技术协定的进一步谈判与缔结、发挥争端解决机制作用等方面，均取得了显著的成就。2001 年 11 月，世贸组织在卡塔尔首都多哈发动了以"多哈发展议程"为主题的新一轮多边贸易谈判。多哈回合谈判的宗旨是促进世贸组织成员削减贸易壁垒，通过更公平的贸易环境来促进全球，特别是较贫穷国家的经济发展。谈判包括农业、非农产品市场准入、服务贸易、规则谈判、争端解决、知识产权、贸易与发展以及贸易与环境等 8 个主要议题。谈判的关键是农业和非农产品市场准入问题，主要包括削减农业补贴、削减农产品进口关税及降低工业品进口关税三个部分。各方原计划在 2005 年 1 月 1 日前结束谈判，但因分歧严重，谈判时间一再被延长。

（二）国际纺织品贸易协定

国际纺织品贸易协定，亦称"多种纤维协定"，是在关贸总协定主持下，由主要纺织品进出口国家和地区经过谈判达成的一项有关纺织品和服装贸易的国际多边协定。

自 20 世纪 50 年代末期开始，一些发展中国家和地区的纺织工业发展迅猛，纺织品出口不断增加。以美国和欧共体为首的发达国家和集团提出对发展中国家和地区的纺织品实行进口限制。自 20 世纪 60 年代开始，由主要纺织品进口国发起，对国际纺织品贸易进行短期安排，其具体措施是对约 20 种棉织品规定了一定数量的配额，即实行纺织品进口配额制。短期安排结束后，又于1962 年 10 月 1 日起作出为期五年的长期安排，把限制的范围扩及到全部棉纺织品。20 世纪 60 年代末，欧美国家发现人造纤维产品和羊毛产品的进口大幅度增长，而这些产品并未被列入限制进口之内。1973 年，在美国的倡导下，42 个纺织品进出口国家和地区签订《多种纤维协定》，协定将人造纤维和合成纤维纺织品都列入限额。自 1973 年第一个多种纤维协定以来，已经经历了四次延长。第四个协定于 1991 年 7 月 31 日到期。

长期以来，纺织品贸易一直在关贸总协定的法律框架之外运作。乌拉圭回合成立了一个专门小组，讨论纺织品的逐步贸易自由化和如何取消多种纤维协定以及取消过程中的过渡问题。经过各方代表反复磋商，最后签署了《纺织品与服装协定》。协定具体确立了把纺织品和服装纳入关贸总协定的一体化进程。从建立世界贸易组织协定生效之日起，每一个成员国应将占其 1990 年进口额不低于 16% 的产品纳入 1994 年关贸总协定的一体化。剩下的产品再按三个阶段逐步融入 1994 年关贸总协定。一体化进程就是 10 年的过渡期，在过渡期内，各成员国的纺织品按百分比逐渐减少配额制，最终完全并入世界贸易组织多边机制之中。

目前，虽然纺织品贸易已经融入多边贸易体制之中，但是纺织品贸易自由化仍然面临一些障碍，主要表现是：（1）过去长期的高关税保护致使纺织品服装贸易法律自由化落后于其他非农产品贸易法律自由化；（2）美国和欧盟通过单边优惠方案和双边自由贸易协议来扩张地区贸易势力范围，客观上给多边谈判削减纺织品市场准入障碍制造了困难；（3）在其他贸易限制手段和方法都逐渐不适用或被取消后，检验标准、绿色壁垒等新的非关税壁垒更多地在纺织品贸易中出现。

（三）国际商品协定

国际商品协定是某项初级产品的主要出口国和进口国，就对该项商品的权利和义务、稳价措施等，经过谈判达成的多边协议。在第二次世界大战以前，这种协定只有小麦（1933年）和糖（1937年）两种，战后逐步扩展到锡、咖啡、橄榄油、可可、天然胶等初级产品。战后初期，国际商品协定是按照《哈瓦那宪章》第六章关于政府间商品协定的规定订立的，其宗旨是防止或减轻由于初级产品的产销不能及时地调整而造成的严重困难；防止初级产品价格的过分波动；保证供应不足的初级产品的公平分配。从20世纪50年代末开始，随着国际政治和经济的发展变化，《哈瓦那宪章》的有关规定已不能适应形势发展的要求，需要为国际商品协定拟制新的原则和方法。1964年，联合国第一届贸易与发展会议对国际商品协定提出了一系列新的建议。1976年5月，联合国第四届贸发会议通过了《商品综合方案》的决议，提出用共同基金、国际商品协定、补偿性资金等办法，来解决世界商品贸易问题。虽然《商品综合方案》不具有法律上的拘束力，但事实上它所确立的目标和原则已经成为缔结国际商品协定的依据。新签订的国际商品协定的显著特点是：缔结国际商品协定直接同建立新国际经济秩序联系起来；明确地指出改善发展中国家的贸易条件，稳定和增加它们的出口收入，促进它们的经济和社会发展；协定的内容也比以前更为广泛而具体。

国际商品协定一般由序言、宗旨、经济条款、行政条款和最后条款构成。其中经济条款和行政条款是主要的内容，各成员国对该项商品的权利和义务均在这些条款中予以规定。

每个协定的经济条款由于关系到各成员国的具体权利和义务，从而在协定中占居核心地位。虽然国际商品协定因商品不同而内容不完全一致，但经济条款主要有三种：（1）确立缓冲储存制度，如锡、可可和天然胶协定。所谓缓冲储存，就是由商品协定组织运用出口成员或进口成员提供的实物和资金，来干预该商品市场，稳定该商品的价格，当市价低于议定价格水平时，购进货物；当市价高于议定价格水平时，抛售储存，以便把价格稳定在一个合理的水平上。（2）实行限额制度，如糖、咖啡协定。这类协定均规定有具体的出口限额或其他限制性措施，作为稳定价格的主要手段。（3）一般性经济条款，如小麦和橄榄油协定。这类协定不规定具体的措施，而只是规定一些笼统的原则。

国际商品协定的行政条款往往占很大篇幅，其中主要是规定协定管理机构的设置、职权和表决制度。这些内容将在下面"国际经济组织"一节中具体阐述。

二、国际货币与金融法律制度

国际货币法是调整各国货币事务特定领域的国际法原则、规则和制度的总称，属于国际公法。国际金融法是调整国际间货币关系和资金融通活动的规范总和，其中既有公法规范，又有私法规范。可见，国际金融法的范围要比国际货币法广泛，前者可以包括后者，而后者只是前者的组成部分。

货币是国家主权管辖的事项，一国有权规定本国货币的铸造、流通、发行和调整其货币与外国货币的汇兑条件及兑换率。然而，由于各国间的贸易是国际性的，国际货物和服务的流通有赖于对货物和服务的国际支付的流通，所以各国之间有必要形成一定的货币金融关系。

在20世纪以前，主要资本主义国家实行金本位制。黄金的自由流动自动地在各国之间协调价格和成本关系。传统国际法除个别规则（如一国有义务制止伪造外国货币的行为以及战时占领军不应干涉被占领土的货币制度等）外，并没有国际货币法律制度。自20世纪30年代开始，主要资本主义国家相继废除金本位制，各国逐步意识到有必要通过国际协议对各国货币事务作出国际规定，建立全球性国际货币制度。1944年7月，国际货币金融会议在美国布雷顿森林举行，会议制定了《国际货币基金组织协定》。该协定于1945年12月27日生效，是调整国际货币关系的主要法律文件。

国际货币法主要涉及各国货币的下述四个领域：（1）货币的估值，即兑换率；（2）外汇限制；（3）国际收支不平衡的调整；（4）国际流通手段。国际货币法有两种主要作用：其一是防止货币危机，其二是补救货币危机。国际货币法的规则主要是通过国家间的协定和政府间货币组织的决定制定的。由于国际货币法的历史较短，其国际习惯规则并不多见。

值得注意的是，现代国际货币制度呈双向发展趋势。一方面是以《国际货币基金组织协定》为代表的普遍性国际货币法，另一方面是各种区域和集团组织体制形成的区域性国际货币法，如经合组织中的货币安排、欧洲联盟的经济货币联盟（欧元区）、英镑区，等等。

作为国际货币法最重要的法律文件，《国际货币基金组织协定》原本是调整资本主义国家间的货币金融关系的。随着发展中国家的兴起，国际结构和力量发生了变化。国际货币基金组织为适应会员国特别是发展中国家的需要，先后对其章程进行过三次修改。其中第一次修改的条文于1969年生效，在普通贷款外增设了一系列特殊用途的贷款种类和设立特别提款权。特别提款权是国际货币基金组织创设的一种记账单位，它既不是真正的货币，又不能兑换黄金，而是由基金组织分配给会员国的一种资金使用的权利，作为原有普通提款权的补充。特别提款权同黄金、美元并列，作为各国储备资产的一部分，故亦称"纸黄金"。创设特别提款权的主要目的是补充现有国际储备资产的不足，借以解决国际流动性不足的困难。它的主要用途是：会员国动用特别提款权向基金组织指定的会员国换取外汇，以支付国际收支赤字；或偿还基金组织向会员国提供的款项和支付应付给基金组织的利息费用；也可以经过协议换回其他国家持有的本国货币，但不能作为国际流通手段和支付手段。第二次修改的条文于1978年生效，确认了会员国选择外汇安排的自由，废除了黄金的官价制和黄金作为货币定值的标准，提高特别提款权的用途。第三次修订于1992年11月11日正式生效。这次修订主要是涉及基金协定的货币纪律条款。修改后的条款规定，如果一会员国不履行基金协定义务，将被取消其使用普通资金的资格；在此后的合理期限内若仍不履行有关义务，将有可能被取消其享有的选举权；若仍坚持不履行其义务，基金组织将根据理事会的表决要求该会员国退出基金组织。虽然国际货币制度已进行了多次改革，但离发展中国家的主张还相差甚远。为此，发展中国家仍在为建立新的国际货币制度作不懈的努力。

国际融资法律制度的主要表现形式之一是国际贷款协议。国际贷款，又称"国际借贷"或"国际信贷"，通常是指一个或几个国家政府、国际金融机构以及公司企业向其他国家的政府、金融机构、公司企业以及国际机构提供的贷款。国际贷款一般都是通过订立国际贷款协议而进行的。国际贷款协议，依照当事人的地位和性质，可以划分为争渡贷款协议、国际金融组织贷款协议和国际商业贷款协议；依照贷款有无担保，则可以区分为有担保的贷款协议和无担保的贷款协议；按照贷款利率的计算方式，可以划分为固定利率的贷款协议和浮动利率的贷款协议；按照贷款的组织方式，可以划分为独家银行贷款协议和银团贷款协议；按照贷款的用途，可以分为普通贷款协议和项目贷款协议；国际贷款协议的基本条款包括：贷款货币的种类和数额、贷款的提取、贷款的用途、贷款的利率、贷款利息的计算和支付、税收负担、贷款期限与偿还、借款人的说明与保证条款、违约与救济、法律适用、法院管辖，等等。

国际融资法律制度的第二种主要表现形式是国际证券融资。国际证券是指一国的政府、金融机构、公司或企业，为了筹措资金，在国际证券市场上发行的、以发行地所在国的货币或可兑换货币为面值的证券。国际证券分为国际股票和国际债券，而国际债券又可以分为外国债券、欧洲债券和全球债券。国际证券融资法律制度涉及国际证券的发行和交易制度，前者主要包括发行方式、发行审核、信息披露和国际债券发行的评级制度；后者主要包括证券商制度、证券上市制度、证券交易行为的监管制度。

国际融资租赁是国际融资法律制度调整的另一种主要形式。融资租赁，也称为金融租赁或购买性租赁，是指出租人根据承租人的请求及提供的规格，与第三方（供货商）订立一项供货合同，根据此合同，出租人按照承租人在与其利益有关的范围内所同意的条款取得工厂、资本货物或其他设备（以下简称设备）。出租人与承租人（用户）订立一项租赁合同，以承租人支付租金为条件授予承租人使用设备的权利。融资租赁是一项至少涉及三方当事人的交易；即出租人、承租人和供货商，并至少由两个合同构成，即买卖合同和租赁合同。

与国际融资密切关联的是国际融资担保。国际融资担保分为人的担保和物权担保两类。其中人的担保，又称为"信用担保"，是指借款人或第三人以自己的资信向贷款人提供的担保，人的担保可以进一步划分为见索即付担保、备用信用证担保和安慰函件担保三种。物权担保是指借款人或第三人通过在其特定财产上设定担保物权的方式向贷款人提供还贷的担保，包括动产担保、不动产担保和浮动担保三种。

三、其他国际经济法律制度

（一）国际投资法

国际投资法是调整跨越国界的私人直接投资关系以及关于保护外国投资的各种法律制度和规范的总称。国际投资法具有三个基本特征：

1. 国际投资法的调整对象是外国私人投资关系。即只限于外国个人或法人向东道国（即资本输入国）个人、法人或政府通过投资契约或经济特许协议进行投资设厂、兴办企业、开发自然资源等活动所形成的关系，但不包括政府间的投资、信贷关系。

2. 国际投资法所调整的外国私人投资关系仅限于直接投资关系。直接投资是指投资者拥有一定数量的股权，直接参与经营管理，对投资企业有所有权或控制权的投资。直接投资通常采取合资经营、合作经营、外商独资经营等形式。而间接投资或称证券投资则不包括在国际投资法所调整的对象内，所谓间接投资是指投资者仅仅持有提供一定收益的股票或证券，并不对企业资产或经营有直接的所有权或控制权。

3. 国际投资法实质上是调整投资环境的一种手段。投资环境是指特定国家对外国投资的一般态度。一国的投资环境由各种因素构成，如政治的、经济的、法律的、社会的、文化的、心理的，其中以法律因素尤为重要。

国际投资的法律制度由外国投资保护法、海外投资保险法和国际私人投资的国际法制度三个方面构成。

外国投资保护法，是指资本输入国为引进外国资本和技术以促进本国经济发展而制定的关于投资及外国资本保护的法律。除系统的外资法外，各国通常还制定关于外资的各种专门法规。虽然各国的外资立法不尽相同，但基本内容包括投资范围与期限、外资审查的机构与程序、资本构成与出资比例、原本及利润的汇出、征税及税收优惠、经营管理与劳动雇佣、国有化与补偿和投资争议解决等。

海外投资保险法，亦称海外投资保证制度，是指资本输出国对本国私人海外投资者予以鼓励和保护而制定的法律。国际私人投资存在着一定的特别风险，如东道国实行国有化或东道国发生战争、革命等。美国和其他一些西方国家规定，本国投资者可向本国主管机关申请投资保险。当保险事故发生后，被保险人有权依保险契约向本国政府索赔。这种政府保证或国家保证与一般私人保险不同，它是由国家机构执行，通常与政府间的投资保证协定直接联系，其保险范围仅限于政治风险，不包括一般商业风险。

国际私人投资的国际法制度，是两国间或多国间关于调整私人直接投资关系及相互鼓励与保护投资的一种国际法制度。它由有关的国际条约、国际组织决议和国际惯例构成。投资保护条约有双边的和多边的。双边投资保护条约指资本输出国同资本输入国间所订立的投资保护协定，是保护私人海外投资的一种普遍行之有效的法律形式。多边投资保护条约通常是在有关的国际组织中通过的公约，如世界银行于 1985 年通过的《多边投资担保机构公约》和 1965 年通过的《解决国家与他国国民间投资争议公约》。国际组织的决议包括涉及投资关系的决议、宣言及原则。例如，联合国大会自 20 世纪 60 年代以来在有关决议中规定了国家管理外国投资的权利，管理和监督跨国公司活动的权利，实行国有化的权利，以及关于技术转让等原则。此外，有关国际投资的国际惯例也是国际投资法的渊源。

（二）国际税法

国际税法是指调整国际税收关系的法律规范的总称。

第二次世界大战后，随着国际资金流动、劳务交流和贸易往来的发展，国际税法的地位与作用日趋重要。关于国际税法的概念与范围，国内外一直存在两种不同的见解。广义的国际税法理论认为，国际税法是调整国家间以及国家与纳税人之间的，以跨国所得为基础的国际税务关系的法律规范的总和。在其渊源中既有国家间有关税收的条约，又包括各国政府制定的有关涉外税收的法规。狭义的国际税法理论则认为，国际税法是调整国家之间税收分配关系的法律规范，并不包括一国政府制定的涉及税收的法规。其渊源是有关国际税收的条约和国际惯例。

税收管辖权是国际税法研究的首要问题，也是国际税收协定的主要内容。根据国际税收实践，国家一般采用居住地征税原则和来源地征税原则确立其税收管辖权的根据。所谓居住地征税原则，是指居住国根据纳税人在该国有税收居所这一事实，要求纳税人就来源于国内和国外的所得承担纳税义务。所谓来源地征税原则，是指来源国根据所得来源地这一连接因素，有权对非居民纳税人在本国境内取得的所得进行征税。在税收管辖权方面，目前国际上有两个范本供各国参照：一是 OECD 范本，二是联合国范本。OECD 范本是经济合作与发展组织提出的，由发达国家税收专家起草的范本，侧重于居住地征税原则。联合国范本是联合国经社理事会提出的，由发达国家和发展中国家的税收专家共同起草的范本，比较能够兼顾双方国家的税收利益，已被越来越多的国家所采用。

在国际税收领域，难免发生税收管辖权的冲突问题。在国际上尚未形成统一的法律规范的情况下，国家间为了避免和消除向同一纳税人、在同一所得的基础上重叠征税，根据平等互利原则签订双边税收协定。通过双边税收协定，确定有关国家征税的对象、范围和方式，防止跨国纳税人逃税和漏税。双边税收协定是国际税务合作的一种重要的法律形式。这种法律形式的大量出现标志着国际税务合作正在向条约化的方向发展。

（三）国际技术转让法

国际技术转让法是指调整国际技术转让关系的法律规范的总称。

自 20 世纪以来，尤其是第二次世界大战之后，国际经济交往的方式与内容发生了深刻变革。其中一个显著的标志是，国家间的经济交往由过去单纯的货物买卖逐渐朝着包括直接投资、技术转让等多种层次的贸易与经济活动的方向发展。随着科学技术的迅猛发展，科学技术作为一种生产力的重要性日趋突出，技术转让作为新的国际经济合作法律形式已成为一种越来越普遍的国际实践，愈来愈多的国家着手制定专门的技术转让法律或管理法规，有关国际技术转让的条约不断增加。国际技术转让法作为国际法的一个新分支，正在形成之中。

关于国际技术转让的定义，迄今尚未形成一致的理解。从一般意义上讲，国际技术转让是指技术通过各种方式从输出国向输入国传播和转移。从严格的法律意义上讲，国际技术转让是指一国专有技术的所有人或持有人将技术的所有权或使用权通过协议有偿转让给另一国的需方。从这一定义出发，国际技术转让具有如下基本的法律特征：

1. 国际技术转让法律关系的主体通常是拥有不同国籍或居所（或住所）或成立于不同国家的自然人和法人。

2. 国际技术转让的客体是包括知识、设计、方法、手段和技能及其有关权利在内的无形财产。

3. 国际技术转让是一种有偿的国际商业性活动方式，具体表现为技术贸易和技术投资两大类型。技术贸易是指将技术作为一种商品，通过国际市场进行买卖，技术投资是一种资本化技术转让，即投资者将技术作为投资的一部分在另一国兴办企业。

国际技术转让主要是通过当事人之间的协议进行。这种协议是国际技术转让合同，其形式主要有技术许可合同（或称国际许可证协议）、国际技术咨询合同、国际技术服务合同、国际合作生产合同和国际工程承包合同等。无论是技术输出国，还是技术输入国，均通过国内立法规定国际技术转让合同的种类和主要条款，对本国技术的输出或对外国技术的输入实行一定的管理和控制。

第三节　国际经济组织

一、概说

国际经济组织是现代国际组织中的一种特殊类型。一般说来，凡是两个或两个以上的国家或其政府、人民、民间团体为跨国商品生产、流通、资本移动、信贷、结算、税收等特定的经济目的，以一定协议而建立的各种常设机构，均可称为国际经济组织。如同一般国际组织一样，国际经济组织也有广狭之分。广义的国际经济组织泛指各种民间的和政府间的跨国经济实体。狭义的国际经济组织则仅指政府间国际经济组织，后者是国际法所要着重研究的。

国际经济组织是基于国际经济发展的需要而产生并发展起来的。在自由资本主义进入垄断资本主义阶段后，各种国际垄断同盟应运而生，虽然这些国际同盟是国际民间性质，但实际上是垄断资本与国家干预相结合的经济组织。德国于1871年建成的关税同盟则是国家间一体化经济组织的先例。与此同时，有关国家在河川管理、邮电、通信、度量衡等领域陆续建立了一系列国际行政组织，它们为现代国际经济组织的发展奠定了基础。

进入20世纪后，尤其是第二次世界大战之后，随着国家间经济相互依存关系的愈来愈密切，国际经济组织迅猛发展，各种全球的、区域的、综合性的和专门性的国际经济组织不断涌现，其数量已大大超过了一般政治性组织，其活动涉及人类经济生活的各个方面，其国际法律地位与日俱增，其在国际经济事务中的作用越来越大，其与国际政治的交互影响日趋突出。现代国际经济组织以及在其影响下所形成的国际经济秩序表明：国际社会的组织化趋向愈来愈明显，全球经济发展的整体意识不断增强，现代国际经济法编纂的集中程度日渐加强。

二、国际经济组织的类型

现代国际经济组织是国际经济交往与合作的重要场所和法律形式。虽然组织的名称各异，成立背景不同，活动范围不一，组织结构和活动程序不尽一致，但是，所有这些组织，除从总体上分为民间的和政府间的外，还可以按不同的标准，分为若干类型：

（一）全球性与区域性国际经济组织

按国际经济组织的地域特征来划分，国际经济组织可分为全球性的和区域性的两大类型。全球性经济组织的活动涉及的是世界性经济事务，以促进全球经济合作与发展为主旨，其成员资格不限于特定地区的国家或某一类型的国家，如世界银行等。由于全球性经济组织对一切国家开放，故又称为"开放性"国际经济组织。与之相对比，区域性经济组织的活动涉及的是特定区域的经济事务，其宗旨是促进本地区的经济合作与发展，其成员资格也限于本地区的国家或特定类型的国家，如安第斯条约组织等。由于区域性经济组织的成员资格有特殊的条件，故又称为"封闭性"国际经济组织。

（二）综合性与专门性国际经济组织

从组织的职能范围来划分，国际经济组织可以分为综合性经济组织和专门性经济组织两大类。

综合性经济组织的职能极为广泛，不局限于经济领域中的某一特定方面，其活动着重于国际经济交往与合作中的综合调整及各经济部门间的协调发展，甚至还涉足政治和社会发展事务，如经济合作与发展组织等。需要特别强调的是，由于国际政治和经济之间的交互关系，一般政治性组织也具有广泛的经济职能。联合国就是一个范例。联合国宪章的基本精神是维持国际和平与安全，促进全球经济与社会发展。为此，联合国设立经济及社会理事会，作为主要机关之一，专门行使经济及社会事务的职能。在实践中，联合国不仅同各种国际经济组织建立了联系，而且还在本系统内设立了各式各样的经济机构，如五个区域经济委员会、联合国贸发会议体制等。事实上，联合国不单纯是当今最大的政治性组织，也是全球最大的综合性经济组织。国际组织的这一发展迹象表明：就政府间组织而言，国际社会并不存在纯政治性组织，也不存在绝对的经济性组织。

　　专门性经济组织是为某一特定经济领域的国际合作而设立的。虽然国际经济合作具有一般的规律性，但是许多经济部门有其自身的特殊性，这就需要建立与之相适应的专门的国际合作机制。现代专门性经济组织的数目要比综合性经济组织多得多，并已形成由若干类别构成的体系，其中主要有：（1）国际贸易组织，如世界贸易组织；（2）国际金融组织，如国际货币基金组织、世界银行集团；（3）国际初级产品组织，如石油输出国组织和国际商品协定组织；（4）国际海洋渔矿业组织，如国际海底局；（5）国际知识产权组织，如非洲知识产权组织，欧洲专利组织；（6）国际通信和运输组织，如国际卫星通讯组织，欧洲运输部长会议，等等。

　　（三）国际经济一体化组织

　　国际经济一体化组织是国际政治、经济一体化运动的一种方式。人类社会从中世纪的城邦割据演变到近代的主权国家，可以被认为是国际政治一体化现象的开端，而国际经济一体化则起源于19世纪的德意志关税同盟。现代意义上的国际一体化运动是从第二次世界大战后的西欧兴起的。现在，区域性一体化组织已遍及世界各个地区，全球性的一体化组织也在形成之中。现代国际一体化运动呈如下主要发展趋势：第一，它以国际经济一体化为主，但不局限于此，政治、军事和社会等领域也有一体化现象；第二，它的发展颇不平衡，各种区域一体化发展较快，而全球一体化则相对缓慢；第三，它多以一定组织形式出现，因为这种形式具有相当的稳定性和持续性。

　　区域经济一体化组织是一种集团式的组织，它有不同的类型，分别是自由贸易区（联盟）、关税同盟、经济货币联盟，依次代表着集团内部由低到高的一体化程度。

自由贸易区（联盟）是由地域相邻的若干国家通过协议而设立的地区（联盟）。在这个地区（联盟）内，成员国之间相互取消关税和贸易限额等壁垒，以实现本地区（联盟）贸易自由化，各成员国对地区（联盟）外的国家则继续保持通商主权和政策方面的行动自由。目前，世界上几个较为重要的自由贸易区（联盟）是：欧洲自由贸易联盟、欧洲自由贸易区、欧洲共同体、拉丁美洲自由贸易协会、北美自由贸易区等。在亚洲，东南亚国家联盟也正在着手组建自由贸易区。

关税同盟是由若干国家以协定的方式组成的集团，在其内部自由贸易区的基础上，对外实行以共同关税为核心的共同对外通商政策。因此，它的一体化程度高于上述自由贸易区（联盟）。第二次世界大战后成立的关税同盟有：比荷卢关税同盟、欧洲联盟、中美洲共同市场、安第斯共同市场、东非共同体、西非关税同盟、阿拉伯共同市场，等等。

经济货币联盟是一种最彻底、最高级的经济一体化形式。它是由有关国家通过协议，在其内部实行贸易自由化，对地区外国家采取共同的通商政策（关税同盟），并在地区内实现各种生产要素的自由流通和采取高度统一的经济货币政策，形成统一的货币单位和建立统一的中央银行，甚至发行统一的货币。现代经济货币联盟的典型有：比荷卢经济联盟、欧洲联盟、中美洲共同市场等。经济货币联盟作为一种最理想的一体化形式，虽经有关组织章程明文确定，但迄今业已实现其宗旨的则极为少见。

在所有的经济一体化组织中，欧洲联盟最具有代表性。这是因为：第一，欧盟的经济一体化最具有综合性的特点，它虽然以经济一体化为中心，但政治、法律和社会等领域的一体化亦在其中；第二，欧盟的一体化囊括了所有经济一体化形式的内容，集自由贸易区、关税同盟和经济货币联盟于一体；第三，欧盟的一体化具有明显的由低到高、由窄到宽的演进性，其章程规定了一体化的进程表，其实践虽历经坎坷，但一直从一个台阶向另一个台阶攀登。它以建立自由贸易区为起点，于1968年提前实现关税同盟，并于1992年底建成统一大市场。1993年11月生效的《马斯特里赫特条约》又确立了经济货币联盟和政治联盟的目标，其中明文规定了实现上述目标的三个阶段。总之，欧盟是一个发展最快、成效最大、一体化程度最高的区域性一体化组织。

三、国际经济组织的基本体制

国际经济组织虽然种类繁多，活动范围不等，法律地位不尽相同，但在体制上仍有一些共同的基本特征。

（一）组织章程

国际经济组织的章程，如同一般国际组织的章程一样，也是一种多边条约，主要是规定组织的宗旨与原则、法律地位、成员资格、机构与职能、活动程序和经费等基本事项。

一般说来，职能较广泛的经济组织的章程有较为完善的章程体系，较多地具有造法性条约特征，其中一些条文构成国际经济法律秩序的原则和规则，另一些条文则可称为国际经济的行政法。这类章程通常是一种不限期的条约，即使有限期的规定，期限也较长，而且修订程序十分严格。职能专一的经济组织的章程多具有明显的契约性特点，有关成员国在特定经济领域中的权利义务关系的规定占主导地位，有关"组织法"的条款则居次要位置。这类章程一般有期限规定，而且期限相对较短，其修订程序也较为灵活。例如，国际商品协定组织的章程是建立在一定年限内初级产品的进出口贸易的基础上的，此等贸易关系的调整取决于每一个丰收年，因此，成员国必须在间隔一定时期后，根据新的情势，及时地修订章程，使其适应客观需要。

（二）成员资格

与一般政治性组织相比，国际经济组织的成员资格较为灵活一些，尤其是双边的和多边的经济协定管理机构。根据这些机构的章程规定，除主权国家外，某些一体化程度较高的区域组织亦可取得完全的成员资格。例如，在欧盟与非成员国缔结的各种贸易及经济合作协定中，均建立了相应的管理机构，其成员就是由欧盟与有关非成员国组成。在某些多边经济协定管理组织中，也有这种趋势。关贸总协定的"东京回合"曾产生了一系列多边贸易协定，并建立了诸如反倾销委员会、反补贴委员会、关税估价委员会、出口许可证委员会等管理机构，欧共体在这些机构中取得了完全的成员地位。在现在的世界贸易组织中，欧盟享有完全的创始成员资格。国际初级产品贸易管理组织的章程也规定，欧盟在其管辖的领域，享有同其他缔约国一样的权利和义务。

国际经济组织章程关于成员资格方面的规定之所以较为宽松，主要是因为，一方面这类组织的政治性不如一般国际组织那样强烈，另一方面由于国际经济的集团化现象日趋突出，将区域经济一体化组织排斥在有关国际体制的门外，并不利于全球经济与贸易秩序的正常维持和发展。

（三）组织结构

一个国际组织设立多少个主要机关，建立什么样的结构体制，完全由成员国根据有关组织活动的需要，通过章程予以规定，并在实践中逐渐完善。一般说来，国际组织至少有三个主要机关，即由全体成员国参加的最高权力与决策机关、由部分成员国组成的执行机关、由国际公务员组成的行政事务机关。国际经济组织的情况亦大致相同。不过，许多国际贸易及经济合作管理机构在结构上则不如一般国际组织健全，它们通常只设一个或两个主要机关，因此在机关职权的划分与相互制约方面，不如一般国际组织那样严谨和明显。尽管如此，它们仍不失为国际法意义上的国际组织。

（四）表决制度

"一国一票"原则下的多数表决制，是现代国际组织活动的一个基本特征。在这一总的发展趋势下，许多国际经济组织在表决制度方面形成了自己的特色。首先，就双边贸易及经济合作管理机构而言，由于它们涉及的事项只涉及有关的双方，其决议只要互相达成一致即可形成，无需付诸表决，因此，协商一致是这类经济组织的基本议事规则。其次，在某些特定的经济组织中，形成了以"一国多票"为基础的"加权表决制"。这种加权表决制又有三种方式：一是以国际金融组织为代表的，以成员国认缴股份或会费多寡为依据的加权制；二是以国际初级产品组织为典型的，按成员国特定商品的进出口数额为标准的加权制；三是以欧洲联盟理事会为模式的，根据成员国在政治、经济、人口、版图、资源等综合国力而建立的加权制。无论是何种加权表决制，均有如下共同的特点：每一成员国的总投票数是基本票和加权票之和，其中各成员国的基本票相等，而加权票则各异。

（五）活动经费

国际组织的活动经费主要是依靠成员国按一定比例认缴或自愿捐助。国际组织在经费上的这种依赖性，在很大程度上制约着有关组织为实现其宗旨所必需的活动，其根本的弱点在于：在成员国拖欠或拒付的情况下，国际组织不能有效地强制有关国家履行其缴纳经费义务。长期以来，年复一年的经费危机一直困扰着联合国，迄今尚未得到解决。

某些国际经济组织有自己的财源。国际金融组织就是如此，它们通过金融业务的活动，收取一定的手续费或行政费维持行政开支。欧洲联盟在这方面也颇有特点，除成员国按比例认缴会费外，它还通过税收广开财路，税收主要来自三个方面：（1）农业税；（2）进出口贸易关税；（3）享受成员国部分的增值税。这样，这些经济组织就可以避免其他国际组织难于克服的财政困难，而以自己的物质基础开展有效的活动。

思 考 题

1. 什么叫国际经济法？其范围如何？试从广义和狭义两方面加以说明。

2. 简述国际经济法的指导原则及其在建立国际经济新秩序中的作用。

3. 分别概述国际贸易法、国际货币金融法的主要内容。

4. 试述国际投资法的调整范围及其基本内容。

5. 试述国际税法的概念和范围。

6. 国际技术转让具有哪些基本的法律特征？

7. 何谓国际经济组织？国际经济组织有哪些主要类型？国际一体化运动的现状如何？

8. 与一般国际组织相比，国际经济组织的表决方式有何特点？

第十七章　国际争端解决法

第一节　概　　说

一、国际争端的概念和特点

"国际争端"（international disputes）的概念有狭义和广义之分。狭义的国际争端是指国际法主体之间，主要是国家之间，由于在法律上或事实上意见不一致或政治利益的冲突所产生的争执。广义的国际争端不仅包括国与国之间的争端，国家与其他国际法主体之间的争端，而且包括以国家为一方，以另一国的自然人、法人或其他非主权实体为另一方，两者之间产生的争端。严格地说，一国与他国的自然人或法人发生的争端，不属于国际争端的范畴，但这种争端往往引发国际争端①。本章采用狭义的国际争端的概念。

与国内争端相比较，国际争端有以下几个明显的特点：

1. 国际争端是现代国际法主体，主要是国家之间的争端。双方或各方当事者在国际法上都是平等的主权国家、国际组织或政治实体。国内争端是国内法主体之间的争端。在某一争端中，双方当事者的地位可能是不相同的，比如个人、企业法人与国家行政机关发生争端时，后者可能对前者拥有行政管辖权。

2. 以国家为主体的争端通常关涉各主权国家的重大利益，有的争端甚至直接关涉国际和平与安全。如果国际争端不能合理、有效地解决，就可能导致严重的后果。相比较而言，国内争端，无论其涉及面多广，关涉的利益多么重要，除非其所涉的某些因素国际化，都不可能产生类似国际争端所致的那么严重的后果。

---

① J. G. 斯塔克：《国际法导论》，法律出版社 1984 年中译本，第 389 页。

3. 正是由于国际争端当事者的特殊地位以及这类争端可能导致的后果的严重性，国际争端的解决方法才有其特殊性。"平等者之间无管辖权"。国际法的平等主体之上，没有超主权权利而凌驾于主体之上的权力机关来制定法律和审理争端，并强制执行解决争端的判决。国家在解决国内争端时所适用的传统方法就不宜适用于国际争端。因此，必须寻求用国际法的特殊方法来解决国际争端，才能达到合理、公正和有效的目的。

二、国际争端的种类

传统的国际争端的分类方法是以国际争端的性质为依据的。如果某项争端是由于"权利"的争执而引起，该项争端就可以定性为"法律性质的争端"，应用仲裁或司法程序的方式来解决，故这类争端又称为"可裁判的争端"（justiciable dispute）。如果某项争端是由于"政治利益"的冲突而发生，该项争端就可以定性为"政治性质的争端"，应用政治或外交的方式来处理，故这类争端又称为"不可裁判的争端"（non-justiciable dispute）。

但是，国际实践表明，法律性质的争端和政治性质的争端是很难截然分开的。因为国际争端甚为复杂，法律性质的争端往往和政治利益密切相关，而政治性质的争端，又常以法律形式出现。比如边界争端，一般都是由于划界条约所引起的，直接与条约的解释或适用等法律问题相关。但是这类争端又常常涉及有关国家的独立与主权、领土完整、国家安全、民族感情、经济利益等重大政治问题，有时甚至会导致激烈的武装冲突或区域性的战争。又如，侵犯外交特权和劫持外交官作为人质问题现行国际条约都已作了明确规定，关涉这类问题的事件显然是源于法律性质的争端。然而，这类争端的起因大都与政治有牵连，关系到国家的外交利益，并惯常通过外交途径来解决，因而，也有人视之为政治性质的争端。由此可见，不能简单地以争端起因的性质划分国际争端的种类。同一性质的争端，既可以通过外交谈判来解决，也可以通过司法程序来处理。近几年国际上关于大陆架的争端的解决方法就兼采了上述两种方式①。不过，每一项争端总会以某一种性质为主，因而可以大体上确定该项争端的解决方法。

---

① 参见 1969 年北海大陆架案，载黄惠康、黄进编：《国际公法、国际私法成案选》，武汉大学出版社 1983 年版，第 110 页。

三、解决国际争端的原则和方法

和平解决国际争端是现代国际法的一项基本原则。根据这一原则，一切国家均应以和平方法解决它们之间的争端。这一原则已为《联合国宪章》和许多重要国际文件所确认。《联合国宪章》把"以和平方法且依正义及国际法的原则，调整或解决足以破坏和平之国际争端或情势"列为联合国的宗旨之一，并把"各会员国应以和平方法解决其国际争端，俾避免危及国际和平、安全及正义"列为联合国及其会员国都应遵守的原则。该原则内涵的另外一面，就是废弃战争作为解决争端的方法，禁止使用武力或以武力相威胁。

传统国际法把解决国际争端的方法分为强制的和非强制的两大类。也有些欧美学者把它分为"和平的解决方法"和"武力或强制的解决方法"。欧美学者所指的解决争端的强制方法是：战争和非战争武装行动，还报（retortion；retorsion）①，报复（reprisals），平时封锁（peacific blockade）和干涉（intervention）②。但从现代国际法的观点来看，用战争和武力行动解决国际争端显然是不符合联合国宪章的宗旨和原则的，联合国宪章第 2 条对此有明文规定。

非强制的方法又分为外交的解决方法和法律的解决方法两种，前者如谈判（negotiation），斡旋（good offices），调停（mediation），和解（调解）（conciliation）和国际调查（international inquiry）；后者如仲裁（arbitration）和司法解决（judicial settlement）。国际法的新近发展表明，除了上述两种解决方法之外，在联合国组织的指导下解决国际争端也是一种有用的方法。

所谓还报，就是一国对另一国的不礼貌、不友好、不公平的行为以同样或类似的行为所采取的措施。还报是一种不友好对不友好的反报行为，不构成国际不法行为。还报通常用于国家之间的贸易、关税、航运和移民等法律关系和经济关系，如收回关税优惠待遇或特权，禁止入境或驱逐出境等。

所谓报复，是指一国针对另一国的国际不法行为而采取的一种相应的强制措施，以迫使对方停止其不法行为，或对其不法行为、侵权行为所造成的后果

---

① 有的也称为"反报"。
② 参见 J. G. 斯塔克：《国际法导论》，法律出版社 1984 年中译本，第 415 页。

索取赔偿，从而使争端得到解决①。报复不同于还报之处在于前者所针对的是国际不法行为或侵权行为，而后者针对的则是不友好、不公正行为。但是，报复措施只能在向对方提出的合法要求无法实现时才能使用。此外，报复行为不应超出所受实际损害的程度，否则过度的报复行为也构成国际不法行为。还有些学者主张，报复的目的应是使争端得到圆满解决，否则，报复行为也将被视为不正当的方法。

在国际实践中，还报和报复常被少数国家滥用。这两种方法作为现代国际法所认可的严格意义上的自助手段，虽然对维持国际法律秩序仍有一定的作用，但这两种方法，只能在严格遵守国际法的基础上才被允许使用。

平时封锁作为单方面的行为的合法性是值得怀疑的。平时封锁是指在和平时期，一国或数国，以武力封锁他国的港口或海岸，迫使被封锁的国家顺从封锁国的要求的行为。如果平时封锁是为了封锁国的利益而针对弱小国家的，如1884年法国对台湾地区的封锁和1937年日本宣布对中国海岸的封锁，则是侵犯被封锁国的领土主权的行为。如果"封锁"是严格按联合国宪章第42条的规定作为安全理事会"维持和恢复国际和平与安全"而采取的一种集体执行行动，则不受国际法禁止。

至于干涉，如果是针对一国的内政事务，则在严格禁止之列。干涉国通常是打着"人道主义"或其他各种旗号对被干涉国的内政事务指手划脚，往往是一种强权政治与霸权主义的体现，因而必然会遭致后者和国际社会的强烈反对。这对于已有的国际争端不仅于事无补，反而会滋生更多、更激烈的冲突。因此，干涉不应该是一种合法和有效的解决国际争端的方法。

作为解决国际争端的主要方法，最适当的还是和平方法。这类方法已为

---

① 传统国际法中的报复与现代国家责任制度中作为解除行为不法性情况之一的"反措施"（countermeasure）有相似之处，如两者都是针对国际不法行为而采取的自助性措施。国际法委员会在2001年通过的《国家对国际不法行为的责任条款草案》的评注中认为，"报复"一词如今只限于在国际武装冲突中采取的行动，即等同于交战方之间的"战时报复"（belligerent reprisals），而草案中的"反措施"则与武装冲突无关。从草案的规定来看，反措施与传统的报复之间的主要区别还在于：前者的目的只限于促使国际不法行为的责任国履行其国际责任，而不是对不法行为予以惩罚，后者的目的则可以包含惩罚不法行为；前者是一种临时措施，一般要求具有可逆性，即只限于暂不履行对责任国的国际义务，目的是要求责任国改正错误，恢复与受害国之间原来的法律状态，而不能对责任国施加无法挽回的伤害，后者却没有这种限制（当然在实施时也不能过度）；前者是只适用于和平时期的非武力措施，而后者则包括武力措施在内，而且无论和平还是战争时期都可以采用。

《联合国宪章》第 33 条所确认。该条规定："任何争端当事国，于争端之继续存在足以危及国际和平与安全之维持时，应尽先以谈判、调查、调停、和解、公断、司法解决、区域机关或区域办法之利用，或各该国自行选择之其他和平方法，求得解决。"

第二节　国际争端的外交解决方法

一、谈判与协商

谈判与协商（consultation）是指两个或两个以上国际法主体为了彼此间的有关问题求得解决或获得谅解而进行国际交涉的一种方式，这是国际争端的政治解决的基本方法之一。

谈判作为早期国际法发展史上最常见的解决争端的方法，已被载入一系列国际公约。相比较而言，协商当时还只是作为给外交谈判创造条件的辅助性、非正式方法。20 世纪 50 年代以后，协商与互通信息（communication）逐渐成为外交谈判的新的、正式的方法，并受到国际社会的重视。中国政府在关于和平解决朝鲜问题的政治会议的声明中首次提出协商方式，并运用这一方式解决了与其他国家之间的许多问题和争端。

协商与谈判有相互联系的一面，也有其本身独特的一面。从两者的联系来看，协商是谈判的基础，谈判的过程中也可以不断协商，两者不可能截然分离。从其本身的特点来看，协商是建立在双方或各方和平解决争端的真诚愿望之上的，由协商国充分交换看法，考虑争端双方利益，达成一致协议，有效地解决争端；协商方式是灵活性和一致性的统一，它可以不受谈判双方的限制，扩大参加协商的国家的范围，既使各国主权得到充分的尊重，又使争端能圆满地解决，现已成为和平解决国际争端的正式和独立的方式之一，并得到越来越多的国际公约的认可。

谈判与协商作为国际争端的解决的方法之一，它们的优点是：使当事各方能通过直接会谈、友好协商来澄清事实、消除误会、增进彼此间的信任，求同存异，以便争端的合理解决。中英关于香港问题的解决和中葡关于澳门问题的解决，就充分体现了谈判与协商方式解决国际争端的有效性。

二、斡旋与调停

斡旋是指由第三方以各种有助于促成当事国进行直接谈判的行动，促使争端当事国开始谈判，或促使业已中断或未曾达成协议的谈判重新开始或继续进行。在斡旋过程中，斡旋者不直接参与双方的谈判，但可以为各方提出建议或转达当事国相互间的建议。

调停，又称居中调解，是指第三国为了和平解决争端而直接参与当事国之间的谈判，或提出参考性的条件和解决方案，促使各方让步，达成和解。调停与斡旋的主要区别在于调停者直接参与或主持当事国的谈判，并提出条件作为谈判的基础，调和和折中当事国双方或各方的有冲突的主张和要求，缓和、平息相互间的敌对情绪，以使争端各方达成协议。

斡旋与调停也有一些共同之处：

1. 斡旋或调停者大多数是国家，但也可以是国际机构或有国际影响力的个人。1905 年日俄战争就是由美国总统进行斡旋而缔结了朴次茅斯和约。1947 年联合国安全理事会就在荷兰与印度尼西亚之间的争端中起了斡旋者的作用，尽管效果不显著。

2. 斡旋者和调停者提出的建议，只具有劝告性质，没有法律拘束力，当事国可以拒绝接受。

3. 斡旋和调停的结果不产生法律效力，斡旋者和调停者也不承担任何法律责任。斡旋与调停结束，无论是成功还是失败，调停者和斡旋者的任务均告终止。

4. 斡旋与调停的范围都是有限的，并对争端所涉及的法律与事实很少作调查研究，因而通常只是作为其他政治解决方法的初步或辅助措施。

三、调查和调解（和解）

调查作为和平解决国际争端的一种方式，最早确立于 1899 年的《海牙和平解决国际争端公约》。调查主要适用于基本事实不清的争端。也就是说，调查的目的在于弄清事实，为谈判作好准备，并不一定要提出特别建议。但是，通过协议成立的调查委员会对有争议的事实进行调查后，应提出调查报告，尽管这类报告并不具有法律拘束力，而仅限于查明事实。

根据 1899 年《海牙和平解决国际争端公约》的规定，凡遇有国际争端不涉及国家荣誉或根本利益而只起因于对事实的意见分歧者，如争端当事国不能以外交手段解决，则于情况许可范围内，设立国际调查委员会，进行公正认真的调查，辨清事实，以促进争端的解决。1904 年，日俄战争期间，俄国波罗的海舰队开赴远东，途中向北海多革滩附近的英国渔船队射击，打死两名渔民，并使几艘船受损，两国因此发生争端。英国要求俄国道歉并严惩责任军官。俄国则认为射击是由于日本鱼雷艇逼近所致，不同意惩处责任军官，这就是著名的北海渔船事件。事后成立的国际调查委员会由英、俄、美、法、奥五国各派一名军官组成。经该委员会调查，发现这一事件是由于俄国波罗的海舰队司令官的判断错误所造成的，最后俄国向英国赔偿6.5万英镑解决了争端。

1907年的《海牙公约》进一步完善了国际调查程序规则，根据其有关规定，调查结束后，委员会应讨论、起草和宣读报告书；报告书限于查明事实，不同于仲裁裁决书，各当事国对于调查结果给予何种效力，有完全自由。

1913年以后的一系列《布赖恩和平条约》（Bryan Treaties）① 使国际调查程序进入到了常设性的阶段。根据该条约，一切通过外交方式不能调解的争端都可以提交给一个常设调查委员会。与1899年和1907年的两个海牙公约相比，该条约体系确立的国际调查制度有以下几个特点：

1. 调查范围的广泛性。海牙条约体系只能调查处理某一项争端，且把涉及国家荣誉和重大利益的争端排除在外。布赖恩和平条约体系的调查程序的适用范围几乎没有任何限制。

2. 调查机构的常设性。海牙条约体系所设立的调查机构是特别的、临时的。每完成一项调查事项，原调查机构就告解散。布赖恩和平条约体系设立的调查委员会是常设性的，争端当事国可以提请事先设立的常设机构调查争端事实。

3. 调查程序规则具有延缓或冷却矛盾的功能。布赖恩和平条约体系要求常设调查委员会的报告必须在一年内完成（除非当事国另有协议规定期限），在调查期间或提出报告之前，当事国不得宣战或从事敌对行动。这一规定本身就能起到延缓冲突、冷却矛盾的作用，因此，布赖恩和平条约又被称为"冷却条约"。相比之下，海牙条约体系就起不到这样的作用。

但是，布赖恩和平条约体系关于常设调查委员会的方法只适用于同美国缔结有这类条约的国家。适用范围受到了限制，没有普遍意义。直到1928年缔结了《日内瓦和平解决国际争端的总议定书》，常设调查委员会的方法才成为国际上通行的制度。该议定书在1949年经联合国大会修改，并由联大专门设立一个"调查与调解小组"供当事国发生争端时选用。1967年12月18日，联合国大会通过决议，充分肯定了实地调查是一种公平有效地解决国际争端的方式，并由秘书长预备了专家登记簿，供当事国选择调查成员之用。

① 根据当时美国国务卿布赖恩的建议同其他国家签订的一系列关于国际调查的双边条约，统称为《布赖恩和平条约》。

和解，又称调解，是将争端提交给一个由若干人组成的委员会，并由委员会查明事实，提出报告和建议，促使当事国达成协议，解决争端。

和解与调查是两个既有联系又有区别的概念。调查是和解的前提，和解可以在实地调查的基础上进行；但调查的主要目的在于弄清事实，只能为当事国自行解决争端创造条件，并不能完全依靠调查解决争端。和解则需要第三者积极帮助当事者，并提出各种建议，使冲突各方达成协议。

和解与调停也有不同之处。调停者可以就争端处理的方法、程序提出建议并主持或参加谈判；和解则是将争端提交一个由若干人组成的委员会，委员会的任务是澄清事实，并提出包括解决争端建议在内的报告。但二者作成的结果都不具有法律拘束力，当事国接受与否，悉听尊便。又正是在这一点上，和解与仲裁有实质性的区别，国际仲裁裁决是有法律拘束力的。

和解制度也是由 1899 年和 1907 年的两个海牙公约以及 1913 年及其以后的布赖恩和平条约体系逐步确立的。与常设调查委员会的方法一样，和解制度也是在 1928 年以后通过《日内瓦和平解决国际争端总议定书》和 1949 年的联大通过的《和平解决国际争端修订总议定书》，才在国际上逐步通行的。根据该议定书的规定，和解制度适用于"凡不能以外交方式解决的缔约国之间的各种争端"，但"依第 39 条的规定作出保留者除外"。由 5 人组成常设或特设和解委员会。常设和解委员会应于当事国一方向另一方提出和解请求后 6 个月之内组成。特设和解委员会则在已发生争端且无常设和解委员会情况下，在当事国一方提出请求后的 3 个月内组成。和解委员会的主要任务是用调查或其他方法搜集情报，弄清争端中的问题，并设法使当事国各方达成协议。

联合国成立后的一段时期内，根据 1949 年议定书的规定成立的常设和解委员会为数众多，但利用这些委员会所取得的成效甚微。从 20 世纪 60 年代后期开始，在联合国主持下制定的许多重要国际公约，一般都有专门条款或附件规定和解程序。1969 年《维也纳条约法公约》第 66 条及有关附件，1982 年《联合国海洋法公约》第 284 条及有关附件都规定了和解程序。

第三节　国际争端的法律解决方法

一、仲裁

（一）仲裁的概念

仲裁，又称公断，作为和平解决国际争端的法律方法之一，是指当事国根据协议，把争端交给它们自行选择的仲裁员处理，并相互约定遵守其裁决的解决争端的方式。由仲裁员组成的仲裁庭作出的裁决对当事国具有拘束力。在这一点上，仲裁与斡旋、调停、调解等政治解决争端的方式有质的区别。尽管仲裁与司法解决的方式在形式上有类似之处，但仲裁也有自己的一些特点。首先，仲裁是以自愿管辖为基础。提交仲裁的争端，当事国必须事先或事后订有自愿接受仲裁的仲裁协定或条约，或是有关条约中含有仲裁条款。其次，仲裁裁决对当事国具有拘束力，除非仲裁人有越权、恶意等类行为，或违反仲裁规则。最后，当事国同意将争端提交仲裁就意味着"诚心遵从裁决的义务"。但这类义务是道义性质的，靠自愿履行，不同于有强制履行义务的司法判决。

（二）仲裁制度的历史沿革

仲裁虽然是一项在古希腊和古罗马时期就已出现的古老制度，在中世纪也适用这种制度解决争端，但它在国际上的广泛应用则是近代史上的事，并与资本主义制度的兴起和发展密切相关。从 18 世纪开始，公认为对仲裁制度的发展最有影响力的国际文件是 1794 年英美两国之间订立的杰伊条约（Jay Treaty）。该条约规定建立三个混合仲裁庭来解决自美国 1776 年独立以来在条约谈判过程中无法解决的各种争端。1872 年，英美之间的"阿拉巴马号仲裁求偿案"又进一步促进了国际仲裁制度的发展。该案的事由是：1862 年美国南北战争期间，英国人为南方叛乱联邦订造了一艘后来命名为"阿拉巴马号"的船舶。名为商船，实为军舰。在美国内战中，该船击沉了 70 多艘北方联邦的商船。内战结束后，美国便向英国政府要求赔偿由于"阿拉巴马号"等类似船舶的活动的结果所遭受的损失。1871 年，双方达成协议，签订了华盛顿公约，将争端提交仲裁。由英、美、巴西、意大利和瑞士各选一名仲裁员组成仲裁庭。该庭于 1872 年 9 月 14 日作出裁决：英国应向美国偿付 1500 万美元作为损害赔偿费。

在处理领土争端方面，仲裁制度也起过重要作用。1893 年英美两国之间的白令海仲裁案和 1897 年英国与委内瑞拉之间的英属圭亚那案就是通过仲裁合理解决的。这些重要的仲裁实践为 1900 年常设仲裁院（Permanent Court of Arbitration）的建立起了奠基作用。

根据 1899 年海牙第一公约的规定，常设仲裁院于 1900 年在荷兰海牙正式宣告成立。1907 年修订后的海牙公约规定设立常设仲裁院的目标和任务是："为便利将不能用外交方法解决的国际争议立即交仲裁起见，各缔约国承允保留第一次和平会议所设立的常设仲裁院。该法院随时受理案件，除当事国另有规定外，按照本公约所载之程序规则办事。""除非当事国协议成立特别法庭，常设仲裁庭有权受理一切仲裁案件。"

根据公约的规定，常设仲裁院由两个常设机构组成。其一是常设行政理事会，由各缔约国驻荷兰的外交官和荷兰外交大臣组成。该理事会的任务是监督和指导法院的国际事务局的工作和决定有关法院的一切行政问题。其二是国际事务局。作为法院的书记处，负责法院开庭事项的文件转达，保管档案和处理一切行政事务。另外，国际事务局还保有一份由各缔约国选任一些"公认深通国际法和道德名望极著"的国际法专家所组成的仲裁员名单。仲裁员任期 6 年，可连选连任。仲裁庭由各当事国从仲裁员名单中选出若干仲裁员组成。

常设仲裁院从 1902 年起开始受理仲裁案，到 1956 年为止，共作出了 22 项国家之间争端案件的裁决①。自 1956 年对法国与希腊之间的"灯塔特许权案"作出裁决后，常设仲裁院自身就很少裁决传统的国家之间的仲裁案件，而主要是由其国际事务局为其他一些仲裁庭（如根据 1982 年《联合国海洋法公约》第 287 条及附件 7 成立的解决海洋争端的仲裁法庭等）提供书记处等行政服务。由此可见，海牙常设仲裁院虽然还存在，但它在解决国家之间争端方面的实际作用已比较有限②。

（三）现行仲裁制度的主要内容

现行的关于国际仲裁的条约规定除了 1899 年和 1907 年的《海牙和平解决国际争端公约》中的有关条款之外，还有 1949 年《和平解决国际争端修订总议定书》第三章，第 24~28 条。1958 年 7 月，联合国国际法委员会还拟定了一个《仲裁程序示范规则》。现将上述公约、总议定书和示范规则的主要内容综合介绍如下：

1. 仲裁条约、协定及仲裁条款

如前所述，仲裁是以自愿管辖为基础的，因此仲裁条约、协定和有关条约中的仲裁条款就成了仲裁庭、仲裁院行使管辖权的依据，同时也是当事国承允服从仲裁裁决的许诺。

仲裁条约常见的是双边的，也有多边的。当事国可以事先缔结仲裁条约，也可以在争端发生后订立仲裁临时协定，还可以在其他有关条约或协定中列入

---

① 在这期间，另有一个受理的案件因为当事国间达成解决协议而没有作出裁决，还有一个作出裁决的案件涉及的是外国公司与国家之间的争端。

② 常设仲裁院近 20 年也受理了一些国家、国际组织和个人之间的仲裁案件，2009 年 7 月还就苏丹政府与苏丹人民解放运动之间有关阿卜耶伊地区归属及边界划分争端的仲裁案作出裁决，这是常设仲裁院裁决的第一个国家内部争端案件。

专门的仲裁条款或仲裁附件。总之，仲裁协议可以不拘形式，只要有协议存在就构成仲裁院管辖权的依据。

仲裁协议一般应载明仲裁庭的管辖范围、权限，争端的主要问题，仲裁庭的组成方式和方法，仲裁员人数，以及仲裁庭适用的实体法和程序规则等。

一般性的多边仲裁公约可以由当事国提出保留。特别是争端涉及当事国各方的专属国内管辖事项、第三国的利益和基本政治利益时，当事国都可以通过保留将之排除于仲裁庭的管辖范围之外。

2. 仲裁的目的与审理范围

1907 年《海牙公约》第 37 条规定："国际仲裁之目的在于由各国自行选择法官并在尊重法律的基础上解决各国间的争端，提交仲裁就意味着诚心遵从裁决的义务。"

根据该公约第 38 条的规定，仲裁审理的范围限于"关于法律性质的问题，特别是关于国际公约的解释或适用问题"，以及用"外交手段所未能解决的争端"。该条还特别强调："遇有关于上述问题的争端发生时，各缔约国最好在情况许可的范围内将争端提交仲裁。"可是，"情况许可"是一个不确定的概念，也没有客观标准作出衡量。但是，既然仲裁是在自愿的基础上进行的，那么当事国就没有承担接受"强制仲裁"的义务。

3. 仲裁庭的组成

根据 1958 年 7 月《仲裁程序示范规则》第 3~7 条的规定，当争端当事国一方请求将争端提交仲裁后，提交仲裁的双方应通过仲裁协定组成仲裁庭。如果法庭在争端提请仲裁之日起 3 个月内未组成，国际法院院长应在任何一方请求之下，指派仲裁员。仲裁员的人数必须是奇数且以 5 人为宜。仲裁员一般应具有公认的国际法资历。仲裁庭一旦组成，在作出裁决之前应保持不变。若仲裁程序尚未开始，当事国可以更换其所指派的仲裁员。程序一旦开始，一方指派的仲裁员的替换必须经双方协议才能进行。但双方协议指派的仲裁员在程序开始后一般不得更换。此外，仲裁员还可以由于死亡、丧失能力、辞职或因仲裁庭组成后发生的事实、因当事人一方的建议失去资格。这时应按原来指派仲裁员的程序填补空缺。

4. 仲裁庭适用的法律

根据《仲裁程序示范规则》第 10 条第 1 款的规定，当事国双方之间对于适用的法律没有任何协议的情况下，法庭应适用：

（1）不论普通或特别国际协约，确立诉讼当事国明白承认之规条者；

（2）国际习惯，作为通例之证明而经接受为法律者；

（3）一般法律原则为文明各国所承认者；

（4）司法判例及各国权威最高之公法学家学说，作为确定法律原则之补充资料者。

与《国际法院规约》第38条的规定比较一下可见，仲裁法庭适用的法律与国际法院适用的并无二样。但是，仲裁法庭适用上述法律有一个条件限制，就是当事国双方未在仲裁协议中指明仲裁庭必须适用的实体法和程序法，否则，当事国在协议中选定的法律应优先适用。如英美"亚拉巴马号"仲裁案，仲裁庭所依据的就是英美在1871年达成协议的"华盛顿三原则"。

5. 仲裁程序

仲裁程序规则有时是仲裁条约、协定的一部分。如果条约或协定中没有制定程序规则，或是程序规则定得不充分、不具体，仲裁庭有权确定或完善仲裁程序规则。如果是国际商事和贸易仲裁，各仲裁委员会都有成套的程序规则供各仲裁庭适用。通常情况下，当事者选择某一仲裁庭就意味着准备适用该仲裁庭的程序规则。

双方当事国应指派代理人出庭，作为当事双方与仲裁庭之间的媒介，并得聘请律师在庭上维护其权利和利益。仲裁员有权向代理人、律师提出问题，要求其作出说明。

仲裁程序包括提交书状和开庭审理两个阶段。

提交书状是指由各方代理人向仲裁员及对方提交诉状或辩诉状，并于必要时，提交答辩状和复辩状。当事各方还必须附上在案件中引证的一切文书和文件。提交书状阶段又称书面程序。

开庭审理是在庭长的指导下当事国双方在庭上展开的口头辩论，因此，又称口头辩论程序。审理程序一般是秘密进行，只有经仲裁庭决定并征得当事国同意，才能公开举行。审讯记录应由庭长、书记官或秘书签字和保存。未经签字的记录不具有权威性。代理人、律师完成案件的辩论，程序即正式宣布结束，仲裁进入评议阶段，但仲裁庭在未作裁判以前发现有关键性的新证据时，有权在程序结束后重新审理。

6. 裁决

仲裁庭在所有法庭仲裁员都参加的情况下，进行秘密讨论，由法庭成员多数票作出裁决。裁决应用书面作出，应包括裁决的日期、仲裁员姓名，由庭长和投赞成票的仲裁员签名。裁决作出后应立即通知当事方。

裁决一经作出，应对当事各方有约束力。除仲裁庭允许有执行全部裁决或其一部分的期限外，裁决应立即诚实执行。当事国如发现可能对案件具有决定性影响的新事实，可要求仲裁庭复核。如该仲裁庭认为此项申请可以接纳，应根据新的事实再作裁决。

裁决为终局性的，不得上诉，但当事国任何一方可以根据以下理由中的任何一个提出裁决异议：

（1）仲裁庭超越其权力；

（2）仲裁庭成员有受贿情况；

（3）对裁决未说明理由或严重偏离基本的议事规则；

（4）仲裁约定或仲裁协定无效。

二、国际法院的裁判

国际法院的裁判是通过国际法院适用法律规则，作出判决来和平解决国际争端，也是用司法解决国际争端的重要方法之一。

（一）国际常设法院

尽管常设仲裁院在和平解决争端方面取得了一些成效，但欧美国家及其法学家们仍觉得它并不是一个真正的国际法院，因而纷纷建议设立一个国际法院，以固定的法官取代仅有一个名单的仲裁员，避免因各案仲裁员不同而使司法程序不能保持其连续性的弊端。

第一次世界大战后，国际联盟就建议为设立一个常设国际法院作好准备。《国际联盟盟约》第 14 条规定："行政院应筹拟设立国际常设法院的计划并交国际联盟各会员国采用。"1920 年 12 月 13 日，国际联盟通过了《国际常设法院规约》。1922 年 2 月 15 日，国际常设法院（Permanent Court of International Justice，PCIJ）在荷兰海牙正式宣告成立。

国际常设法院从成立到 1940 年，共处理各类争端 65 件，其中作出判决的有 3 件，提出咨询意见的 28 项。1940 年 2 月 26 日，在国际常设法院对比利时与保加利亚之间的悬留案发出命令后，由于海牙被纳粹德国军队占领而事实上停止了活动，但法院法官的集体辞职到 1946 年 1 月 1 日才提出。国际联盟大会于 1946 年 4 月宣布国际常设法院解散。

但是，《国际常设法院规约》对 1945 年联合国通过的《国际法院规约》（Statute of the International Court of Justice）产生了直接的影响，其有关法院组成、职权、法律适用及程序方面的规定至今仍被联合国国际法院沿用。

（二）联合国国际法院

1. 法院的建立

联合国国际法院成立于 1946 年 2 月 6 日。根据《联合国宪章》的规定，国际法院（International Court of Justice，ICJ）是联合国的六个主要机构之一，是联合国的主要司法机关。国际法院是新的国际司法机关，它在组织上与国际联盟的国际常设法院没有联系，但国际法院规约却以国际常设法院规约为根据，并为宪章的构成部分，因此有些国际法学者认为，国际法院事实上是国际常设法院的延续。但是两个法院所依据的规约的地位不同。国际常设法院规约是一个独立的公约，而联合国国际法院规约是宪章的一部分。此外，根据宪章第 93 条的规定，联合国各会员国为国际法院规约的当然当事国。1978 年，国际法院还制定了新《国际法院规则》（Rules of the International Court of Justice）。从此，国际法院执行职务时，还应遵行新规则①。

2. 法院的组织

根据《国际法院规约》的规定，联合国国际法院由 15 名法官组成，其中不得有 2 人为同一国家的国民。选任法官的条件是：不论国籍，品德高尚，并在各本国具有最高司法职位或为公认的国际法学家。大会和安理会根据常设仲裁院"各国团体"所提出的名单彼此独立选举法官②，并注意使法官全体确能代表世界各大文化及主要法系③。

法官任期 9 年，可连选连任，每 3 年改选 5 人。法官不得行使任何政治或行政职务，也不得充任任何案件的代理人、律师或辅佐人。法官在执行法院职务时享有外交特权及豁免。法院由法官秘密投票选举院长和副院长各 1 人。正副院长任期各 3 年，可连选连任。法院还设有书记处，由书记官长和其他工作人员组成，负责法院日常行政事务工作。法院设在荷兰海牙。

法院应由全体法官开庭。但法院按规定可准许法官 1 人或数人免予出庭，

---

① 国际法院在 1946 年就曾通过了一个法院规则，该规则基本上照搬了国际常设法院规则，1972 年曾进行了修订。1978 年法院规则在 2001 年和 2005 年经过个别修订。另外，从 2001 年 10 月开始，国际法院还通过了若干《诉讼指引》（Practice Directions），供各国在法院进行诉讼时使用。这些诉讼指引不涉及对《国际法院规则》作出任何改动，而是对该规则的补充。截至 2011 年 1 月，法院共通过了 13 项诉讼指引。

② 常设仲裁院的每一个成员国可以提名最多 4 名仲裁员，来自同一个成员国的仲裁员构成一个"国家团体"（national group），"各国团体"（national groups）即指所有这些团体。每一个国家团体最多能提名 4 位国际法院法官候选人（其中不能超过 2 人属其本国国籍）。在常设仲裁院没有代表的联合国会员国也有权委派国家团体提名法官候选人。

③ 国际法院法官名额分配和安理会席位分配方法相同，即非洲 3 名；拉丁美洲 2 名；亚洲 3 名；西欧和其他地区（包括加拿大、美国、澳大利亚和新西兰）5 名；东欧（包括俄罗斯）2 名。按照惯例，安理会 5 个常任理事国都应该有 1 位本国人担任法官。

只要准备出席的法官人数不因此而减少于 11 人，一般情况下，法官 9 人就足以构成法定人数，开庭审理有管辖权的案件。对属于本国的案件，法官不必回避，除非该法官在任职以前曾参与过有关案件。

法院在受理某个案件时，若有属于一方当事国国籍的法官，则另一方当事国有权选派一人为法官参加审理案件。若双方当事国都没有本国国籍的法官，双方都可以选派一位本国法官参与判案。在这种情况下临时选派参加案件审理的法官被称为"专案法官"或"特别法官"（judge *ad hoc*），他们享有与同案其他法官完全平等的地位。

为了迅速处理案件，法院还可以成立分庭（chamber），采用简易程序。分庭由 5 名成员组成，其中包括法院的正副院长。此外，为了处理特种案件，还可以成立一个或数个特种案件分庭。除正副院长之外的分庭成员通过秘密投票的方式选出，由正副院长主持分庭。分庭作出的判决应视为法院的判决。

3. 法院的管辖权

国际法院的管辖权分为诉讼管辖权（contentious jurisdiction）和咨询管辖权（advisory jurisdiction）两种。

（1）诉讼管辖权

根据《国际法院规约》第 34~37 条的规定，法院的诉讼管辖权包括以下主要内容：

诉讼当事者。谁有权成为国际法院的当事者？《国际法院规约》第 34 条第 1 款规定："在法院得为诉讼当事者，限于国家。"这就排除了自然人、法人、团体和地方政府及非主权的政治实体成为国际法院当事者的可能性。它们的诉讼只能通过本国政府提出。得在国际法院进行诉讼的当事国包括：①联合国会员国即国际法院规约的当然当事国（*ipso facto* parties）（《联合国宪章》第93 条第 1 款）；②虽非联合国会员国，但依《联合国宪章》第 93 条第 2 款规定的条件而成为规约的当事国者①；③既非联合国会员国，亦非规约当事国，但按规约第 35 条第 2 款的规定，该国已预先向法院书记官长交存一份声明，

---

① 《联合国宪章》第 93 条第 2 款规定："非联合国会员国之国家得为国际法院规约当事国之条件，应由大会经安全理事会之建议就各别情形决定之。"在历史上，不是联合国会员国但根据此规定而成为规约当事国的国家有：瑞士（1948—2002 年）、列支敦士登（1950—1990 年）、日本（1954—1956 年）、圣马力诺（1954—1992 年）和瑙鲁（1988—1999 年）。

表明该国按照《联合国宪章》以及《国际法院规约》、《国际法院规则》的条款和要求，接受法院管辖，并保证以诚意执行法院判决，接受宪章第94条加给联合国会员国的一切义务后，亦可成为法院的诉讼当事国①。随着联合国会员国增加到192个，目前已没有后两类的诉讼当事国。

　　管辖范围。根据《国际法院规约》第36条的规定，法院的诉讼管辖范围分三大类。一是各当事国提交的一切案件，即当事国在事先协商同意下自愿提交的各种案件。法院对这类案件的管辖称为自愿管辖（voluntary jurisdiction）。二是现行条约及协定所特定的一切事件。这是指已发生的案件正是当事国在现行各种条约、协定中约定提交国际法院审理的有关条约的适用或解释而发生的争端，无论这类条约是双边的还是多边的，亦不论是造法性的还是契约性的，都可以提交国际法院解决。但是，对公约中的这类条约提出保留的缔约国除外。由于法院的管辖权是通过条约和协定所特定的，因而又被称为协定管辖（conventional jurisdictionn）②。三是规约当事国随时声明，对于接受同样义务的任何国家，承认不需另订协议而接受国际法院的强制管辖的各种法律争端。这类争端经常涉及的是：①条约的解释；②国际法的任何问题；③任何事实之存在，如经确定即属违反国际义务者；④因违反国际义务而应予赔偿之性质与范围。由于这类管辖是当事国临时声明任意承担的，且一经声明就使国际法院具有了强制管辖权，因而又被称为"任意强制管辖"（optional compulsory jurisdiction）。

---

　　①　《国际法院规约》第35条规定："一、法院受理本规约各当事国之诉讼。二、法院受理其他各国诉讼之条件，除现行条约另有特别规定外，由安全理事会定之，但无论如何，此项条件不得使当事国在法院处于不平等地位。"为适用规约第35条第2款，联合国安理会于1946年10月通过决议，确定非规约当事国成为法院诉讼当事国的条件是："已预先向法院书记官长交存一份声明，表明该国按照《联合国宪章》以及《国际法院规约》、《国际法院规则》的条款和要求，接受法院管辖，并保证以诚意执行法院判决，接受宪章第94条加给联合国会员国的一切义务"。根据该决议，这种声明可以是关于已经发生的特定争端，也可以是关于已经发生或将来可能发生的所有或某些类型的争端。历史上，如阿尔巴尼亚在1947年就科孚海峡案、意大利1953年就货币黄金案交存过前一类的特别声明，而联邦德国等不少国家则交存过后一类的一般声明。（当时它们都不是规约当事国。）

　　②　目前大约有300个现行有效的双边或多边条约规定，在解决这些条约的解释或适用所引起的争端方面，国际法院具有管辖权。这些条约的具体清单可参见国际法院网站（www.icj-cij.org）"管辖权"条目。

截至 2010 年 7 月，接受国际法院任意强制管辖的国家只有 66 个①，而且各国在作出接受国际法院的这种强制管辖的声明时，往往都在年限和范围上作出相应的保留。比如美国在 1946 年提出的保留就称"凡美国所规定的本质上属于美国国内管辖的事件除外"。1984 年，当尼加拉瓜因美国在尼港口布雷事件在国际法院控告美国时，美国又撤回了接受国际法院的强制管辖的承诺。旧中国政府在 1946 年 10 月 26 日曾作过接受国际法院强制管辖的声明。1972 年 9 月，在我国恢复了在联合国的合法席位之后，我国政府致函联合国秘书长，表示不承认旧政府的这一声明。

另外，在国际法院提起诉讼的国家还可以依据《国际法院规则》第 38 条第 5 款②，提出以有待被告国表示的同意为法院管辖权的根据，如被告国接受此管辖，国际法院则因所谓"当事国同意的法院"（*forum prorogatum*）规则，而对该案具有管辖权。③

国际法院的诉讼管辖权无论是基于当事国的事先协商同意或根据对当事国有效的国际公约和协定，还是当事国的随时任意声明，或依据"当事国同意的法院"规则，都是在当事国自愿接受的基础上确立的，因而并不构成对国

---

① 这些国家是：澳大利亚、奥地利、巴巴多斯、比利时、博茨瓦纳、保加利亚、柬埔寨、喀麦隆、加拿大、哥斯达黎加、科特迪瓦、塞浦路斯、刚果民主共和国、丹麦、吉布提、多米尼克、多米尼加共和国、埃及、爱沙尼亚、芬兰、冈比亚、格鲁吉亚、德国、希腊、几内亚、几内亚比绍、海地、洪都拉斯、匈牙利、印度、日本、肯尼亚、莱索托、利比里亚、列支敦士登、卢森堡、马达加斯加、马拉维、马耳他、毛里求斯、墨西哥、荷兰、新西兰、尼加拉瓜、尼日利亚、挪威、巴基斯坦、巴拿马、巴拉圭、秘鲁、菲律宾、波兰、葡萄牙、塞内加尔、斯洛伐克、索马里、西班牙、苏丹、苏里南、斯威士兰、瑞典、瑞士、多哥、乌干达、英国和乌拉圭。

② 该款规定："当请求国提出以有待被告国表示的同意为法院管辖权的根据，请求书应转交该被告国。但该请求书不应登入（国际法院案件）总目录，也不应在程序中采取任何行动，除非并直到被告国同意法院对该案有管辖权。"

③ 这种管辖权的根据实际上就是当事国尤其是被告国的默示同意。也有人认为这是一种特殊的自愿管辖。国际法院 2003 年对"法国国内的若干刑事诉讼（刚果共和国诉法国）案"以及 2006 年对"刑事事项互助的若干问题（吉布提诉法国）案"取得管辖权就是较近的典型实例。在这两案中，作为原告的刚果共和国和吉布提各自在起诉时，都希望依照《法院规则》第 38 条第 5 款，"以法国必将表示的同意"作为法院管辖权的根据。国际法院在先后将两国的请求书转交法国政府后，都收到法国政府的信函，表明法国已同意国际法院依照法院规则第 38 条第 5 款对这两国起诉案件的管辖权。国际法院据此将这两案登入法院案件总目录从而启动了诉讼程序。

家主权的限制。

在法院受理的案件中，可能发生法院对某一案件是否有管辖权的问题，对这类争端，按国际法院规约第36条第6款的规定，由法院裁决之。

（2）咨询管辖权

国际法院除具有诉讼管辖权外，还具有咨询管辖权。《联合国宪章》第96条规定："一、大会或安理会对于任何法律问题得请求国际法院发表咨询意见。二、联合国其他机关及各种专门机关，对于其工作范围的任何法律问题，得随时以大会之授权，请求国际法院发表咨询意见。"①《国际法院规约》第65条规定："法院于任何法律问题如经任何团体由联合国宪章授权而请求或依照联合国宪章而请求时，得发表咨询意见。"国际法院在执行咨询管辖时，可以参照《国际法院规约》有关诉讼管辖权的规定进行，但两种管辖权有明显的不同：

其一，当事者不同。诉讼管辖案的当事者是国家，而在咨询管辖案中有直接请求权的仅限于联合国大会和安理会。联合国的其他机关或专门机构需经大会授权才能请求法院提供咨询意见。各会员国无权请求也无权反对法院发表咨询意见。但是，对于咨询问题能供给情报的国家有权在咨询案中出庭。

其二，管辖范围不同。咨询管辖的范围分两类：一类是应联合国大会和安理会请求，法院可以对任何法律问题提出咨询意见；另一类是联合国其他机关或专门机构就其工作范围内的法律问题请求法院提供咨询意见。相比较而言，法院的诉讼管辖范围就要广得多。

其三，效力不同。国际法院的咨询意见本身一般不具有法律拘束力，只有请求机关在请求法院发表咨询意见时附有一项不可分割的"具有拘束力"的

---

① 除大会和安理会外，可以请求国际法院提供咨询意见的联合国其他机构目前有：经社理事会、托管理事会、大会临时委员会。可以请求国际法院提供咨询意见的联合国专门机构有：国际劳工组织、联合国粮农组织、联合国教科文组织、国际民航组织、世界卫生组织、世界银行、国际金融公司、国际开发协会、国际货币基金组织、国际电信联盟、世界气象组织、国际海事组织、世界知识产权组织、国际农业发展基金、联合国工业发展组织、国际原子能机构。

规定，咨询意见才对请求机关具有拘束力①。诉讼管辖案的判决则对当事国有法律拘束力。

其四，作用不同。咨询管辖的作用在于为联合国组织提供权威性的法律参考意见，诉讼管辖的作用在于和平解决当事国之间的各种法律争端。

4. 法院适用的法律

根据《国际法院规约》第 38 条的规定，国际法院对于当事国提交的各种争端，应依国际法裁判，裁判时应适用：

（1）不论普通或特别国际协约，确立诉讼当事国明白承认之规条者。

（2）国际习惯，作为通例之证明而经接受为法律者。

（3）一般法律原则为文明各国所承认者。

（4）在第 59 条规定之下，司法判例及各国权威最高之公法学家学说，作为确定法律原则之补助资料者。

此外，在当事国的同意之下，法院还可以适用"公允及善良"原则判案。在这一点上，国际法院完全继承了国际常设法院的传统。

《国际法院规约》第 38 条就国际法院适用的法律作出的上述列举，表明了各类规范的主辅地位。在有组织的国际社会迅速朝国际法制发展的当今，国际条约和国际习惯是国际法的主要渊源，也是国际法院审理案件和作出判决的主要法律依据。"一般法律原则"由于含义不甚明确，在实践中很少适用。司法判例和公法学家的学说不能对国际法院的某个具体案件产生直接的效力，但它是确定法律原则的辅助资料，对案件的审理具有不可忽视的作用。

至于"公允及善良"原则，原本是英美衡平法上的概念，被移植到常设仲裁院的实践中后起过一些作用，但在国际法院实践中很少适用，其主要原因是含义不明，容易引起另一层解释性纷争。

---

① 由于受国际法院规约的限制，国际组织不能成为国际法院的诉讼当事方，因此国际组织为当事方的国际争端不能通过提交国际法院进行诉讼的方式解决。为此，有些条约规定，这类涉及国际组织为一当事方的争端可以提交国际法院发表咨询意见，而这样的咨询意见对争端当事各方具有拘束力。在这种情况下，国际法院在执行咨询管辖时，实际上等同于处理诉讼案件。这类的条约主要有：国际组织总部协定（如 1947 年联合国与美国之间的东道国协定）、国际组织特权与豁免公约（如 1946 年《联合国特权与豁免公约》、1947 年《专门机构特权与豁免公约》）、某些国际组织机关的组织性文件（如 1946 年《国际劳工组织行政法庭规约》）以及其他一些条约（如 1986 年《关于国家和国际组织间或国际组织相互间条约法的维也纳公约》、1988 年《联合国禁止非法贩运麻醉药品和精神药物公约》）等。

5. 法院的程序

《国际法院规约》第三章（第 39～64 条）详尽地规定了法院的诉讼程序。

根据规约第 39 条的规定，法院正式使用的文字有英文和法文两种，当事国可以任选一种。经当事国请求，也准许当事国用英法以外的文字。

国际法院诉讼程序的第一阶段是起诉（institution of proceedings）。根据规约第 40 条的规定，向法院提出诉讼案可以通过两种方式进行：一种是以请求书（application）的方式送达书记官长，由书记官长核准请求书后将其副本转送被告国；另一种是以特别协定（special agreement）的方式通告书记官长，通知书（notification）可由当事国联合提出，也可以由其中一国提出，书记官长应将通知书副本立即送达另一方当事国。无论是通知书还是请求书，都需要用书面材料写明争端事由和当事国。如果是请求书，还应指明法院有管辖权的法律依据、诉讼请求的明确性质、陈述诉讼请求所依据的事实和理由。

各当事国应委派代理人（agent）、律师（counsel）或辅佐人（advocate）在法院协助、维护其权利。代理人、律师和辅佐人享有执行职务所必要的特权与豁免。

诉讼程序的第二阶段是书面程序阶段（written proceedings）。书面程序是指以诉状、辩诉状及必要时的答辩状连同可资佐证的各种文件及公文书，送达法庭及各当事国。

以请求书开始的案件，先由请求国（the applicant）提交诉状（memorial），再由被告国（the respondent）提交辩诉状（counter-memorial）。以特别协定开始的案件，一般是由各方当事国在同一期限内提交诉状和辩诉状。诉状应包括有关事实和法律的陈述以及诉讼要求。辩诉状应包括对诉状中所述事实的否认或承认，对事实的必要补充，对诉状中关于法律依据的意见，辩诉的法律依据和诉讼要求。如果在特别协定中有关于辩论顺序和次数的规定，应按特别协定的规定进行。如果法院准许提出答辩状（reply）和复辩状（rejoinder），当事各方应着重阐明它们经过第一轮辩论后仍然对立的争论点。书面程序结束后，诉讼进入第三阶段即口述程序。这是指法院审讯证人（witnesses）、鉴定人（experts）、代理人、律师和辅佐人。口述程序（oral proceedings）开始的日期一般由法院确定。法院的审讯应公开进行，除非当事国各方有相反的要求。在审讯中，法官得向代理人、律师和辅佐人提出问题，并要求他们作出解释。代理人、律师和辅佐人可以当庭回答，也可以在院长指定的期限内回答。如有必要，法院应安排证人和鉴定人出庭作证，并可以向他们提出问题。同时，当事国的律师、代理人也可以在院长的主持下向证人和鉴定人提问。院长在代理人、律师和辅佐人的主张陈述完毕时，宣布辩论终结。然后法官退席秘密评议，讨论判决。

除上述正常的诉讼程序外，还有些附带程序（incidental proceedings），如临时保全（interim protection）、初步反对主张（preliminary objection）、反诉（counter-claim）、第三国参加（intervention）、向法院的特别提交（special reference to the Court）和停止（discontinue）等。

临时保全：在诉讼进行过程中，法院如果认为情形有必要，应一方当事国请求，有权指示临时措施（indication of provisional measures），但应在终局判决之前把此项临时办法立即通知各当事国和安理会。常见的临时措施有冻结存款，查封财产，禁止变卖和处置与诉讼有关的财产、股份等。1957 年，在瑞士诉美国的国际工商业投资公司案中，瑞士就请求法院指示临时措施，防止美国在终审前卖掉与争端有关的股份。又如，1999 年，在德国诉美国的拉格朗（LaGrand）案中，德国请求国际法院指示临时措施，防止美国在终审前执行一项对一名德国国民的死刑判决。

初步反对主张：被告一方对法院的管辖权、法院受理请求书和对实质性问题（merits）的下一步程序的反对主张，可以在限定的期限内以书面形式提出。法院可以用判决书的形式支持或驳回反对主张。在 1984 年尼加拉瓜诉美国案中，美国就对国际法院的管辖权提出了初步反对主张，但被法院驳回。

反诉：反诉的提出应与当事国另一方的权利要求的标的直接相关，并在法院的管辖范围内。反诉可以作为答辩国诉讼主张的一部分在辩诉状中提出。

第三国参加：诉讼当事国以外的第三国可以主张请求参加诉讼程序，请求书一般情况下应在书面程序结束以前提交，并应包括可以佐证的文件。请求书要载明代理人的姓名、请求书所涉及的案件、可能受该案判决影响的申请国的利益、参加的明确目的、法院对请求国与当事国之间的管辖权的依据等。

向法院的特别提交：曾由其他国际机构审理的事项的诉讼案提交国际法院时，《国际法院规约》和《国际法院规则》关于诉讼案件的规定应予适用。在这种情况下，起诉请求书应载明有关国际机构的裁决并附副本一份。起诉请求书还应写明对有关判决和行为所引起的问题的确切陈述，应证明这些问题构成将争端提交法院的理由。

停止：在法院作出终局判决之前，当事国可以用书面协议形式停止诉讼并书面通知法院。法院应颁发命令，记录诉讼的停止，从案件总目录中注销该案。

如果法庭设立分庭审理某一案件，分庭程序也分成书面和口述两个阶段。

书面程序是由当事各方提交单一的书状进行。以请求书的方式开始诉讼时，书状应在连续期限内提出。以特别协议的通知方式开始诉讼时，书状应在同一期限内提出。期限长短由法院确定。分庭的口述程序规则与正常开庭的口述程序规则一样。若经当事国和分庭同意，口述程序也可以取消。这时，各当事国得应分庭的要求提供口头情报或作出口头解释。分庭作出的判决应在庭上公开宣读。

诉讼程序的最后阶段有判决（judgment）、解释（interpretation）和复核（revision）几个步骤。

判决。法庭的判决由出席法官的过半数决定作出。如果投票数相等，由院长或代理院长投决定票。判词应在法院公开宣读，并自宣读之日起对各当事国发生拘束力，但其效力只及于本案，不能像英美法上的"遵循判例原则"那样对以后的类似案件产生拘束力。法院的判决是终局性的，不得上诉。

判词应包括以下内容：

宣读判词的日期；参加判决的法官的姓名；各当事国的名称；各当事国的代理人、律师和辅佐人的姓名；诉讼程序概述；各当事国的诉讼主张（submissions）；事实的陈述；法律上的理由；判决中可交付实施的规定（operative provisions）；有关诉讼费用的分担；构成多数意见的法官的人数和姓名。如果判词的一部分或全部不能代表法官的一致意见，有异议的法官可另行宣告其个别意见（individual opinion）。法官个人的赞同（concurrence）或反对（dissent）意见可以附于判决之后。

判决解释。判词宣读后，当事国可能会对判词的意义或范围有不同的理解，因而产生新的纠纷。这时任何当事国都可以请求法院作出解释。请求解释可以用请求书或以各当事国缔结的特别协定的通知书的形式提出，并指明判决的意义或范围所涉及的争议点。以请求书的方式作出解释请求时，请求书应载明请求国的论点。另一方有权在院长确定的期限内提出书面反对意见。

判决复核。如果判决作出后又发现了具有决定性的事实，而这一事实是在判决宣告时法院及一方当事国（申请复核国）所不知道，而且不知道该事实并非该国本身过失所致，那么该国可以申请法院复核判决。复核判决的请求应以请求书的方式提出，另一方有权在院长或法院确定的期限内对请求的接受提出书面意见，并将该意见送交请求国。法院在接受复核程序前应命令先履行判决的内容。申请复核判决至迟应在新事实发现后 6 个月内提出，但判决生效 10 年后不得再提请复核判决。

6. 判决的执行

《国际法院规约》和《国际法院规则》都没有关于判决执行的规定。《联合国宪章》第94条却对国际法院判决的执行作了如下规定:"(一)联合国每一会员国为任何案件的当事国,承诺遵行国际法院的判决。(二)遇有一方不履行依法院判决应负之义务时,他方得向安理会申诉。安理会认为必要时,得作成建议或决定应采取办法,以执行判决。"由此可见,法院本身没有执行判决的职能,遇一方当事国不执行判决时,他方只得请求安理会采取执行措施。由于国际法院的管辖权是在当事国自愿的基础上确立的,当事国不执行判决将给本身的国际形象带来巨大损害,因此,不履行国际法院判决的义务的事实很少发生①。

7. 法院工作的评价

作为联合国主要司法机关的国际法院,自1946年成立以来,一直肩负着和平解决国际争端的重要职责。在半个多世纪的司法实践中,作为国际上唯一具有一般管辖权的普遍性法院,国际法院的判决和咨询意见在一些方面维护了国际法律秩序,发展了国际法。特别是20世纪60年代后期和70年代以来,国际法院的判决基本上反映了国际正义力量的主张,其咨询意见也常被当作国际法的权威解释广泛引用。1948年关于灭种罪公约保留案和1949年关于联合国损害赔偿案就分别对国际条约法中的保留制度和国际组织的国际人格地位等法律问题提供了理论依据和权威意见。此外,1970年关于纳米比亚案的咨询意见也对联合国及其会员国产生了重要影响。

但是,国际法院成立后的初期工作一度是令人失望的。由于当时法院组成人员多数为西方国家的人选,中小国家,特别是亚非当事国的利益在法院往往得不到同等程度的保护,国际上的违法行为也得不到应有的制裁,曾使许多亚非国家一度对国际法院丧失了信心。这方面最典型的例证莫过于1966年7月18日它对西南非洲案第二阶段的判决。该判决无视埃塞俄比亚和利比亚代表的第三世界国家人民民族自决原则的立场,竟然严重违背"既决案不重开"的国际司法惯例,作出了对原南非种族主义政权有利的判决,引起了全世界,特别是非洲国家的强烈愤慨。事隔3个多月,即1966年10月27日,联合国

---

① 但是,国际法院1980年判决的"美国驻德黑兰外交和领事人员(美国诉伊朗)案"以及1986年判决的"尼加拉瓜境内和针对尼加拉瓜的军事和准军事活动(尼加拉瓜诉美国)案"是少数判决没有得到当事国履行的典型实例。在后一案件判决后,胜诉的尼加拉瓜曾请求安理会强制执行判决,但由于美国的否决,尼加拉瓜提出的这一决议案未获通过。

大会通过决议，终止西南非的委任统治。这事实上是推翻了国际法院的上述判决，国际法院的威信也受到了较大的损害。

从国际法院目前的情况来看，法官人选中增加了发展中国家的法学家，自1985年以来一直有来自中华人民共和国的法官①。他们为使国际法院的活动符合联合国宗旨和国际法基本原则作出了贡献。应该看到，冷战结束后，国际法院受理的案件明显增多；在国际法院进行诉讼的国家不仅数量增加，而且地区来源更为多样；案件涉及的问题更为广泛，在事实和法律方面也更加复杂。这些都反映了当前国际社会通过国际法院以法律方法解决国际争端的意愿和信心在增强。然而，总的来讲，国际法院受理案件的总数并不多，作用仍然有限②。国际法院面临且急需解决的课题是：根据联合国宪章的宗旨与原则改进工作，在解决国际争端、促进国际法律秩序、维持国际和平方面，发挥更大的作用。

第四节 国际组织在和平解决国际争端方面的作用

一、联合国与国际争端的解决

1. 概述

第二次世界大战和国际联盟经历留下的惨痛教训，使联合国创始会员国意识到了以和平方式解决国际争端的重要性。在联合国宪章第1条中，"以和平方式且依正义及国际法之原则，调整或解决足以破坏和平的国际争端或情势"被列为联合国的宗旨之一。第2条进一步把"各会员国应以和平方式解决争端"和"各会员国在其国际关系上不得使用威胁或武力"列为联合国及其会员国必须遵循的原则。以此为基础，宪章还规定了联合国和平解决争端的制度和一系列方法③。宪章除了规定国际法院作为联合国的主要司法机关，可依其职权处理法律性质的争端外，还规定联合国安理会和大会对和平解决国际争端负有重要责任。此外，还规定了区域机关和区域办法。

---

① 他们是：倪征燠（1985—1994年）、史久镛（1994—2010年）和薛捍勤（2010年至今）。

② 自1947年受理第一起纠纷以来，国际法院迄今（至2011年1月）共受理了117件诉讼管辖案和26件咨询管辖案（各案例参见国际法院网站：www.icj-cij.org）。

③ 《联合国宪章》第6章和第14章等。

与国联盟约相比较，宪章确立了联合国在解决国际争端方面更加广泛的职权，并使其会员国承担了相应的义务不以武力的方式解决彼此间的争端。在这一点上，宪章的规定比国联盟约的规定，是一个重大进步。

国联会员国在盟约中保留了使用战争或武力方式解决争端的权力。因此，国联会员国在用非和平方法解决争端时，就有可能形成更严重的冲突。这正是国际联盟短命的原因之一。

2. 联合国大会解决国际争端的主要职权

联合国大会作为联合国的主要议事机构，对解决国际争端具有广泛的权力。

宪章第 10 条规定："大会得讨论本宪章范围内之任何问题或事项，或关于本宪章所规定的任何机关的职权。"显然，任何国际争端都属大会讨论的范围。这类争端包括：联合国成员国提出的任何争端或情势；非会员国提出的争端（但非会员国得预先声明接受和平解决争端的义务）；安理会提出来的关于维持国际和平与安全的任何问题。但是根据宪章第 12 条的规定，安理会根据宪章的规定正在处理之中的任何争端或情势，大会不得提出任何建议，除非安理会请求大会提出建议。这是宪章对大会参与解决国际争端的惟一限制。

另一方面，根据宪章第 11 条第 2、3 款的规定，大会还可以讨论联合国任何会员国或安理会以及非联合国会员国向大会所提出来的"关于维持国际和平与安全的任何问题"，并向会员国或安理会或兼向两者提出对于各该项问题的建议。"大会对足以危及国际和平与安全的情势，得提请安理会注意。"

此外，大会还有与安理会同样的调查某项争端或情势的权力，并可以设立常设或临时调查委员会协助解决争端。

联合国大会对争端或情势的讨论、建议和调查的结果可以通过决议的形式提出，决议也可以提出解决争端的方法和条件。但是，这类决议只有道义力量，并不具备法律强制力。

3. 安理会解决国际争端的职权

安理会是联合国对维持和平与安全负主要责任的机关，因此也是联合国解决国际争端，特别是有可能危及国际和平与安全的重大争端的主要机构。根据联合国宪章的有关规定，安理会在处理争端时拥有的职权在有些方面与大会相似，比如调查和建议权，但安理会处理的是"足以危及国际和平与安全的争端"。这表明了大会与安理会在这方面的职能有层次之分。但是，安理会拥有对威胁和破坏和平以及侵略行为采取执行行动的权力，这是大会所没有的。具体说来，安理会解决国际争端的职权主要有以下几个方面：

（1）建议：当争端的继续存在足以危及国际和平与安全时，如果安理会认为有必要，可以促请当事国以谈判、调查、和解、公断、司法解决、利用区域机关或区域办法或各国自行选择的其他和平方法，解决争端。此外，安理会还可以在任何阶段建议适当的程序和调整方法。

（2）调查：对可能引起国际磨擦或惹起争端的任何情势，安理会得通过调查以断定该项争端或情势之继续存在是否足以危及国际和平与安全。安理会为行使调查的职权，可以设立调查委员会。

（3）执行行动：当争端发展到威胁或破坏国际和平与安全或构成侵略行为时，宪章第七章赋予了安理会以具体的执行行动的权力来实施其决议。这类权力包括两大类行为和办法。一类是武力以外的办法，如局部或全部停止经济关系、铁路、海运、航空、邮、电、无线电及其他交通工具，直至断绝外交关系。另一类是武力行动，如会员国联合进行的海陆空军示威、封锁及其他军事行动。由于安理会是联合国惟一的执行机构，因此安理会这方面的权力是大会和其他任何机构所不能具有的。但值得注意的是，安理会这时的执行行动针对的只能是侵略行为，而不是一般法律意义上的争端。

进入 20 世纪 90 年代以后，联合国安理会在解决国际争端方面的作用得到了加强，安理会 5 个常任理事国对重大国际争端与冲突的和平解决采取了积极的行动。但以武力方式解决冲突的事例也时有发生。我国的一贯立场是坚持在任何情况下，尽一切努力用和平的方式解决国际冲突。

另一个值得注意的发展趋势是，秘书长用斡旋调解和国际调查的方式解决国际争端的作用也明显加强。柬埔寨问题、朝鲜半岛局势、利比亚与西方的争端和南斯拉夫危机等，都有秘书长及其特使的参与解决，有些取得了较好的结果。

二、利用区域机关和区域办法解决国际争端

根据联合国宪章第 33 条的规定，国际争端也可以通过利用区域机关或区域办法求得解决。有关区域机关或区域办法的利用，宪章第八章作了专门规定，其要点如下：

1. 利用区域机关或区域办法的目的在于"用以应付关于维持国际和平及安全而宜于区域行动之事件者"。属于世界性而不是区域性的国际争端，不在利用区域机关或区域办法的范围之内，而且必须符合联合国的宗旨和原则。

2. 作为争端当事者的联合国会员国在将区域性争端提交安理会以前，应先利用区域办法或区域机关和平解决争端。也就是说，优先利用区域机关或区

域办法和平解决国际争端是把争端提交给安理会解决的前提。安理会应鼓励利用区域机关或区域办法和平解决区域性争端。

3. 安理会在采取执行行动时，也可以利用区域机关或区域办法，但任何区域机关采取执行行动实施区域办法时必须得到安理会的授权。例如，1999年，国际舆论即严厉谴责北约未经安理会授权空袭南联盟是侵略行为。

4. 为了维护国际和平与安全，依区域机关或区域办法所已采取或正考虑采取的具体行动应向安理会作充分报告。在1984年尼加拉瓜诉美国案中，尼方律师就指称美国在尼加拉瓜港口布雷未向安理会报告的行为是侵略行为。

目前世界上常用的区域办法和区域机构都是地理上接近的同一区域的国家用条约建立起来的。比较重要的有美洲国家组织、阿拉伯国家联盟、东南亚国家联盟、欧洲联盟和非洲联盟等等。在一些区域性的冲突中，这些区域性的组织根据条约中所规定的办法采取积极行动，为和平解决区域性国际争端作出了重要贡献。

思 考 题

1. 试述国际争端的概念与特征。
2. 和平解决国际争端的外交方法有哪些？
3. 试述和平解决国际争端的法律方法。
4. 试述国际法院的诉讼管辖权。
5. 论联合国大会和安理会在和平解决国际争端中的作用。
6. 1999年3月26日开始的78天中北约对南联盟的"空中打击"行为是否符合《联合国宪章》的规定？为什么？

第十八章　战　争　法

第一节　战争与战争法

一、战争的法律概念与特征

国际法上的战争，主要是指两个或两个以上敌对国家之间以武力推行国家政策所造成的武装冲突和由此而产生的一种法律状态。国家间的战时关系是国际法律关系的一种特殊表现形式。战争具有以下特征：

（一）战争的主体

战争的参加者主要是国家，但不限于国家。为争取民族独立解放，摆脱殖民主义和种族主义统治的民族也是国际法意义上合法的主体。现代国际法并不禁止反殖民主义、种族主义的正义战争。

但是，非国际性的武装冲突也已受到国际条约的规范。1949 年日内瓦四公约共同第 3 条及 1977 年 6 月 18 日签订的《1949 年 8 月 12 日日内瓦四公约关于保护非国际性武装冲突受难者的附加议定书》（第二议定书）就规定了非国际性武装冲突的各方应遵守的行为规则。这表明现代国际法已把有关战争的若干法规普遍适用于各类武装冲突，而不仅仅限于国与国之间的武装冲突或战争。

（二）战争是在敌对主体之间发生的一定规模的武装冲突

并非一切武装冲突都构成国际法上的战争。一般小规模的、短暂的武装冲突，如偶然发生的地方性的、短暂的边界冲突，不构成国际法上的战争。只有持续一定时间，发展到一定规模并产生一系列的法律后果的武装冲突，才构成国际法上的战争。

（三）战争不仅存在武装冲突的事实，而且是一种法律状态

战争状态的存在不仅取决于敌对主体之间的一定规模的武装冲突的客观事实，而且还决定于交战者较为明确的"交战意向"的表示和第三国的态度。

所谓交战意向，就是敌对双方主观上都认为各自针对对方所进行的或将要进行的行为是战争行为，或交战一方或双方宣战或事实上把对方的敌对行为看作战争，或非交战国宣布中立。这样，交战国之间，交战国与非交战国之间平时的关系，就转变成了战时的权利与义务关系，从而形成法律上的战争状态。冲突国之间一旦存在战争状态，两国和平关系正式终止，战争法开始适用。

一些西方国际法学者认为战争主要是交战国之间的法律状态，而不一定有武装冲突的存在。这种观点不无偏颇。国际实践表明，历史上出现过两国存在战争状态而无武装冲突的事实的例子，但这只是非常特殊的情况，而绝大多数的情况是存在武装冲突的。

（四）战争有正义和非正义之分

在国际上，侵略战争和殖民主义战争是非正义战争；反侵略战争和反殖民主义战争是正义战争。有的时候交战国双方所进行的战争都是非正义的。非正义战争是违反现代国际法的。《联合国宪章》明文规定，在国际关系中，不得以武力相威胁或使用武力来侵犯任何国家的领土完整或政治独立，亦不得以任何其他同联合国宗旨不符的方式以武力相威胁或使用武力。

二、战争法的概念

战争法是以国际条约和惯例为形式，调整战争或武装冲突中交战国之间、交战国与中立国之间关系的和有关战时人道主义保护的原则、规则和制度的总称。它是现代国际法的一个重要分支。第二次世界大战以后，国家与国家之间的战争日趋减少，而区域性和非国际性的武装冲突则时有发生，武装冲突中人道主义保护的有关原则和规则也日益得到重视和实施。因此，在现代和当代国际法律体系中，战争法更多地被冠以"国际武装冲突法"或"国际人道法"的名称。①

现代战争法的主要内容包括两大部分。一是关于战争或武装冲突本身的规则，如战争的开始与结束，海陆空战行为规则，交战国之间、交战国与中立国或非交战国之间法律关系的原则、规则和规章制度等。二是关于战时人道主义保护的规则，主要有对作战方法、武器的限制，对战时平民、战斗员、战俘和受难者的待遇和保护等，狭义的国际人道法即涵盖了这一方面的内容。此外，

---

① 参见前南斯拉夫国际刑事法庭审理的检察官诉塔蒂奇案。Prosecutor v. Tadić, Case No. IT-94-1-AR72, 2 October 1995, ICTY Appeal Chamber, *Decision on the Defence Motion for Interlocutory Appeal on Jurisdiction*, para. 87.

还有对战争罪犯的惩处等。

三、战争的废弃

战争作为传统国际法上解决国际争端的绝对权利第一次受到国际条约的限制是 1899 年缔结的并经 1907 年修订的《海牙国际争端和平解决公约》（海牙第一公约）。该公约要求各国尽量用和平方法解决争端，并约定在请求有关国家斡旋或调停重大争端以前，不发动战争。

第一次世界大战结束后订立的《国际联盟盟约》序言指出："为促进国际间合作并保持和平与安全起见，特允承受不从事战争之义务。"第 12 条和第 13 条还分别约定："无论如何，非俟仲裁员裁决或法庭判决或行政院报告后 3 个月届满以前，不得从事战争。""对于遵行裁决或判决之联盟任何会员国，不得进行战争。"此外，第 15 条第 6 款还约定：联盟会员国"彼此不得向遵从（行政院）报告书建议之任何一方从事战争"。然而，上述这些规定并没有全面禁止战争或废弃战争，只是对战争权的使用施加了一些条件限制。

历史上第一个明确规定废弃战争的国际条约是 1928 年 8 月 27 日的《巴黎非战公约》，即《关于废弃战争作为国家政策工具的一般条约》，又称《白里安—凯洛哥公约》。该公约的序言指出："相信断然地废弃战争作为实行国家政策的工具的时机已经到来。"公约第 1 条规定："缔约各方以它们各国人民的名义郑重声明，它们斥责用战争来解决国际纠纷，并在它们的相互关系上废弃战争作为实行国家政策的工具。"第 2 条进一步规定："缔约各方同意，它们之间可能发生的一切争端或冲突，不论其性质或起因如何，只能用和平方法加以处理和解决。"然而，该公约并不禁止合法的自卫战争。

从现代国际法的观点来看，该公约并不是毫无缺陷的。一方面，公约只针对战争作出了明确的规定，而没有包括非法使用武力的行为，很容易给某些侵略国以一般使用武力行为不构成战争为借口逃避公约的制裁。另一方面，公约没有谴责侵略战争为国际罪行，无法对违约国追究相应的战争责任。此外，由于该公约不具有强行效力，非缔约国不受公约的约束，使公约的适用范围受到了较大的限制。

人类经历了第二次世界大战后，进一步认识到了全面禁止战争和非法使用武力行为的极端重要性。《联合国宪章》明确地对一切非法使用武力的行为作出了全面禁止。宪章第 1 条把"消除对于和平之威胁，制止侵略行为或其他和平之破坏"列为联合国的第一宗旨，并在第 2 条中把"各会员国在其国际关系上不得使用威胁或武力，或以与联合国宗旨不符之任何其他方法，侵害任何会员国或国家之领土完整或政治独立"列为联合国及其会员国应该遵行的重要原则之一。

宪章虽然没有使用"战争"一词,但"使用武力"的行为显然包括了战争行为,因为战争是大规模地使用武力的行为。可见,宪章的有关措辞更有利于防止从事侵略战争者以不宣而战的方式或以自己从事的不是战争为借口,逃避国际责任和制裁。

但是,宪章禁止的是非法使用武力的行为。如 1990 年 8 月 2 日伊拉克以武力入侵和并吞科威特后,联合国安理会立即举行紧急会议通过第 660 号决议,"确定"伊拉克的"侵略"行为已"构成对国际和平与安全的破坏",予以严厉"谴责",并"要求立即无条件地将其所有部队撤至其于 1990 年 8 月 1 日所在的据点"。

有两种合法使用武力的行为并不受限制和禁止。一是单独或集体自卫。宪章第 51 条规定:"联合国任何会员国受武力攻击时,在安理会采取必要办法,以维持国际和平及安全以前,本宪章不得认为禁止行使单独或集体自卫之自然权利。"反击侵略者的行为显然属于此类。二是联合国安理会根据《联合国宪章》第 42 条所采取的行为。宪章第 42 条规定:"安理会如认为第 41 条所规定的办法为不足或已经证明为不足时,得采取必要之空海陆军行动,以维持或恢复国际和平及安全。"

1974 年 12 月 14 日,联合国大会通过的《关于侵略定义的决议》第 5 条第 2 款宣布:"侵略战争是破坏国际和平的罪行,侵略引起国家责任。"联合国国际法委员会 1979 年 7 月拟定的《关于国家责任的条文草案》第 19 条也把侵略行为视为"严重违背对维持国际和平与安全具有根本重要性的国际义务"的国际罪行。由于国际社会对国家承担国际刑事责任的分歧太大,联合国国际法委员会 2001 年通过的《国家对国际不法行为的责任条款草案》删除了一读通过的草案第 19 条有关国家之国际犯罪的条款,但 1998 年《国际刑事法院罗马规约》将个人犯有的侵略罪行纳入法院的可管辖罪行之内。

综上可见,战争在现代国际法上是一种普遍受禁止的行为,废弃战争是各国的责任,侵略战争是破坏国际和平与安全的严重罪行。

四、战争法的编纂

战争法的编纂始于 1856 年的巴黎会议,这次会议缔结了关于海战的巴黎宣言,使传统的战争惯例第一次以成文形式载入战争法史册。1864 年的日内瓦会议首开国际条约对战地受难者实行人道主义保护的先例。关于改善战地陆军伤兵境遇的日内瓦公约是最早承认战时人道主义法则的国际条约。此后，1869 年的圣彼得堡会议，1899 年和 1907 年的两次海牙会议，1929 年、1949 年和 1977 年的三次日内瓦会议又进一步完善和发展了战争行为规则和战时人道主义法，使战争法体系日益完备。上述国际会议编纂战争法的成果集中体现为有关战争的四大类国际条约。

（一）有关作战规则的条约

1856 年《关于海战的巴黎宣言》

1899 年《陆战法规惯例公约》（海牙第二公约）

1907 年《关于战争开始的公约》（海牙第三公约）

1907 年《陆战法规惯例公约》（海牙第四公约）

1907 年《中立国和人民在陆战中的权利和义务公约》（海牙第五公约）

1907 年《战时敌国商船地位公约》（海牙第六公约）

1907 年《商船改充战舰公约》（海牙第七公约）

1907 年《敷设自动触发水雷公约》（海牙第八公约）

1907 年《战时海军轰击公约》（海牙第九公约）

1907 年《海战时限制捕获权公约》（海牙第十一公约）

1907 年《设立国际捕获物法庭公约》（海牙第十二公约）

1907 年《陆战和海战时中立国及中立人民的权利与义务公约》（海牙第十三公约）

1909 年《伦敦海战宣言》

1928 年《海上中立公约》

1930 年《关于海军作战的伦敦公约》

1930 年《关于潜艇作战规则的伦敦议定书》

1930 年《关于把潜艇作战规则推行于水面舰只和飞机的尼翁协定》

（二）有关限制作战方法和作战武器的条约

1868 年《禁止在战争中使用某些爆炸性或装有易燃物质的投射物的圣彼得堡宣言》

1899 年《禁止从气球上或用其他新的类似方法投放投射物和爆炸物海牙宣言》（海牙第一宣言）

1899 年《禁止使用以散布窒息性或有毒气质为惟一目的之投射物的海牙宣言》（海牙第二宣言）

1899 年《禁止使用膨胀（达姆）弹的海牙宣言》（海牙第三宣言）

1907 年《禁止从气球上投掷投射物和爆炸物海牙宣言》

1922 年《关于在战争中使用潜水艇及有毒气体的华盛顿条约》

1925 年《关于禁止用毒气或类似毒品及细菌方法作战的日内瓦议定书》（我国于 1952 年 7 月 13 日加入该议定书）

1961 年《禁止使用核及热核武器宣言》

1971 年《禁止在海床、洋底及其底土安置核武器和其他大规模毁灭性武器条约》

1972 年《禁止细菌（生物）及毒素武器的发展、生产及储存以及销毁这类武器的公约》

1976 年《禁止为军事或任何其他敌对目的使用改变环境的技术的日内瓦公约》

1980 年《禁止和限制使用某些可被认为具有过分伤害力或滥杀滥伤作用的常规武器公约》（我国于 1982 年 4 月 7 日批准该公约）

1980 年《关于无法检测的碎片的议定书》（常规武器公约议定书一）

1980 年《禁止或限制使用地雷（水雷）、饵雷和其他装置的议定书》（常规武器公约议定书二）及其 1996 年修正议定书

1980 年《禁止或限制使用燃烧武器议定书》（常规武器公约议定书三）

1995 年《关于激光致盲武器的议定书》（常规武器公约议定书四）

1993 年《关于禁止发展、生产、储存和使用化学武器及销毁化学武器公约》

1997 年《关于禁止使用、储存、生产和转让杀伤人员地雷及销毁此种地雷的渥太华公约》

2003 年《战争遗留爆炸物议定书》（常规武器公约议定书五）

2008 年《集束弹药公约》

（三）有关战时人道主义保护规则的条约

1864 年《改善战地陆军伤病员待遇的日内瓦公约》

1899 年《日内瓦公约原则推行于海战公约》（海牙第十公约）

1906 年《改善伤病员待遇的日内瓦公约》

1907 年《日内瓦公约原则推行于海战公约》

1929 年《关于改善战时伤病员待遇的日内瓦公约》

1929 年《关于战俘待遇的日内瓦公约》

1949 年《改善战地武装部队伤病员待遇的日内瓦公约》

1949 年《改善海上武装部队伤病员及遇船难者待遇的日内瓦公约》

1949 年《关于战俘待遇的日内瓦公约》

1949 年《关于战时保护平民的日内瓦公约》（我国于 1953 年 7 月 13 日加入上述 1949 年的四公约）

1977 年《日内瓦四公约关于保护国际性武装冲突受难者的附加议定书》（第一附加议定书）

1977 年《日内瓦四公约关于保护非国际性武装冲突受难者的附加议定书》（第二附加议定书）

（我国已于 1983 年 9 月 2 日加入上述两个附加议定书）

（四）关于惩处战争罪犯的条约

1945 年《关于控诉和惩处欧洲轴心国主要战犯的伦敦协定》

1945 年《欧洲国际军事法庭宪章》

1946 年《远东国际军事法庭宪章》

1968 年《战争罪及危害人类罪不适用法庭时效公约》

1973 年《关于侦察、逮捕、引渡和惩治战争罪犯和危害人类罪犯的国际合作原则》

1993 年《前南斯拉夫问题国际刑事法庭规约》

1994 年《卢旺达问题国际刑事法庭规约》

1998 年《国际刑事法院罗马规约》

2002 年《塞拉利昂特别法庭规约》

第二节　战争的开始与结束

一、战争的开始及其后果

传统的战争法认为战争的开始需经宣战，但并不完全否认事实上的敌对武装行为也是使冲突或敌对双方进入战争状态的方式。所谓宣战就是宣告交战国之间和平关系的结束和战争状态的开始。

从国际条约的规定来看，1907 年的海牙第三公约的第 1 条规定："非有预先而明显的警告，或用说明理由的宣战形式，或有附有条件的宣战为最后通牒的形式，彼此均不应开战。"其第 2 条还规定："战争情形之存在，应从速通知各中立国。"这些规定表明，宣战或以最后通牒方式作"附有条件的宣战"是传统战争法的一般要求，但不是一条强行性规则。因此，即使敌对双方采取的是不宣而战的事实上的战争行为，也不能否认这种行为的战争性质。

从国际法学说来看，有关宣战的必要性，欧洲大陆国际法学者与英美国际法学者持不同的观点。格劳秀斯认为："开战前必须宣战是国际法的一个准则。"英美学者则认为宣战只是一种任意的法律程序，大规模的武装冲突或武装入侵并不因为没有宣战就不是战争。

从国际实践来看，世界史上不少大的战争都是不宣而战的，如1904年的日俄战争，1937年日本入侵中国，1939年德国入侵波兰，1941年日本偷袭珍珠港等。

综上可见，宣战并不是一项确定的、普遍性的国际法规则，更不能把宣战与否作为判断合法战争与非法战争、正义战争与非正义战争的标准。它的作用限于使交战对方、非交战国和中立国知悉交战状态的开始或事实上已经存在。在1928年巴黎非战公约明文废弃战争后，宣战在国际法上的地位也随之大为降低，但并没有完全失去其作用。第二次世界大战实践表明，同盟国先后对德日法西斯的宣战起到了号召和团结世界上一切正义力量的作用，尽管有些宣战国并没有卷入事实上的武装冲突和敌对行动（如拉丁美洲国家）。

然而，无论是否宣战，事实上的战争状态的存在必然导致一系列的法律后果。这些后果具体表现在以下几个方面：

（一）断绝外交关系和领事关系

两国关系的急剧恶化往往是战争状态可能形成的第一征兆，外交和领事关系的完全断绝是战争所致的最直接的后果（但不是必然后果，两伊战争爆发后，两国仍然保留各自的外交代表）。但是，战争造成的这一直接后果并不能剥夺外交官的特权与豁免权，也不能任意征用断交国的外交财产。根据1961年《维也纳外交关系公约》的有关规定，享有外交豁免权的人员应得到便利尽速离境，在离境前的外交特权和豁免权应受尊重。撤离国使馆的馆舍、档案和其他财产可以委托第三国，常常是中立国保管，也可以在接受国政府允许的情况下留下一位随员保管。1904年日俄战争中，日本委托美国，俄国委托法国，分别照管各自的馆舍和财产。

（二）对国际条约的后果

战争使和平关系转化为敌对关系，必然对调整和平时期关系的国际条约产生影响。一般说来，敌对国家之间的所有双边政治性条约，如和平友好条约、军事同盟条约随着战争的爆发立刻废止。双边的商务、经济条约也随之中止或停止执行。确定双边永久性状态的边界、边境条约一般不得废止，但战争的结果有时对边界条约产生直接影响并可能使之成为战后和约修改的对象。

然而，战争的爆发并不意味着所有条约都受影响，更不能废止一切条约。相反，有些平时不起作用的专为战争时期缔结的条约，如有关战争法规、中立和战争受难者保护的条约则随着战争的开始而开始适用。此外，平时适用的多边的造法性公约一般也不因少数缔约国之间爆发战争而取消，但敌对国家之间的由于战争所迫可以暂停执行这类条约，战后仍需恢复执行。

（三）对交战国人民和财产的影响

交战国人民的地位随着战争状态的形成发生变化。战争开始后，交战国的侨民在敌对国家的领土上就成了敌国国民。敌国政府一般允许他们限期撤离。除非得到特别许可，否则，留在敌国领土上的侨民将面临被驱逐出境、拘禁、逮捕或强制遣返回国的恶运。第二次世界大战中，同盟国和轴心国都分别拘禁过成千上万的敌国侨民，也有的将敌国侨民遣返回国。德国法西斯政府则以野蛮的强制押送出境的做法代替了对同盟国国民的拘禁。

1949 年 8 月 12 日关于战时保护平民的日内瓦公约并不完全禁止对敌国国民的拘禁或把他们安置在指定的居所。但是，这一做法应是"对拘留国安全有绝对需要"和"在拘留国的司法或行政审查之下"才能施行，并应保障被拘禁人完全的民事行为能力及与其地位相符的权利。

交战国人民之间的私人关系和商务交往关系被禁止，两国和私人间的契约不能履行或被认为违反了公共政策而告无效。

敌国国民的私人财产一般不受侵犯，但可以施加限制、冻结或征用，并禁止转移。第二次世界大战中，大部分敌国国民的银行存款被提取了 10% ~ 30% 的罚款。

被占领国领土的财产也受战争的直接影响。不动产可以使用，但不得征收或处理。直接用于战争的资产可以征用或没收。敌国的公共财产，除使馆外，可以没收，也可以使用。属于军事性质的敌国国有财产，可以破坏。

二、战争的结束

战争的结束是指交战国之间战争状态的终止和和平关系的恢复。

战争的结束与停止战争不同，停战是交战各方根据协议暂时停止军事行动，而不是战争状态的终止。停战可以是全面的，也可以是局部的。全面停战是指各交战国停止所有战场的军事行动，往往是战争终止的前兆。局部停战是指交战各方某个或几个战场、战区等有限范围内的军事行动的停止。局部停战大多是临时性的、定期的，还有重新开战的可能。1953 年 7 月 23 日签订的朝鲜停战协定虽然划定了军事分界线、非军事区并作出了有关战俘、停火等事项的具体安排，但南北朝鲜之间的战争状态并没有就此结束。

战争的结束与投降或无条件投降也有区别。投降是指交战国一方承认自己已完全战败而要求对方停止战斗。投降有时也指某个战区或要塞被围的部队结束抵抗，要求攻击的一方停止军事行动，在约定的条件下，或无条件地停止一切军事行动、解除武装。根据 1907 年海牙第四公约的规定，投降必须接受，不得拒绝。投降后的军人不得受侮辱。在第二次世界大战中，投降往往是无条件的。所谓无条件投降也就是按战胜国一方的要求和条件投降。1945 年 5 月 8 日德国统帅部的代表在柏林签署了无条件投降书。同年 9 月 2 日本签署了无条件投降书。投降是结束敌对行为的步骤，但不是战争状态的结束，战争状态的结束，还必须经过必要的法律程序。

结束战争的通常方式是缔结和约。结束 30 年战争的威斯特伐利亚和约，结束第一次世界大战的凡尔赛和约和结束第二次世界大战的对意、匈、罗、保、芬五国的和约是世界战争史上最著名的和约。但是第二次世界大战结束后，对德国、日本、奥地利和约则是在三国无条件投降 6 年后才由美、英、法等国在违反联合国家宣言的情况下签订的。许多同盟国家指责美、英、法等国与德日单独的媾和是违反诺言的片面行为。中国与日本之间的战争状态一直到 1972 年两国政府发表《联合声明》才告结束。

和约的主要内容一般有：完全停止军事行动、释放和遣返战俘、部分或全部恢复战前条约的效力、恢复外交和贸易关系、战争赔款、赔偿、惩治战争罪犯等。过去帝国主义国家常常在用武力打败弱小国家之后，强迫后者接受屈辱性的和约，有的和约甚至包括割让领土和其他掠夺性、惩罚性条款，还有的包括军事占领等内容。这些条款和内容显然是不符合现代国际法的要求的，应归于无效。

单方面宣布结束战争也是结束战争状态的方式之一。1955 年 4 月 7 日，中华人民共和国主席以战胜国姿态发布命令，宣布结束与德国之间的战争状态。

第三节　海战和空战中的特殊规则

一、海战特殊规则

有关战争法规的第一个条约就是 1856 年 4 月 16 日《关于海战的巴黎宣言》。1899 年 7 月 29 日的海牙公约又把 1864 年关于改善战地伤病员待遇的日内瓦公约原则适用于海战。1907 年的海牙会议和 1929 年、1949 年和 1977 年的历次日内瓦会议都专门订立了有关海战的特别规则。

（一）关于海战战场和战斗员

海战的战场不限于交战国的领水范围，还常常扩展到公海，这势必给非交战国和中立国在公海上的正常国际航运权利带来损害。因此，交战国在公海上发生战斗时应当受到限制，交战各方不应妨碍正常的国际航运，也不得侵犯中立国和非交战国的合法权利。

交战国的海军部队，无论是战斗员还是非战斗员，不论是编入各种类型的舰艇，还是海岸或要塞防卫队，都享有与陆军部队同等的权利，承担同样的义务，并受人道主义法规的保护。

海战中禁止使用经本国政府允许发给特别许可证的武装私人商船，即私掠船。1856 年《巴黎会议关于海上若干原则的宣言》正式废除了私掠船制度，现代国际法认为私掠船是海盗船，船上人员被认为是海盗，不受国际法的保护。

（二）关于武装商船、商船改充军舰和潜水艇

为了防御目的而武装自卫的商船称武装商船。由于商船的防御性武装并没有改变它的法律地位，因此武装商船应受国际法的保护。然而，一旦武装商船主动攻击敌国军舰或商船，就不能成为国际法的保护对象了。

如果商船改充为军舰，它的法律地位就不同于武装商船，而类似于军舰。根据 1907 年海牙第七公约的规定，商船改充为军舰需要符合以下条件：1. 必须在本国的直接权威和监督下改装；2. 外部标志与本国军舰所特有的外部标志相同；3. 指挥官必须受国家正式任命；4. 船员受军纪约束；5. 遵守战争法惯例；6. 交战国应从速将改装好的军舰列入军舰表中。

潜水艇在海战中的作用是从水下攻击敌国船舰，切断敌国海上贸易，实施封锁计划，捕获商船，临检和查搜禁制品，但不得破坏商船。必须破坏时，应把船上的船员、旅客安置到安全地带。1922 年《关于在战争中使用潜水艇及有毒气体的华盛顿条约》除了重申上述规则外，还明确规定，如果潜水艇不能按上述规则拿捕商船，现行国际法要求它放弃攻击和拿捕，并允许该商船不受阻挠地继续行驶。违反上述规范者将按海盗罪惩办。禁止使用潜艇专为破坏通商之用，因为这将威胁中立国人民和非战斗员的生命安全。

这些规则在 1936 年关于潜艇作战规则的伦敦议定书和 1937 年的尼翁协定中又得到了重申和确认。

（三）关于水雷和鱼雷

1907 年海牙第八公约规定：禁止敷设没有系缆的自动触发水雷，但失控一小时后失效者除外；禁止敷设虽有系缆，但离开系缆后仍能为害的水雷；禁

止敷设射击不中以后仍有危险性的水雷；禁止以断绝贸易通航为目的在敌国沿岸或港口敷设自动触发水雷；使用系缆自动触发水雷时，应尽力避免威胁海上和平航行的安全。

（四）关于海军轰击

1907年海牙第九公约规定，禁止海军轰击未设防的城市、海港、村庄、房舍及建筑；不得以港口设置自动海底触发水雷为设防；攻击处在不设防地点的军事设施前应通知有关当局限期拆除；地方当局如果拒绝征集海军提出的、当时必需的粮食或生活用品，可以轰击，但轰击时必须尽力保全一切未用于军事目的的宗教、艺术、技艺、慈善事业所用之建筑、历史古迹及病院和伤病者收容所；海军突击占领城市时，禁止掠夺。

（五）关于商船和其他民用船只的地位

战争中敌国的商船往往是拿捕的对象。中立国的商船如果破坏封锁或违反中立义务，也可以拿捕。

根据1907年海牙第六公约的规定，开战前停泊在敌国港口内的商船应限期离开，不得没收。因故不能离开者可以拘留，待战后归还，不付赔偿；也可以征用，但需付赔偿。

根据1907年海牙第十一公约的规定，专供沿岸渔业用的船只，从事地方贸易的小船，执行宗教、艺术、人道任务的船只和军用医院船不得拿捕，但这类船只不得参加战斗或作军事用途，否则亦成为拿捕的对象。

二、空战特殊规则

尽管从1864年以来编纂了50多个有关战争法的条约，但无一是专门确认空战规则的，仅有关于禁止从空中和氢气球上投掷炸弹及炸裂品的专项公约。

1922年，法学家委员会在海牙拟订了一个海牙空战规则草案，至今没有产生法律效力，因此该草案仅具有参考价值。

海牙空战规则草案的主要内容有：

飞机的外部标志和交战资格；燃烧和爆炸性子弹的使用；空中爆炸；对敌国非军用飞机和中立国飞机的待遇及对它们采取的军事行动；交战国对中立国和中立国对交战国的义务；与行使封锁和禁制品以及防止非中立义务的权利有关的临检、搜索、拿捕和判决没收的法律。

1937年尼翁协定的补充议定书还把有关适用于潜水艇的规则推行到空战。

尽管目前还没有专门适用于空战的条约规则，陆战和海战中有关人道主义保护的规则同样也应适用于空战。许多国际法学家提出了各种建议，有的主张空战适用关于陆战的普通法律，有的主张空战适用的规则应与海战规则类比，还有的建议建立一个独立的空战规章。①

第四节 战 时 中 立

一、中立的概念与现状

所谓中立，是指两个或几个国家之间发生战争时，非交战国所选择的不加入战争和不支持任何一方的法律地位。

选择中立地位的国家与非交战国在不参加战争这一点上是相同的，但非交战国对交战国的态度可能有所倾向，比如在意识形态方面表示同情或偶尔给予有限的经济援助。1939 年 9 月 3 日至 1940 年 6 月 1 日意大利对德国所采取的政策就是这样。而中立国则应对交战双方采取不偏不倚，完全同等对待的态度。

战时中立国与永久中立国的地位不一样。永久中立国，或称中立化国家，在战时遵守中立的义务是以国际条约为基础的永久性、普遍性义务。永久性中立国的中立地位和中立义务不是在某一个时期针对某几个国家而言，而是在中立条约生效后，在任何时期对所有国家而言的。瑞士②和奥地利③两国就是永久中立国。相反，战时中立国的义务通常只是一种单方行为自愿选择的结果，它们只在宣告中立后对当时的交战国负有中立义务，其中立地位可以在战争期间和战后随时宣布中止。

战时中立与政治意义上的中立、中立主义也有区别。前者是一种法律行为，产生积极的法律后果，战时中立国因此而与交战国产生确定的权利与义务关系。后者只是一种政治行为或政治主张，不产生严格意义上的法律后果。

第二次世界大战结束后，随着联合国宪章建立起来的集体安全制度，对中立制度提出了挑战，因为所有联合国会员国都根据联合国宪章的有关条款④承

---

① 参见夏尔·卢梭：《武装冲突法》，中国对外翻译出版公司 1987 年中译本，第 275~276 页。

② 1815 年瑞士依据《维也纳公约宣言》和《维也纳公约决议书》等公约成为永久中立国。

③ 1955 年奥地利根据《重建独立和民主的奥地利国家条约》（即对奥和约）和奥地利联邦宪法，宣布为永久中立国。

④ 比如宪章第 2 条第 5 款，第 25 条。

担了支持联合国采取集体行动制裁非法使用武力和侵略行为的义务。但是，国际组织的集体安全体系并没有否定中立制度的现实意义，毕竟并非所有的战争都是非法的，而且有些战争的性质也很难由一个国际组织机构来作最后确定。

二、中立国的权利与义务

中立国享有的权利和承担的义务从其知悉战争爆发后作出中立地位选择时开始。

根据 1907 年关于中立国在海战、陆战中的权利和义务的海牙公约和历次日内瓦公约的有关规定，中立国对交战国而言享有以下几项权利：禁止交战国的部队进入其领土，否则予以拘禁；禁止交战国的军火押送队或供应品押送队通过中立国的领土；交战国必须尊重中立国的主权，禁止在中立国领土上实施违反中立的行为；禁止交战国的军舰在中立国领海内进行拿捕和临检行为；禁止交战国在中立国领土和领水内的船上设捕获法庭；不得以中立国口岸或中立水域为海战根据地攻击敌人；禁止交战国在中立国境内装配船舰或增加武装；交战国的军舰及捕获物不得在中立国领海通过；交战国军舰不得利用中立国口岸、海岸及领海更新或增加军需、军械或添补船员；中立国有权在战争期间拘留在限期内不离开的交战国军舰。

中立国对交战国的义务有：

不直接参加战争行为，比如为交战国招募军队；对交战国按公正不偏的态度行事；遵守交战国有关封锁的规定，如有违反，交战国有权惩罚中立国的商船或对之行使临检、搜索权直至最后拿捕。所谓封锁，是指交战国为切断敌国的对外联系，削弱敌国经济，用军舰阻挡一切国家，包括中立国的船舶和飞机进入敌国的港口和海岸。遵守交战国有关战时禁制品的规定。战时禁制品是指交战双方禁止运送给敌国的货物。这类物品又分为绝对禁制品和相对禁制品。纯粹作为军事用途者是绝对禁制品，如武器弹药。军民可以两用者是相对禁制品，如衣物、食品等。如中立国违反上述义务，绝对战时禁制品一律没收，相对禁制品视其最终用途而处置，供给敌国军队及其政府使用者，也应没收。

第五节 战时人道主义保护规则

一、限制作战手段和方法

战争中使用的作战工具和作战方法并不是毫无限制的，这是由 1868 年圣彼得堡宣言开始确立的一项人道主义原则。该宣言倡导"战争行动应服从人道原则，因此需要限制技术使用的范围"。这一原则先后经过 1899 年、1907 年的海牙条约体系和 1929 年、1949 年日内瓦条约体系、1977 年《日内瓦四公约第一附加议定书》、1980 年《常规武器公约》及其《议定书二》、1997 年《渥太华禁雷公约》以及 1998 年《国际刑事法院罗马规约》的不断发展和补充，最后经确认为三项基本规则：（1）在任何武装冲突中，冲突各方选择作战方法和手段的权利不是无限制的。（2）禁止使用属于引起过分伤害和不必要痛苦性质的武器、投射体和物质的作战方法和手段。（3）禁止使用旨在或可能对自然环境引起广泛、长期而严重损害的作战方法或手段。

受战时人道主义规则限制的作战手段可分为使用野蛮和残酷的常规武器和使用大规模毁灭性武器两大类。受战时人道主义规则限制的作战方法有不分皂白的攻击、背信弃义和改变自然环境的作战方法等三类。现分别简述如下。

（一）极度残酷的常规武器

1. 爆炸性、膨胀性和燃烧性子弹、炸弹

1868 年圣彼得堡宣言明确禁止使用重量在 400 克以下的燃烧性和爆炸性硬壳子弹和子弹外壳不完全包住弹心或外壳上刻有裂纹的子弹。1899 年海牙第三宣言禁止使用达姆弹，因为这种子弹外壳有十字形裂纹，外壳强固，进入人体后，弹头发生破裂，造成伤口扩大、感染、难以治愈。此外，燃烧性的凝固汽油弹和装有碎片、小箭、小针之类的炸弹、地雷也属禁止之列。1980 年《禁止或限制使用某些可能被认为具有过分伤害力或滥杀滥伤作用的常规武器公约》及其三个附加议定书明文禁止使用任何其主要作用在于以碎片伤人而碎片在人体内无法用 X 射线检测的武器，禁止使用地雷（水雷）、饵雷和燃烧性武器。1998 年《国际刑事法院罗马规约》第 8（2）（b）（xix）条规定使用易于膨胀的子弹构成战争罪行。

2. 化学武器

1899 年海牙第二公约和 1907 年海牙第四公约附件第 23 条第 1 款规定，"禁止使用毒物和有毒武器"。1899 年海牙第二宣言宣布"不使用以散布窒息性或有毒气体为惟一目的的投射物"。1922 年《关于在战争中使用潜水艇及有毒气体的条约》规定禁止"在战争中使用窒息性、有毒性及其他同类气体，以及一切类似液体、物质的方法"。1925 年 6 月 17 日《日内瓦禁止毒气议定书》再次重申了上述规定。这一议定书今天已被 100 多个国家接受。1993 年《禁止化学武器公约》将化学武器分为三类：超级有害、致命和有害，并规定缔约国承担不研制、不生产、不储存、不保有、不转让、不使用以及销毁化学武器的义务。1997 年根据该公约建立了禁止化学武器组织，总部设在海牙。1998 年《国际刑事法院罗马规约》第 8（2）（b）（xviii）条规定使用化学武器构成战争罪行。

3. 细菌武器

1969 年 12 月 16 日，联合国大会通过决议，确认使用细菌武器是"与国际法中公认的规则相背离的"。1972 年 4 月 10 日签订了《禁止细菌（生物）及毒素武器的发展、生产及储存以及销毁这类武器的公约》。该公约不仅禁止使用细菌生物武器，而且永远禁止在任何情况下发展、生产及储存这类武器，并且号召销毁这类武器。公约中虽然没有关于禁止在战争中使用细菌武器的规定，但其第 8 条规定公约的任何规定"均不得解释为在任何意义上限制或减损 1925 年日内瓦议定书当事国所承担的义务。" 1925 年的议定书宣称："鉴于在战争中使用窒息性、有毒的或其他瓦斯以及类似液体、物质或器具，既经文明世界普遍舆论谴责，鉴于世界大部分国家所参加的条约中已宣布禁止使用……同意将此项禁止扩展及于细菌武器之使用。"

（二）大规模毁灭性武器

1945 年 8 月 6 日和 9 日，美国在日本广岛和长崎先后投下两颗原子弹，分别造成 229591 人和 58598 人死亡。原子武器的第一次使用，也是至今为止惟一的一次使用，就给人类带来如此巨大的生命和财产损失，使全世界人民极为关切和反对。原子武器爆炸后产生的冲击波、辐射效力和放射性尘灰比常规爆炸性武器和化学武器造成的伤害程度更大。可是现今还没有一个普遍禁止核武器的试验、生产、拥有和使用的国际条约。只有 1963 年在莫斯科签署的《部分禁止核试验条约》。1967 年缔结的《关于各国探索和利用包括月球和其他天体在内外层空间活动的原则条约》第 4 条规定："各缔约国保证，不在绕地球轨道放置任何携带核武器或任何其他类型大规模毁灭性武器的实体，不在天体配置这种武器，也不以任何其他方式在外层空间布置此种武器。" 1971 年缔结了《禁止在海床、洋底及其底土安置核武器和其他大规模毁灭性武器条约》。1972 年 11 月 29 日，联合国大会通过决议，宣布"永远禁止使用核武器"。1994 年联合国大会请求国际法院就"国际法是否允许在任何情况下以核武器进行威胁或使用核武器？"发表咨询意见。1996 年，国际法院就习惯国际法和国际人道法对核武器的可适用性问题指出：习惯国际法和协定国际法中没有任何明确规定允许或普遍禁止以核武器进行威胁或使用核武器，但无论如何应符合武装冲突中适用的国际法，尤其是国际人道法的原则和规则的规定。

（三）不分皂白的攻击

不分皂白的攻击是指无区别地打击军事目标和平民或民用财产，而不是攻击特定的军事目标。这主要是指不设防城市、非军事区、医院、文化财产，特别是大堤坝和核电站。1907 年海牙第四公约附件第 25 条规定："不得以任何方式攻击或炮击不设防城镇、乡村或住宅。"其第 27 条规定："围攻及炮击时，凡关于宗教、技艺、艺术及慈善事业的建筑物、历史纪念物、病院及病伤者收容所等……务宜尽力保全。"1949 年日内瓦第四公约第 14、18 条规定，不得攻击医院和安全地带。1977 年《日内瓦四公约第一附加议定书》明文禁止"不分皂白的攻击"，并把"不分皂白的攻击"界定为：不以特定军事目标为对象的攻击；使用不能以特定军事目标为对象的作战方法和手段；使用任何将平民或民用物体集中的城镇、乡村或其他地区内许多分散而独立的军事目标视为单一的军事目标的方法或手段进行轰击或攻击；可能附带使平民生命受损失，平民受伤害，平民物体受损害，或三种情况均有且与预期的具体和直接军事利益相比损害过分的攻击。

（四）背信弃义的作战方法

在战争中为了"迷惑敌人或诱使敌人作出轻率行为"而使用战争诈术如伪装、假目标、假行动和假情报，只要不违反任何适用于武装冲突的国际法规则，都是不受禁止的。但是，如果以"欺骗行为杀伤敌国人民或其军队所属"，"滥用军使旗、国旗及其他军用标章、敌兵制服、日内瓦红十字条约之红章"等方法，利用对方遵守战争法规或信义以达到自己的目的，就是违反人道主义法则的"背信弃义"的作战方法。1977 年《日内瓦四公约第一附加议定书》第 37 条明确规定，"禁止诉诸背信弃义行为杀死、伤害或俘获敌人。以背弃敌人的信任为目的而诱取敌人的信任，使敌人相信其有权享受或有义务给予适用于武装冲突的国际法规则所规定的保护的行为，应构成背信弃义的行为。"该条列举的背信弃义的事例有：

1. 假装有在休战旗下谈判或投降的意图；

2. 假装因伤或因病而无能力；

3. 假装具有平民、非战斗员的身份；

4. 使用联合国或中立国或其他非冲突方的国家的记号、标志或制服而假装享有被保护的地位。

（五）改变环境的作战方法

改变环境的作战方法是指影响和改变环境气候，使用改变环境的技术，引起地震、海啸，破坏生态平衡，破坏臭氧层等军事行为。1974 年 12 月 9 日，联合国大会通过的第 3264（XXIX）号决议，宣称："有必要通过缔结适当国际公约，采取有效措施，禁止为了军事或其他敌对目的影响环境和气候的行动。"1976 年 12 月 10 日，联合国大会通过了《禁止为军事和任何其他敌对目的的使用改变环境的技术的公约》。该公约规定，禁止使用具有广泛、长期或严重影响的改变环境的技术，对任何缔约国造成毁灭、破坏或损害。1977 年《日内瓦四公约第一附加议定书》第 35 条第 3 款明确规定："禁止使用旨在或可能对自然环境引起广泛、长期而严重损害的作战方法和手段。"1998 年《国际刑事法院罗马规约》第 8（2）（iv）条规定，故意发动攻击并明知这种攻击将附带致使自然环境遭受广泛、长期和严重的破坏，构成战争罪。

二、保护战争受难者

1859 年意大利战争以前，人们对战争受难者的境遇并不太关心。意大利战争中，两位瑞士公民目睹了 1859 年索尔弗利诺战役的惨状，看到很多伤病员得不到治疗而死亡。战后，其中一位叫杜南特的出版了《索尔弗利诺战役回忆录》，并倡议用适当的国际法规则规定战争受难者的待遇。1863 年在日内瓦召开了国际会议，欧洲国家的 36 位代表参加讨论了这一倡议。1864 年 8 月 22 日，《改善伤病员待遇的日内瓦公约》第一次以国际公约的形式对改善战地武装部队伤病者境遇问题作出了规定。该公约（共 10 条）先后经过 1906 年同名公约（共 33 条）、1929 年同名公约（共 39 条）、1949 年《改善战地武装部队伤病员待遇的日内瓦公约》、《改善海上武装部队伤病员及遇船难者待遇的日内瓦公约》、《关于战俘待遇的日内瓦公约》和《关于战时保护平民的日内瓦公约》，不断发展，最后由 1977 年 12 月 12 日《日内瓦四公约关于保护国际性武装冲突受难者的附加议定书》（第一附加议定书）补充成为与当今作战技术发展程度相适应的保护战时受难者的人道主义规则。

现将上述公约和议定书中的主要内容简介如下。

（一）对战时伤者、病者和遇船难者的保护

对这类受难人员在一切情况下应予以人道待遇，不得基于种族、肤色、宗教或信仰、性别、出身或财力或其他类似标准而有所歧视。特别禁止对上述人员有下列行为：

1. 对生命与人身施以暴力，特别如各种谋杀、残伤肢体、虐待及酷刑；
2. 作为人质；
3. 损害个人尊严，特别如侮辱与降低身份待遇；
4. 未经具有文明人类所认为必需之公正司法保障的正规组织之法庭之宣

判，而遽行判罪及执行死刑；

受伤或患病者在一切情况下，应受尊重与保护，不得故意不给予医疗救助及照顾，亦不得造成使其冒传染病危险的情况。对于妇女之待遇应充分顾及其性别。

落入敌方权力下的被拘禁、拘留或被剥夺自由的人的身心健全，不应受任何无理行为或不作为的危害。即使经本人同意，也禁止对上述人员残伤肢体、作医疗或科学实验和为移植而取去组织或器官。

（二）对战俘的保护

由于战争是一种国家行为，合法交战者不是以个人身份，而是以武装部队成员的身份参加战斗。战俘的被俘不是一种惩治措施，而只是对一个解除了武装的对方人员所采取的预防措施，比如防止他们继续参加战斗。因此，拘留国对他们不应该施行任何报复行为，不应该加以惩罚、虐待，更不能加以杀害，而应给予适当的人道主义待遇。

根据1949年《关于战俘待遇的日内瓦公约》第3条的规定，战俘应享有下列最低限度的保障：

1. 在一切情况下应予以人道待遇，不得基于种族、肤色、宗教或信仰、性别、出身或财力或其他类似标准而有所歧视；

2. 不得对其生命与人身施以暴力，特别如谋杀、残伤肢体、虐待及酷刑；

3. 不得作为人质；

4. 不得损害个人尊严，特别如侮辱与降低身份的待遇；

5. 未经具有文明人类所认为必需之司法保障的正规组织之法庭之宣判，不得遽行判罪及执行死刑。

有关战俘保护的其他规则还有：

拘留国对战俘所受之待遇应负责任。战俘在任何时候须受人道主义待遇。不得对战俘加以肢体残伤或供任何医学或科学试验。不得对他们施加暴力、恫吓、侮辱、示众及其他报复措施。战俘的人身及荣誉应受尊重。妇女待遇应顾及其性别，她们应享有与男子同等待遇。对战俘不得施以肉体或精神上的酷刑以获取情报。拒绝答复的战俘不得加以威胁、侮辱和其他不利待遇。拘留国得将战俘拘禁，但除适用刑事和纪律制裁及为保障其健康之必要外，不得禁闭战俘。战俘的住宿、饮食及卫生医疗照顾应有保障。战俘应有履行宗教义务的完全自由，可以参加宗教仪式。对战俘使用武器，特别是对脱逃和企图脱逃者，应是最后手段，并应先予以警告。不得强迫战俘从事有害健康或危险、屈辱性劳动，如扫雷等。违反拘留国法律的战俘应只由军事法庭审判。战俘不得因同一行为或同一罪名而受一次以上处罚。一律禁止因个人行为而予以集体处罪、体罚、监禁于无日光之场所，以及任何形式之酷刑或残暴。纪律性处罚也不得非人道、残暴或危害战俘健康。在司法诉讼中，战俘行为不因当时没有生效的拘留国的法律或国际法所禁止的法律而受审或处刑。不得对战俘加以精神或身体上之胁迫，使其自证有罪。未经辩护或律师协助辩护不得定罪。实际战事停止后，战俘应予释放并遣返，不得迟延。

（三）对平民的保护

武装行动是针对武装部队的，不得攻击和杀害平民，因为平民不参加战争行动。他们应置于敌人的行动之外，受战时人道主义法则的保护。保护平民的规则较早地出现在 1899 年海牙第二公约和 1907 年海牙第四公约附件的第二、三编中。1949 年有了专门保护平民的公约，即《关于战时保护平民的日内瓦公约》（第四公约）。1977 年《日内瓦四公约第一附加议定书》又对第四公约作了进一步补充。

1949 年日内瓦第四公约除了第 3 条与保护伤病者和战俘的最低限度条款一样外，其他主要内容有：

被占领地平民的人身、荣誉、家庭权利、宗教信仰与仪式、风俗与习惯，在一切情况下应予以尊重，受人道待遇，使其免受一切暴行或暴行威胁及侮辱与示众。妇女应受特别保护，防止强奸、强迫为娼或任何形式的非礼侵犯。对平民不得施以身体上或精神上之强迫，不得从其迫取情报。禁止采取任何足以使被保护的平民遭受身体痛苦或消灭的措施，禁止谋杀、酷刑、体刑、残伤肢体及非为治疗被保护人所必需的医学或科学实验以及其他任何残酷措施。禁止因非本人所犯之行为而受惩罚；禁止集体惩罚及一切恫吓恐怖手段；禁止掠夺；禁止对平民及其财产采取报复行为，禁止作为人质。

禁止从占领地将其平民个别或集体强制移送及驱逐往占领国领土；占领国不得将平民拘留于特别冒战争危险的地区；占领国不得将其本国平民驱逐或移送至其所占领的领土。占领国不得强迫被占领土居民在其武装或辅助部队中服务和参加军事行动。除军事行动绝对必要外，禁止破坏被占领国的国家、集体和个人的动产与不动产。占领国所定的刑法规定不具有溯及力。被拘禁人应有食物、衣服、卫生及医药照顾保障和宗教、文化、体育活动的自由。拘禁处所之纪律应与人道主义原则相符合，不得包括对拘禁人加以妨碍其健康之体力运用或致其身体上或精神上之牺牲之规则。禁止以刺字或在身体上印成符号或标记为辨别身份的方法。被拘禁人不得因同一行为或同一罪名受一次以上之处罚。禁止把被拘禁人监禁在不见日光的房屋及进行各种虐待。纪律处罚不得为非人道的、残暴或危及被拘禁人的健康。

1977 年《日内瓦四公约第一附加议定书》补充的主要内容有：

平民居民和平民个人应享受免受军事行动所产生的危险的一般保护。他们不应成为攻击的对象。禁止在平民居民中散布以恐怖为主要目的的军力威胁。禁止不分皂白的攻击。禁止作为报复的对平民居民的攻击。民用物体不应成为攻击或报复的对象。禁止使平民陷于饥饿的作战方法，如对粮食、农业区、农作物、牲畜、饮水装置和饮水供应和灌溉工程等的攻击和毁坏。禁止使用旨在对自然环境造成损害，从而损害居民健康和生存的作战方法或手段。

附加议定书还特别订立了战时儿童保护的规则：

防止对儿童任何形式的非礼侵犯；15 岁以下儿童不得直接参加敌对行动，特别是不应征募其参加武装部队；犯罪时不满 18 岁的人不执行死刑。

第六节　战争犯罪及其责任

一、战争犯罪的概念

战争犯罪可以分为两大类：一类是指武装部队人员或不属于武装部队成员的个人在战争或武装冲突中所作的严重违反公认的战争法规、惯例以及人道主义保护规则的行为；另一类是指以国家及其机关的名义命令或允许进行的严重违反公认的战争法规、惯例以及人道主义保护规则的行为。

1945 年纽伦堡的国际军事法庭宪章以列举的方式把"战争罪"界说为："违反战争法规与惯例的行为，此种违反应包括但并不限于对在所占领土或占领地的平民之谋杀、虐待，为奴隶劳役的或其他目的的放逐，对战俘或海上人员之谋杀或虐待，杀害人质，劫掠公私财物，任意破坏城市、集镇或乡村，或从事并不根据军事需要之蹂躏。"其实，上述列举并没有包括战争罪的全部内容。纽伦堡军事法庭宪章在"反和平罪"和"反人道罪"名下所列举的诸如"计划、准备、发动或实施侵略战争"行为，"对任何平民之谋杀、灭绝、奴化、放逐及其他非人道行为"等，都应是战争罪行的一部分。纽伦堡军事法庭的最后判决实践也表明了这一点。21 个被告中，有 1 个被判犯了破坏和平罪，2 个被判犯了违反人道罪，其余的都被判犯了战争罪。

1998 年《国际刑事法院罗马规约》第 7 条规定，危害人类罪是指在广泛或有系统地针对任何平民人口进行的攻击中，在明知这一攻击的情况下，作为攻击的一部分而实施的行为，包括诸如谋杀、灭绝、奴役、酷刑、种族隔离、强奸、强迫怀孕，基于政治、种族、民族、族裔、文化、宗教或性别理由进行迫害和强迫失踪等。

《国际刑事法院罗马规约》第 8 条规定，战争罪是指严重破坏 1949 年日内瓦公约的行为，严重违反国际法既定范围内适用于国际武装冲突的法规和惯例的其他行为，以及在非国际性武装冲突的情形下，严重违反 1949 年日内瓦公约共同第 3 条的行为。

二、对侵略国的制裁

1974 年联合国大会通过的《关于侵略定义的决议》第 1 条指出："侵略是指一个国家使用武力侵犯另一个国家的主权、领土完整或政治独立，或以本《决议》所宣示的与联合国宪章不符的任何其他方式使用武力。"其第 5 条宣告："侵略战争是破坏国际和平的罪行。侵略行为引起国际责任。"1979 年联合国国际法委员会拟定的《关于国家责任的条文草案》第 19 条规定："一国所违背的国际义务对于保护国际社会的根本利益至关重要，以致整个国际社会公认为违背该项义务是一种罪行时，其因而产生的国际不当行为构成国际罪行。"该条第 3 款（a）项把"禁止侵略的义务"列为"对维持国际和平与安全具有根本重要性的国际义务"，"严重违背"此项义务的行为，构成"国际犯罪行为"。但由于各国对国家罪行的概念和国家如何承担国际刑事责任持有异议①，2001 年，联合国国际法委员会通过的《国家对国际不法行为的责任条款草案》删除了一读通过的草案第 19 条有关国家之国际犯罪的条款，取而代之规定了"严重违背依一般国际法强制性规范承担的义务"。②

对于侵略国的制裁，《联合国宪章》第 1 条把"采取有效集体办法，以防止且消除对于和平之威胁，制止侵略行为"列为联合国的宗旨之一，并在第七章明确规定了对于和平之威胁、和平之破坏及侵略行为的制裁办法，其中主要有：断绝经济、交通、通信联系直至外交关系的非军事制裁性的办法，和以海、陆、空军示威、封锁及其他军事制裁性的办法。《联合国宪章》为制裁侵略国提供了法律依据。

国际联盟时期，对侵略者实行非军事制裁的典型事例是 1935 年意大利入侵埃塞俄比亚以后，国际联盟根据国联盟约第 16 条的规定对意大利采取的经

---

① 参见贺其治著：《国家责任法及案例浅析》，法律出版社 2003 年版，第 28~45 页。

② International Law Commission, *Responsibility of States for Internationally Wrongful Acts*, annex to General Assembly resolution 56/83 of 12 December 2001, Article 26, 41 and 42.

济封锁的措施。这些措施包括：对意大利实行武器禁运，禁止一些金融活动，禁止联盟会员国进口意大利货物和对意大利的货物出口等。

1967 年 11 月 22 日，安理会通过了第 242 号决议，对以色列实行有组织的集体制裁，以迫使以色列军队从巴勒斯坦被占领土上撤出。前苏联入侵阿富汗后，美国与一些西方国家对前苏联实行经济和贸易制裁，更多的国家则是以抵制莫斯科奥运会的方式表示对侵略行为的谴责。

联合国最有效的集体制裁，是从 1990 年 8 月 2 日起，根据安理会从第 660 号决议开始的一系列决议，对伊拉克入侵和并吞科威特的侵略行为的制裁。科威特的主权和独立得以迅速恢复，联合国在此发挥了巨大作用。

三、对第二次世界大战战争罪犯的审判

（一）《纽伦堡国际军事法庭宪章》及纽伦堡审判

第二次世界大战期间，德国希特勒及其同谋犯，对人类犯下了滔天罪行。1945 年 8 月 8 日，苏英美法四国代表在伦敦签订了关于建立国际军事法庭的协定，并通过了《纽伦堡国际军事法庭宪章》。该宪章规定，纽伦堡国际军事法庭是为公正迅速审判及处罚欧洲轴心国家首要战犯而设立的。法庭由苏美英法四国各委任法官和助理法官各一人组成。根据法庭宪章的规定，纽伦堡军事法庭对战争罪、反和平罪和反人道罪有管辖权。

反和平罪，就是策划准备、发动或进行侵略战争或违反国际条约、协定或诺言之战争，或参与上述任何罪行之共同计划或阴谋。

战争罪，就是违反战争法规与惯例，此种违反应包括但不限于对在所占领土或占领地的平民之谋杀、虐待，为奴隶劳役的或其他目的的放逐，对战俘或海上人员之谋杀或虐待，杀害人质，劫夺公私财物，任意破坏城市、集镇或乡村，或从事并不根据军事需要之蹂躏。

反人道罪，就是在战争发生前或战争期间，对任何平民之谋杀、灭绝、奴化、放逐及其他非人道行为，或因政治、种族或信仰关系，为执行或关涉本法庭管辖范围内之任何罪行而为之迫害，不问其是否违反犯罪地国之国内法律。

法庭还有权确认哪个团体或组织是犯罪团体或组织。

法庭宪章还规定：被告的正式地位，不问其为国家元首或政府部门的负责官吏，不应视为使彼等免于负责任或减轻惩罚的理由。上级命令，也不应免除被告的责任。

1945 年 10 月 18 日，纽伦堡国际军事法庭在柏林开庭接受起诉书，11 月 20 日开始审讯。被交付审判的有戈林、罗森堡等法西斯德国魁首。

经过 10 多个月的审理,1946 年 9 月 30 日至 10 月 1 日,法庭作出判决。判处戈林、罗森堡等 12 人绞刑,判处赫斯等 3 人无期徒刑;判处史拉赫等 2 人 20 年有期徒刑;判处内拉特有期徒刑 15 年;判处杜尼兹有期徒刑 10 年;宣告沙赫特等 3 人无罪。法庭还判定纳粹党的领导机构、纳粹党卫军、德国国家秘密警察和保安勤务处等为犯罪团体或组织。

(二)《远东国际军事法庭宪章》及东京审判

1946 年 1 月 19 日,远东盟军最高统帅部颁布了与《纽伦堡国际军事法庭宪章》内容基本相同的《远东国际军事法庭宪章》。远东国际军事法庭由中、英、美、苏、法、澳、荷、加、新(西兰)、印(度)和菲律宾 11 国的法官组成,每国选派 1 人。法庭在 1946 年 5 月 3 日至 1948 年 11 月 12 日开庭审讯。被告 28 人,实际审判 25 人,因为松冈洋右等 3 人已死亡或已丧失行为能力。法庭最后判处东条英机等 7 人绞刑,荒木贞夫等 16 人无期徒刑,东乡茂德等 2 人有期徒刑。

(三)国际军事法庭宪章及审判的历史意义

纽伦堡和远东国际军事法庭宪章及司法实践是国际法史上的伟大创举。它用国际实践确认了自 1928 年巴黎非战公约以来在国际法理论上逐步确立的一项国际法原则:发动侵略战争是严重的国际罪行,战争罪犯必须予以严厉惩罚。两个国际军事法庭宪章及司法实践中所包括的各项国际法原则具有深远的历史意义,对战争法的发展产生了重大的影响。1946 年 12 月 11 日,联合国大会第 95(1)号决议一致确认国际军事法庭宪章中所包括的国际法原则。1950 年,联合国国际法委员会根据大会的决议编纂了这些原则:

1. 从事违反国际法的犯罪行为的人应承担个人责任,并应受惩罚;

2. 不违反所在国的国内法不能作为免除国际法责任的理由;

3. 被告的地位不能作为免除国际法责任的理由;

4. 政府或上级命令不能作为免除国际法责任的理由;

5. 被控有违反国际法罪行的人有权得到公平审判;

6. 违反国际法的罪行是:反和平罪,战争罪,反人道罪;

7. 共谋上述罪行是违反国际法的罪行。

这些原则对 1949 年 12 月 15 日至 30 日原苏联政府主持的对日本战犯的伯力审判和 1956 年 6 月 9 日至 7 月 25 日中国分别在沈阳和太原举行的对日本战犯的审判和惩处都起了指导作用。

四、前南斯拉夫问题和卢旺达问题国际刑事法庭

前南斯拉夫问题国际刑事法庭根据 1993 年 5 月 25 日联合国安理会第 827 号决议建立，负责审理自 1991 年以来发生在前南斯拉夫的严重违反国际人道法的行径。迄今为止，前南问题国际刑庭已指控了 161 名对在前南领土内犯有严重违反国际人道法的情事应负责任的人。目前已完成对 111 名被指控人的审判程序，其中 53 人已被判处刑罚。①

前南问题国际刑庭是第一个根据联合国宪章第七章的规定为维护国际和平与安全而设立的法庭。也是第一个国际战争罪法庭，同时还是第一个实施现行国际人道法体系，尤其是对其习惯法规则给予司法确认的国际刑事法庭。在国际法上，前南问题国际刑庭进一步确立了个人国际刑事责任和官方身份无关性的原则，为国际人道法和国际刑法的发展做出了重要贡献。

卢旺达问题国际刑事法庭根据 1994 年 11 月 8 日联合国安理会 955 号决议建立，负责审判对 1994 年发生在卢旺达和邻国境内的严重违反国际人道法行为负有责任的个人。

1997 年 1 月卢旺达问题国际刑庭开始了第一个案件的审判。至 2007 年 4 月，法庭审结了 27 个案件，涉及 33 名被指控人。在著名的阿卡耶苏案中，法庭第一次对 1948 年《防止和惩治灭绝种族罪公约》中的灭绝种族定义做出了解释。另外，对卢旺达前总理金·坎班达的审判也开创了一系列的先例。这是第一次被指控人在国际刑事法庭承认其犯有灭种罪罪行，也是第一次政府首脑被宣告犯有种族灭绝罪。

五、国际刑事法院

（一）国际刑事法院的成立

第二次世界大战以后，随着纽伦堡法庭和东京法庭的成立和对战争罪犯的审判，联合国大会认为有必要建立一种常设机制来起诉和审理那些实施了类似最严重罪行的个人。随后，联合国国际法委员会于 1951 年拟定了一份规约草案，在联合国进行了多次讨论，但由于各国相互之间分歧太大，联合国大会一直未能审议规约草案。

1989 年 12 月，联合国大会根据特立尼达和多巴哥共和国的请求，请国际法委员会重新就设立国际刑事法院的问题开展工作。1993 年在前南斯拉夫爆

---

① 参见 http://www.un.org/icty/glance-e/index.htm.

发的武装冲突和 1994 年在卢旺达发生的种族屠杀中发生的战争罪行、危害人类罪行和以"种族清洗"形式出现的灭绝种族罪行，再次引起了国际社会的震惊。在设立前南问题国际刑庭和卢旺达问题国际刑庭的同时，国际法委员会完成了起草国际刑事法院规约草案的工作，并于 1994 年将规约草案提交给联合国大会。1995 年联合国大会设立了国际刑事法院筹备委员会，负责拟订能够得到广泛接受的规约草案。筹备委员经过多次讨论和协商，于 1998 年完成了案文规约起草工作。1998 年 6 月 15 日至 7 月 17 日联合国在意大利罗马举行了审议规约草案的外交大会，有 160 个国家和数以百计的非政府组织代表参加了会议，《国际刑事法院罗马规约》在这次会议上得以通过，故又被称为《罗马规约》。至 2002 年 4 月 11 日超过 60 个国家批准加入了《罗马规约》，按照规约第 126 条的规定，国际刑事法院于 2002 年 7 月 1 日正式成立，总部设于荷兰海牙。截至 2011 年 3 月，已有 114 个国家成为罗马规约的缔约国。目前国际刑事法院的基本法律文件包括《罗马规约》、《程序和证据规则》、《犯罪要件》以及《法庭规则》。

（二）法官的组成

国际刑事法院共设 18 个法官职位，法官在刑法和刑事诉讼领域，以及相关国际法领域，例如国际人道主义法、人权法等领域要具有公认能力。备选法官应品格高尚、清正廉明，具有本国最高司法职位任命资格。为了确保法官组成的平衡性和国际性，法官人选应能够代表世界上各个主要法系，要有公平地域代表性，有适当数目的男女法官，并且应包括在对妇女或儿童暴力问题方面具有专门知识的法官。同一个国家不得有两名国民担任法官。法官由出席并参加表决的缔约国 2/3 多数以无记名投票方式选举，得票最高者当选，法官的任期为 9 年，不得连选连任。

（三）法院机关设置

国际刑事法院由下列机关组成：

1. 院长会议。主要负责管理除检察官办公室以外的工作，以及履行规约赋予院长会议的其他职能。

2. 预审庭、审判庭和上诉庭。国际刑事法院的司法职能由各庭的分庭履行。预审庭和审判庭分别由至少六名法官组成，上诉庭由院长和四名法官组成。

3. 检察官办公室。主要负责接受和审查提交的情势，对与国际刑事法院管辖权内犯罪相关的任何有事实根据的资料，进行调查并在法院进行起诉。检察官由缔约国以无记名投票方式选出，必须是品格高尚，而且在刑事案件的起诉和审判方面具有卓越能力和丰富经验。

4. 书记官处。主要负责国际刑事法院非司法方面的行政管理和服务。

（四）法院的管辖权

《罗马规约》规定国际刑事法院对犯有灭绝种族罪、危害人类罪、战争罪以及侵略罪的个人可进行调查、起诉和审判。规约对除侵略罪外的罪行都给予了明确的定义，并在《犯罪要件》中对犯罪构成作出了详细规定。

对于某一特定案件，如果罪行发生地国或者被告人的国籍国是规约缔约国，国际刑事法院即可行使管辖权。非缔约国可以就个别案件以声明方式接受法院的管辖权。对于联合国安理会提交给国际刑事法院处理的案件，则无论有关的国家是否是规约缔约国，法院都具有管辖权。国际刑事法院的管辖权不具有追溯力，它只能审理在 2002 年 7 月规约生效以后实施的罪行。

在与缔约国国内法院管辖权的协调问题上，规约规定，国际刑事法院实施管辖权的前提是基于补充性原则，只有在国内法院本身不能够或不愿意行使管辖权时，国际刑事法院才能行使管辖权。《罗马规约》对国际刑事法院受理案件的依据作了明确规定，并且清晰地界定了构成不能够和不愿意的情形，以避免发生任意的裁定。此外，被告人和有关国家，无论是否是缔约国，都可以对国际刑事法院的管辖权或案件的可受理性提出质疑，也有权利对任何有关的裁定提出上诉。

（五）程序

《罗马规约》第五编、第六编和第八编详细地规定了国际刑事法院的程序。

法院正式使用的文字为阿拉伯文、中文、英文、法文、俄文和西班牙文。法院的工作文字为英文和法文，经诉讼当事方或参与诉讼国家的请求，也准许使用英文或法文以外的文字。

国际刑事法院程序的第一阶段是调查和起诉。检察官可根据缔约国或安理会提交的情势，或自行启动调查程序。预审分庭应检察官请求，发出进行调查所需的命令和授权令。如有合理理由相信行为人实施了有关犯罪，预审分庭应发出逮捕证或出庭传票。在行为人被移交或自动到法院出庭后，预审分庭应举行听讯，确认检察官准备提请审判的指控。

国际刑事法院程序的第二阶段是审判。审判地点通常为法院所在地。审判必须在被告人到庭后才能进行，被告人有权获得公开、公正、公平的审讯，有权为自己辩护并获得迅速的审判。当有关案件可能影响被害人的利益时，法院应允许被害人直接参与法庭陈述并提出意见。

判决应以书面形式作出，并应叙明理由，充分说明审判分庭对证据做出的裁定及其结论。法官如果对一项判决无法达成一致意见，应由法官的过半数作出判决。

如果检察官或被告人对审判分庭作出的判决不服，可以根据规约第 81 条提起上诉。上诉分庭可以推翻或修改有关的判决或量刑，或命令由另一审判分庭重新审判。上诉分庭的判决应由法官的过半数作出，在法庭上公开宣告。判决书应说明根据的理由。

（六）刑罚与量刑

国际刑事法院可对被定罪人判处有期徒刑，最高刑期不超过 30 年。如果犯罪情节确属非常严重，也可判处无期徒刑。除监禁外，国际刑事法院还可以命令处以罚金，或者没收因实施犯罪行为而得到的收益、财物或资产。国际刑事法院做出的徒刑判决对缔约国具有约束力，缔约国不得作任何修改。

国际刑事法院作为第一个常设性质的国际性的刑事法院，与前南问题国际刑庭和卢旺达问题国际刑庭明显不同。前南问题国际刑庭和卢旺达问题国际刑庭具有临时性，是联合国安理会在发生严重性国际罪行之后特别设立的，其管辖权受到时间和地域的限制，不具有普遍性。而国际刑事法院作为一个独立的实体，可以对其管辖权范围内的犯罪采取及时行动，不仅可以起诉和惩罚那些实施了最严重罪行的个人使之不再逍遥法外，而且可以进一步预防这些犯罪的发生，对于实现国际正义，帮助结束冲突，维护国际和平与安全具有重大意义。

思 考 题

1. 什么是国际法上的战争？它有哪些特征？

2. 试述战争法的主要规则。

3. 什么叫中立？中立国有哪些权利和义务？

4. 试述战时人道主义保护规则的主要内容并评论 1999 年北约在南联盟狂轰滥炸的"空袭"行为。你有何感想？

5. 论第二次世界大战后国际刑事司法机构的发展及其审判的重要意义。

6. 关于"战争与和平"问题，你有何新的认识？